秋山一實

山鹿素行自筆本『配所残筆』

——写真・翻刻・研究・校訂・意訳——

錦正社

目次

山鹿素行自筆本『配所残筆』

——写真・翻刻・研究・校訂・意訳——

はじめに

『配所残筆』とは何か

『配所残筆』とは、江戸時代前期の兵学者・山鹿素行（元和八年・一六二二〜貞享二年・一六八五）の「遺書」である。それは播磨赤穂藩に流謫中の延宝三年（一六七五）正月十一日、素行五十四歳の時に、実弟・山鹿三郎右衛門（義行）、ならびに女婿・岡八郎左衛門（山鹿高恒）宛に書かれた。「あとがき」には、「今年は配所へ参、十年に成候。凡物必十年ニ変する物也。然は今年、我等於二配所一朽果候時節到来と令二覚悟一候」（本書・第一部・八一〜八二頁）とあつて、その執筆動機の深刻さが窺へる。

全体の構成は、「まへがき」の部分、「本文」二八箇条、「あとがき」の部分と、計三〇の段落に分かれてゐる。分量で推し計つてみると、本文の前半七分の六は、素行の自伝的な内容であるが、後半七分の一は、シナ中華思想を払拭して、日本中朝主義に覚醒した体験を眼目とする、学問・思想的な内容である。

この素行の思想上の顕現は、すでに寛文九年（一六六九）に主著『中朝事実』となつて結実してゐる。これが延宝九年（天和元年・一六八一）に津軽藩によつて刊行され、同書が近代日本の思想界に与へた影響については、かつて「山鹿素行『中朝事実』の津軽版について」（平成七年三月、『神道古典研究所紀要』創刊号、財団法人神道大系編纂会）のなかでもふれたことがある（五五頁）。

ちなみに、中山広司氏『山鹿素行の研究』（昭和六十三年一月、神道史学会）の「山鹿素行関係文献目録」（三七〇〜三八七頁）を基盤にして、明治以降より今日までの翻刻・複製・抄出翻刻・和文・訳文の出版件数を算出してみた。結果は『中朝事実』がおよそ四〇点と、素行の著作のなかでもつとも多く、次がこの『配所残筆』の二八点であつた。

『中朝事実』が成立する背景と、素行の思想的な転向の軌跡を述べた『配所残筆』の意義は、単に日本思想史の分野だけに止まるものではない。たとへば、国文学では、著名な新井白石（一六五七〜一七二五）の『折たく柴の記』（一七一六）、松平定信（一七五八〜一八二九）の『宇下人言』（一八一六）、福沢諭吉（一八三四〜一九〇一）の『福翁自伝』（一八九九）に先駆けた「自伝文学」として位置付けられよう。

また、倫理学では、「武士道」といはれる武士の「倫理観」「行動規範」を考究する根本資料の一つとして取り上げられてゐる。武士道を初めて学問的に「士道」として理論付けたのが素行であり、そしてその躬行実践の記録が、まさに『配所残筆』なのである。

本書の最終目的

本書の第一の目標は、山鹿素行の「士道論」を工学教育の倫理教材として開発するために、素行の著作『配所残筆』の「校訂本」を作成することにある。それは、筆者が研究課題「山鹿素行著作『配所残筆』の文献学的研究」で、かつての文部省から、平成九〜十年度科学研究費補助金の交付を受けた際の最終目標でもあつた。

そして、その究極の目的は、『配所残筆』を工学部の学生のために教材化し、日本と世界の将来を担ふ「科学技術の指導者」としての、人格形成や職業倫理観の育成に活用することを目指してゐる。なぜなら、山鹿素行が唱導する「士道」は、現代の指導者にも通じる「普遍の教訓」だからである。その骨子はかうである。「武士」は、農民・町人の上に立つ、倫理的な指導者であるから、おのれ一身において道徳を確立しなければならない（平泉澄博士「武教小学講話」、昭和四十三年五月『先哲を仰ぐ』三三八頁、財団法人日本学協会。三訂版、平成十年九月、錦正社）。日常生活の瞬時においても、常に死と対峙する気概・覚悟をもつて生きることが要求される、といふものである。まさにこれは、現代の指導者に欠落してゐる哲学であり、生き方といつてよい。

素行の哲学を現代に即して、さらに敷衍してみると、指導者たるもの、本務に通暁することはもちろん、人格形成、人間形成のための教養面、かつ緊急時に対応できる精神面の修養が不十分であると、自己の過失は当然のことながら、その指揮・指導による過失さへもが、刑法上の責任（業務上過失致死傷）を問はれる、といふ論理にまで辿り着く。これこそが、政治家・官僚・経営者・教師・警察官といつた指導者層の倫理観の欠如や指導力不足といふ、昨今の社会問題の要因を指摘する内容といつてよいであらう。これらの点でも、素行哲学の実践躬行の記録である『配所残筆』の持つ価値は高いといはなければならない。

この目的を達成するための基盤研究が、研究課題「山鹿素行著作『配所残筆』の文献学的研究」の置かれてゐる位置であり、本書もまたここに立脚してゐる。

文献資料としての問題点

しかし、文献資料としての『配所残筆』には、解明されなくてはならない文献学上の課題や、克服しなければならない資料的な問題がある。大きな問題として左記の四点を指摘したい。

第一に、『配所残筆』の写本には、「自筆本」と、いはゆる「増補本」が存在する。まづ素行自筆の「自筆本」は唯一であり、その写本は「山鹿文庫甲本」一本のみが現存してゐる。次に「自筆本」の本文を加筆しながら写し、末尾に「増補部分」、村岡典嗣氏がいふ「後年（延宝六年）十月十六日付書付四通」（昭和十五年六月、『岩波文庫』「聖教要録・配所残筆」解説、一〇六頁）を付載したのが「増補本」であり、現在、一六本の写本の所在が確認できた。なぜ二種類の写本があるのか、どうして写本の形態や本文の表記に相違が生じたのか、といふ疑問である。

第二に、「自筆本」「増補本」のどちらを『配所残筆』の基本とすべきか、である。現存写本の量からいへば「増補本」の方が流布本であり、明治時代から出版された数も「増補本」に依拠したものが主流であつた。よつて歴史的な意義からいへば、『配所残筆』の基本は「自筆本」ではなく「増補本」である、ともいへるのである。しかし、そこで生じる難題が、素行自筆の「増補本」は存在しない、といふことである。そこから、どのやうにして「定本」と称せるものが復元できるのか、といふ課題が生じる。

第三に、資料的な問題として、「自筆本」「増補本」の双方に過誤・誤写と考へられる意味不通の箇所があること、「自筆本」その他の写本にも虫損による不読箇所が多数あることである。

第四に、現行の『配所残筆』の「翻刻本」が、すべて錯誤・誤植の問題を有してゐて、万全といへる文献資料がないといふ問題である。さらに、印刷の状態に不備のある戦前の自筆本の「複製本」（明治四十二年六月、素行会）を底本としたものは、より不精確な翻刻状況になつてゐることも挙げられる。

そこで本書では、このやうな文献学上の課題を解明し、種々の資料的な問題を克服する。そのうえで『配所残筆』の「校訂本」を作成し、さらに、それにもとづいて「意訳」を作成することを目標にしてゐる。このやうにして作成した「意訳」を、みづからの大学教材として活用して成果を得るとともに、学界、教育界等に広く提供することを目的としたい。

研究の履歴と概要

既述のとほり、幸ひにも平成九年から二年間、研究課題「山鹿素行著作『配所残筆』の文献学的研究」で、文部省の科学研究費補助金を受け、その願望は進展することになつた。以下に『配所残筆』に関する研究発表の履歴を掲載する。ただし、本書の内容は、第二部・第一章が⑵を、同第二章が⑶・⑸・⑹を、同第三章が⑽を基盤としてゐるが、⑾と⑿によつて全面改訂の作業を行なつた結果、すべての算出数値の変動はもちろんのこと、結論にも齟齬をきたす部分が生じたことを先に付言して置きたい。

(1)『続神道大系』論説編「山鹿素行」史料篇所収「配所残筆」(平成七年三月、財団法人神道大系編纂会)
(2)「山鹿素行『配所残筆』の自筆本と写本について」(平成十年六月、『日本学研究』創刊号、金沢工業大学日本学研究所)
(3)「山鹿素行『配所残筆』の写本と「増補本」について」(平成十一年六月、『日本学研究』二)
(4)『山鹿素行著作『配所残筆』の文献学的研究』(平成十二年二月、平成九～十年度文部省科学研究費補助金研究成果報告書、秋山一実刊行)
(5)「自筆本『配所残筆』と諸写本との校異について」(平成十二年六月、『日本学研究』三)
(6)「増補本『配所残筆』の特色について」(平成十三年六月、『日本学研究』四)

(7)「『配所残筆』の基礎研究を終へて」（平成十四年十一月、『橘信』五、素行会）
(8)「増補本『配所残筆』の増補部分について」（平成十五年六月、『日本学研究』六）
(9)「増補本『配所残筆』の校訂について」（平成十五年十月、『芸林』五二―二、芸林会）
(10)「山鹿素行著作『配所残筆』の校訂について」（平成十六年六月、『日本学研究』七）
(11)「山鹿素行自筆本『配所残筆』（写真版）」（平成十九年十二月、『日本学研究』一〇、金沢工業大学日本学研究所編集）
(12)「増補本『配所残筆』の新出写本について」（平成二十一年十二月、『日本学研究』一二）
(13)『金沢工業大学日本学研究所教養叢書』第二輯（教材版）「先哲に学ぶ」所収「山鹿素行『配所残筆』（意訳）」（平成二十四年四月、金沢工業大学日本学研究所）

そもそも著者が『配所残筆』の調査研究に着手した動機は、平成七年三月に刊行された(1)の翻刻・校注・解題を担当したことに始まる。しかし、遺憾ながらこの時は、唯一の「自筆本」を披見・調査できなかつたこと、やむなく使用した底本の「複製本」（明治四十二年六月、素行会）に、虫損の陰影や印刷に不審な箇所があつたことにより、結果として(1)に、誤植や翻刻、校注上の過誤など、種々の問題を残してしまつた。そこで翌八年、これらの不備の補完をめざすことも考慮して立案したのが、冒頭に記した研究計画「山鹿素行著作『配所残筆』の文献学的研究」であつた。これが幸ひにも、文部省の採択するところとなり、自筆本『配所残筆』の実見調査を皮切りに、急遽、進展する運びとなつた。

まづ最初の研究報告が、平成十年六月発表の(2)である。これには、自筆本『配所残筆』の調査概略を報告し、その調査結果にもとづいて、「自筆本」を底本にして、『配所残筆』の翻刻・校注を行なひ、「続神道大系本」の不正確な翻刻や校注の補正を試みた。また、七点の「写本」の調査結果より、写本の特色を分析し、「自筆本」の成立時期に再検討を要する問題があることを指摘した。

次に、平成十一年六月、第二の研究報告⑶では、⑵以降の調査結果を総合して、「自筆本」と「写本」一四本についての研究結果を報告した。とくに、唯一の自筆本系写本「山鹿文庫甲本」の分析結果から、自筆本の補正に有益な写本であることを論じた。その他の増補本系の写本については、その「増補部分」の有する意義を明らかにした。

平成十一年七月に、「自筆本」と全「写本」との校合作業が終了した。その結果、現存写本一六本のうち「山鹿文庫甲本」を除く一五本が、異本の「増補本」であることが判明したので、研究の方針を一時変更して、この増補本『配所残筆』の徹底調査をすることになつた。「自筆本」を改変し、巻末に「増補部分」を付加した人物は誰なのか、その意図を追求する課題に挑んだ。

平成十二年二月、⑷が文部省に提出した「科学研究費補助金研究成果報告書」である。その概要は次の四点であるが、当初の研究目標をすべて達成することはできなかつた。①「自筆本」を底本に完成度の高い翻刻・校注本『配所残筆』を作成した。②その写本一六点との対校結果を明示した「校異一覧」を各写本ごとに作成した。③現存写本の一五点までが「増補本」であることを確認できた。④この「増補本」は、素行自身が延宝六年頃に「自筆本」の本文部分を改訂し、さらに「増補部分」を追補したものであることを解明した。

同年六月、第三の研究報告⑸では、⑵以降の調査結果、自筆本と写本一六点との対校作業結果を統合した「校異一覧」を掲載した。その算出数値を「異同の総項目件数」「諸写本別の異同件数」「同異同の諸写本別件数」「別異同の諸写本別件数」の四項目から検討した結果、「内閣文庫甲本」が最も増補本系の原本に近い書写内容を持つ写本であることが判明した。

平成十三年六月、第四の研究報告⑹では、『配所残筆』の写本「内閣文庫甲本」を底本として翻刻し、学界に「増補本『配所残筆』」を提供した。そして、この翻刻に明示した、諸写本との校異とその数値にもとづき、「増補本」の形式上と書写内容上の特色について分析した結果を報告した。また、「増補本」山鹿素行作成説を提唱し、その確証となる論拠を述べた。

平成十四年十一月、第五の研究報告⑺は、同年十月の山鹿素行研究会において、「『配所残筆』の基礎研究を終へて」と題して口頭発表した内容の要旨である。①『配所残筆』基礎研究の目的と経過、②自筆本『配所残筆』の調査結果、③写本『配所残筆』の調査結果、④増補本『配所残筆』の本文の調査結果、⑤増補本『配所残筆』の増補部分の調査結果、⑥「増補本」山鹿素行筆削・増補説の提唱、⑦今後の研究目標と課題、といふ七項目についての報告である。

平成十五年六月、第六の研究報告⑻は、⑺の⑤項目の課題に相当するものである。山鹿素行の書簡四通を底本にして、増補本『配所残筆』の写本一三本を対校した結果を「校異一覧」として作成した。そして、それを「異同の総項目件数」「諸写本別の異同件数」「同異同数の数量別件数」「別異同の諸写本別件数」「同異同の事例別件数」「全同異同部分の検討」の六項目に整理し、それぞれ算出した数値や事例の検討を行なつた。本書の「増補部分」に大幅な改変は認められなかつたが、原「増補本」に最も近い書写内容を持つ写本として「茨城大学菅文庫本」を撰定できた。

同年十月、第七の研究報告⑼では、⑹の研究成果にもとづき、学界に「増補本『配所残筆』」の校訂本と、その解題を提供した。これによつて、研究の最大の目標である「〔校訂〕『配所残筆』」の作成が可能となつた次第である。

平成十六年六月、第八の研究報告⑽によつて、「自筆本」を底本にして、唯一の自筆本系の写本「山鹿文庫甲本」と、「〔校訂〕増補本『配所残筆』」とを対校本にした『配所残筆』の校訂本を作成できた。また「校訂箇所」四二件を、なぜ改訂・補訂しなければならないのか、その理由や方法について解説した。

平成十九年十二月の⑾「自筆本『配所残筆』（写真版）」は、中山エイ子氏が同年五月、金沢工業大学日本学研究所に寄贈された写真を掲載した。これは「自筆本」の所蔵者・山鹿浩二氏が、故中山広司氏に贈呈されたものである。山鹿氏の許諾を得るとともに、欠落写真数葉のさらなる寄贈により、初めて「写真版」の公開が実現した。

平成二十一年十二月、第九の研究報告⑿は、増補本『配所残筆』の新出写本、同十九年六月に著者が入手した家蔵本と「自筆本」との対校結果である。自筆本との異同件数の共有率から、増補本・一六本のなかでは、六番目に位置し、自筆本の「対校本」として有益な写本であつた。

いはば、この⑾の「写真版」の公開と、⑿の「新出写本」との邂逅とに触発されて、「山鹿素行著作『配所残筆』の文献学的研究」といふ一連の論稿を、全面改訂してまとめたのが本書である。また、平成二十四年四月、これも奇遇であつたが、『金沢工業大学日本学研究所教養叢書』第二輯（教材版）の「先哲に学ぶ」に、⒀の『配所残筆』の「意訳」を所載した。まだ学内用の「副教材」であり、広く一般に提供する「市販用」ではないが、これで著者の最終目的を達成するための手段が整つた次第である。

本書の構成と概要

本書は「文献学的研究」といひ、最終目標が「校訂本」とその「意訳」の作成といふ性格から、研究書として異様な構成と内容で公開することになつた。

すなはち、読者の理解・便宜を考慮し、最初に第一部として、「自筆本」の写真版を掲載した。まづ素行自筆の

『配所残筆』とは、どのやうなものであるかを提示するためである。前述の(11)「自筆本『配所残筆』(写真版)」と同じく、山鹿浩二氏の許可を得た上で、金沢工業大学日本学研究所所蔵の写真を借用した。

第二部は文献学的研究である。第一章では、自筆本『配所残筆』の実見調査の概要を整理し、「自筆本」を翻刻して問題点を分析、さらに「山鹿文庫甲本」との校異を明示して、同写本が「自筆本」の補正にいかに有益かを論じた。

第二章では、『配所残筆』の写本・一七本すべての実見調査の概要を列記し、「自筆本」と写本との校異一覧を作成した。対校結果は、異同総項目件数が一〇三五件で、その内の写本一七本の過半数、八本の共有する異同の項目件数は五五五件であつた。以上の結果から「増補本」の特色を整理しながら、素行が「増補本」をみづから執筆したといふ自説の理由を述べた。

第三章では、自筆本『配所残筆』に、なぜ校訂が必要なのかを改めて説き、第一章の「山鹿文庫甲本」と、第二章の「増補本」とで抽出できた資料的な成果を用ひて作成した「〈校訂〉『配所残筆』」を掲載し、その校訂箇所の理由を説明した。

第三部では、読者の理解と便宜を重視した現代語訳の「〈意訳〉『配所残筆』」を所載した。

なほ、前掲の文献資料としての第二の問題点については、(9)において「〈校訂〉増補本『配所残筆』」の作成と、(8)において「増補本の増補部分」についての調査報告とを発表したが、本書では頁数の関係で所収することを割愛した。御宥恕いただきたい。

第一部　〔写真〕山鹿素行自筆本『配所残筆』

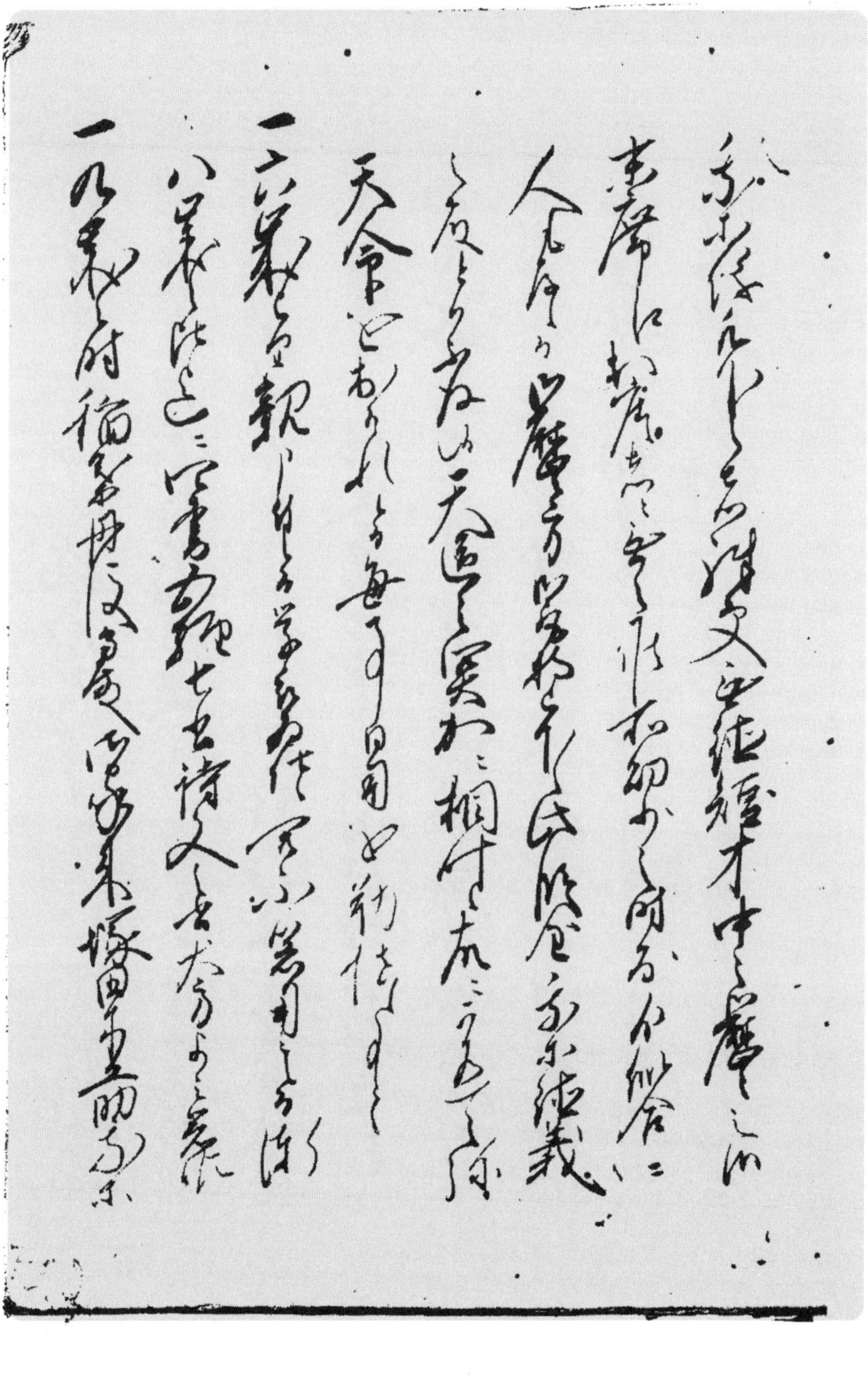

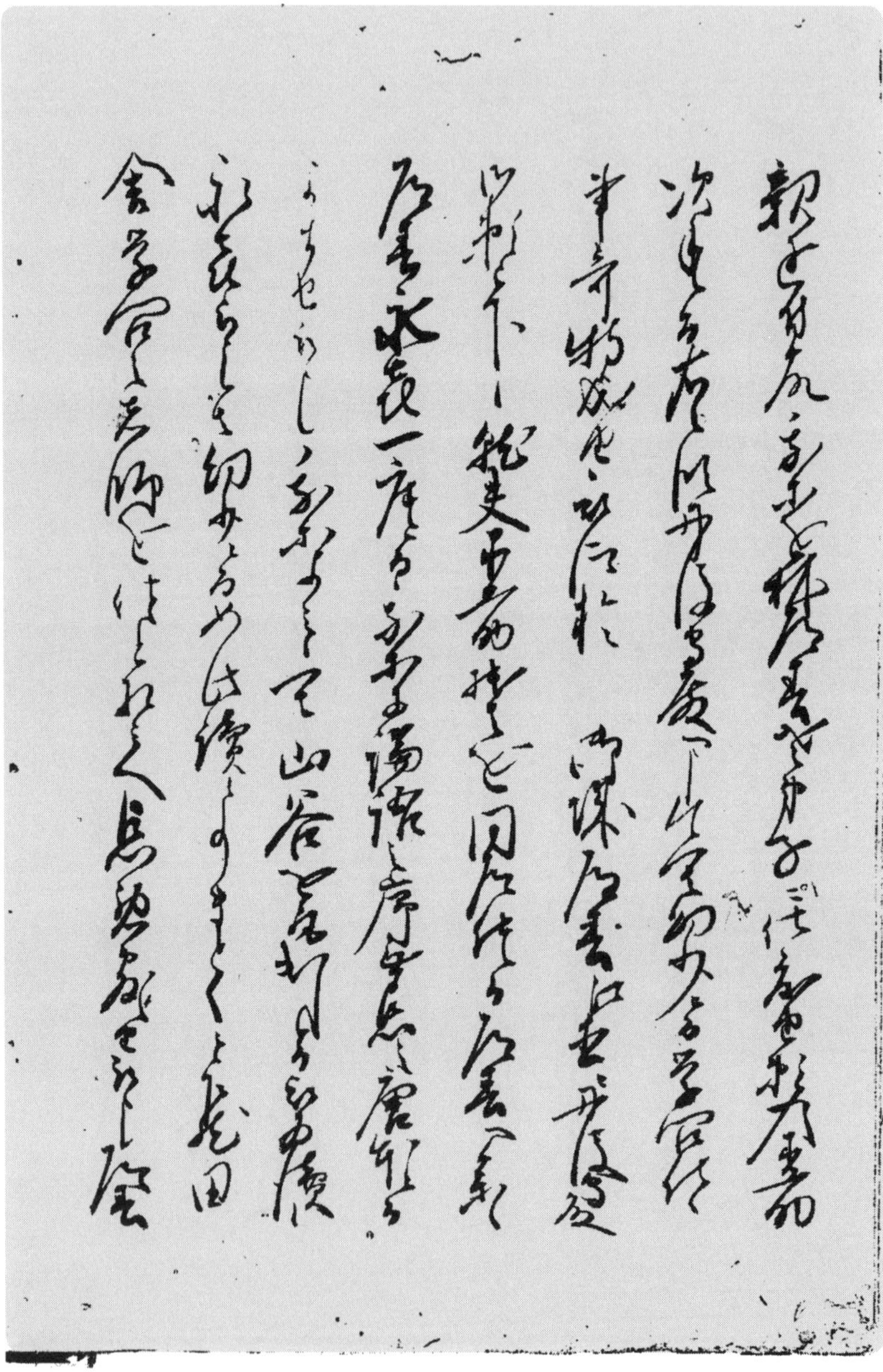

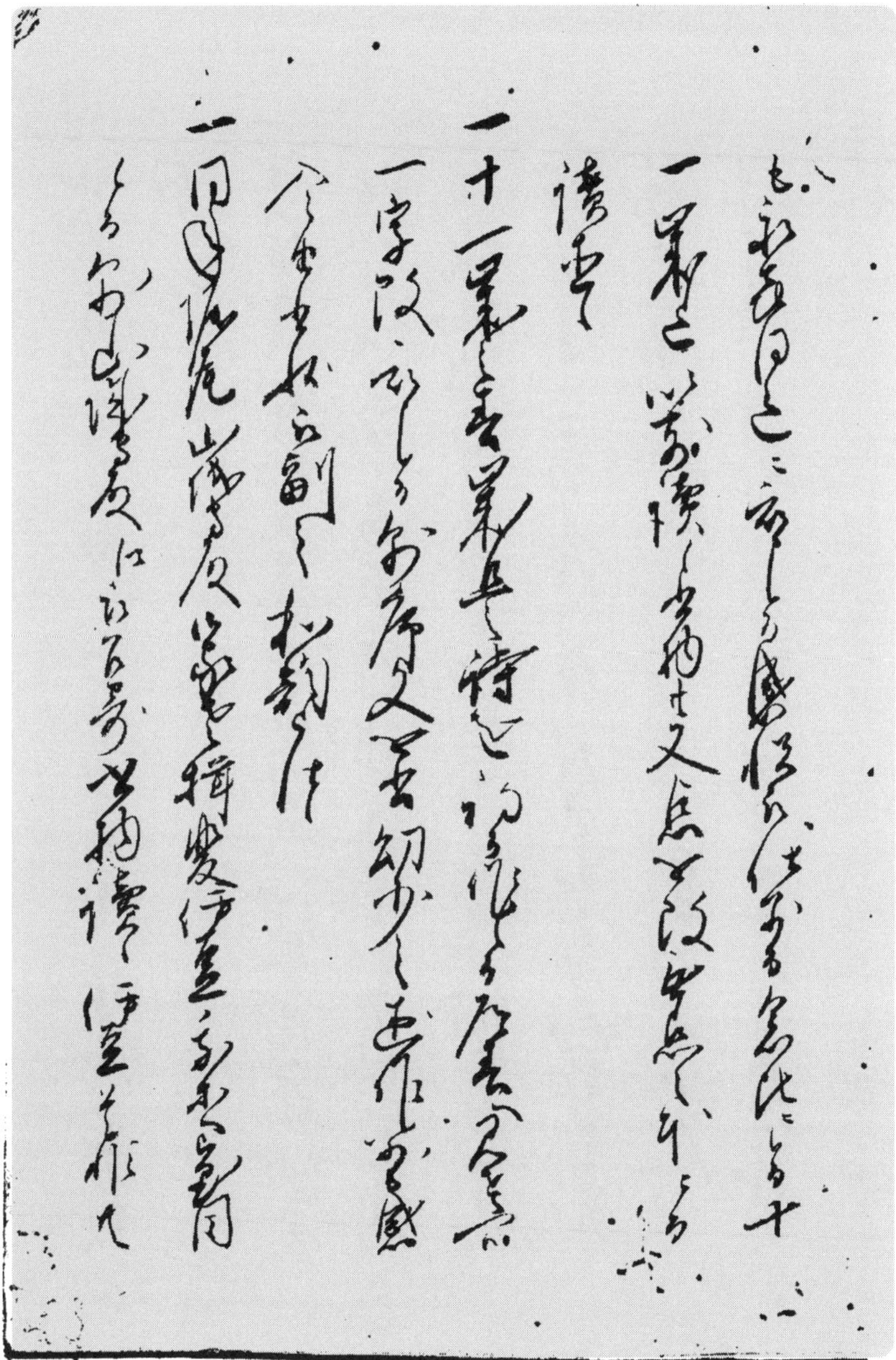

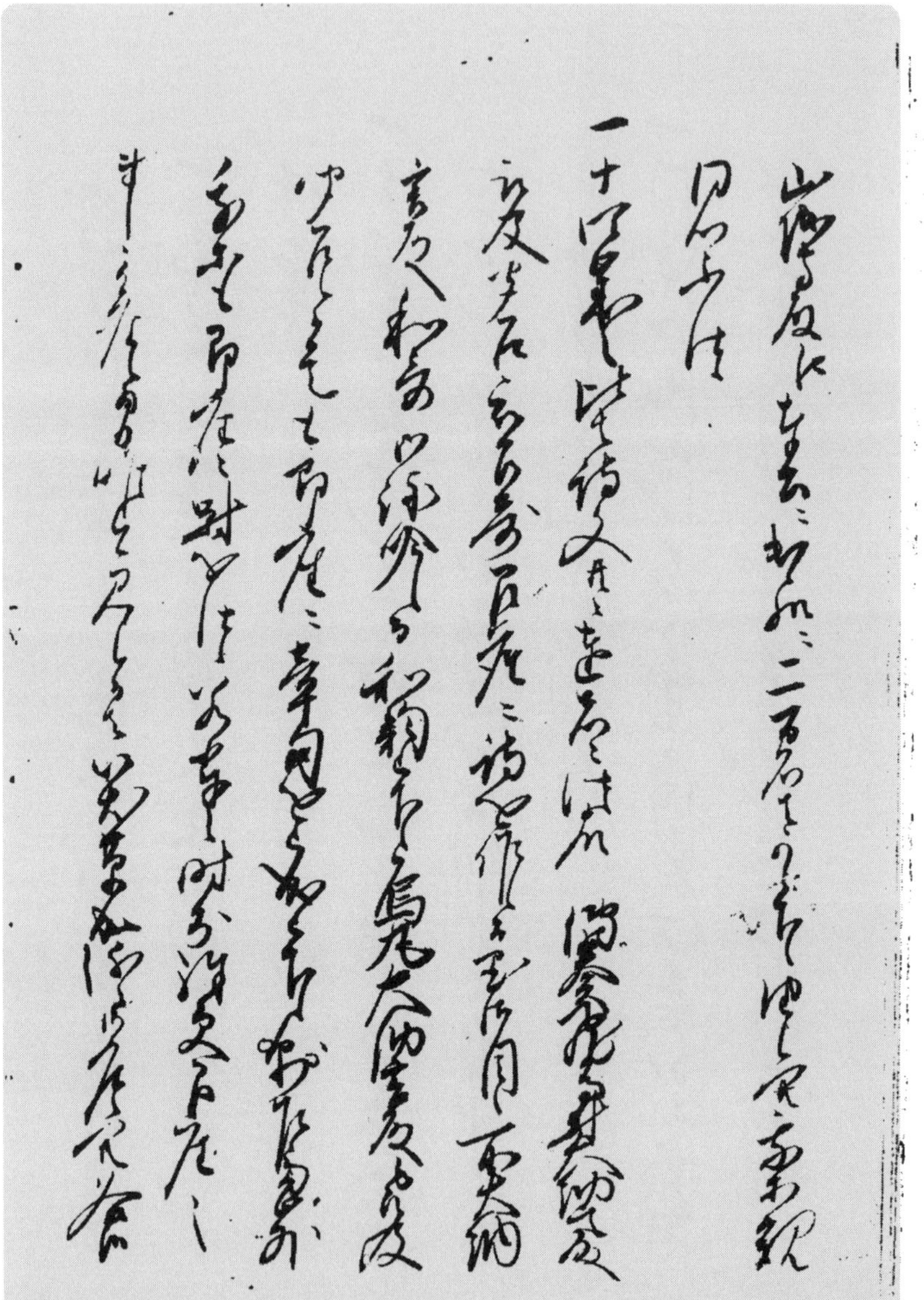

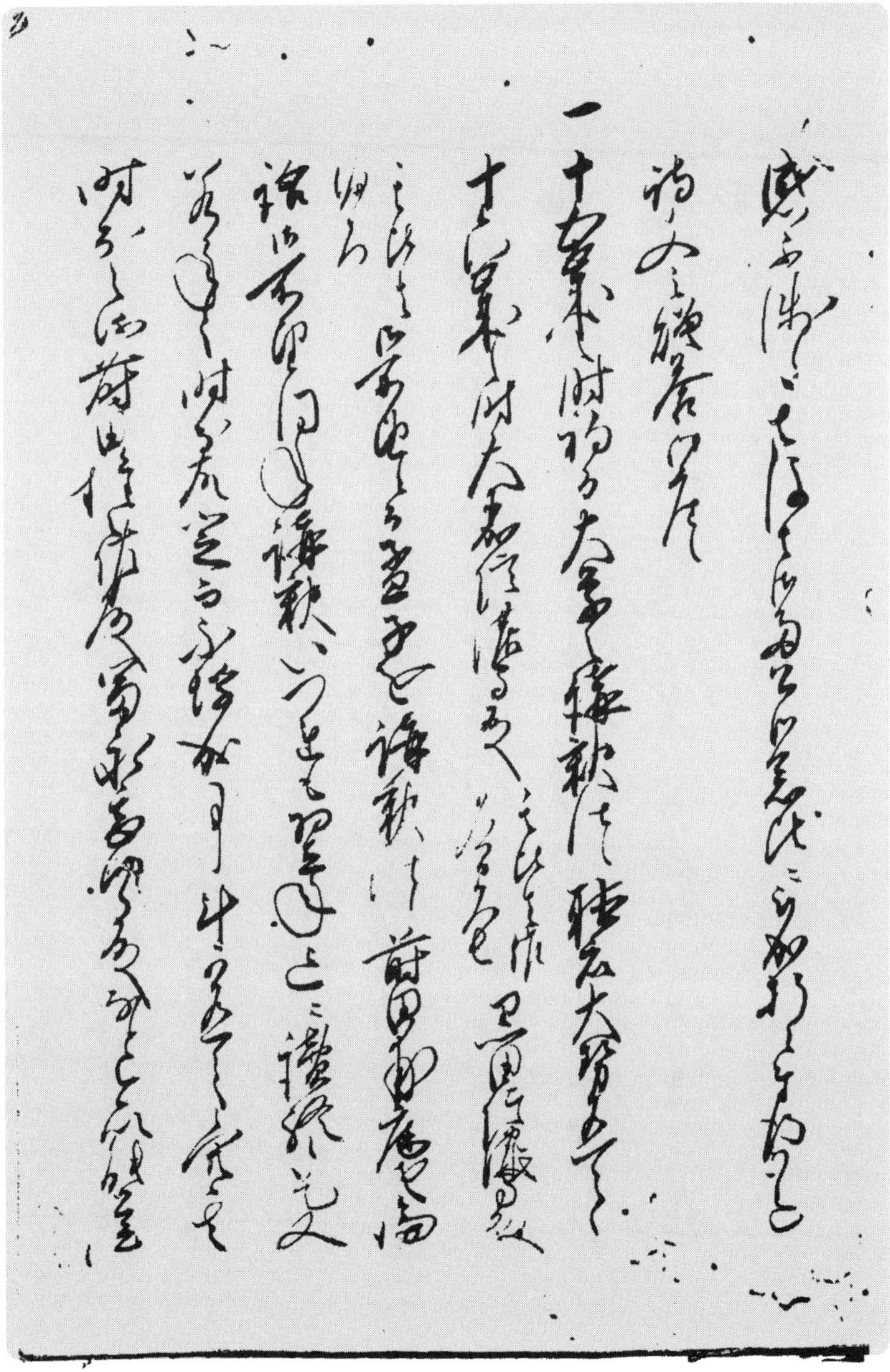

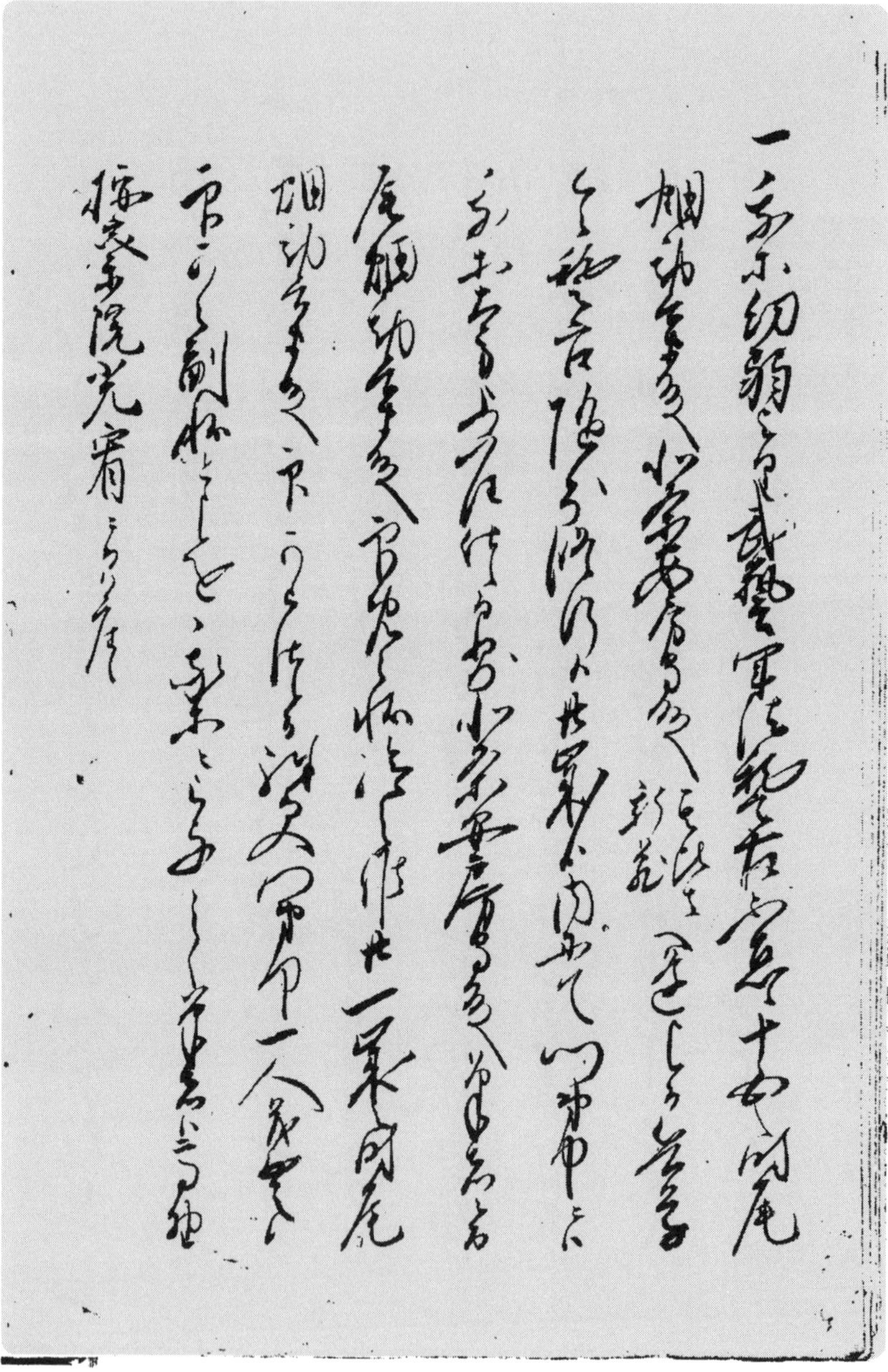

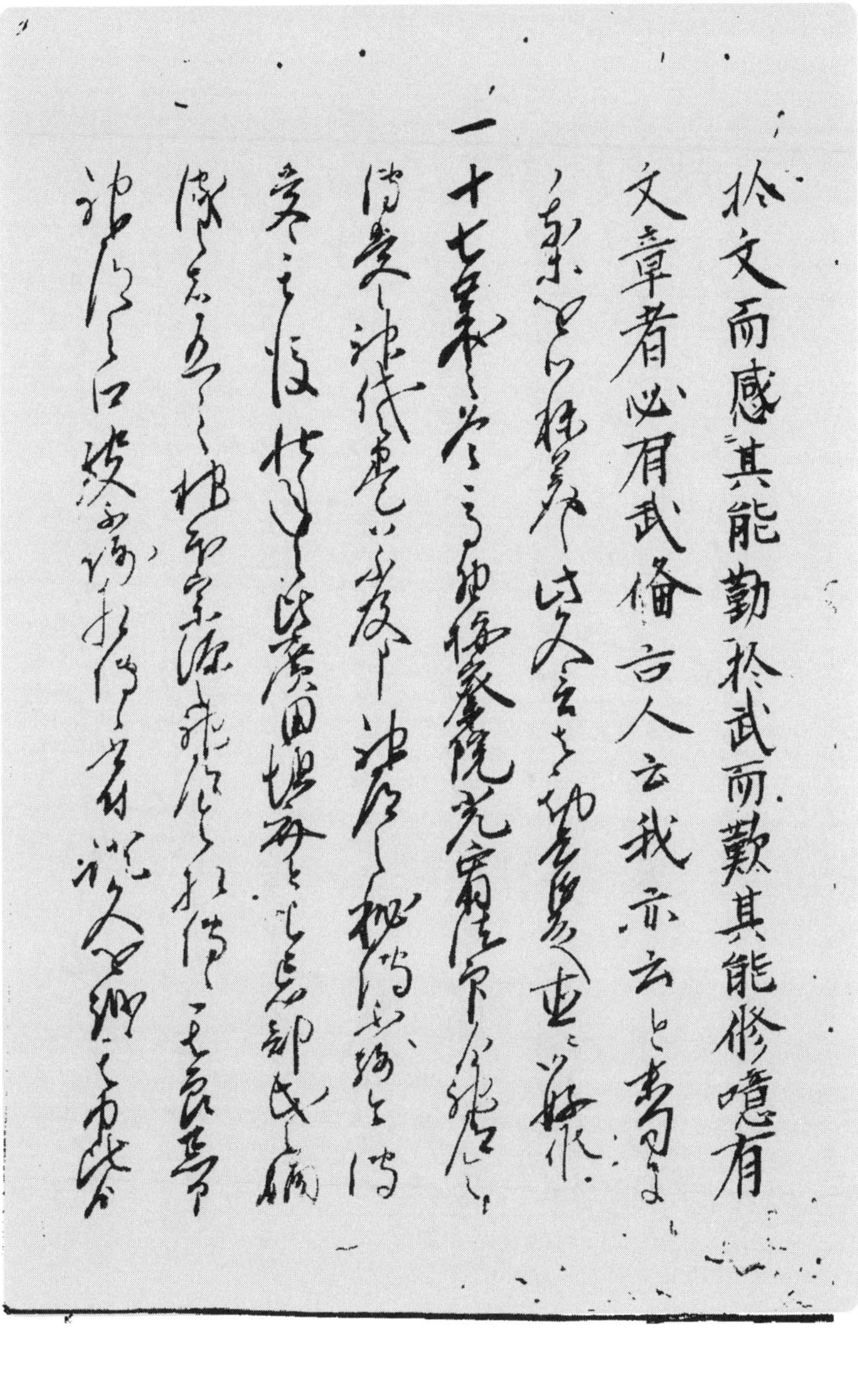
於文而感其能勤於武而歎其能修嗜有
文章者必有武備古人云我亦云

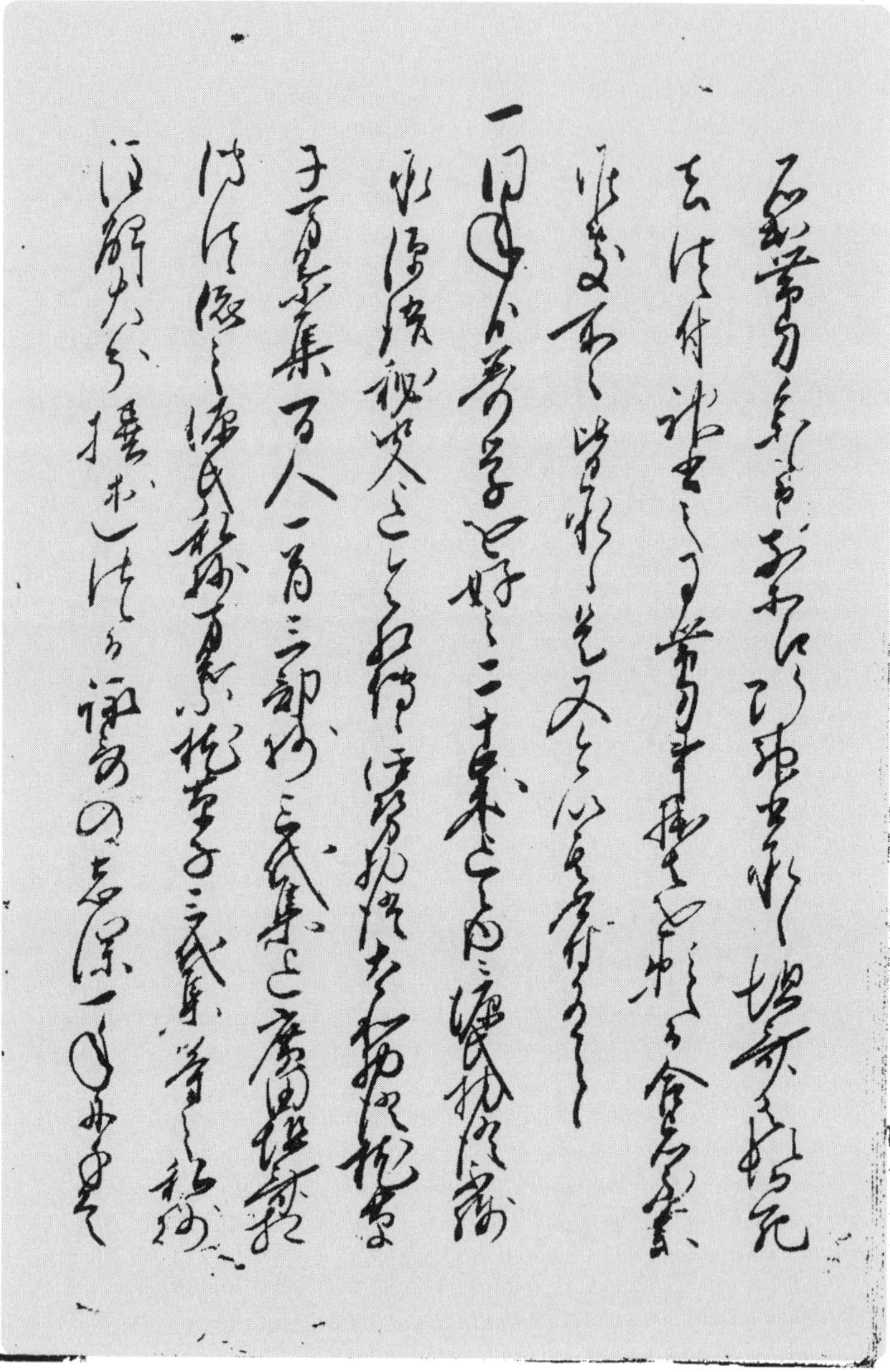

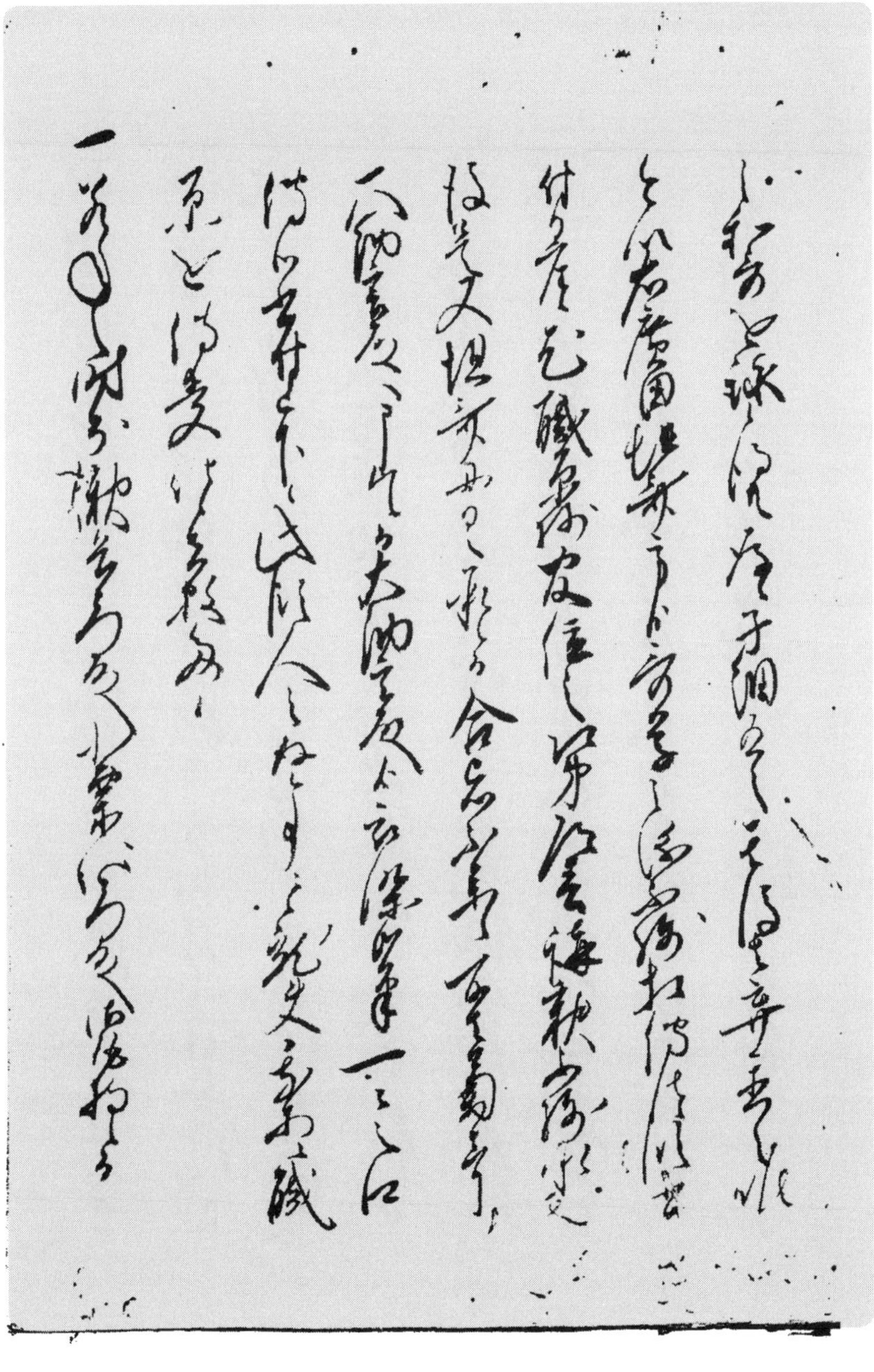

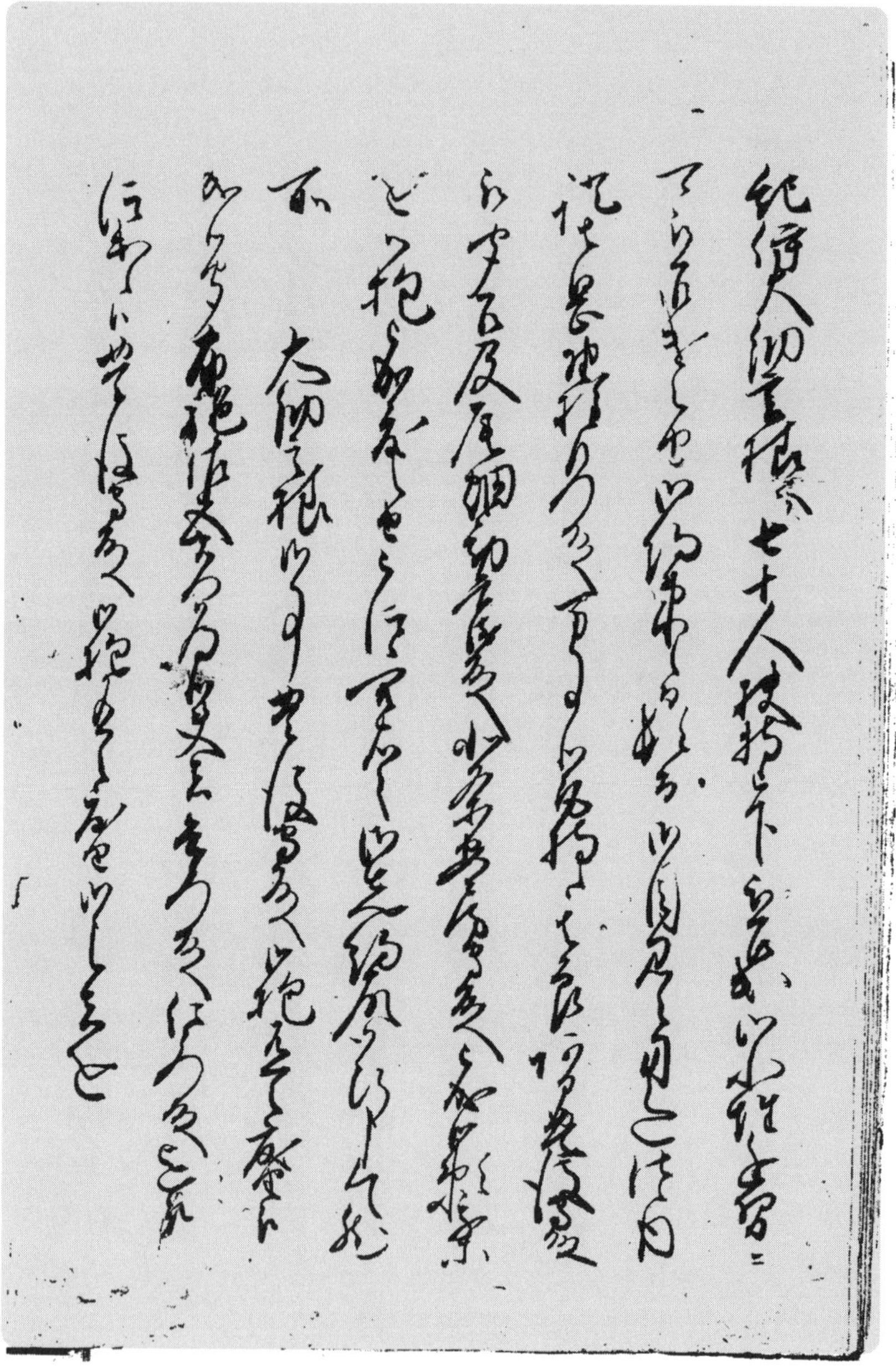

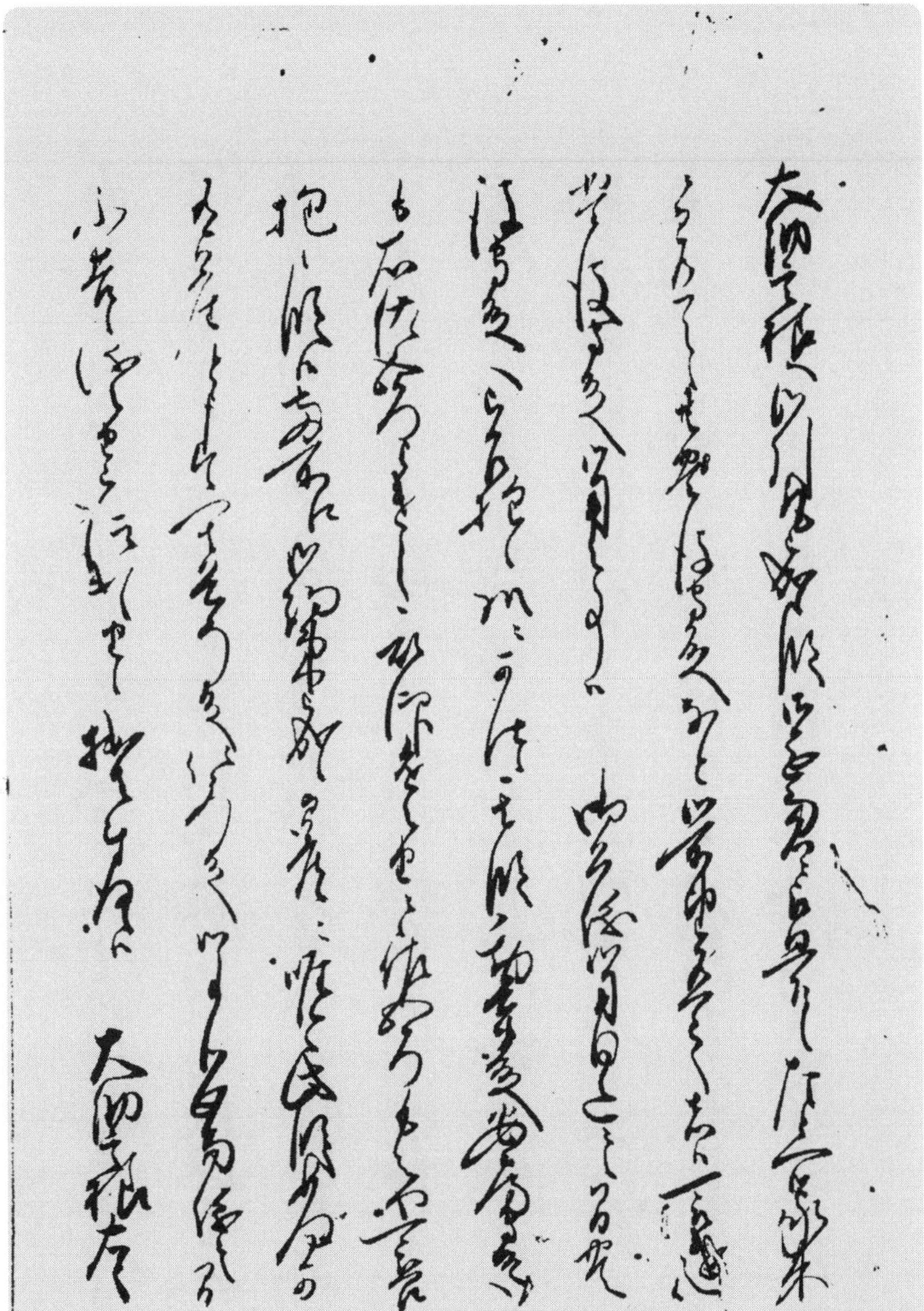

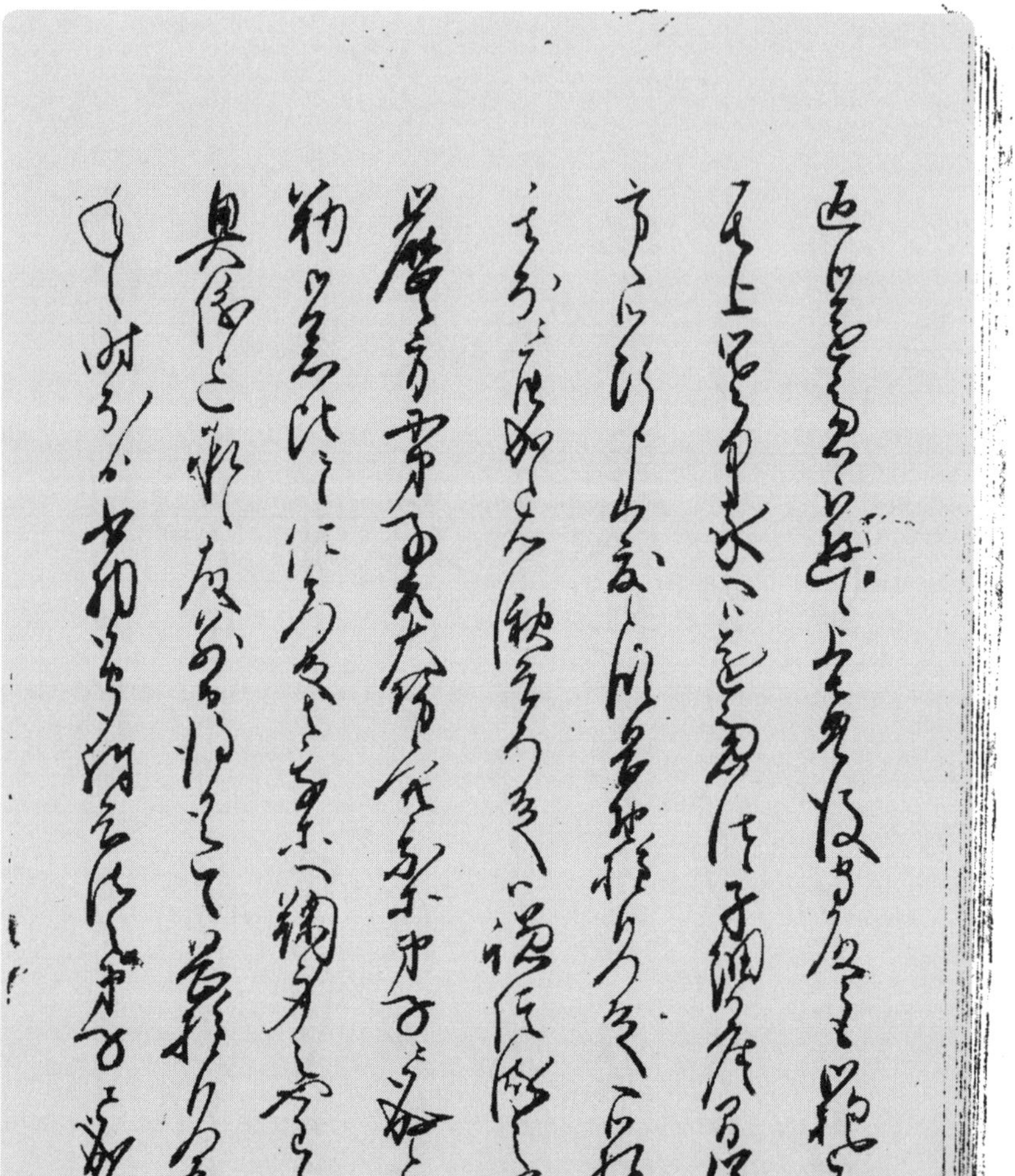

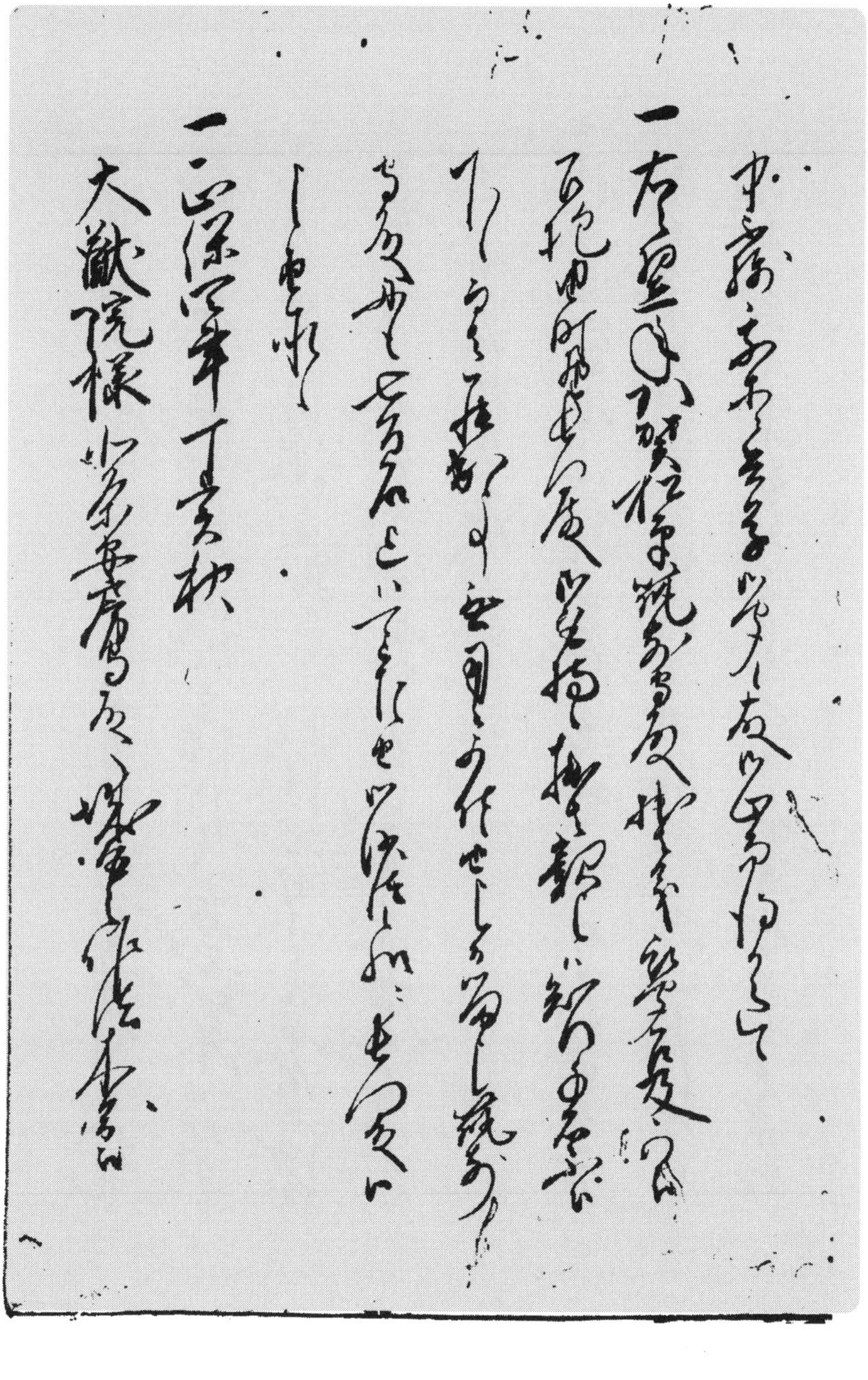

一正保四年丁亥秋

大猷院様

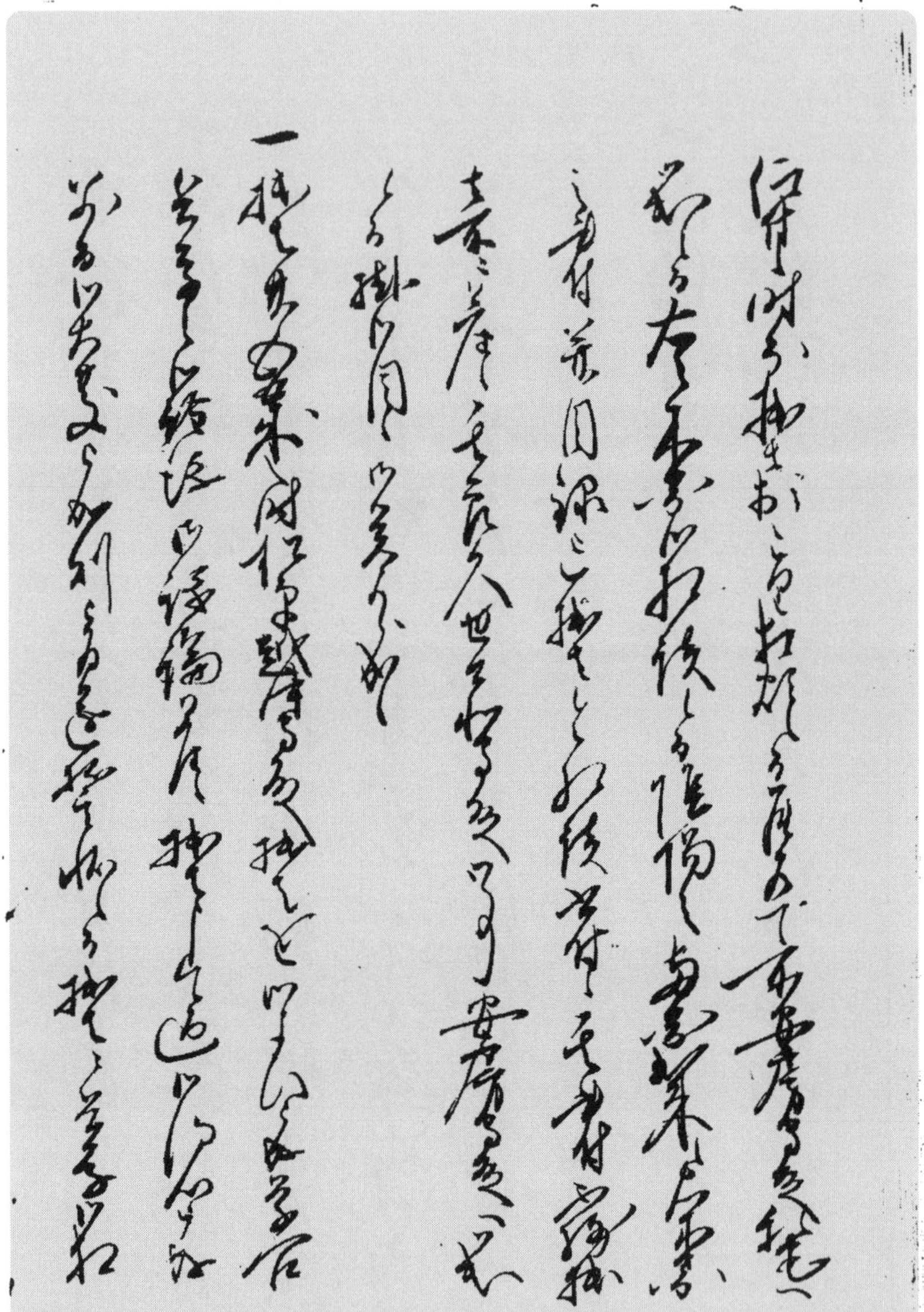

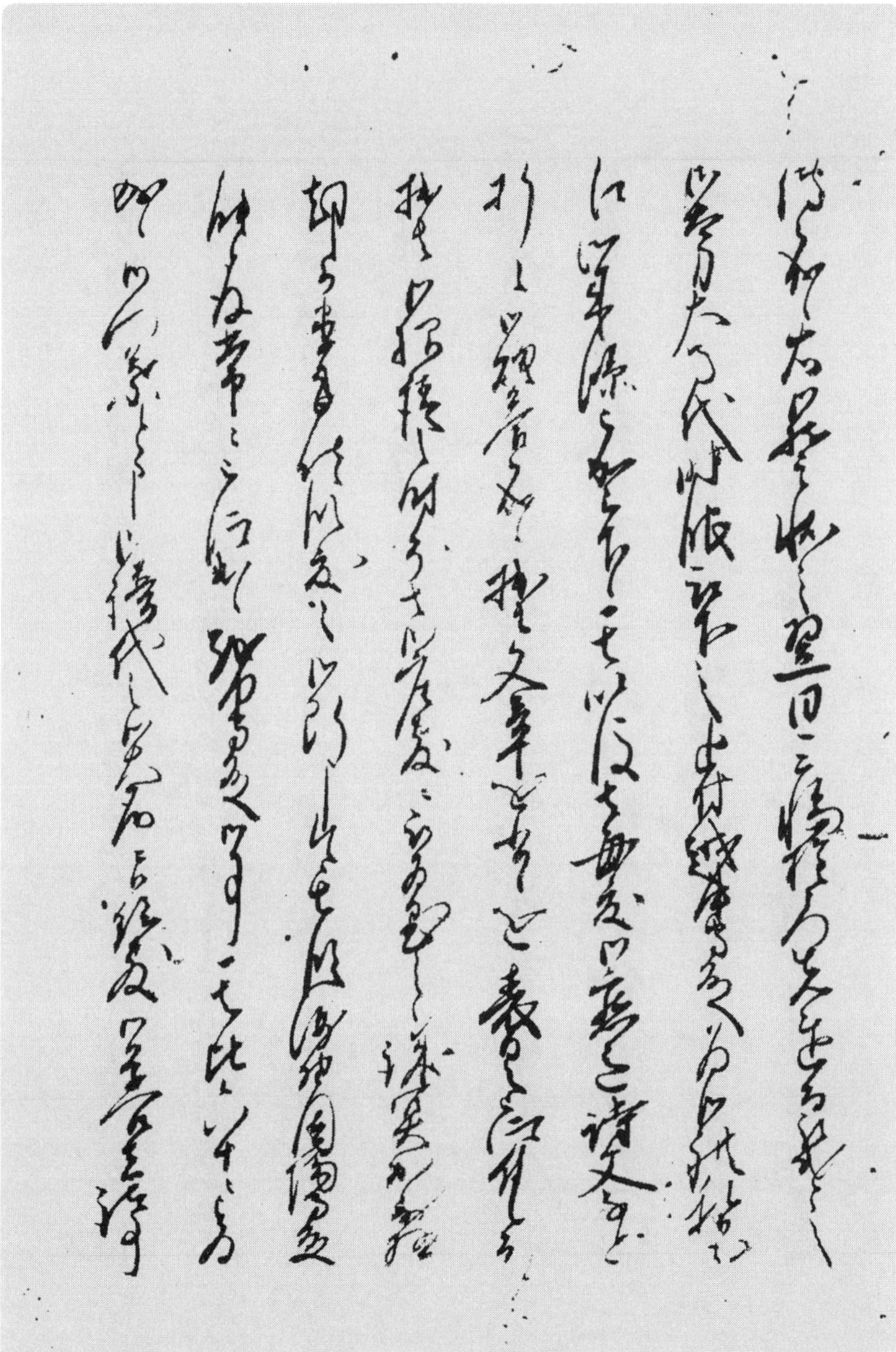

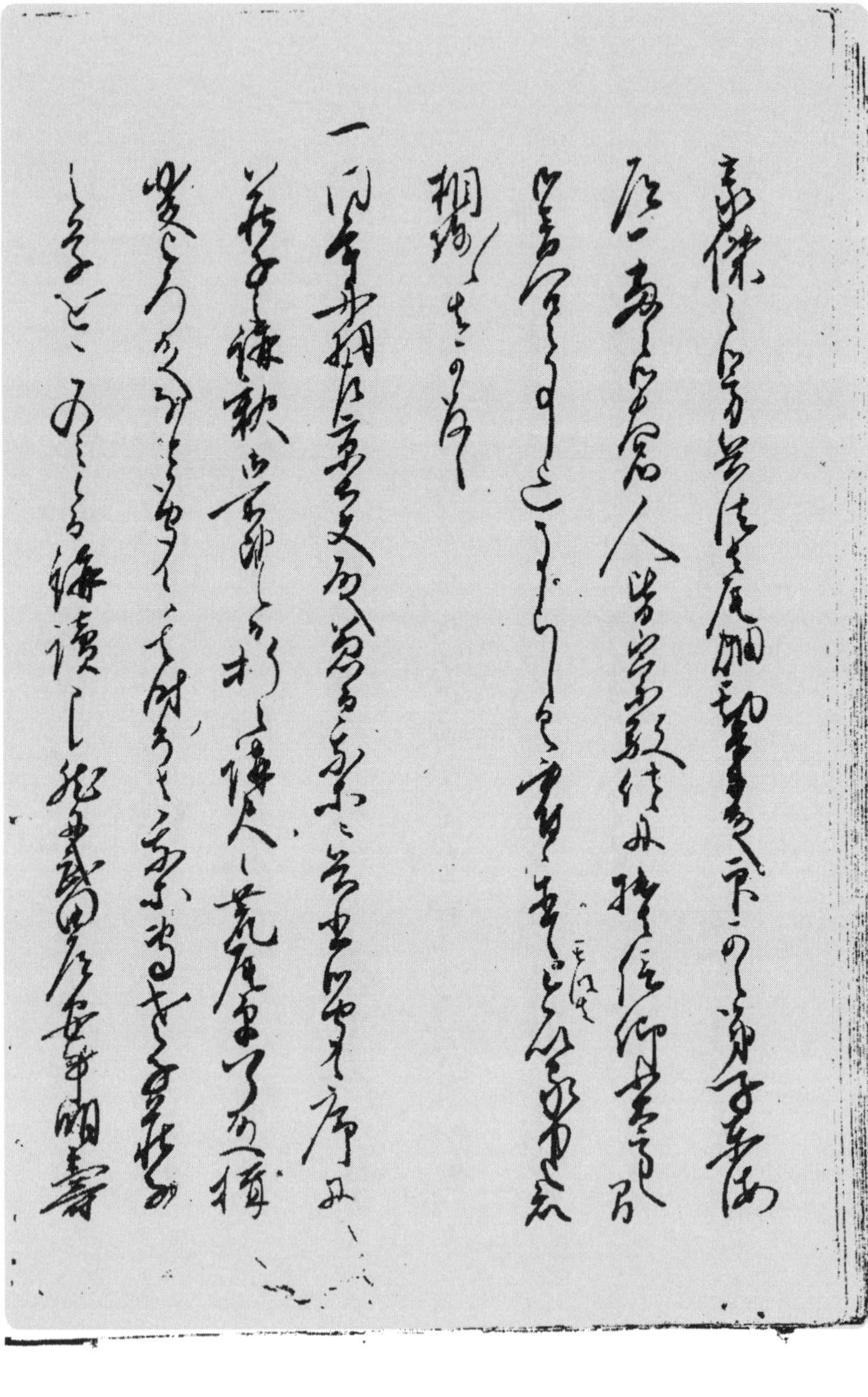

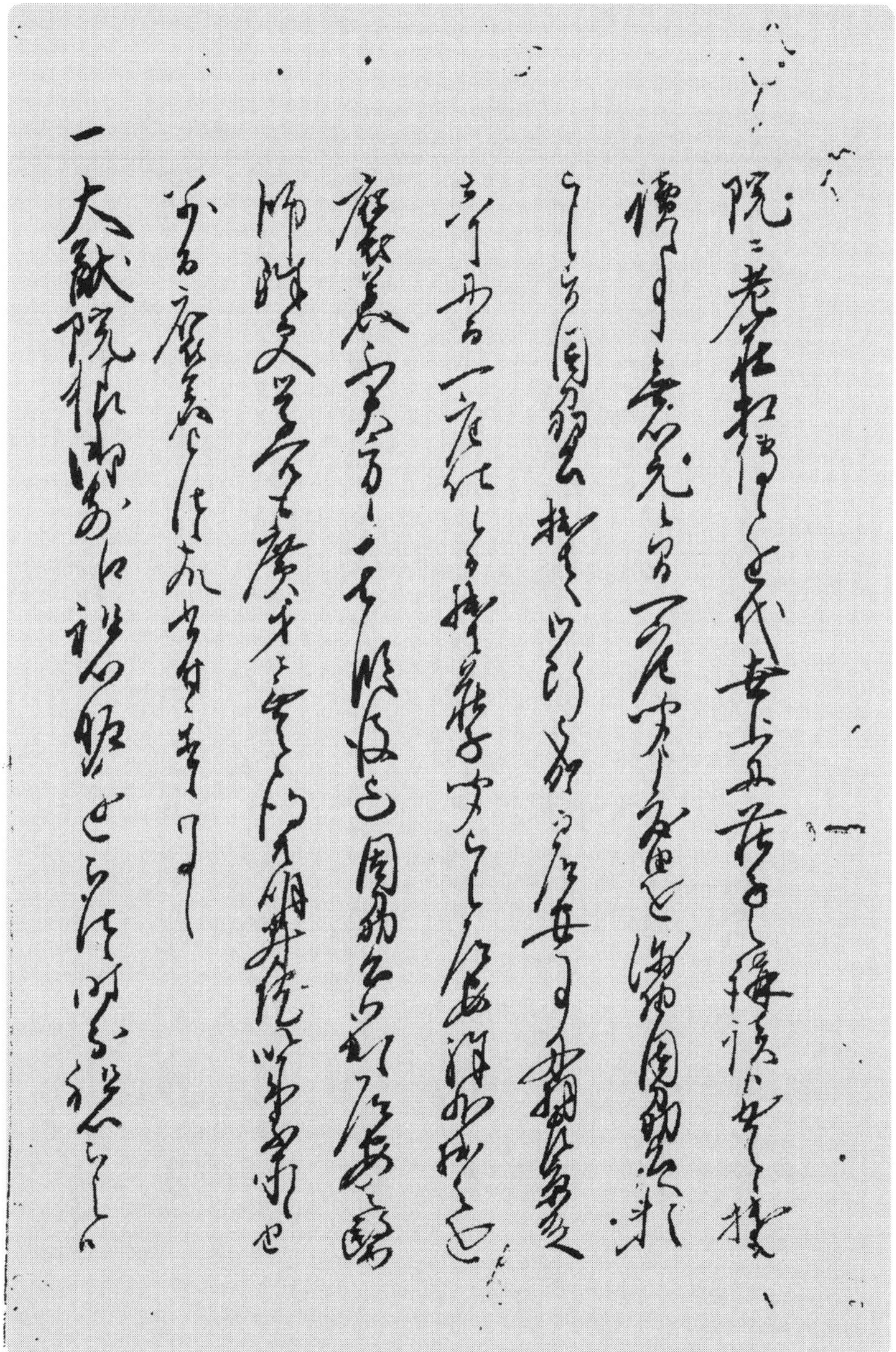

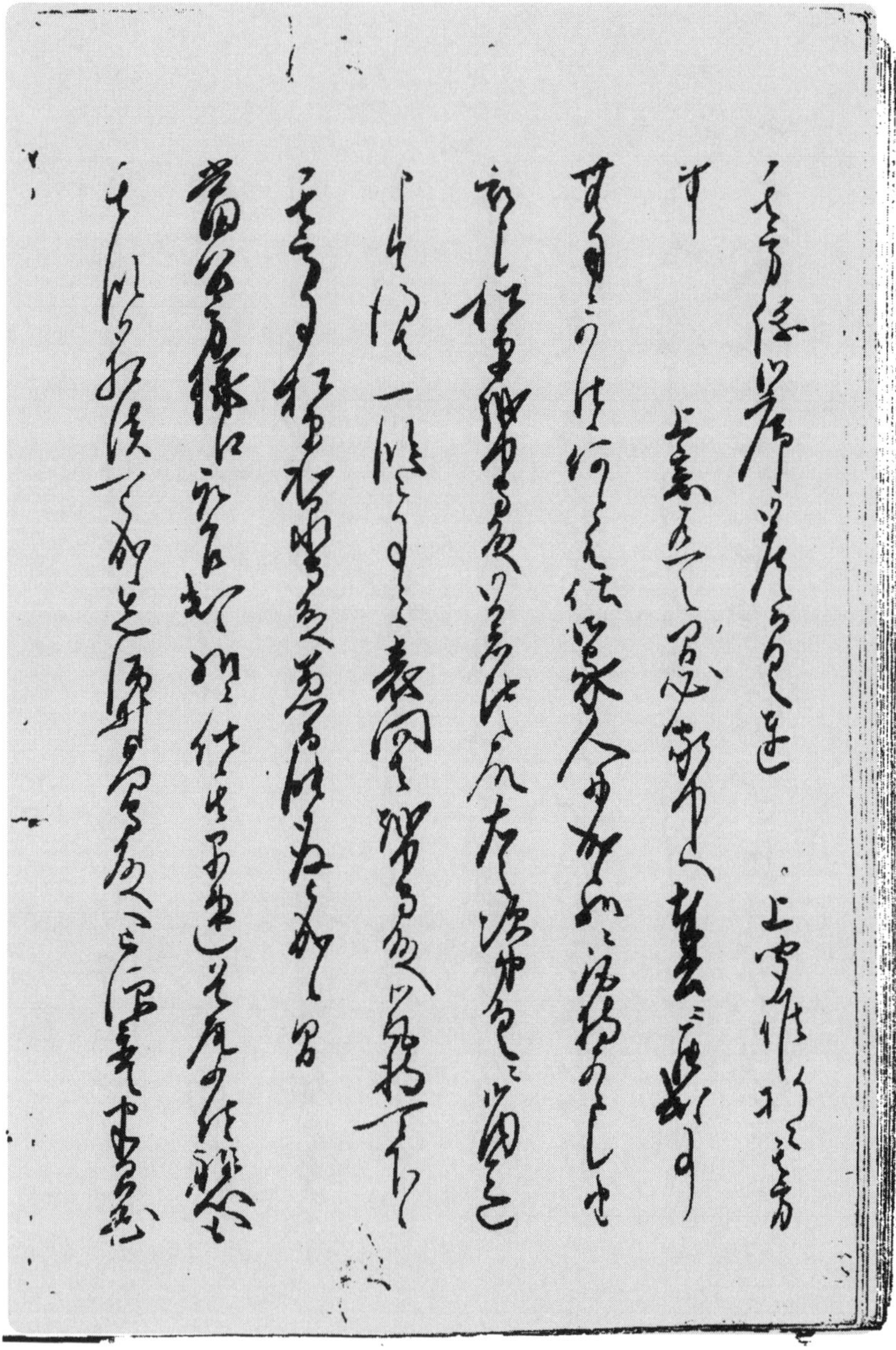

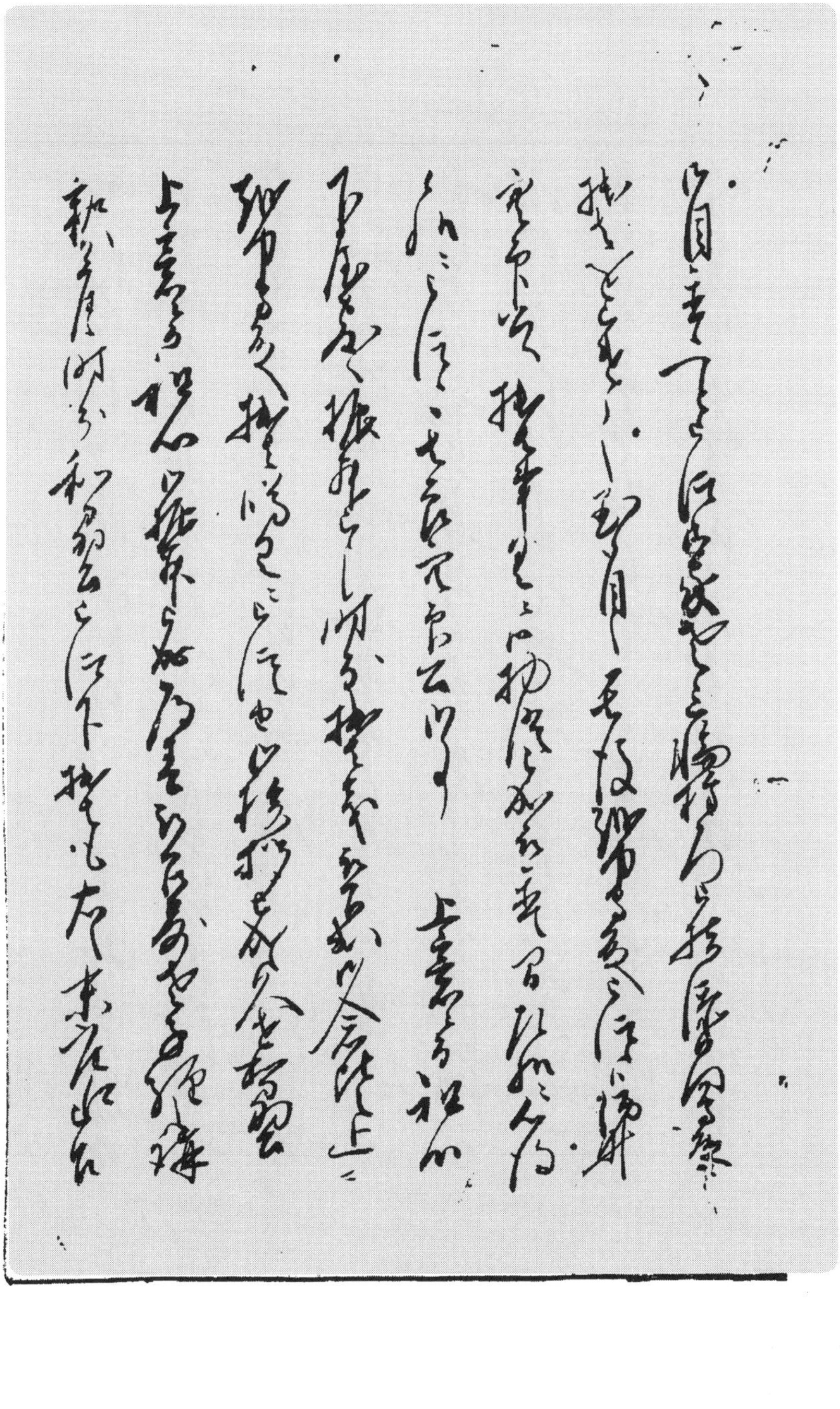

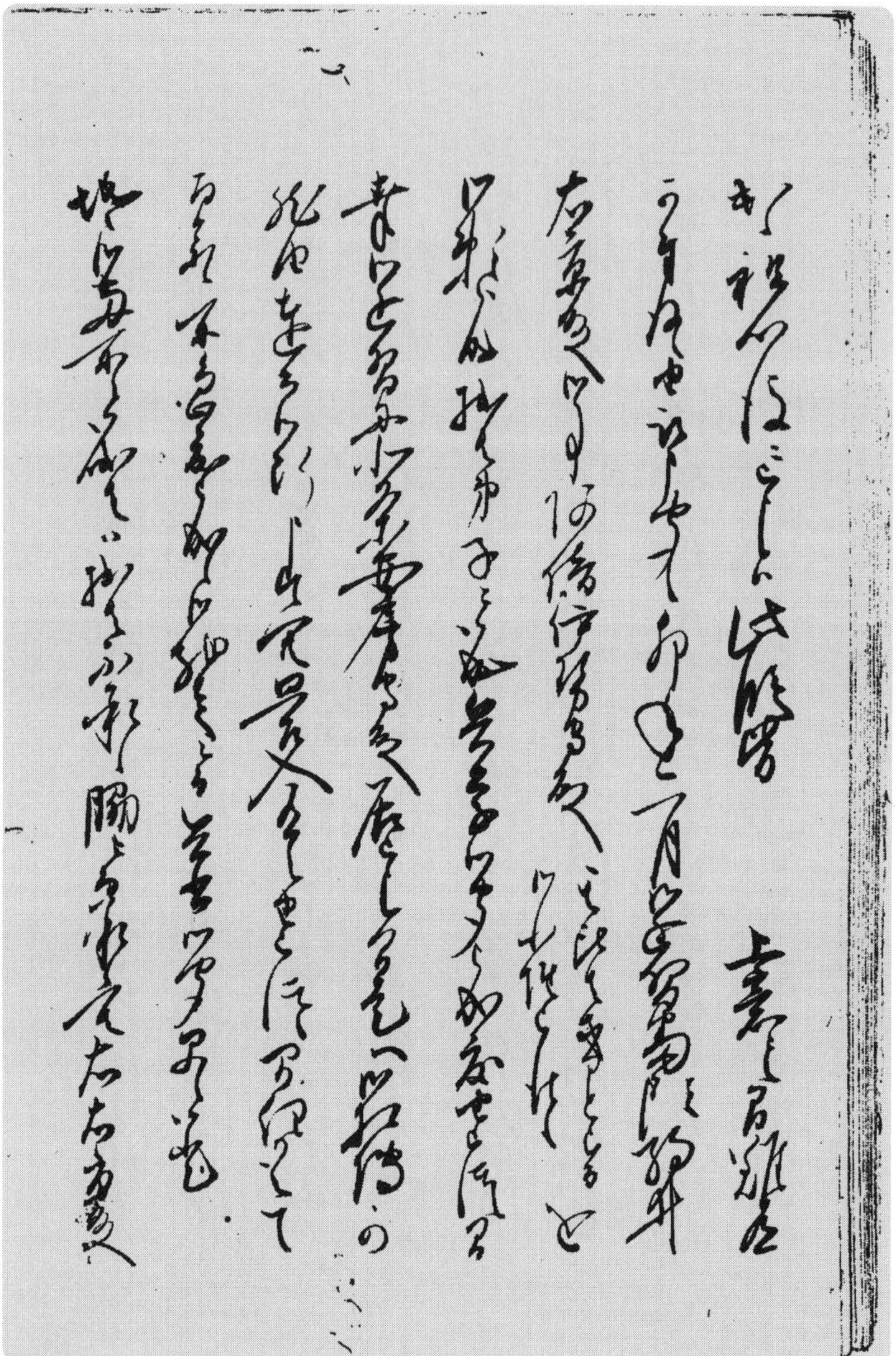

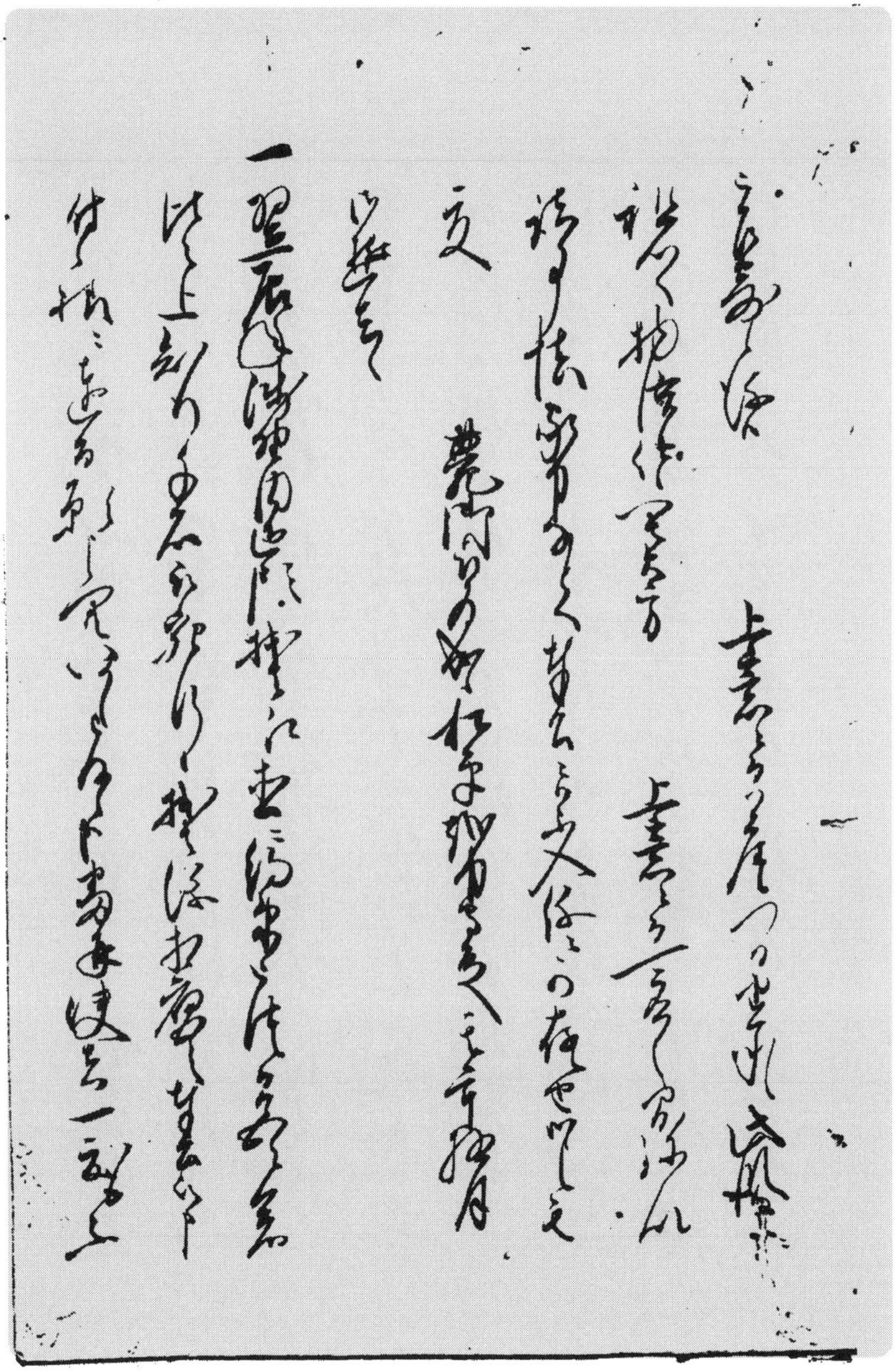

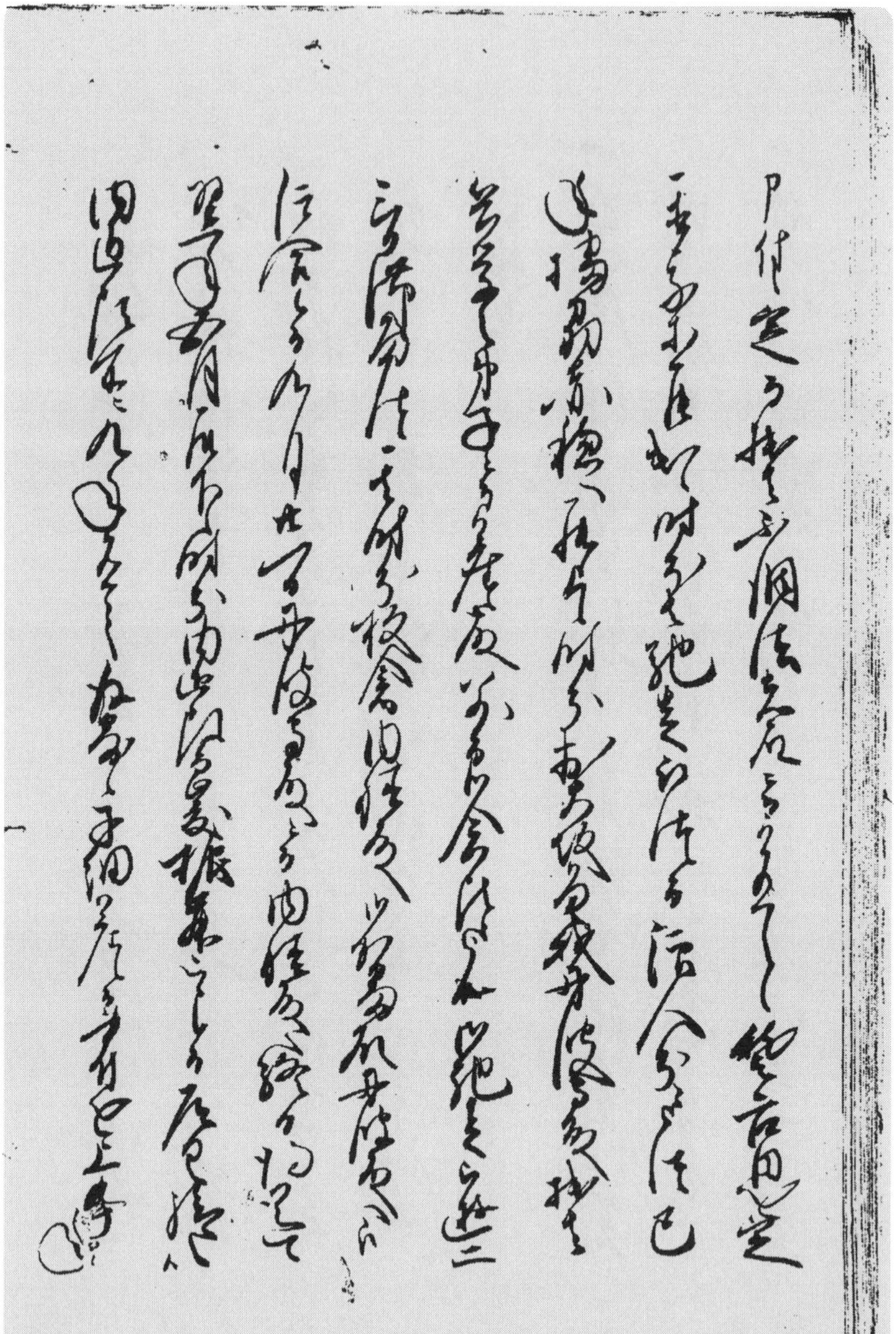

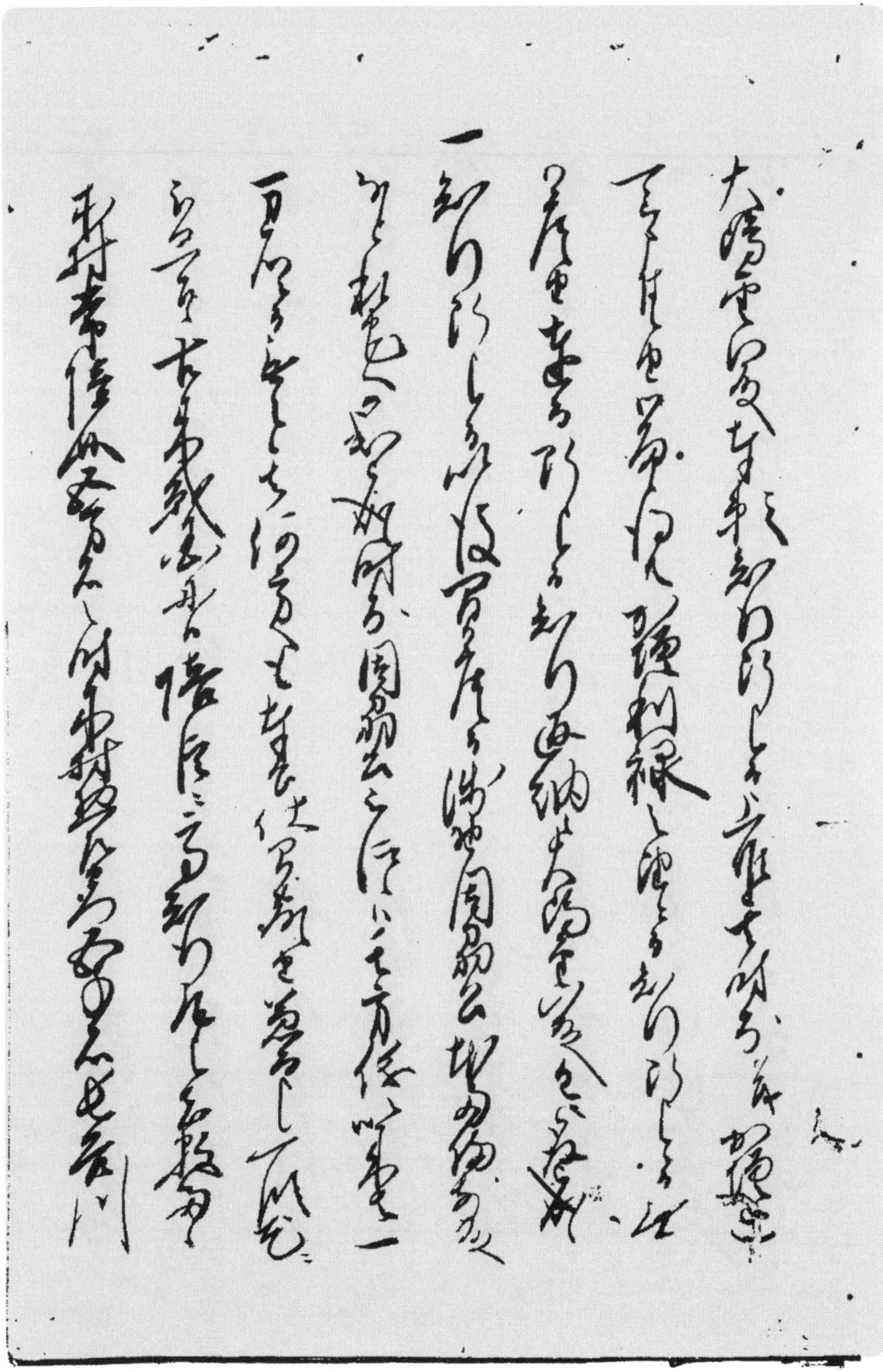

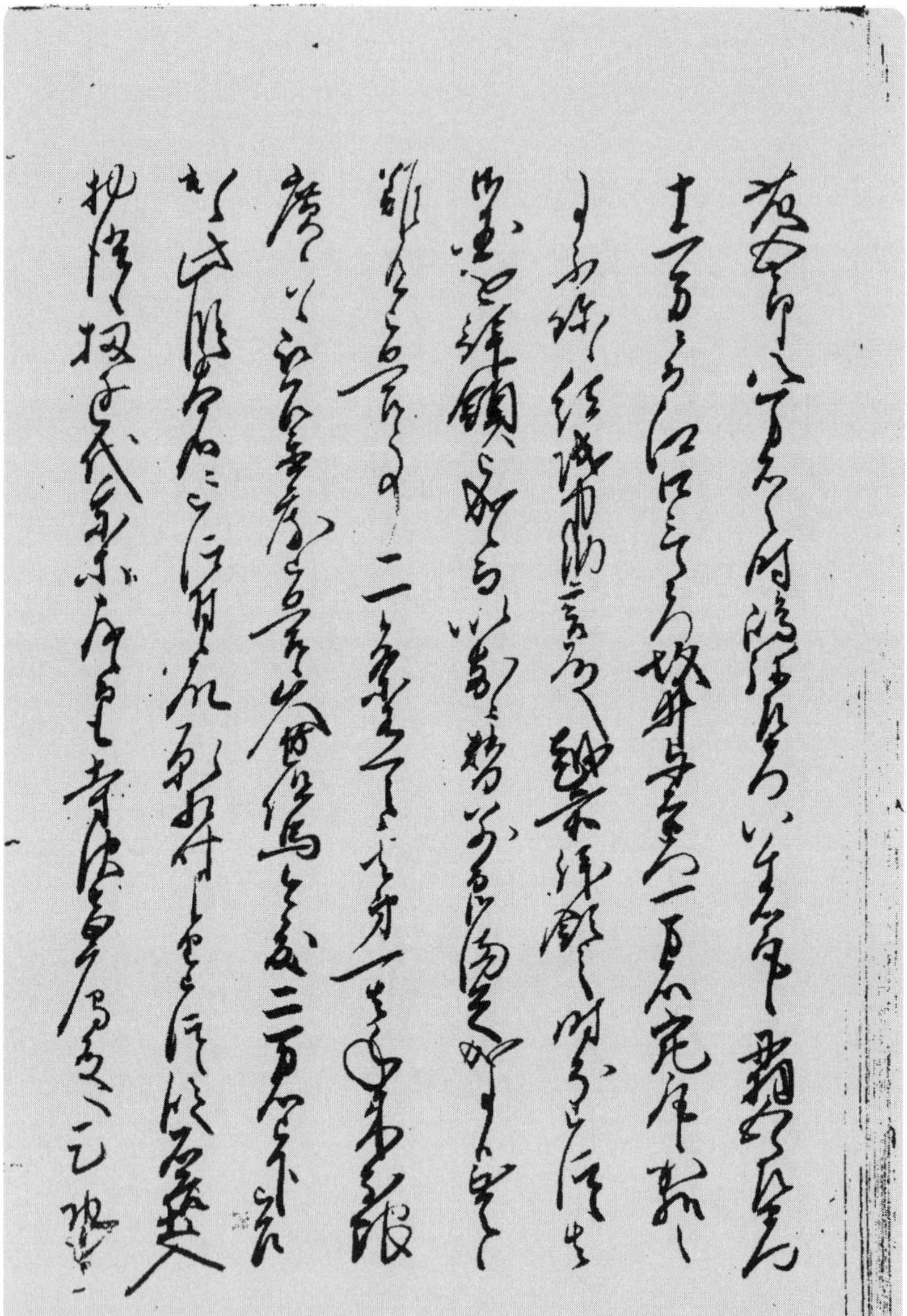

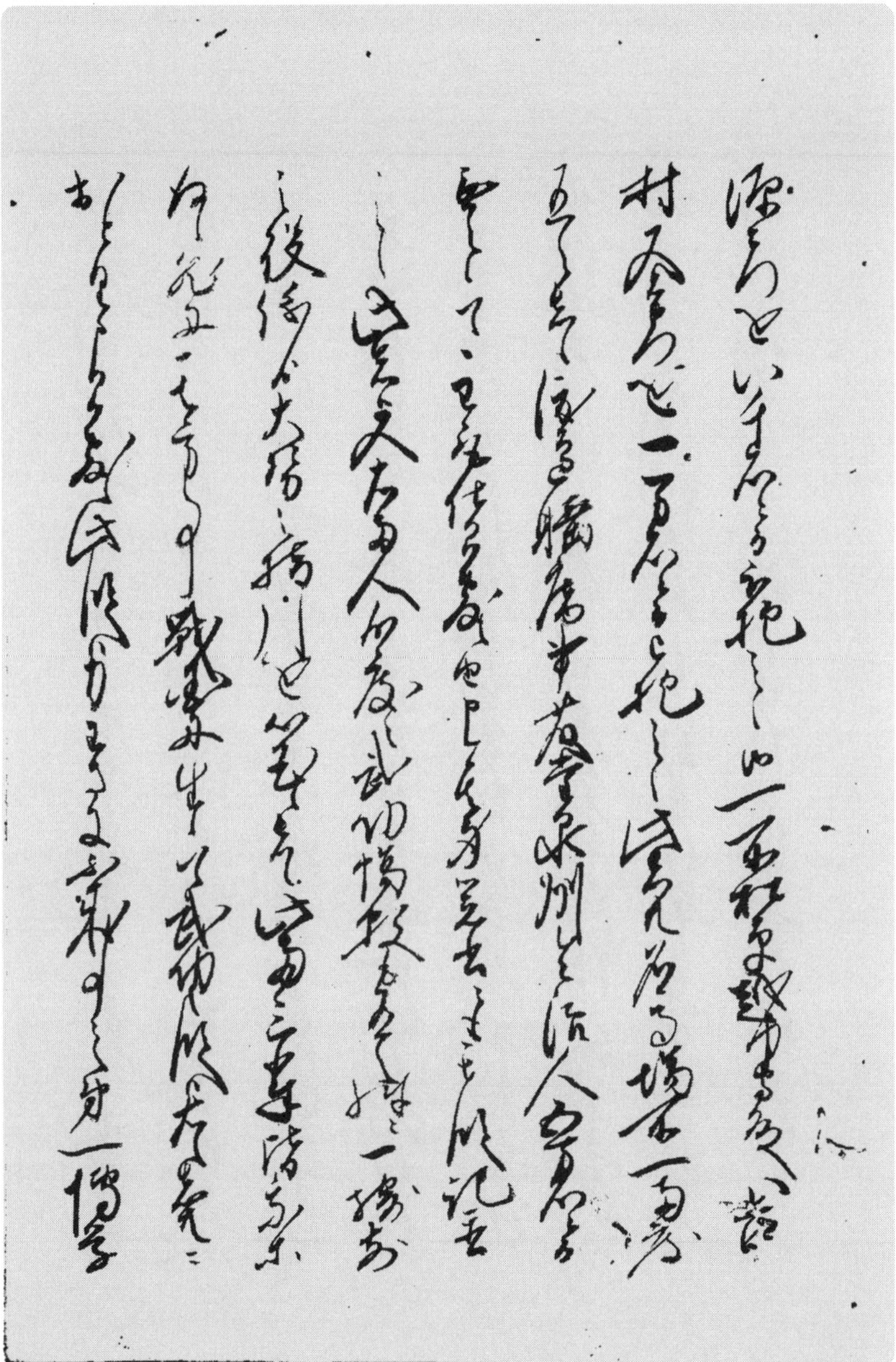

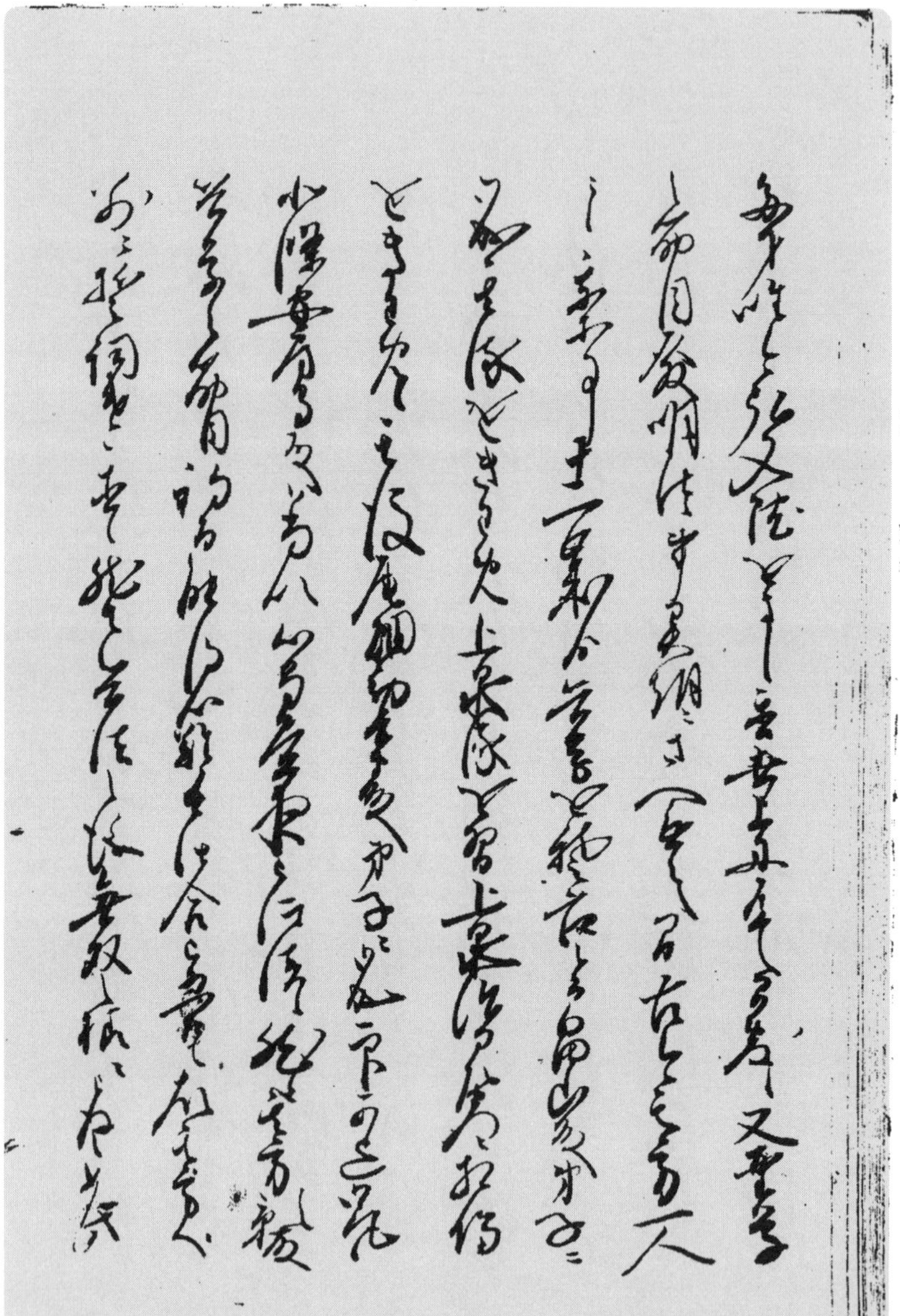

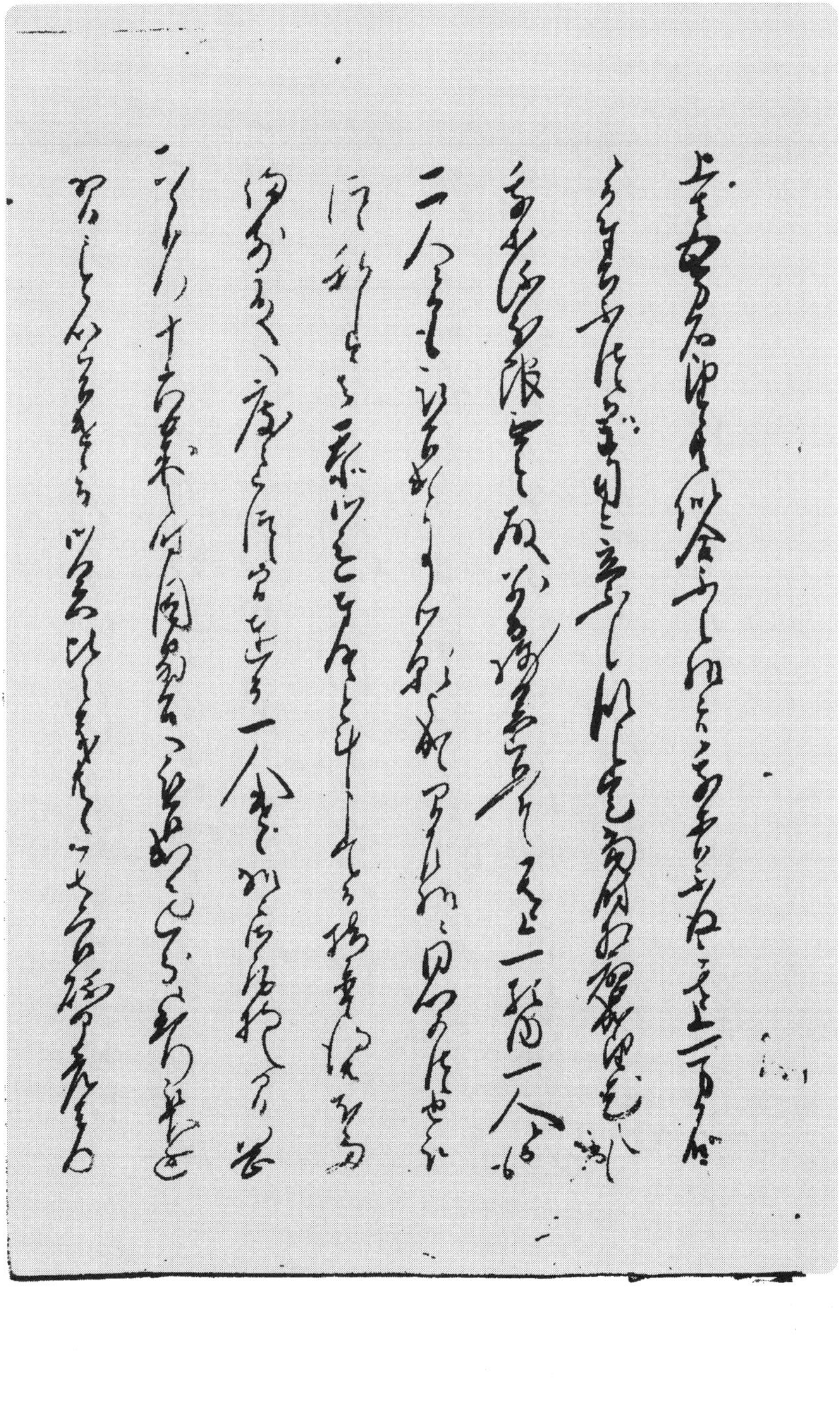

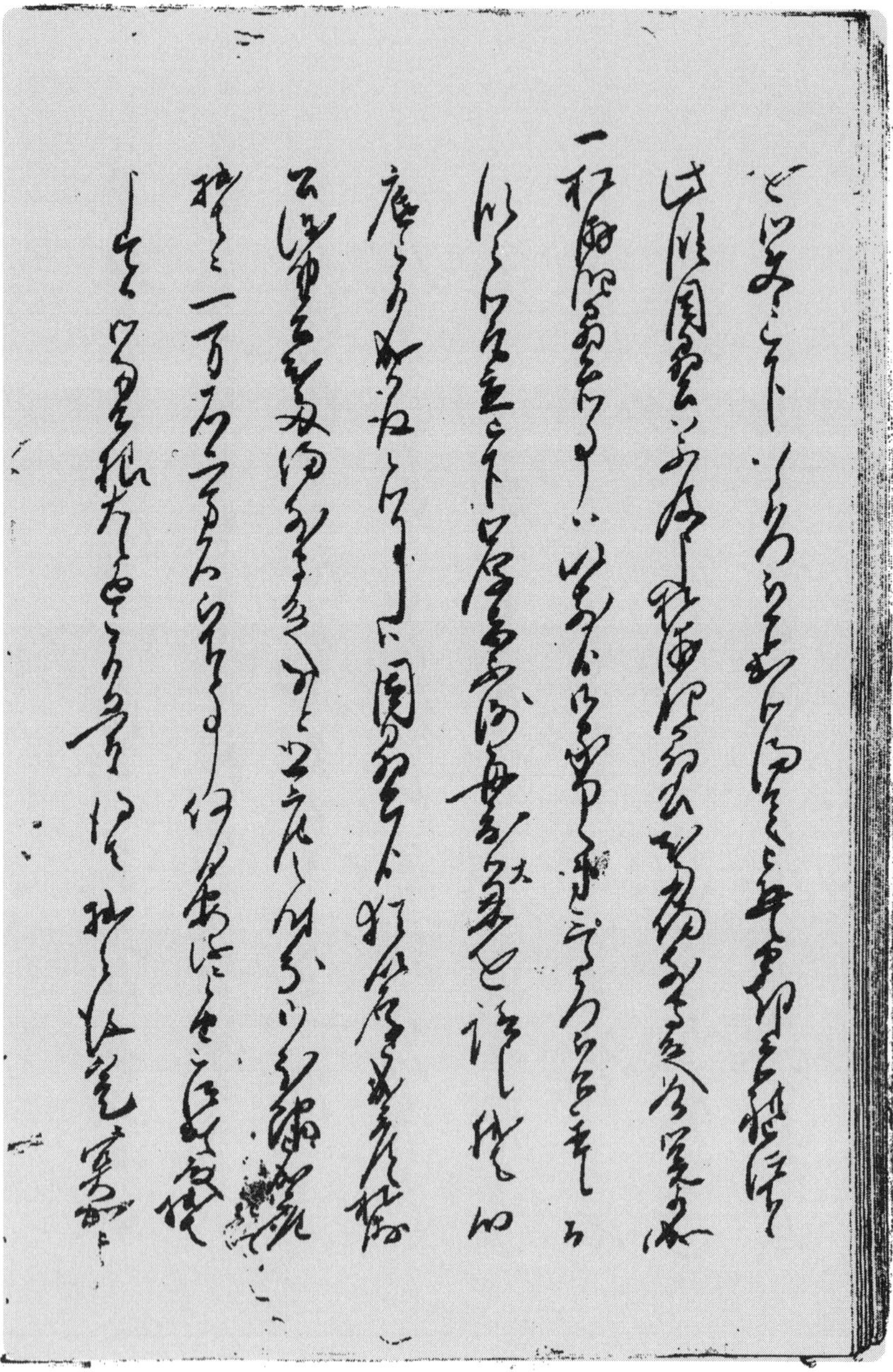

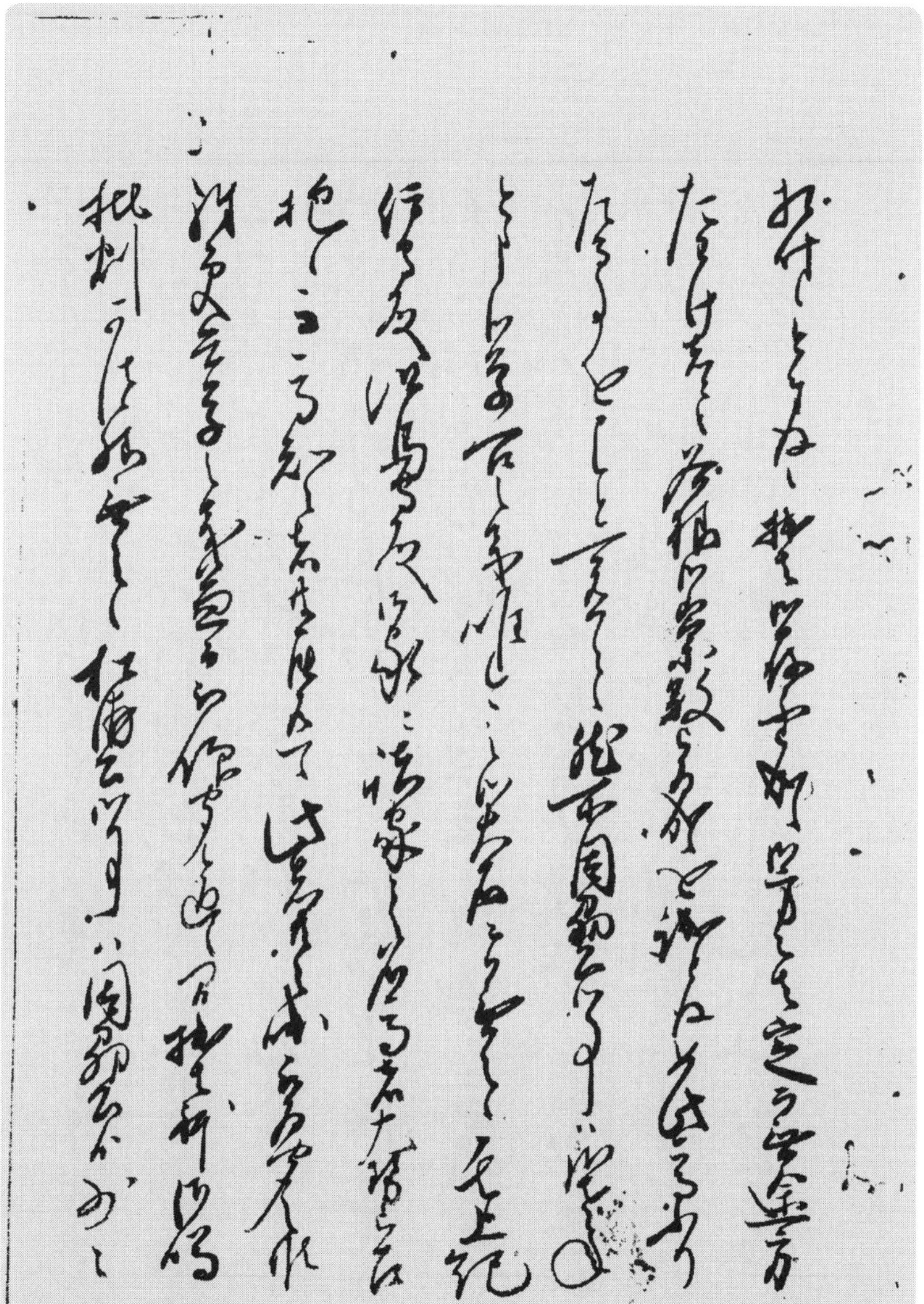

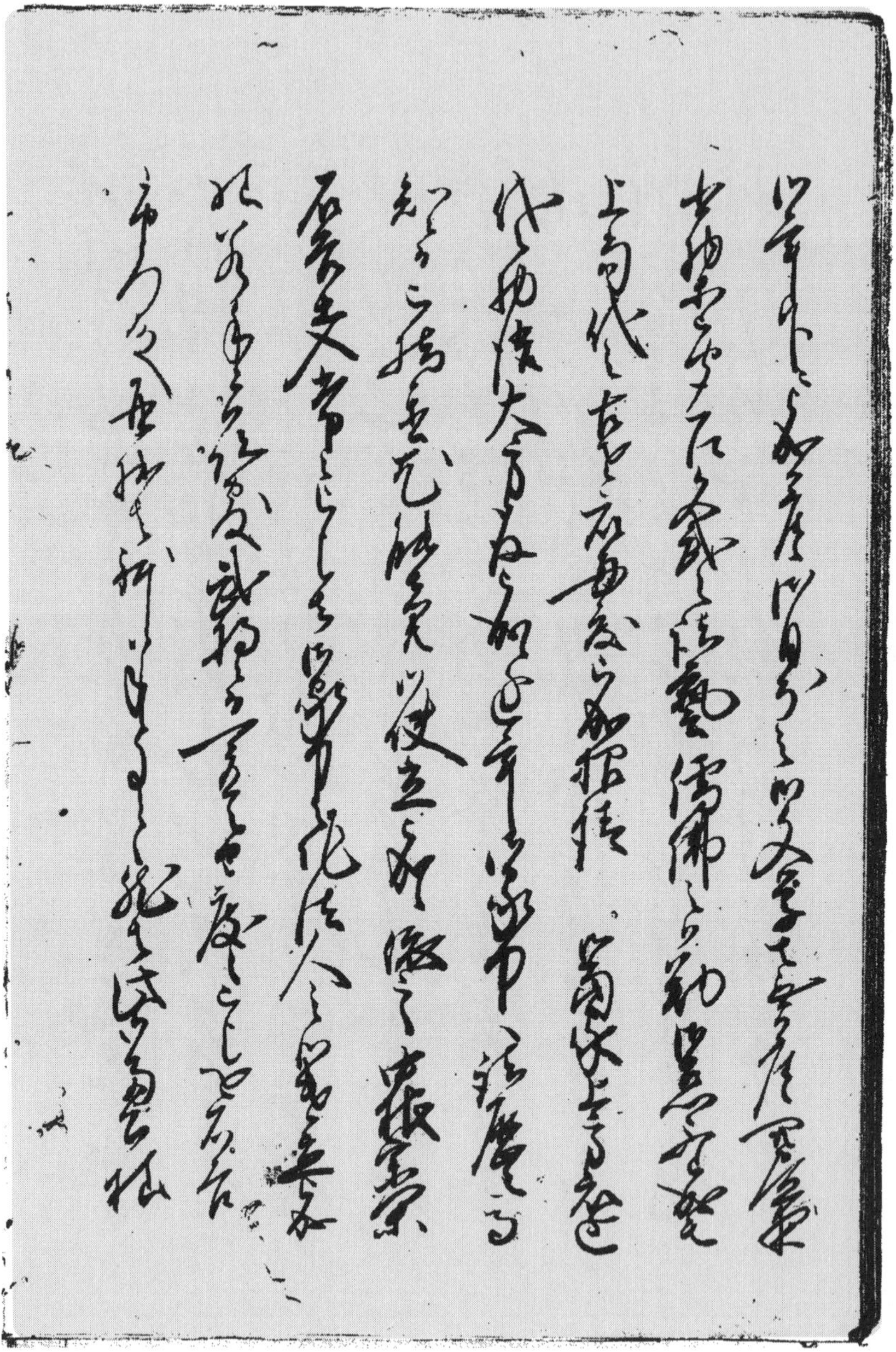

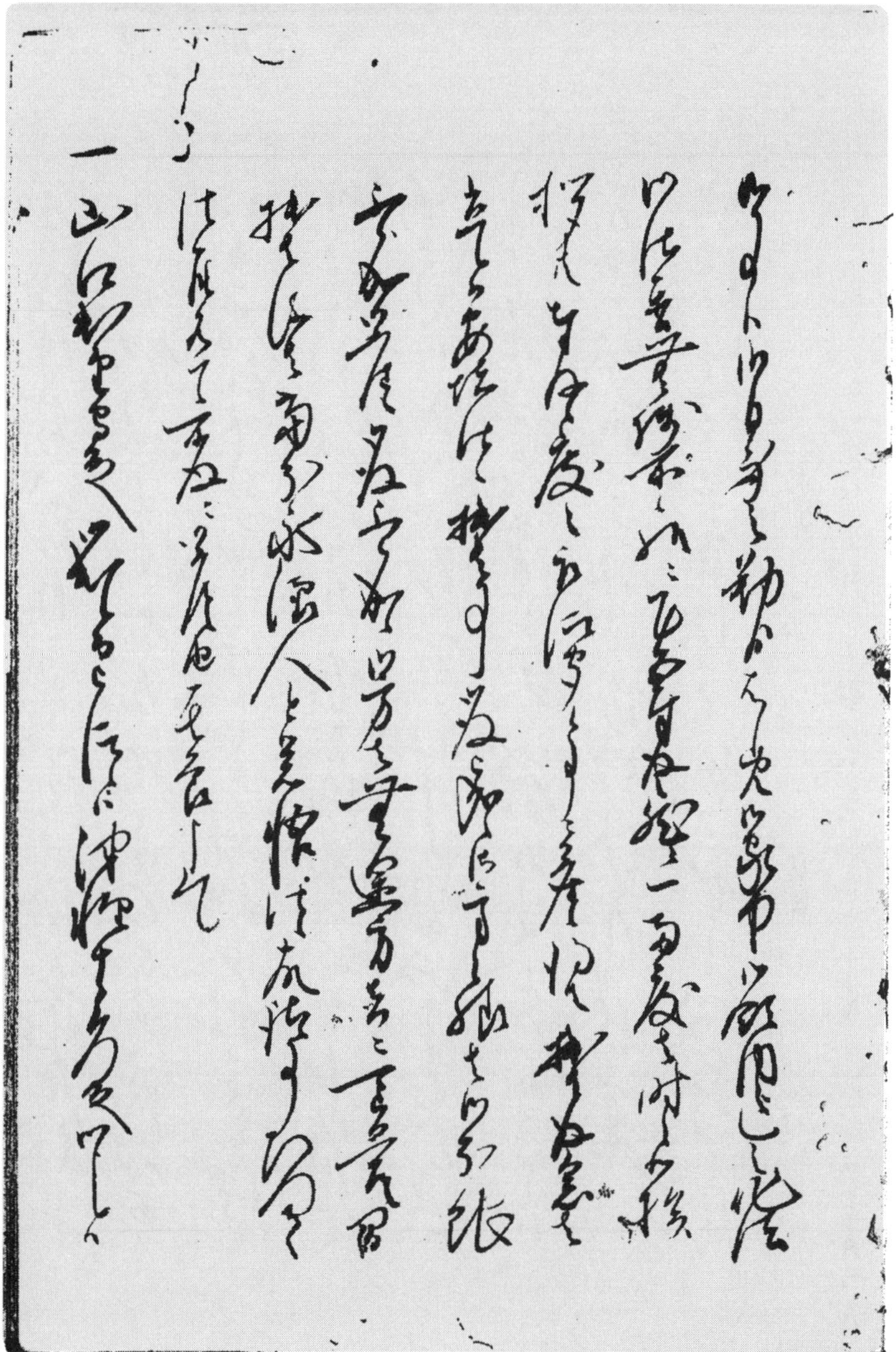

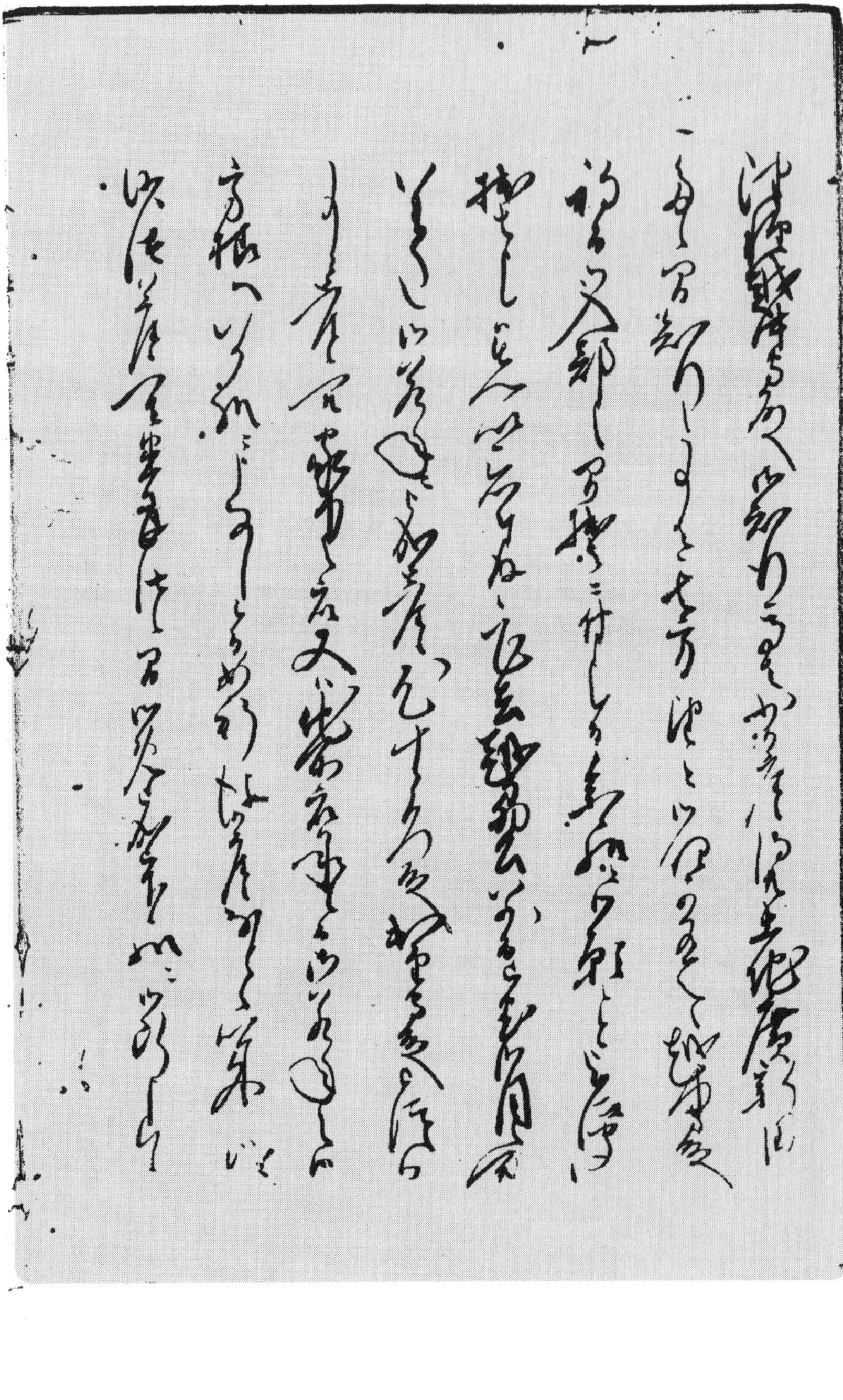

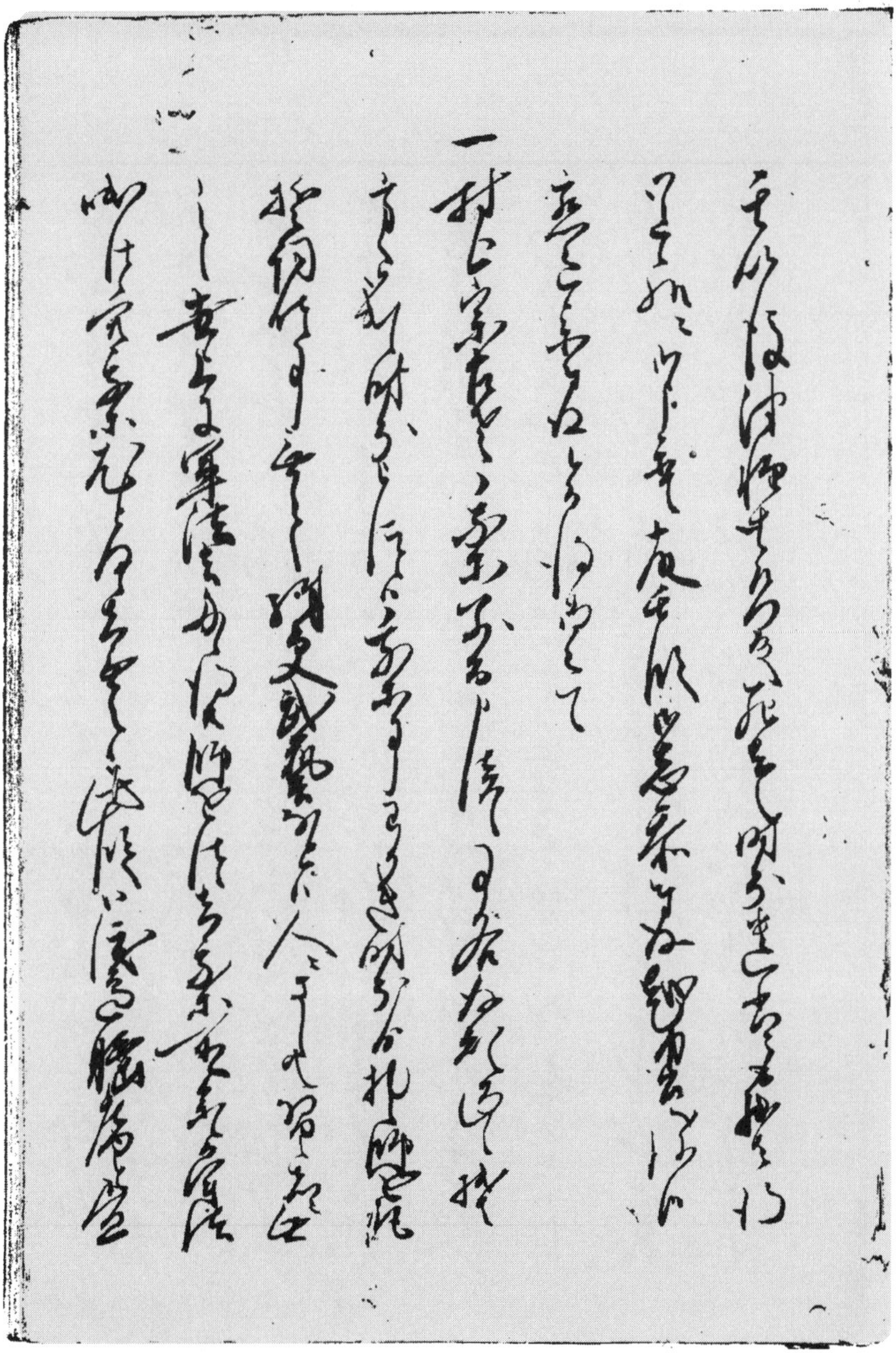

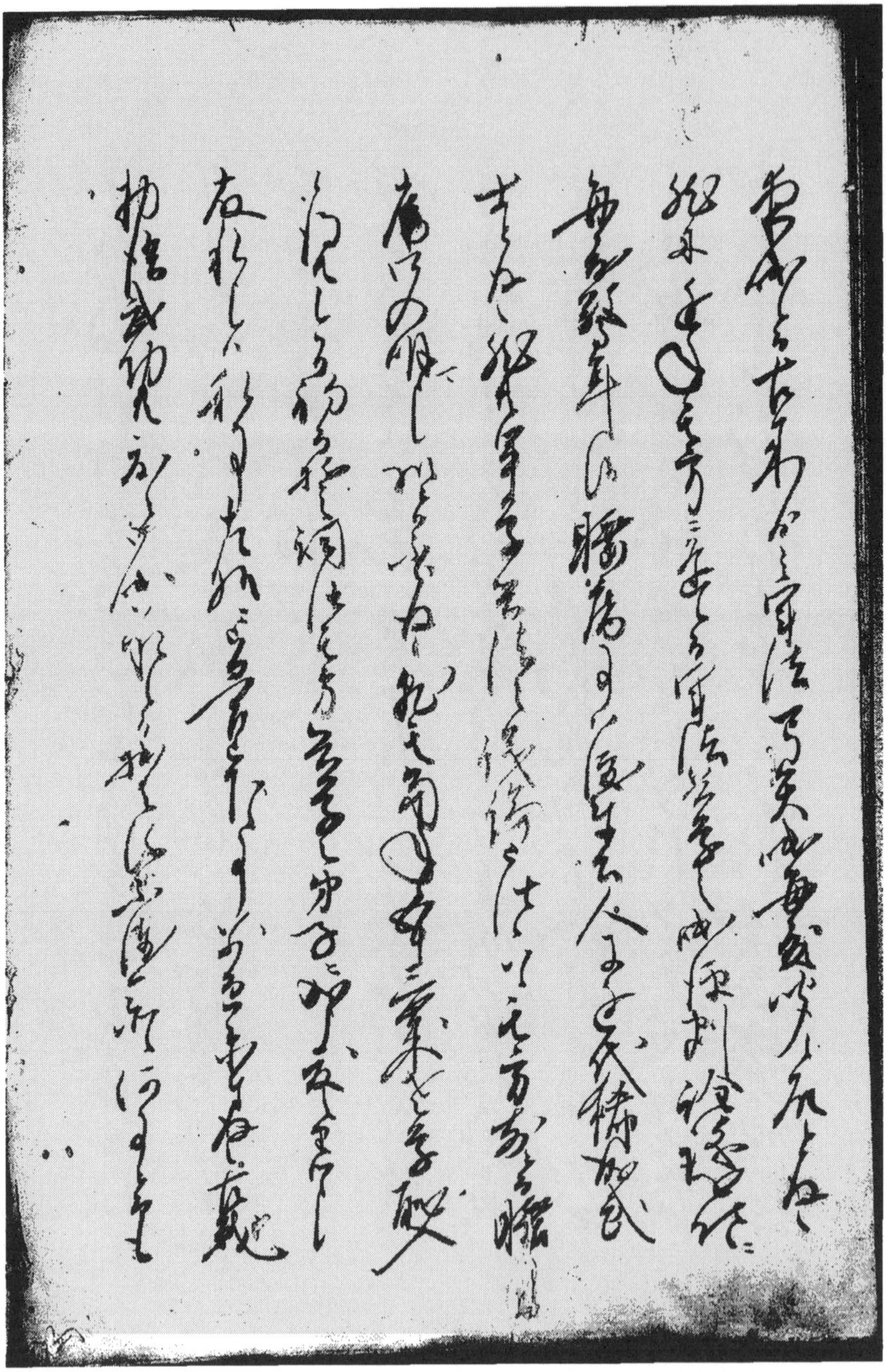

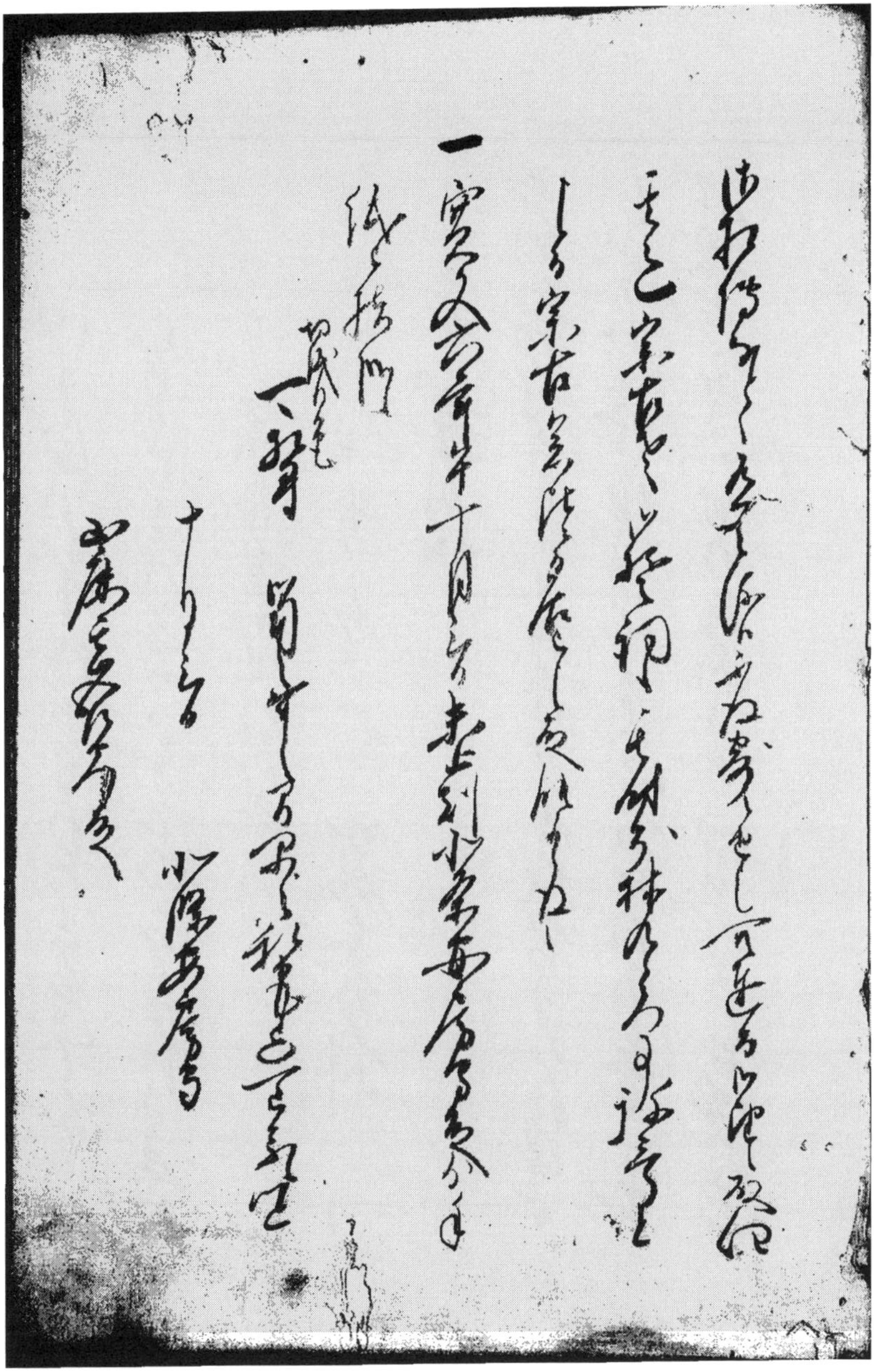

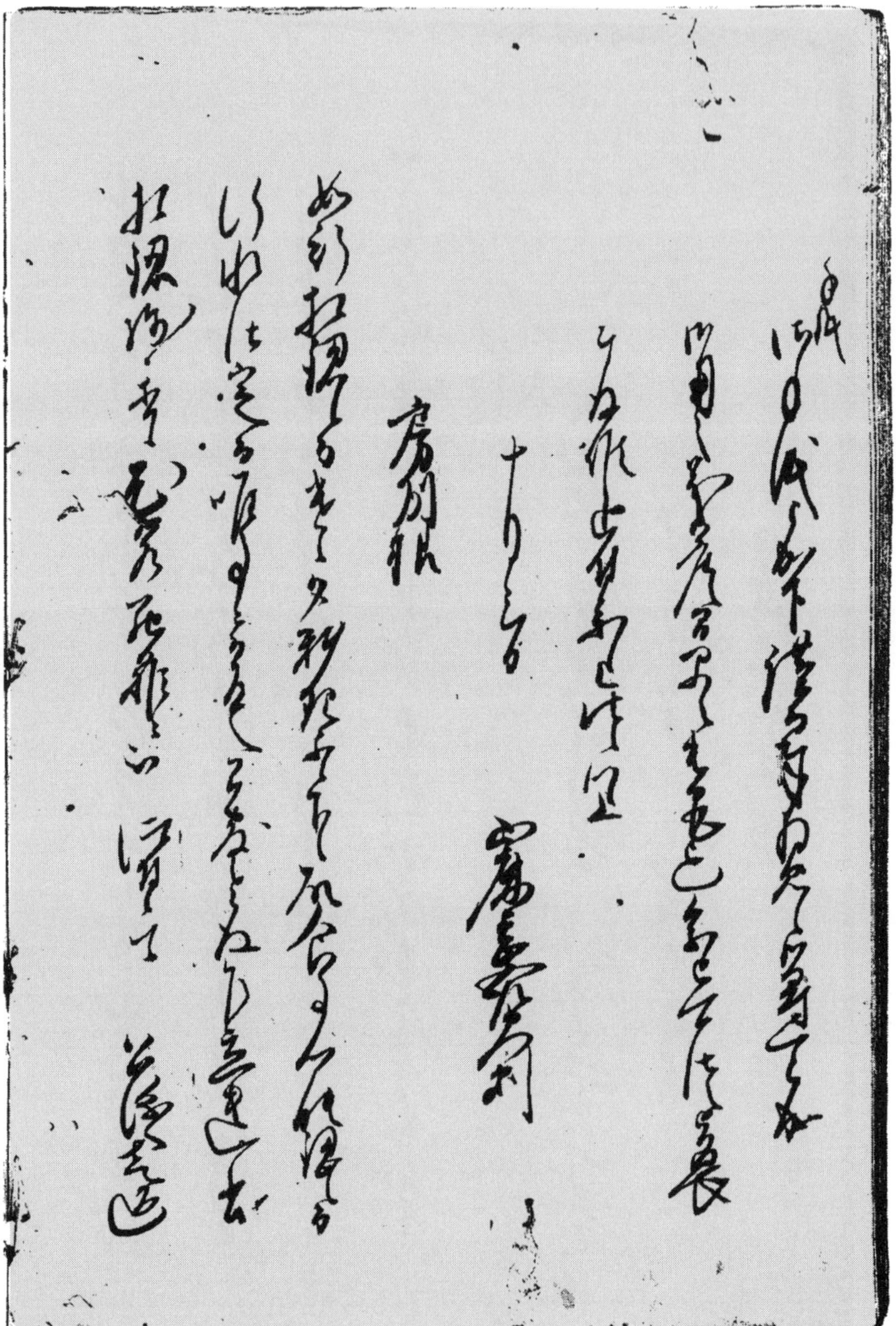

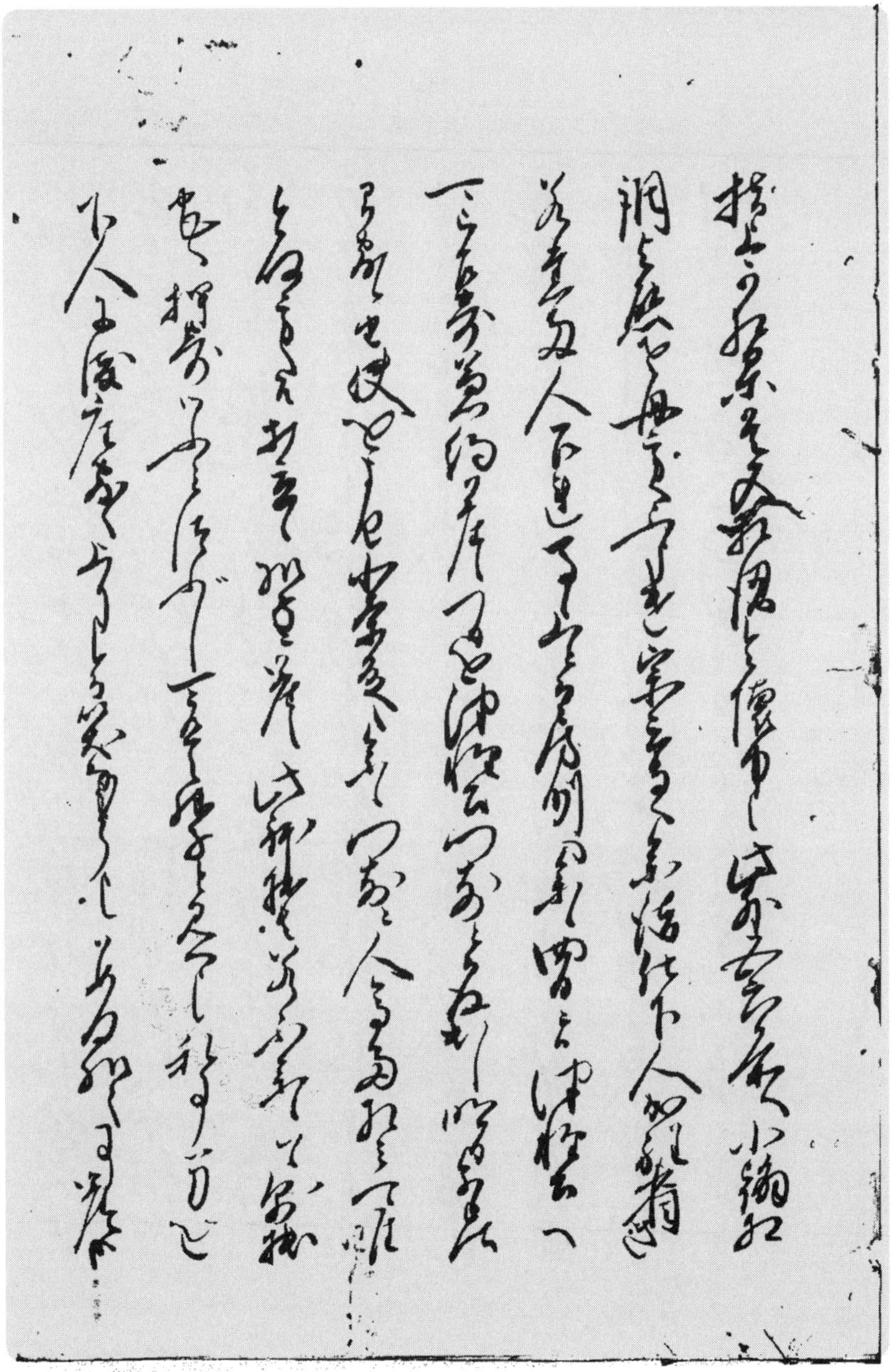

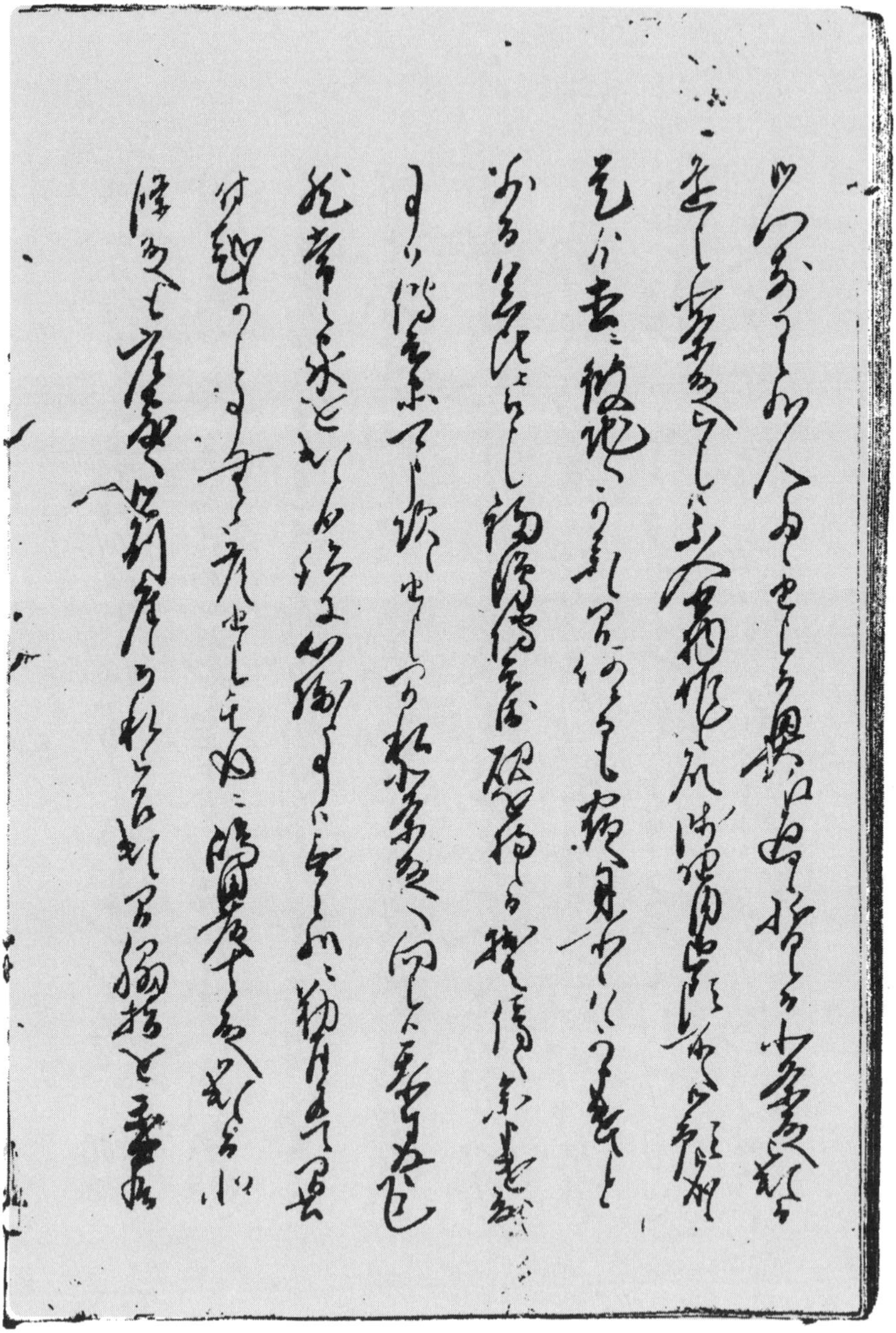

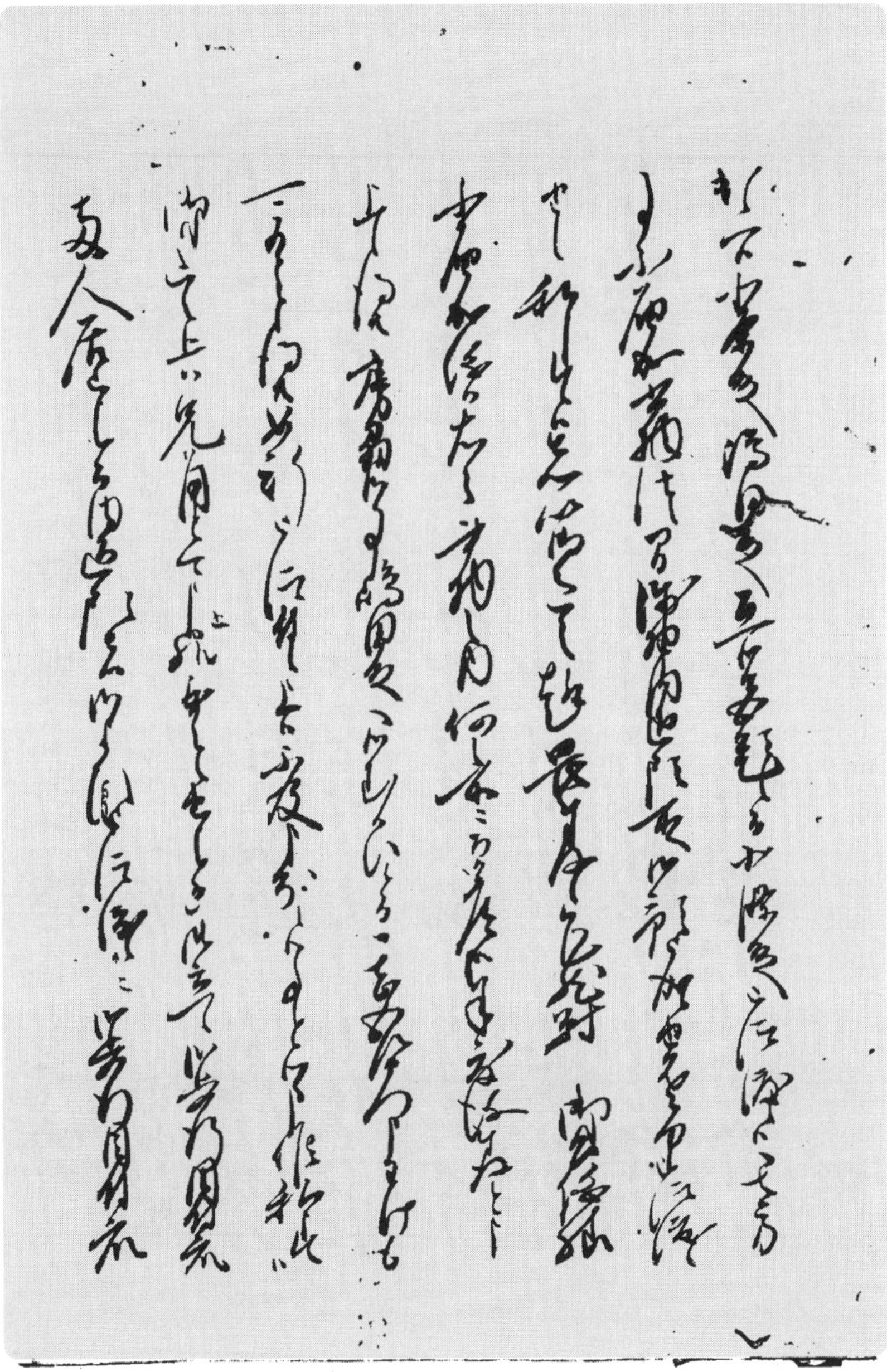

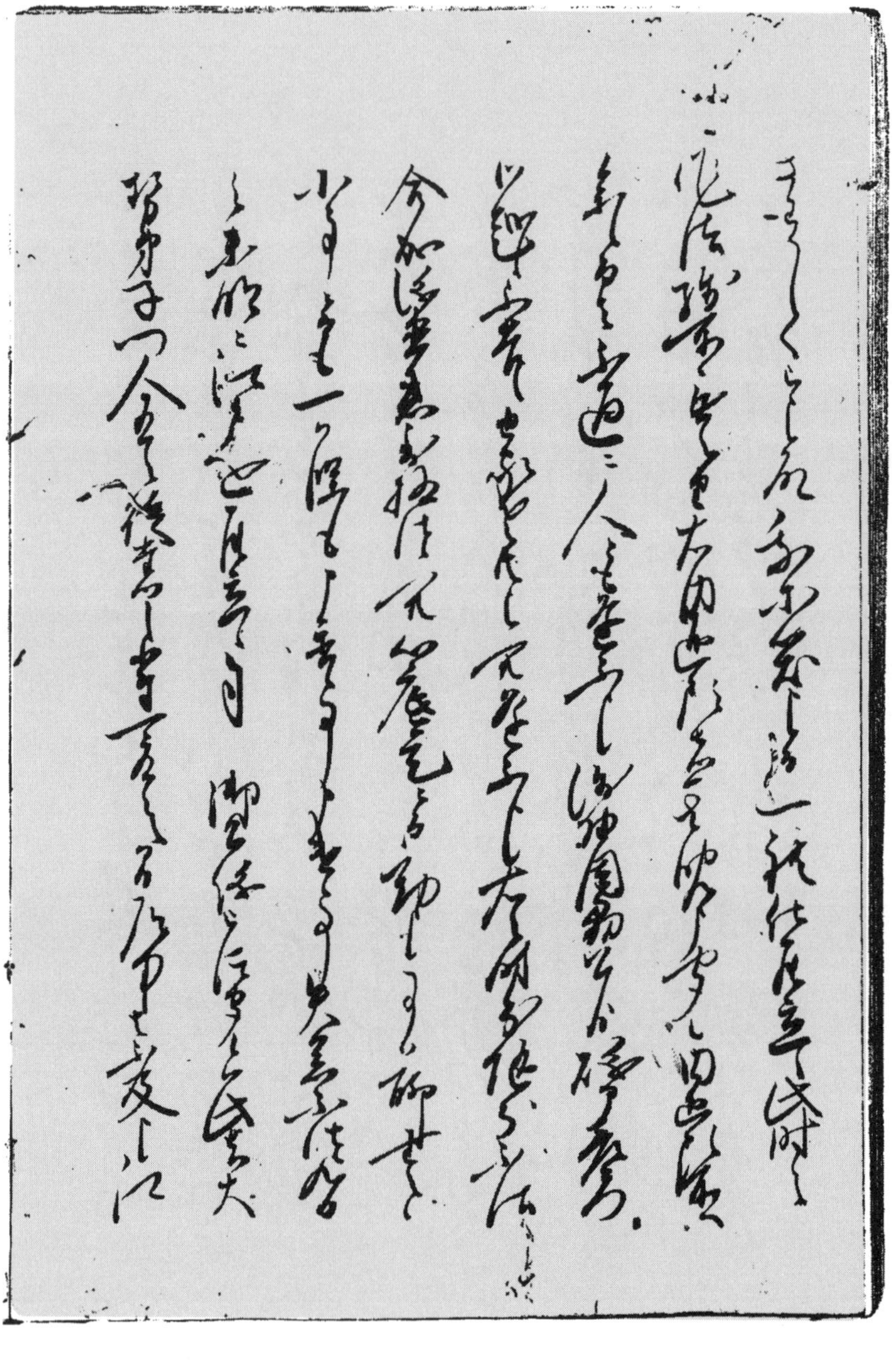

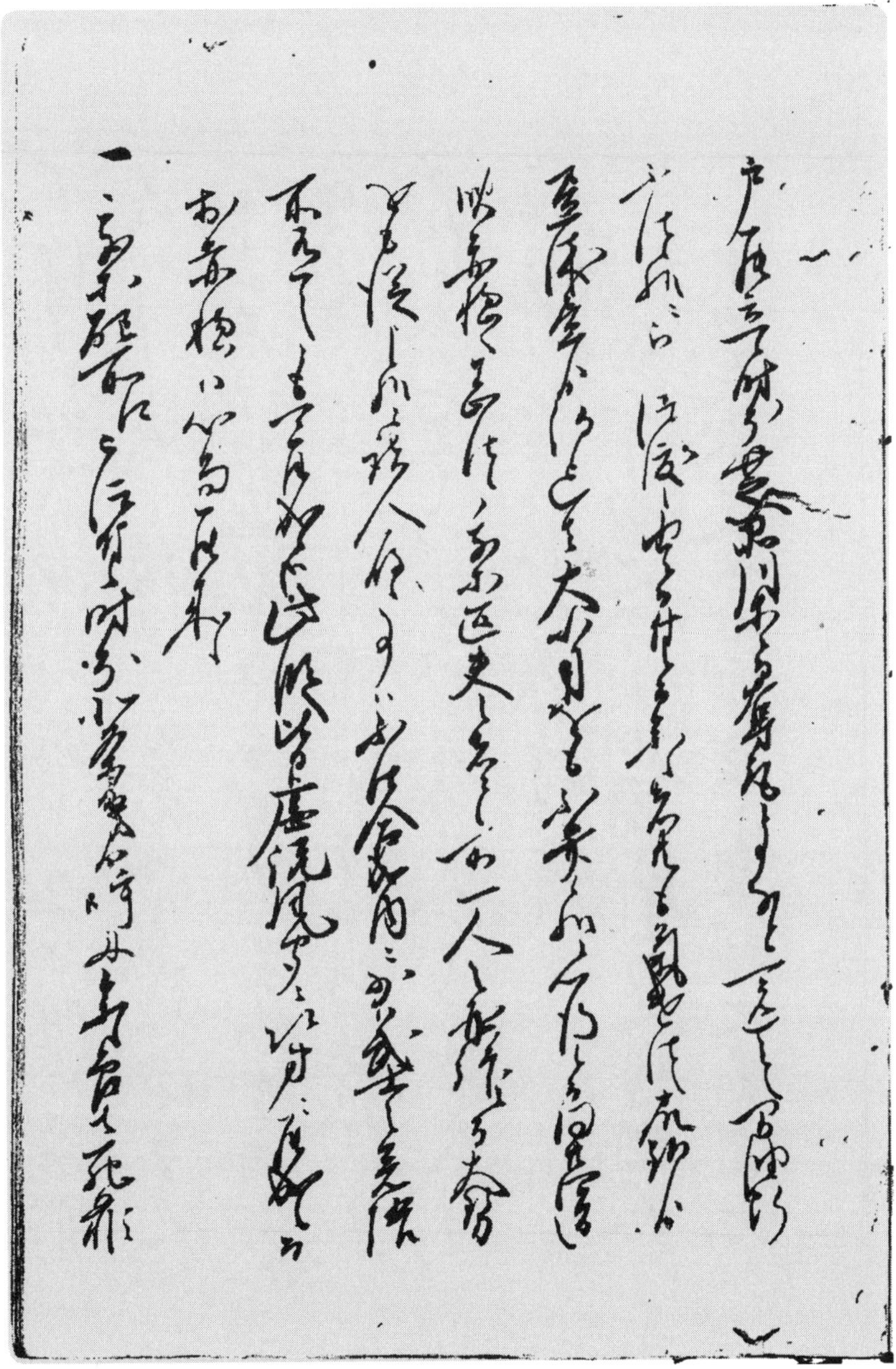

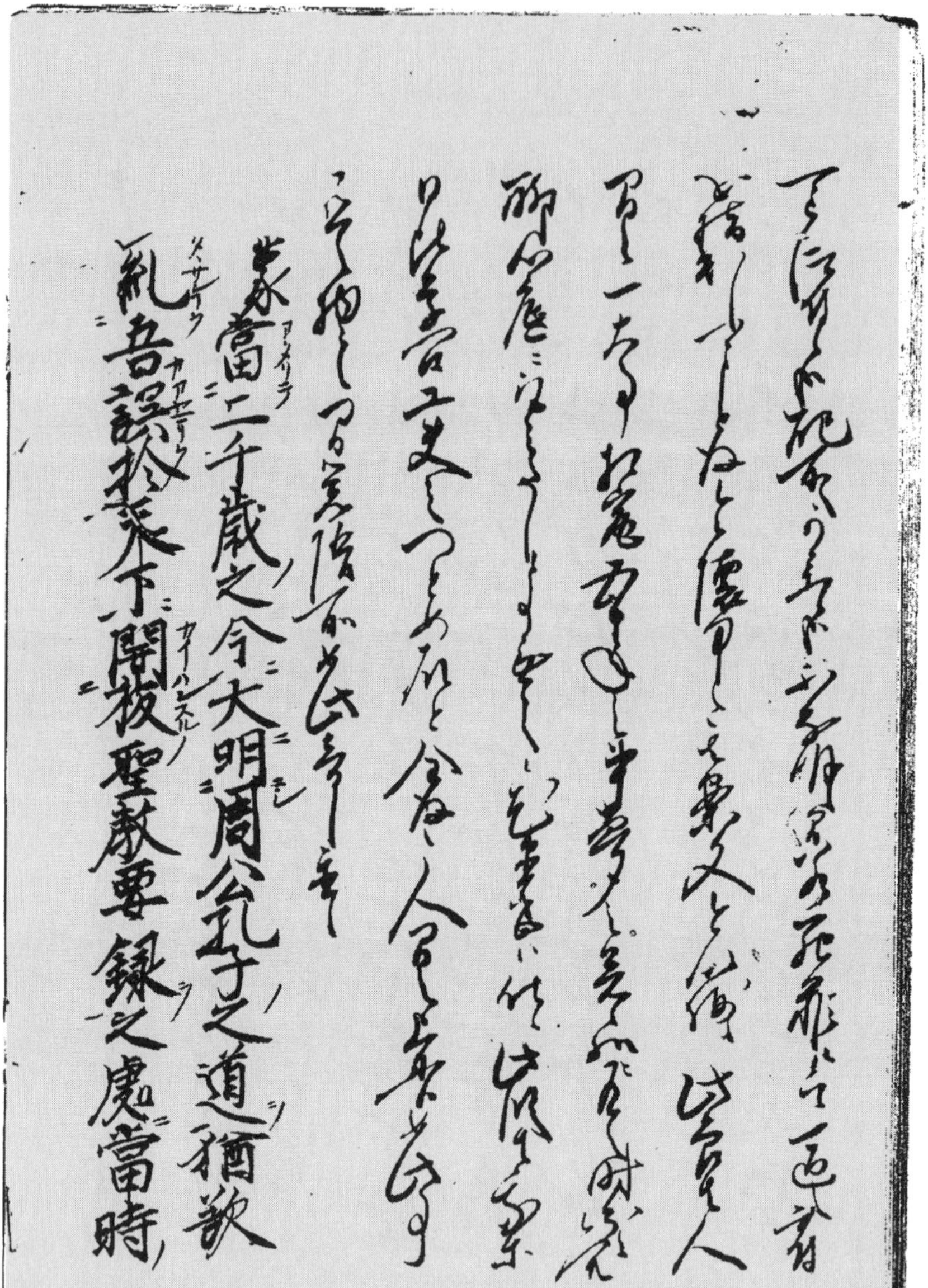
爰當二千歳之今大明周公孔子之道猶欲
糺吾誤於天下開板聖教要録之處當時

俗学腐儒不修身不勤忠孝況天下國家
之用聊不知之故於吾書無一句之可論
無一言之可紀或借權而貪利或構説而
追蹤世皆不知之專任人口而傳虛不正
實否不詳其書不究其理強嘲書罪我於
茲我始安我言之大道無疑天下無弁之
夫罪我者罪周公孔子之道也我可罪而
道不可罪罪聖人之道者時政之誤也古

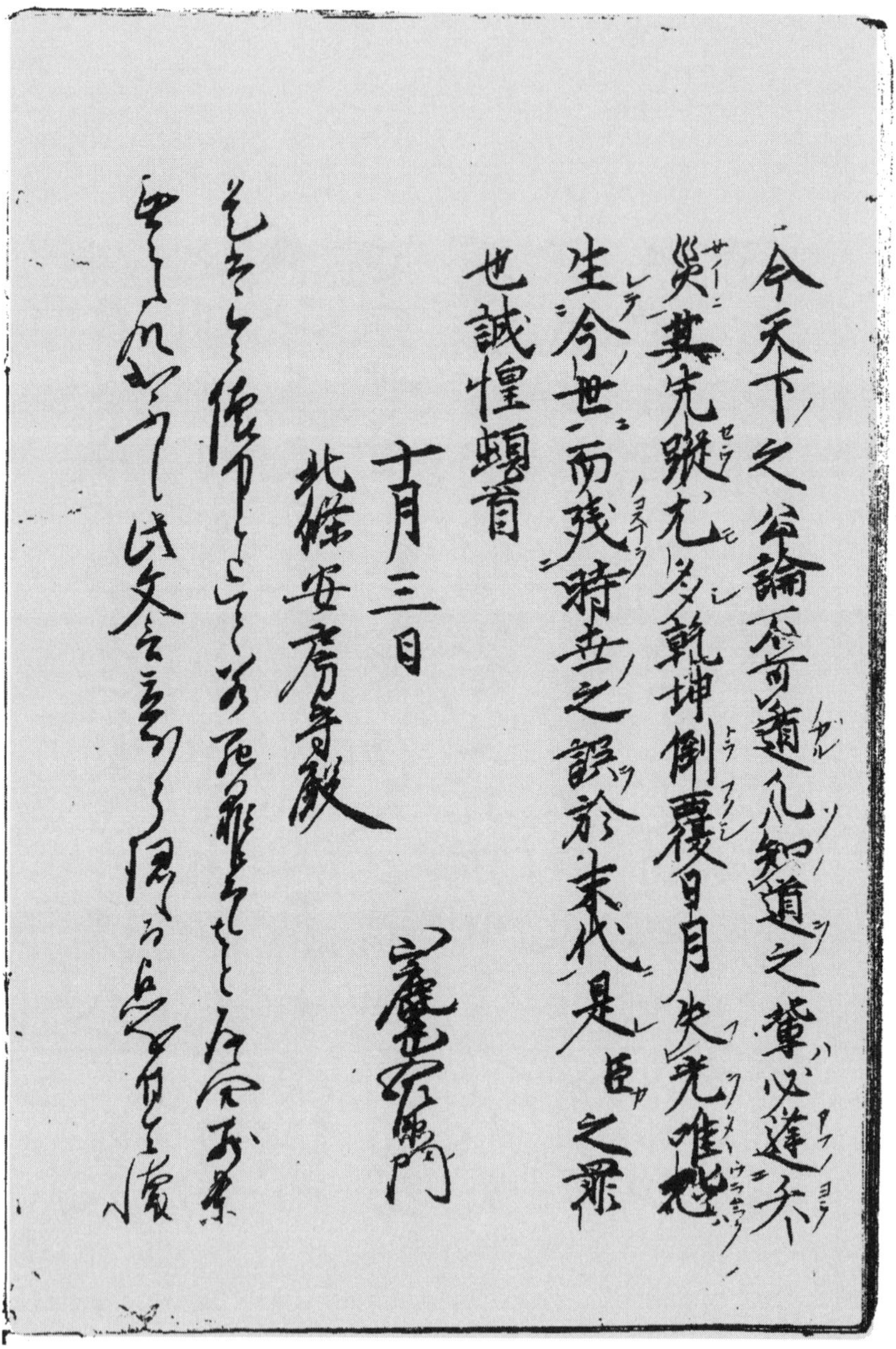

一今天下之公論不奇道而知道之輩必逢天下
災其先蹤尤多乾坤倒覆日月失光唯恨
生今世而残将来之誤於末代是臣之罪
世誠惶頓首
十月三日　　甚五左衛門
北條安房守殿

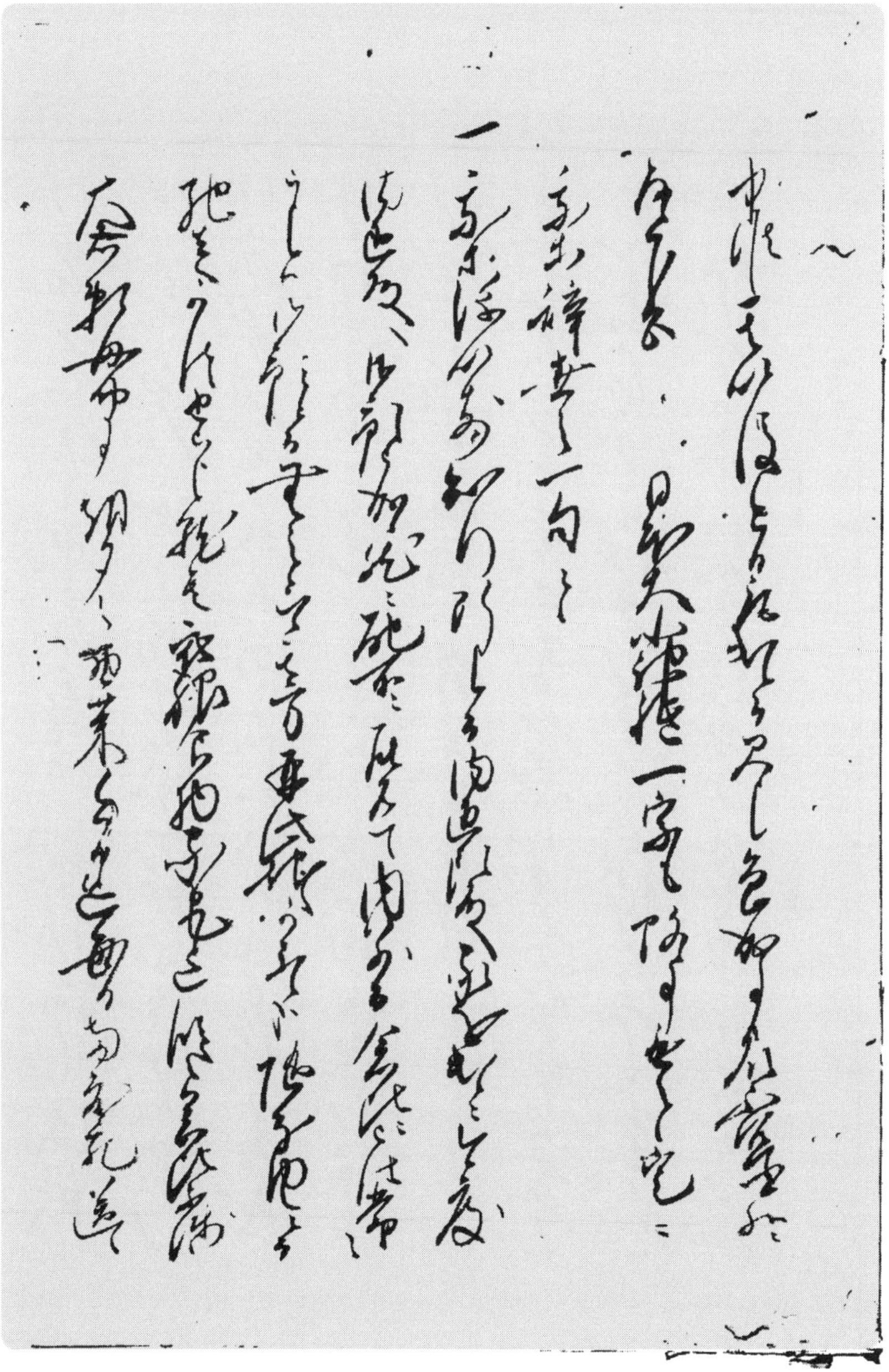

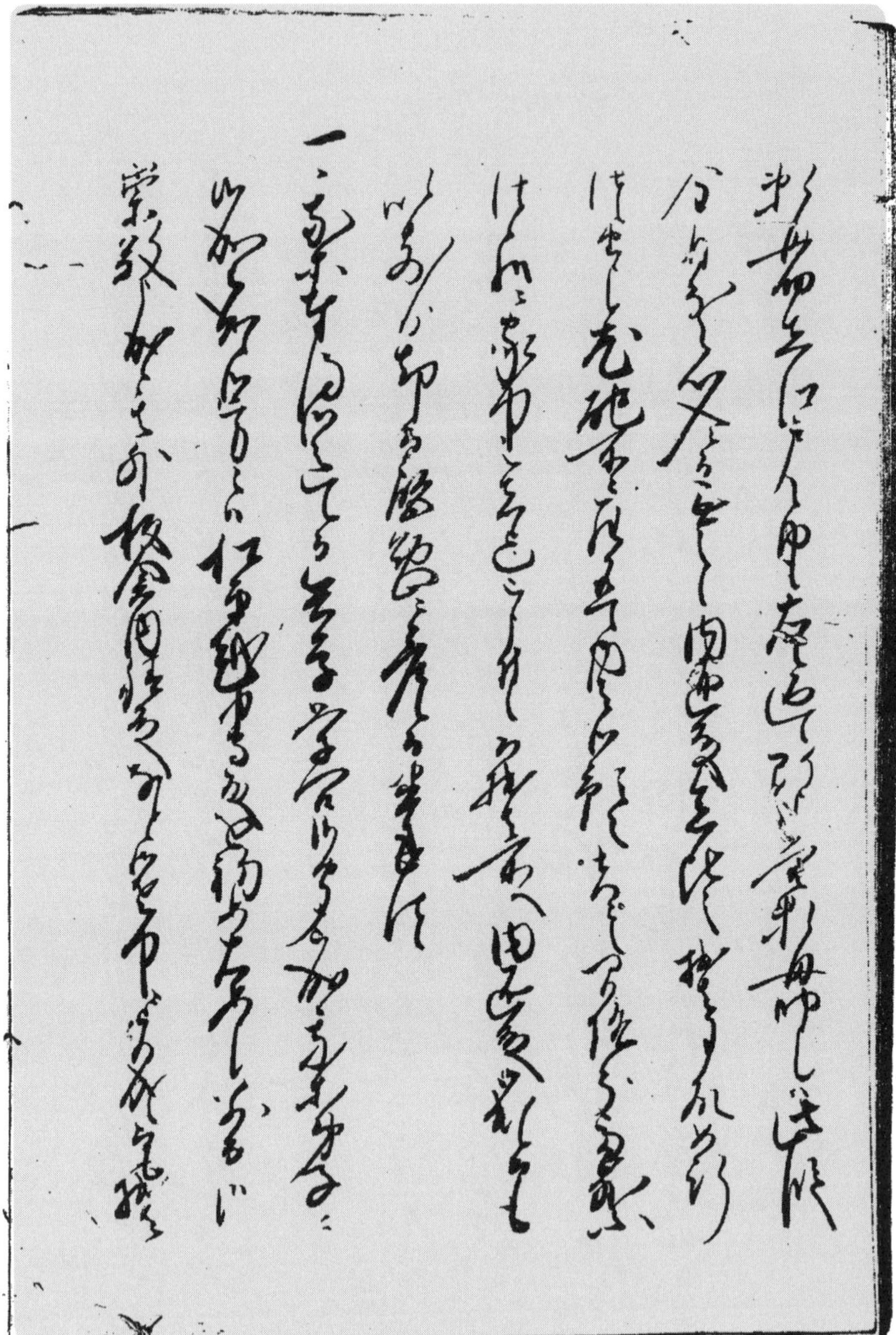

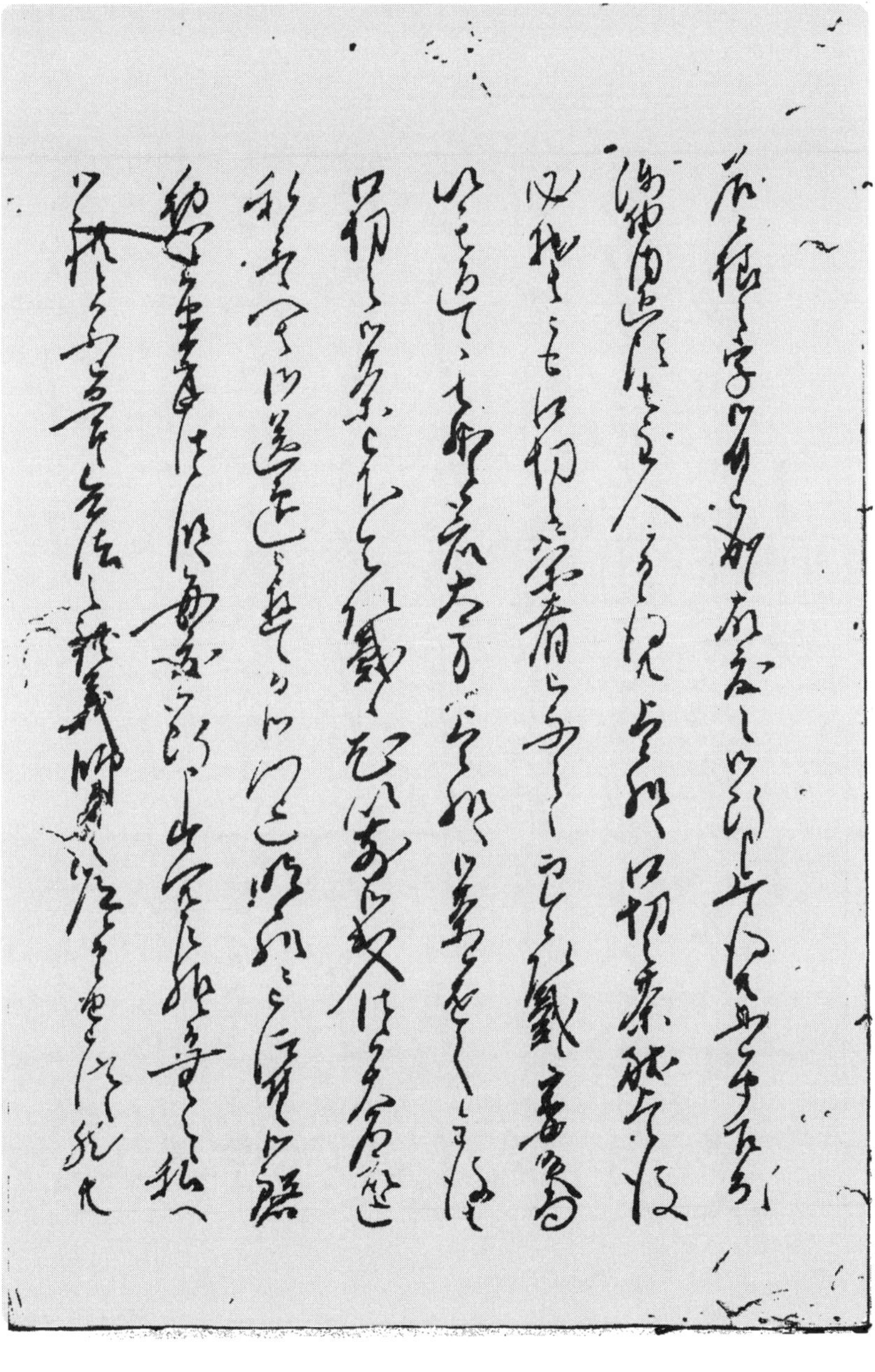

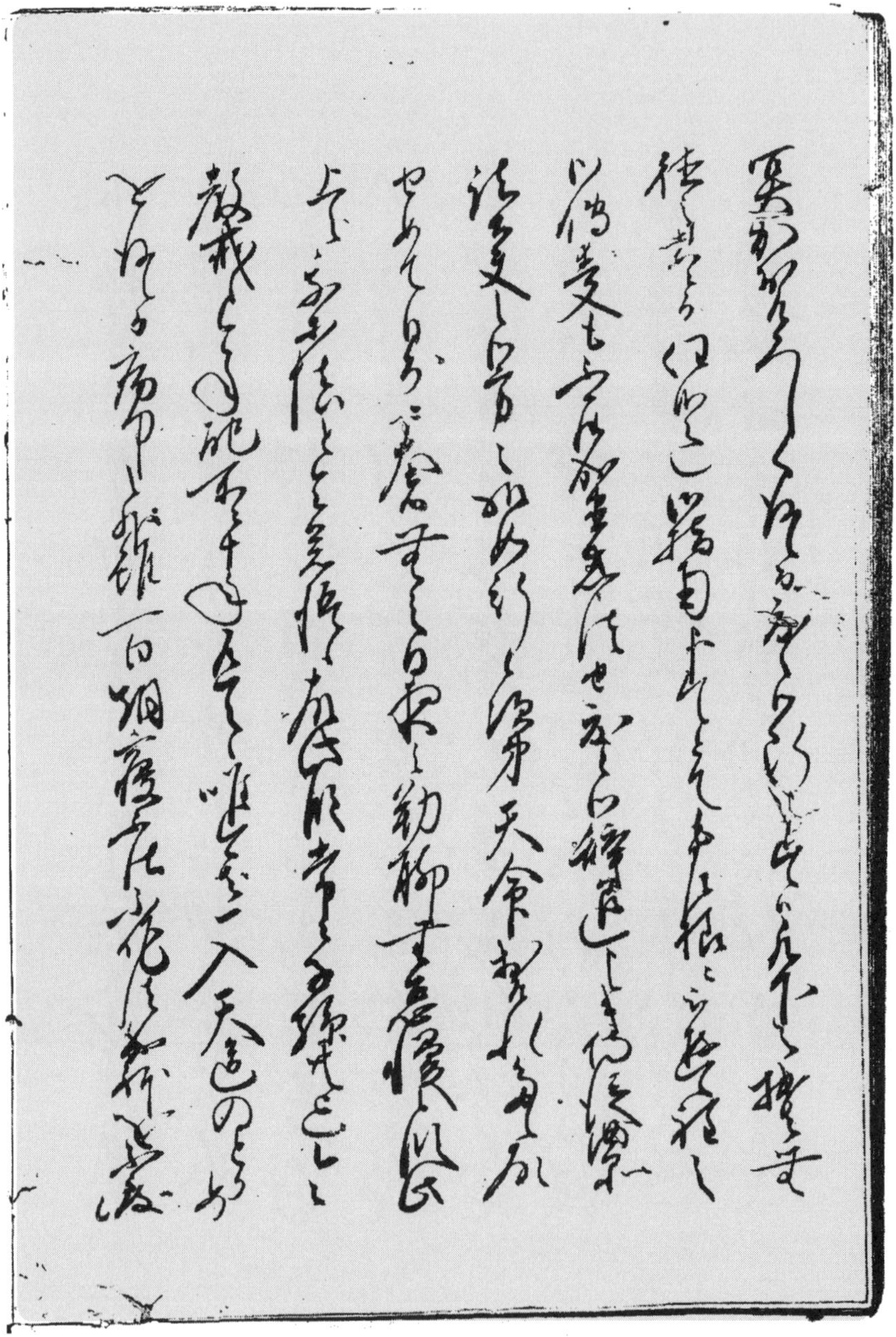

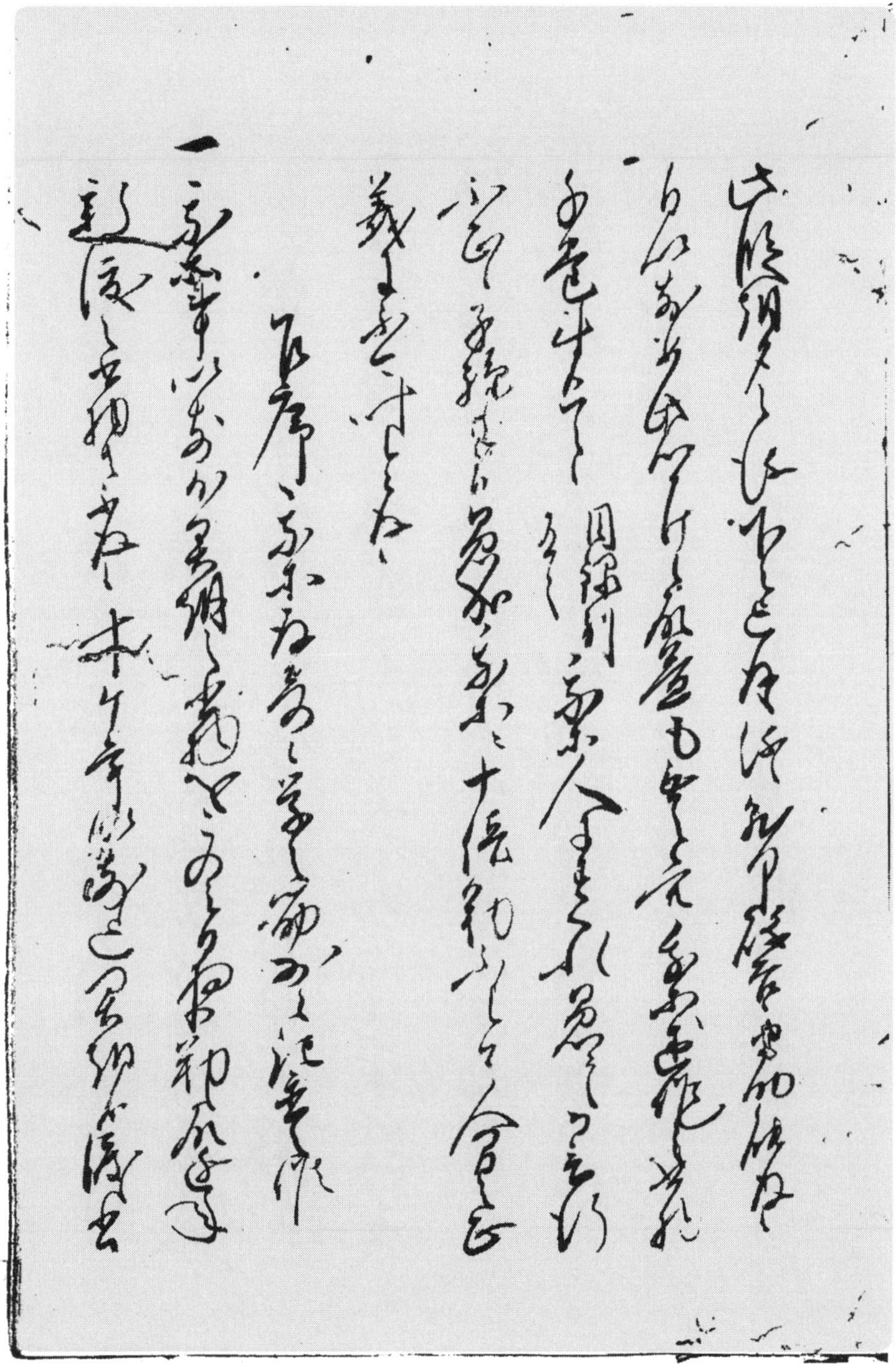

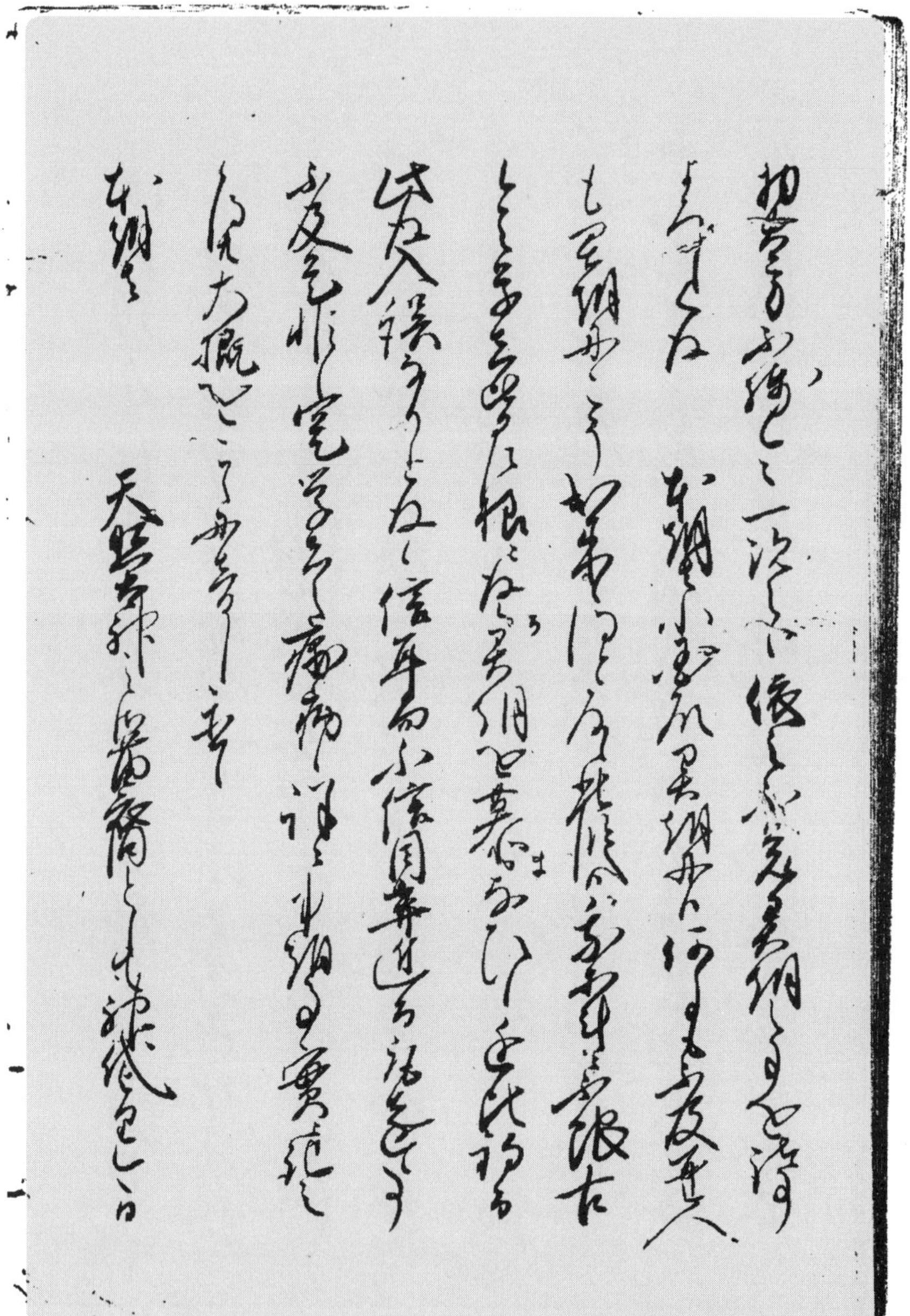

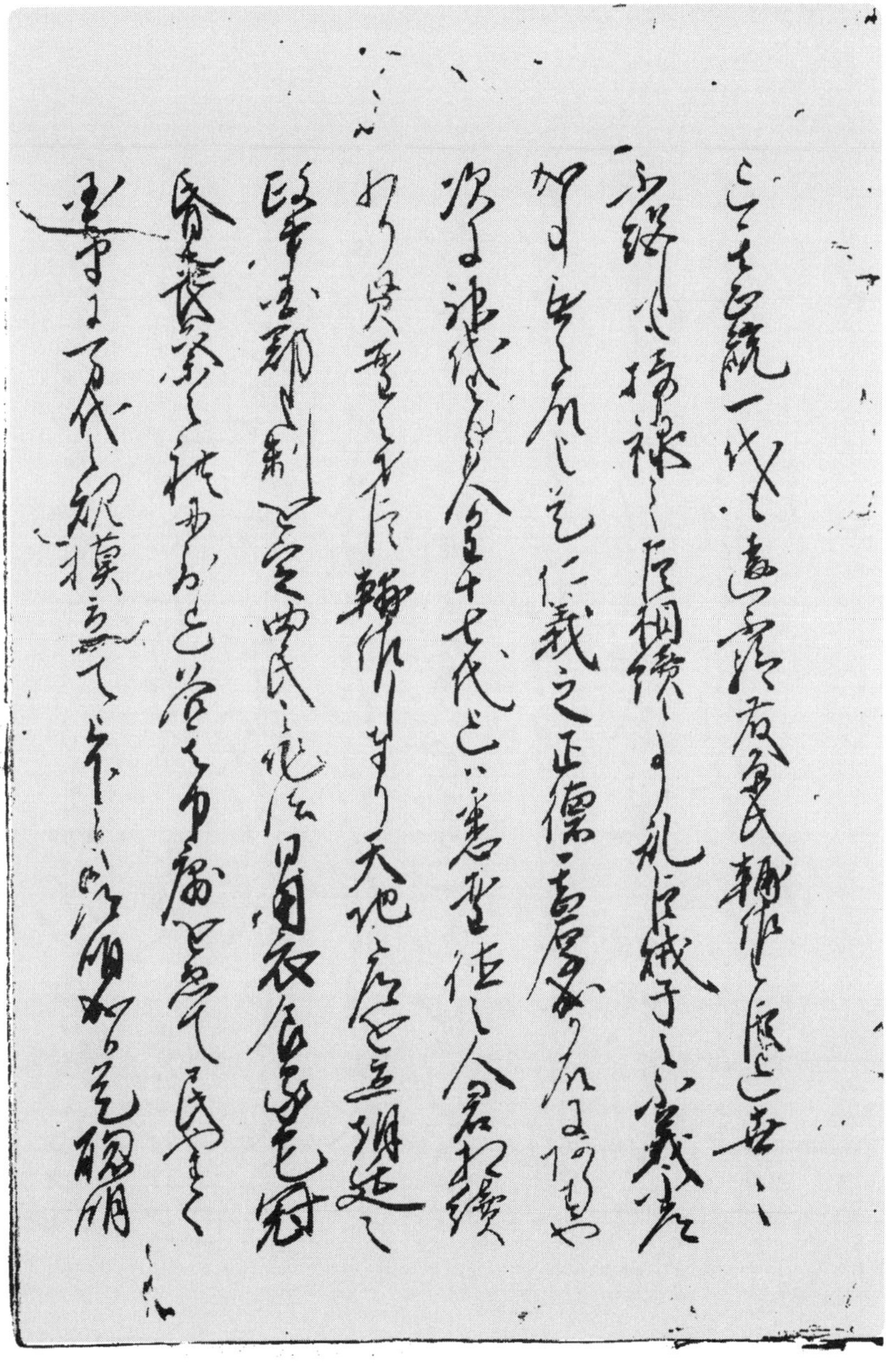

其正統一代も違給はず藤原氏輔佐之臣世々
不絶摂籙之臣相續して乱臣賊子之不義不道
無之事是仁義之正徳甚厚なればなりや
次に神代より人皇十七代迄は悉聖徳之人君相續
有り賢聖之輔佐にて天地之道を立朝廷之
政事国郡之制を定四民之作法日用衣食家宅冠
昏喪祭之礼に至るまで各其中を得て民やすく
其事に万代之規模立て事々物々之明なる聡明

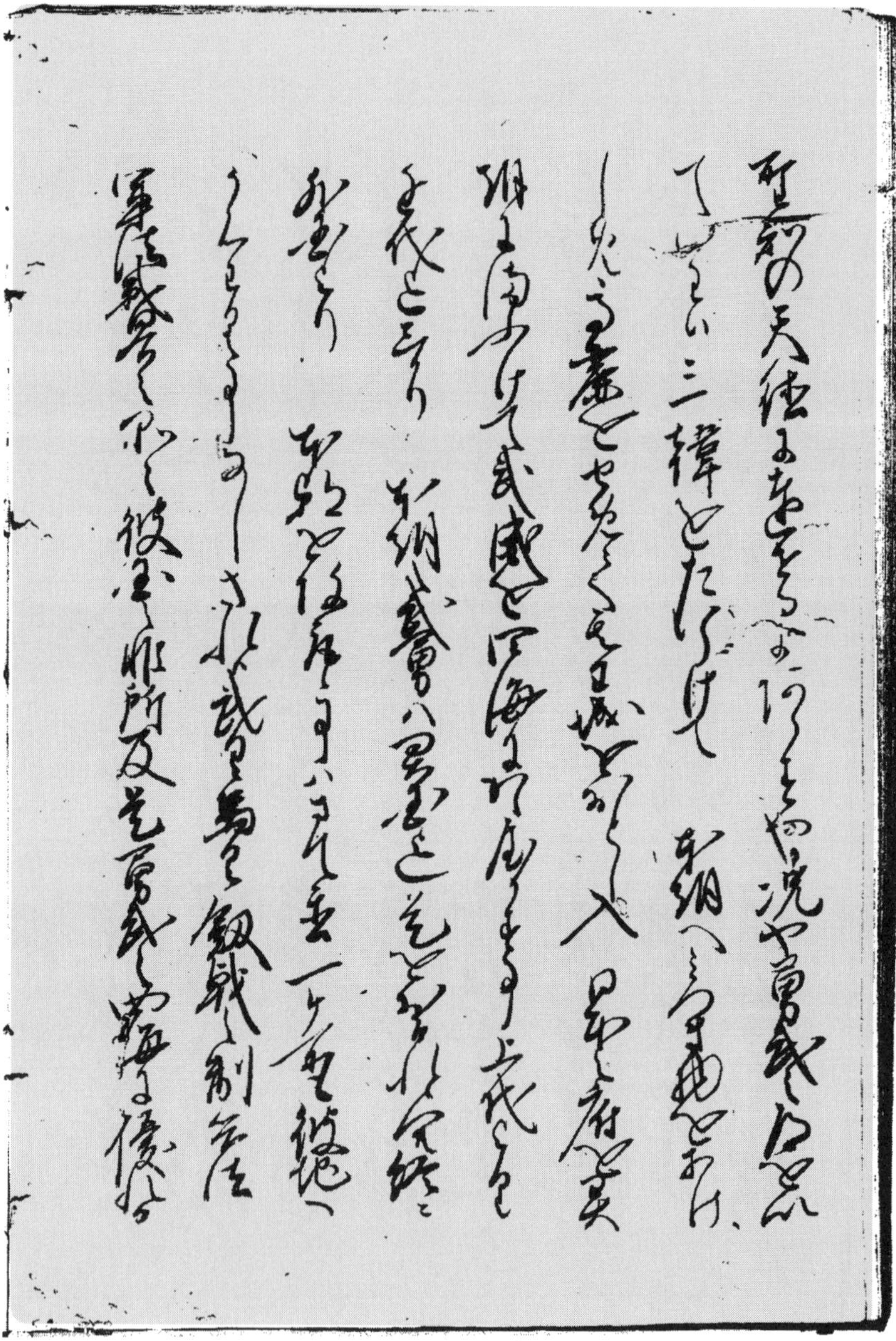

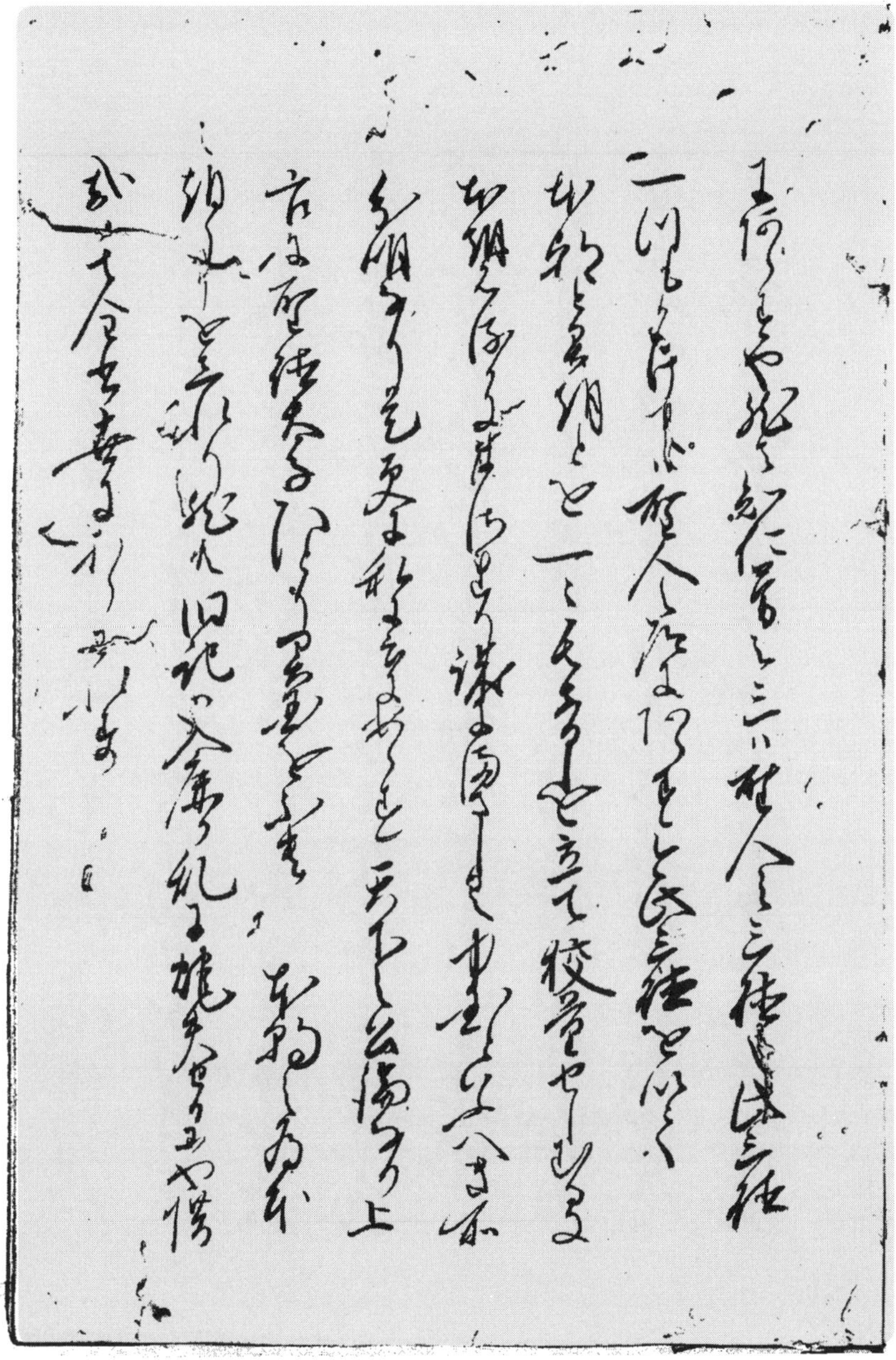

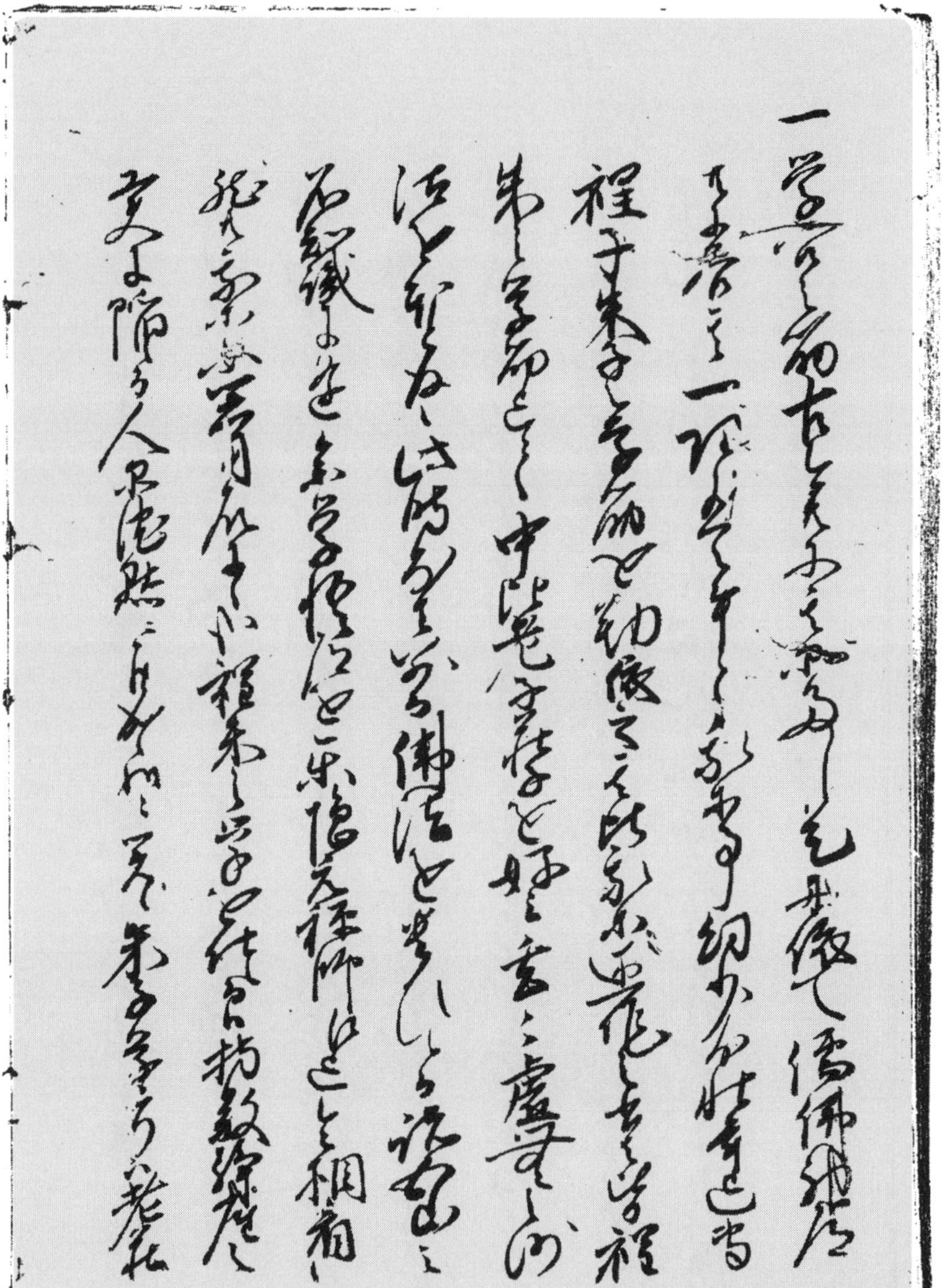

一　学問之筋、古今共ニ其品多候て、儒仏神道
各存之旨、一理有之候。我等幼少より壮年迄専
程子朱子之学筋を勉め、依之其比我等述作之書物ハ大方程朱之学筋
ニ候。中比老子荘子を好み、玄々虚無之沙汰を本と存候。
此時分ハ別而仏法を貴ひ、諸五山之名知識ニ逢
参学悟道を楽ミ、隠元禅師ニも相見いたし候。
然共我等不器用ニ候哉、程朱之学を仕候而ハ持敬静座之工夫ニ陥候而
人品沈黙ニ成候様ニ覚候。朱子学よりハ老荘

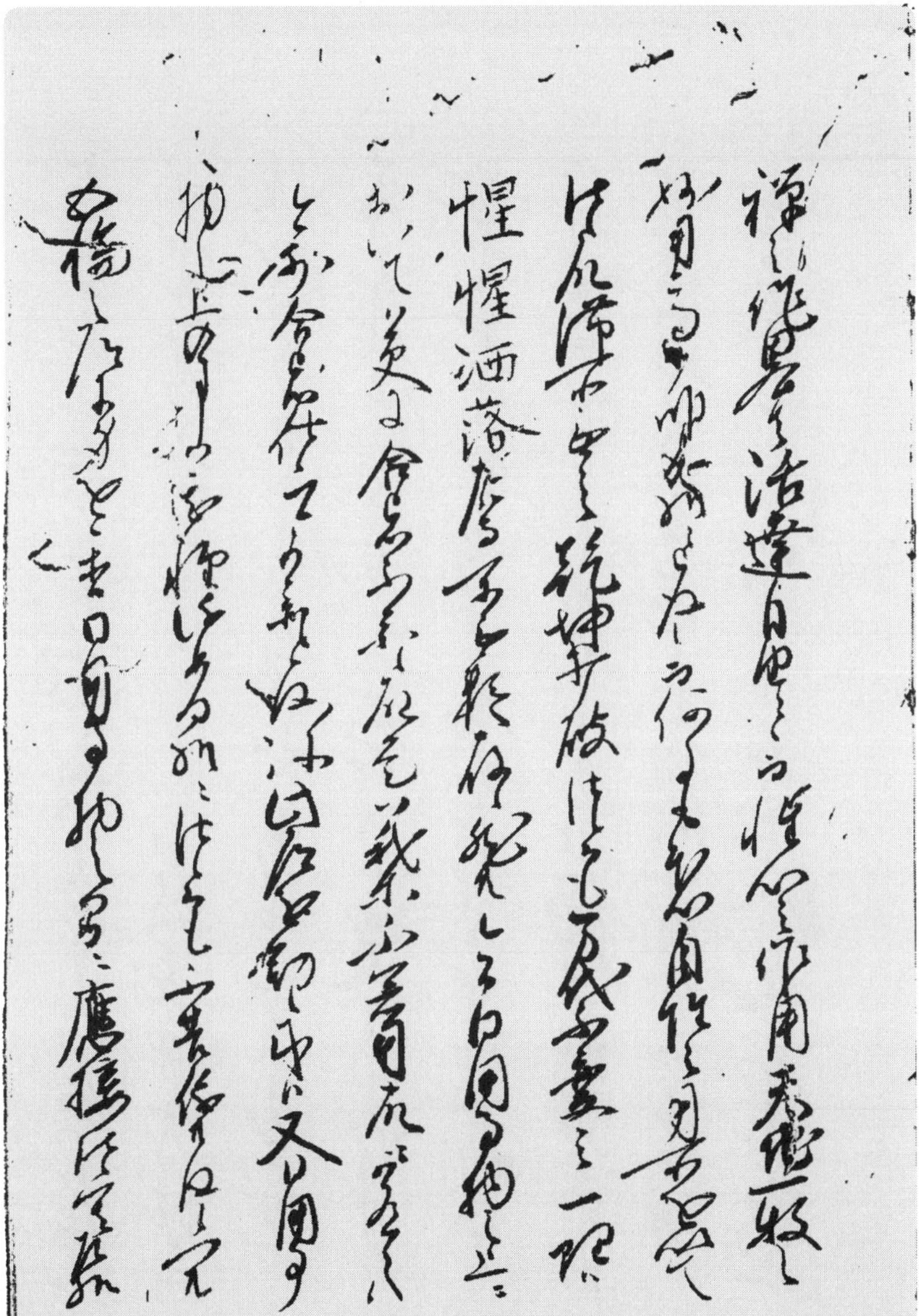

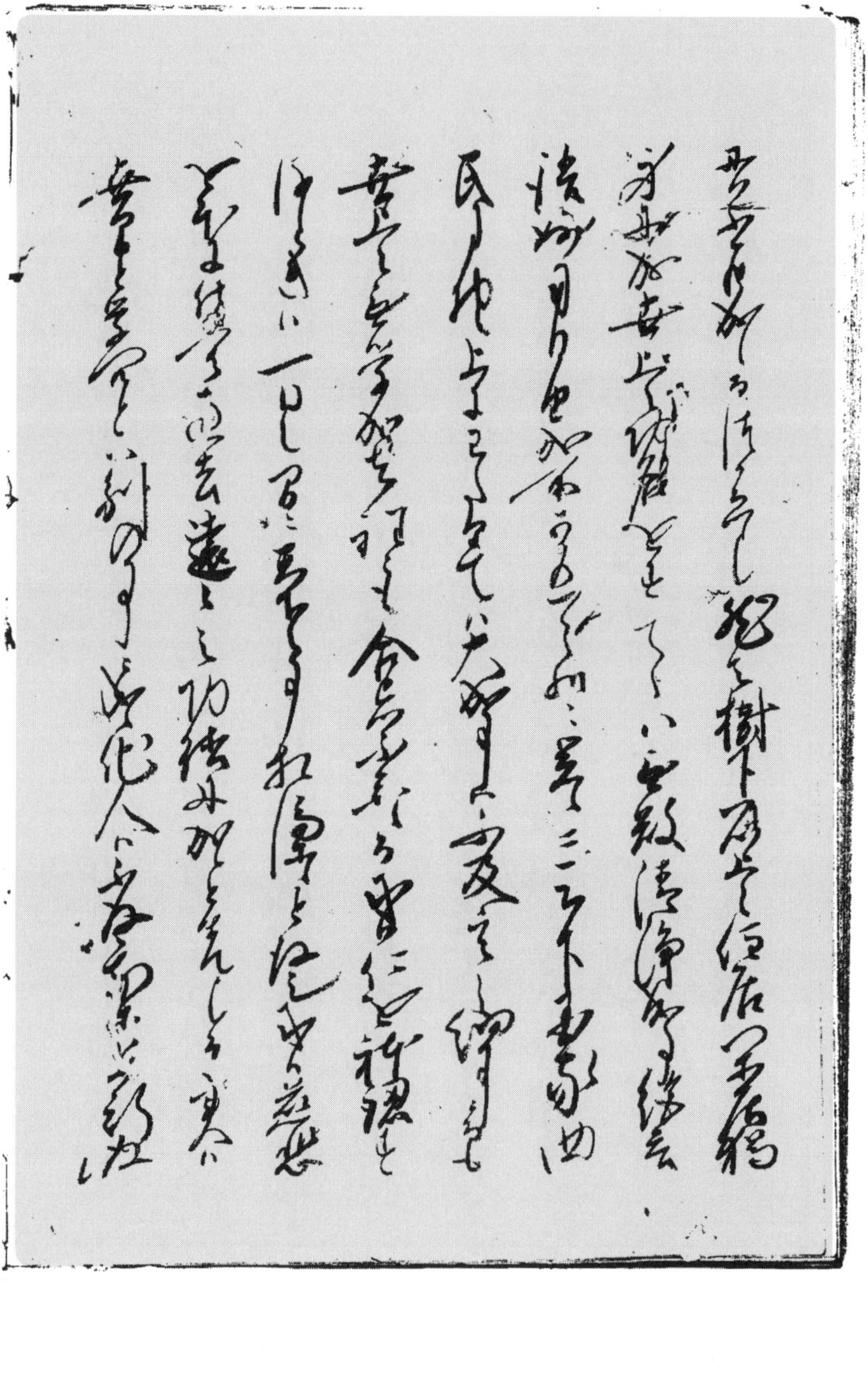

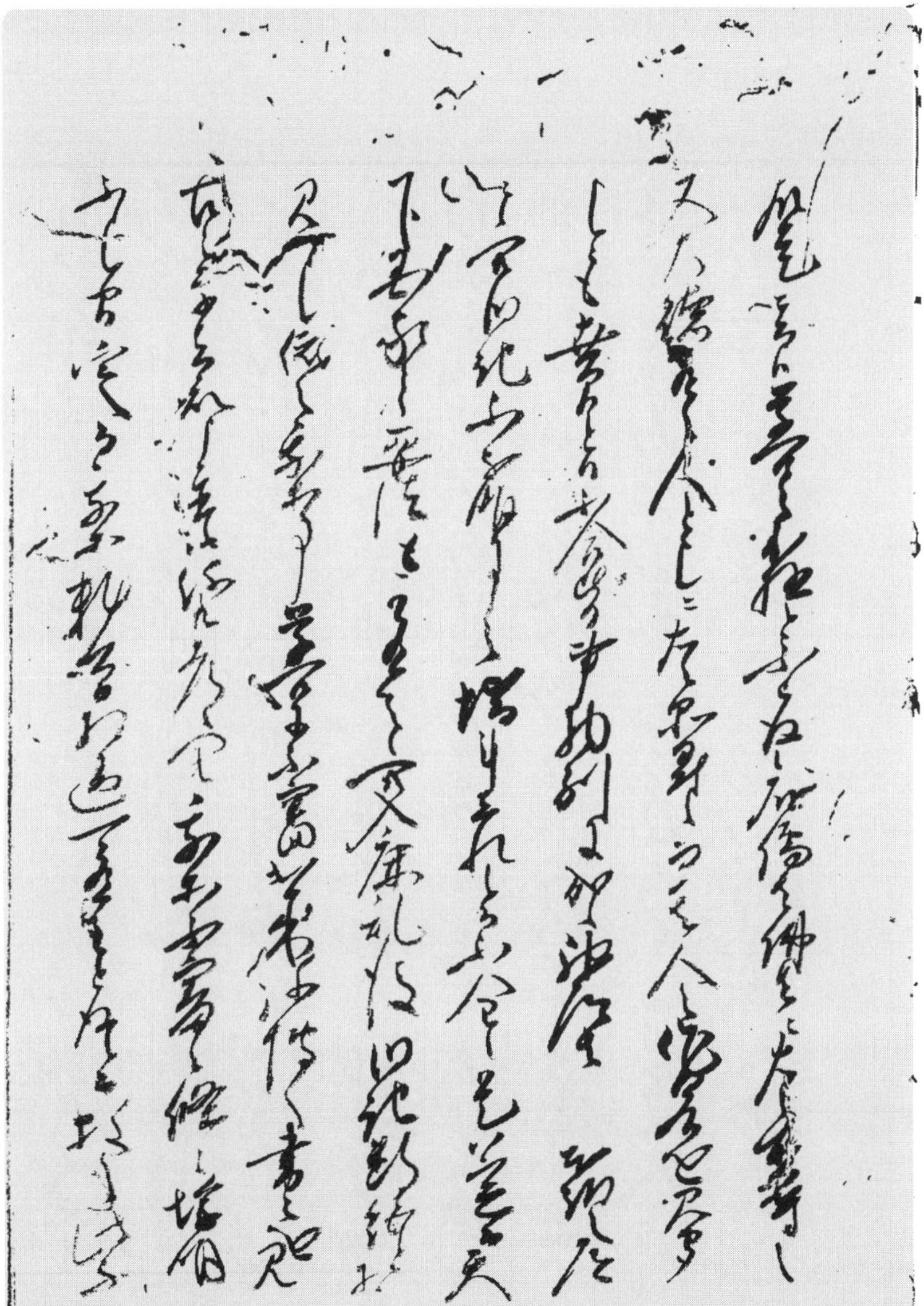

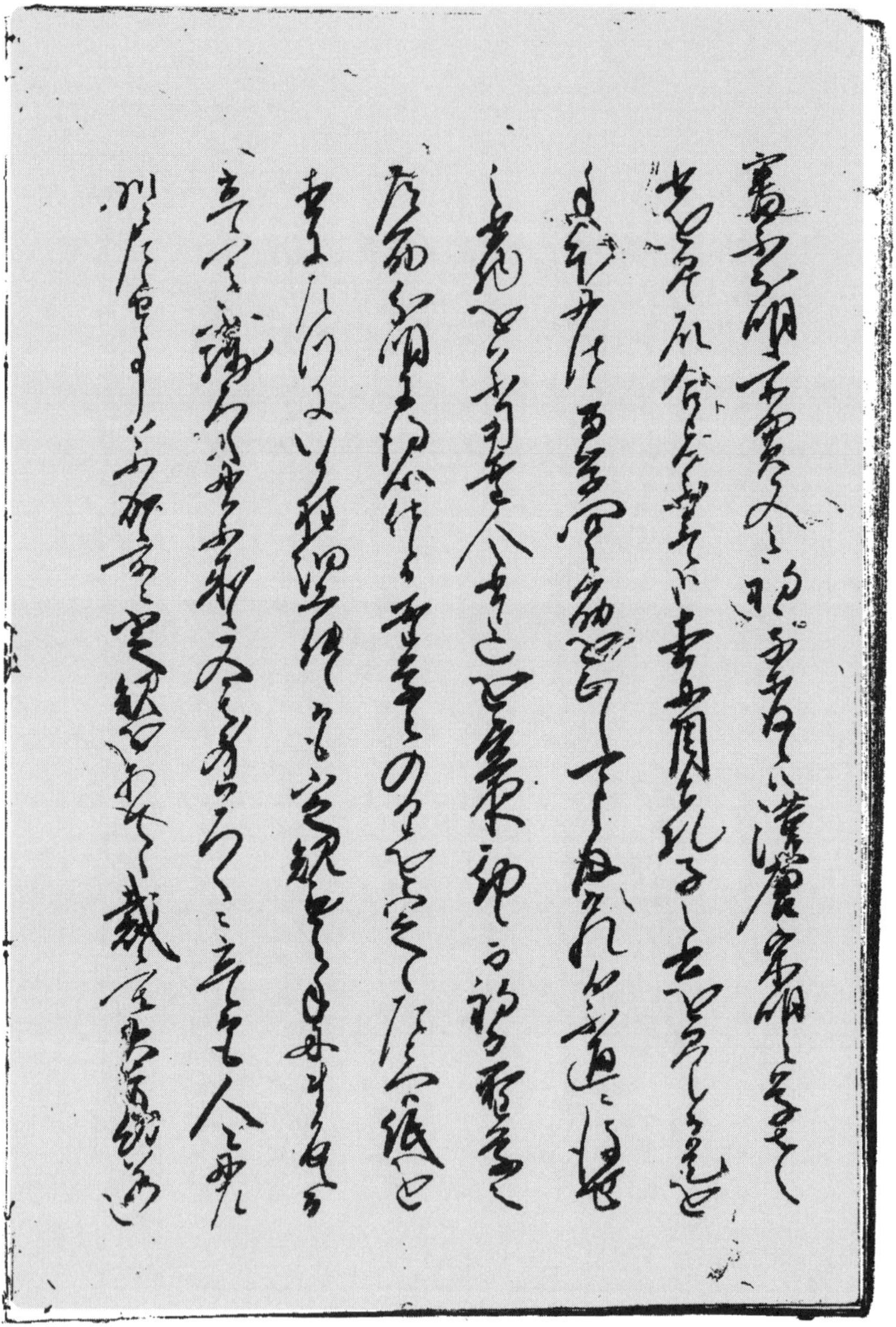

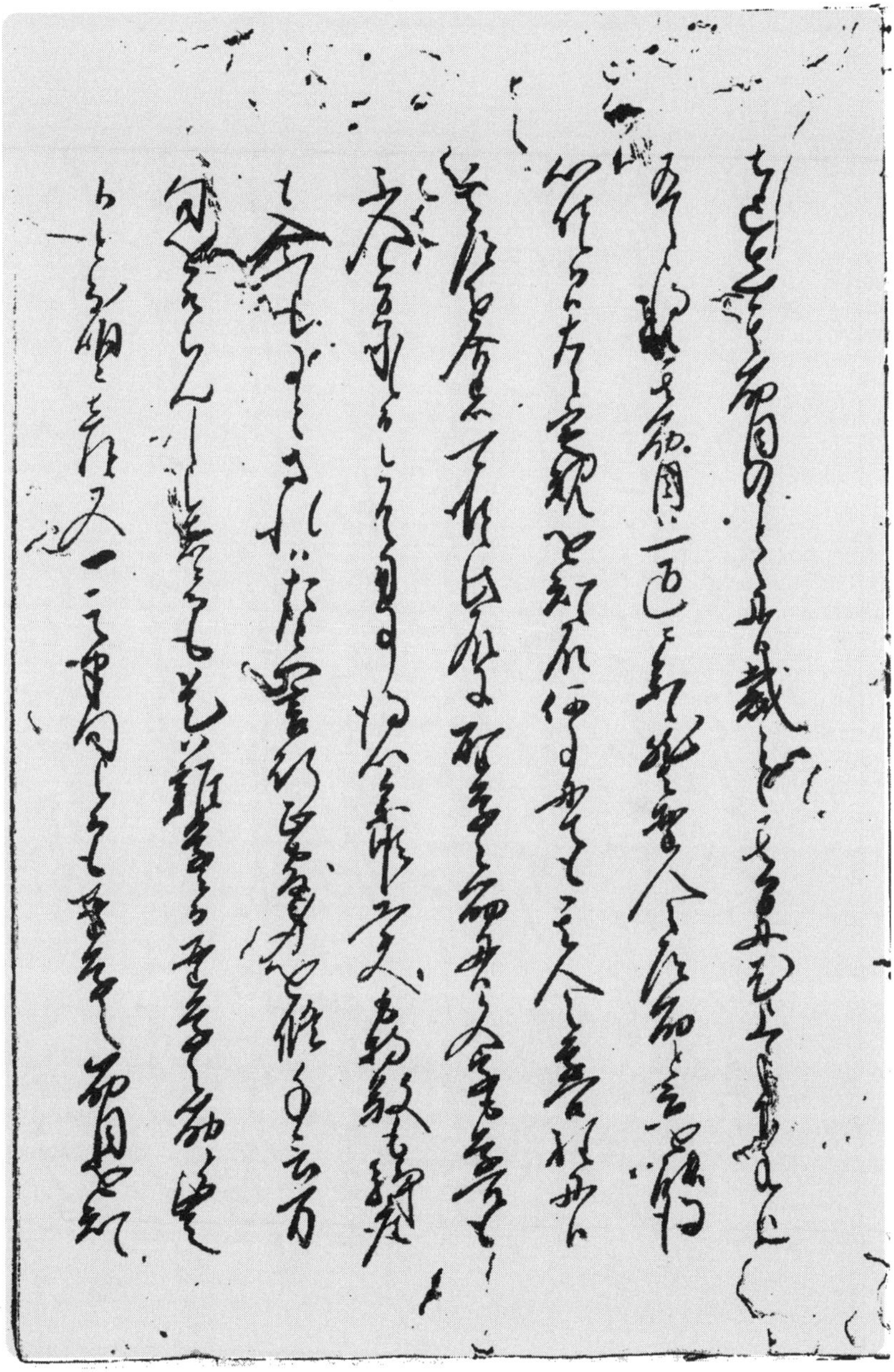

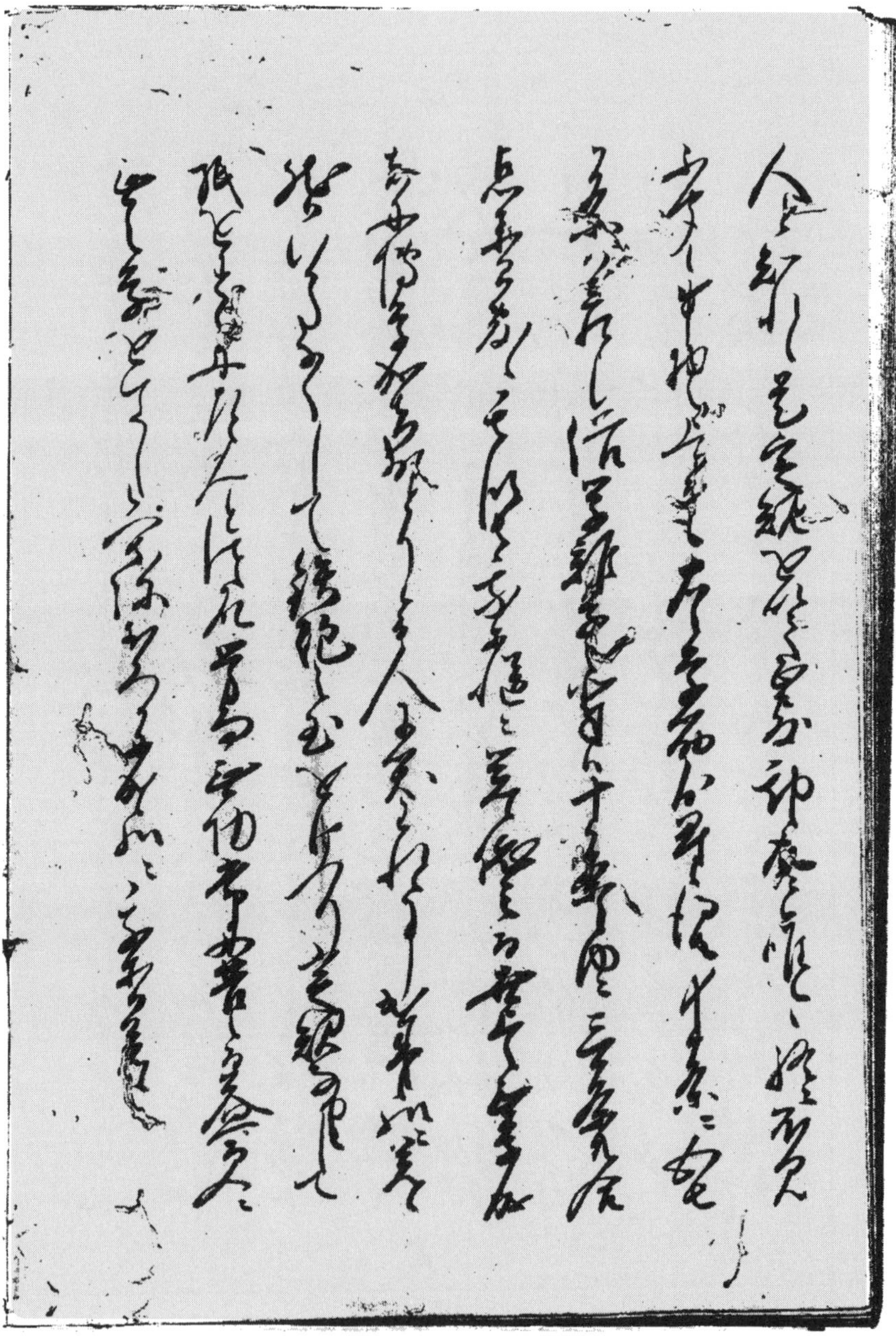

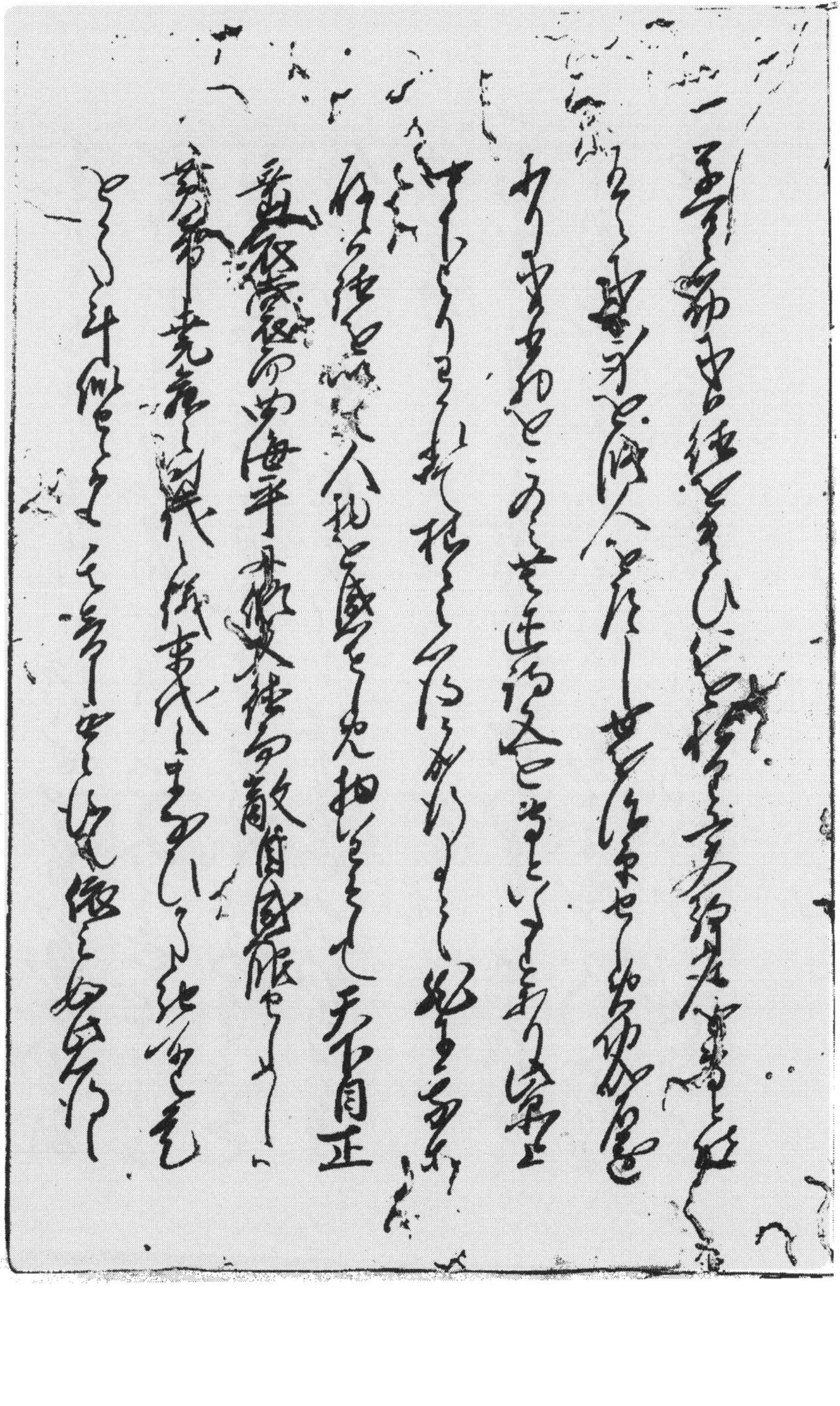

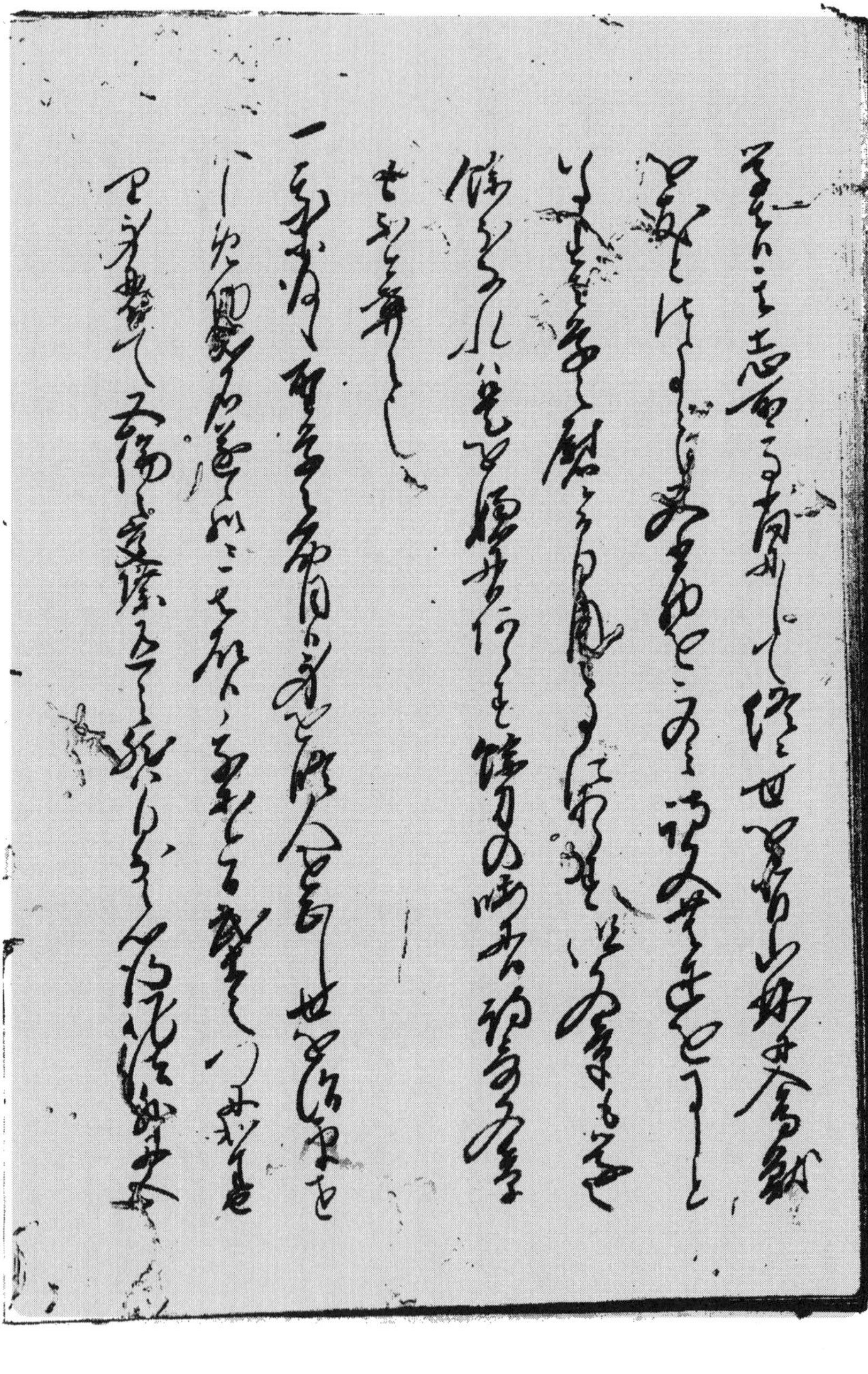

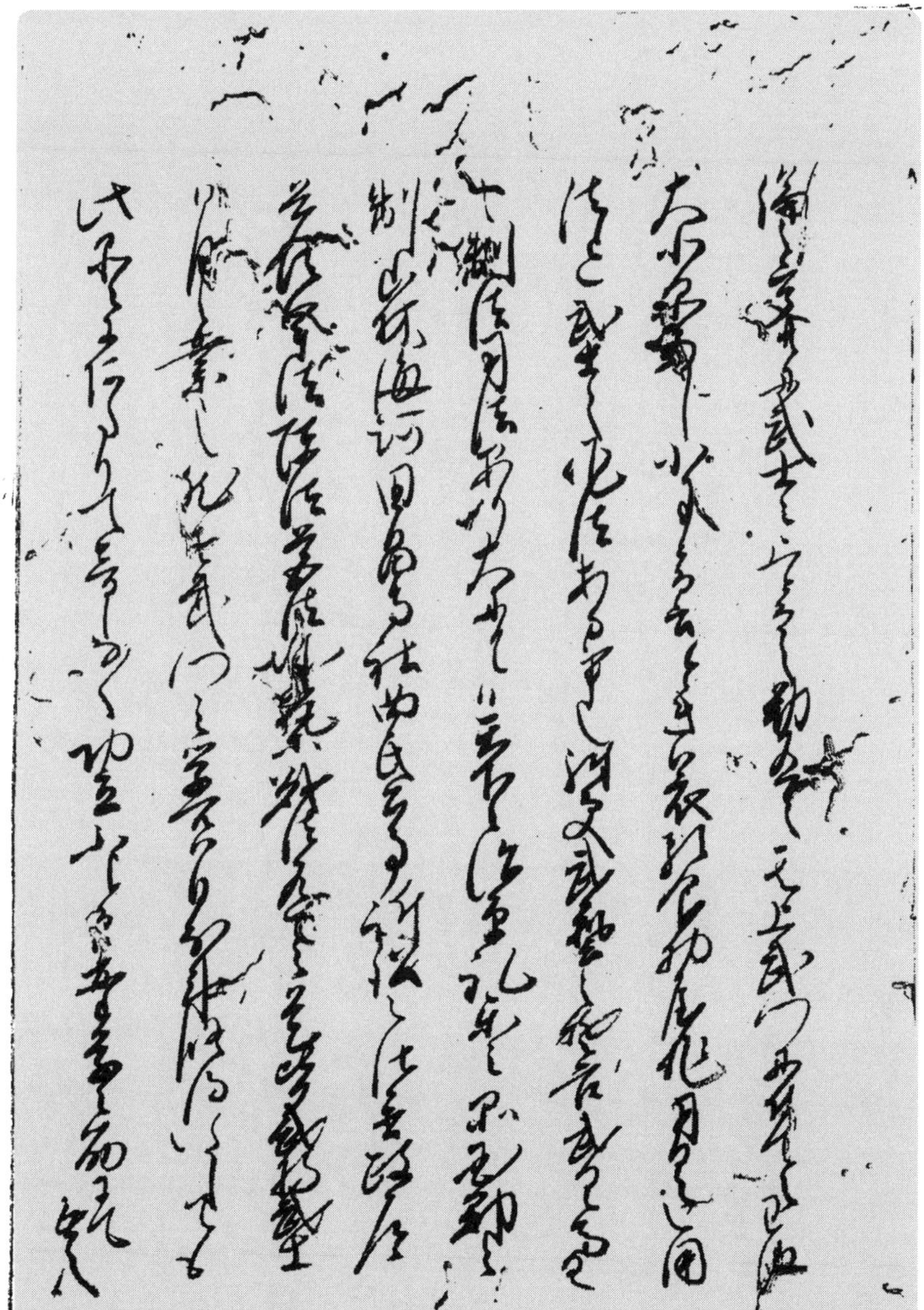

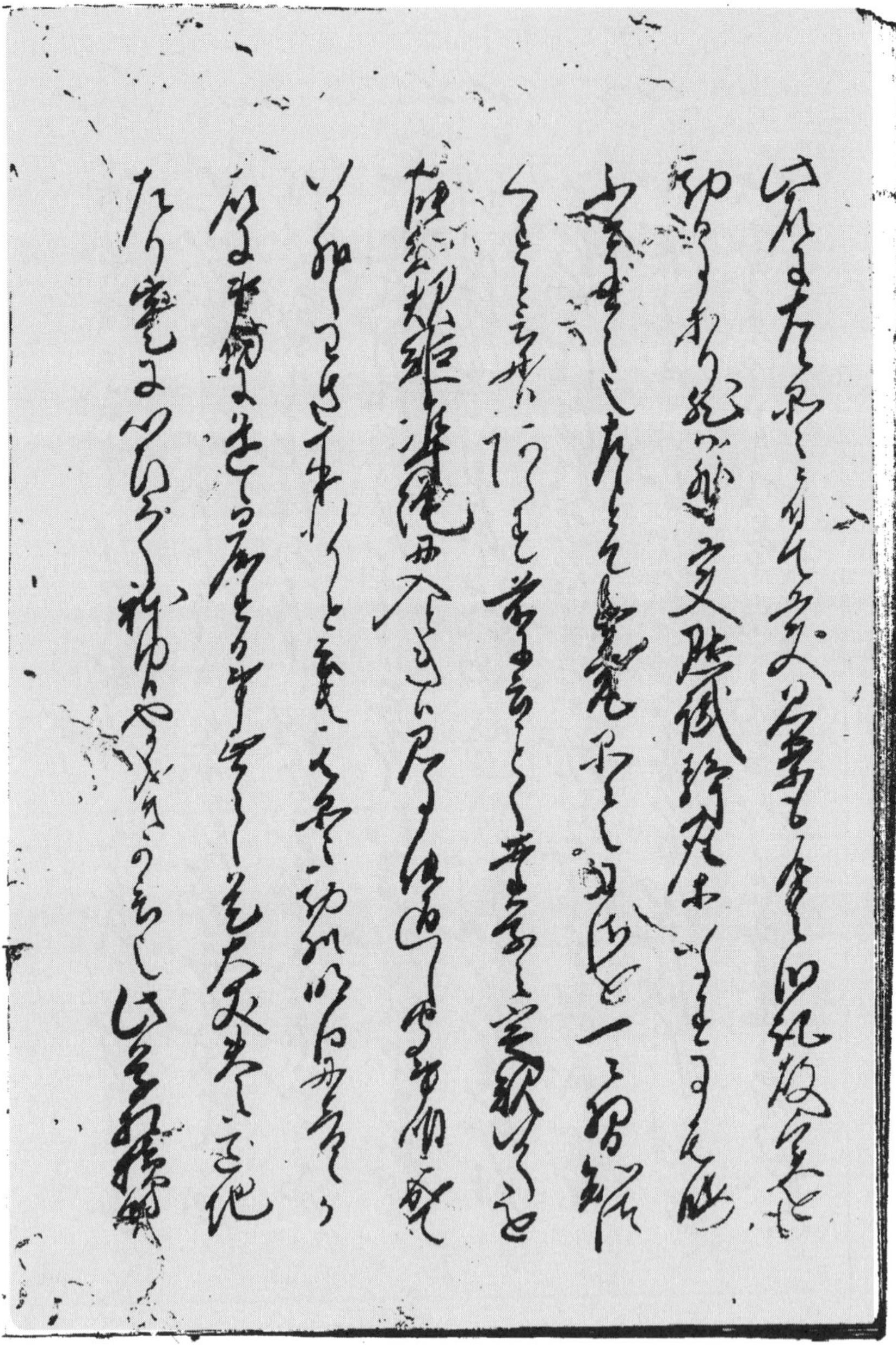

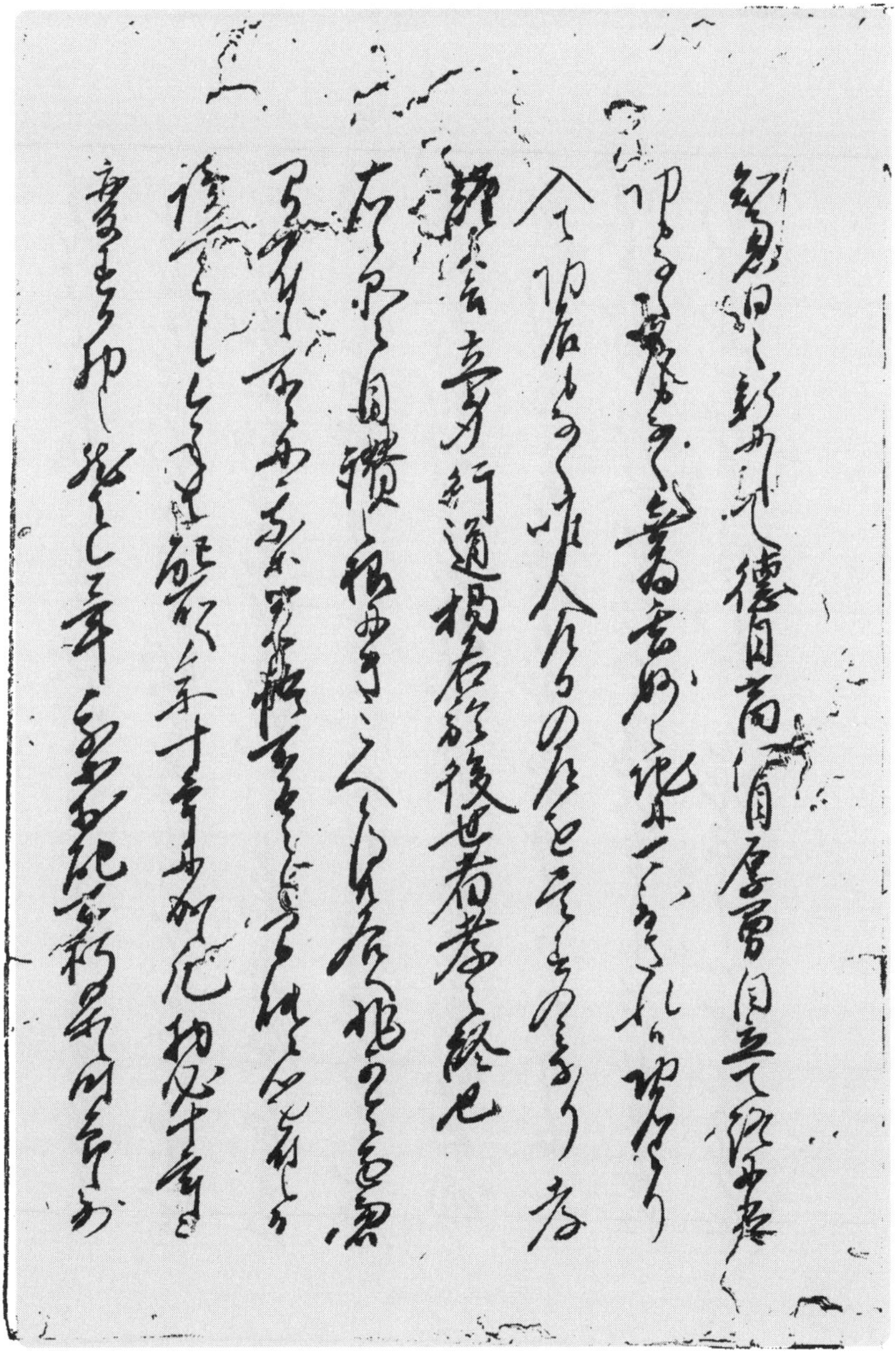

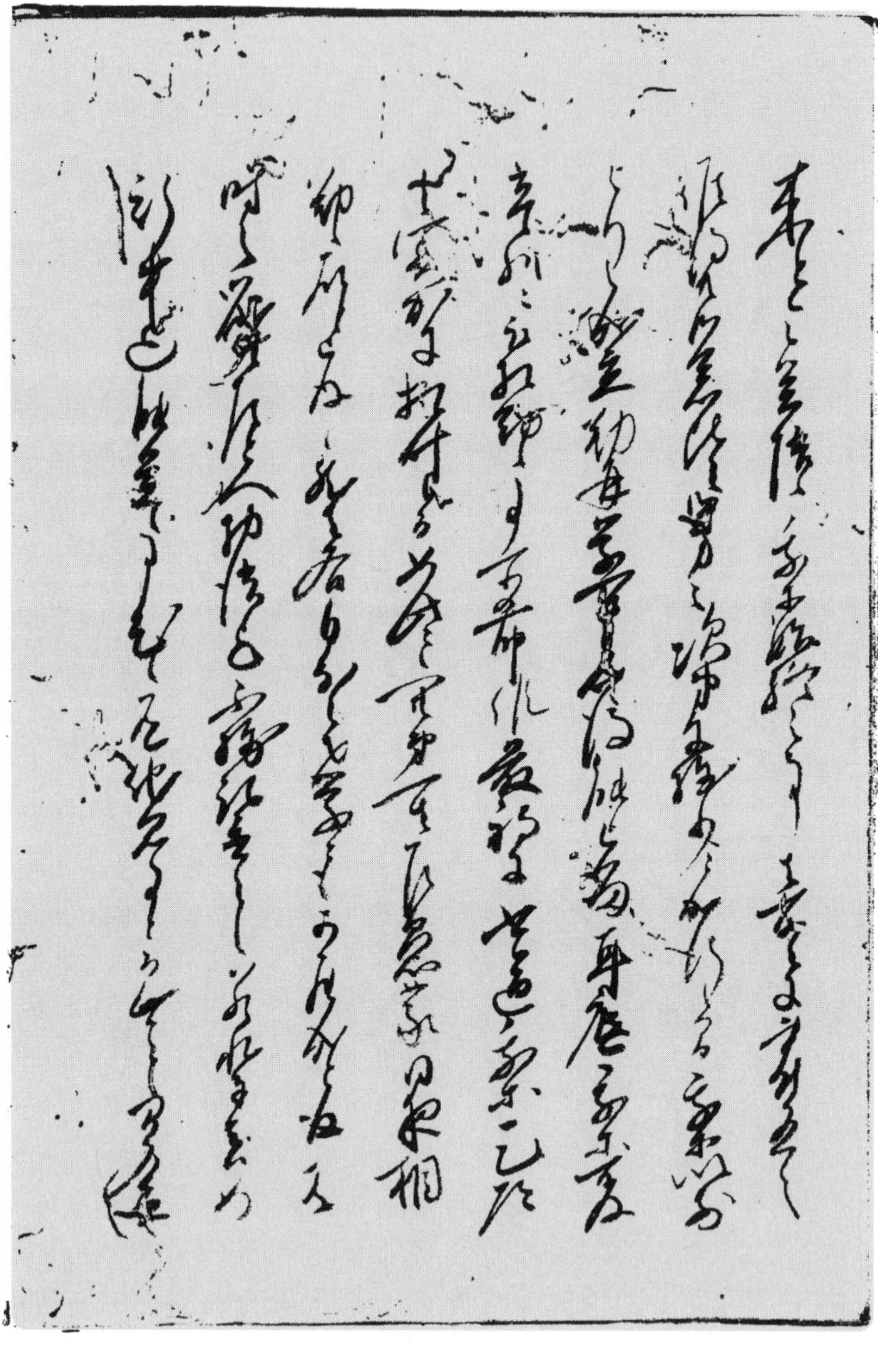

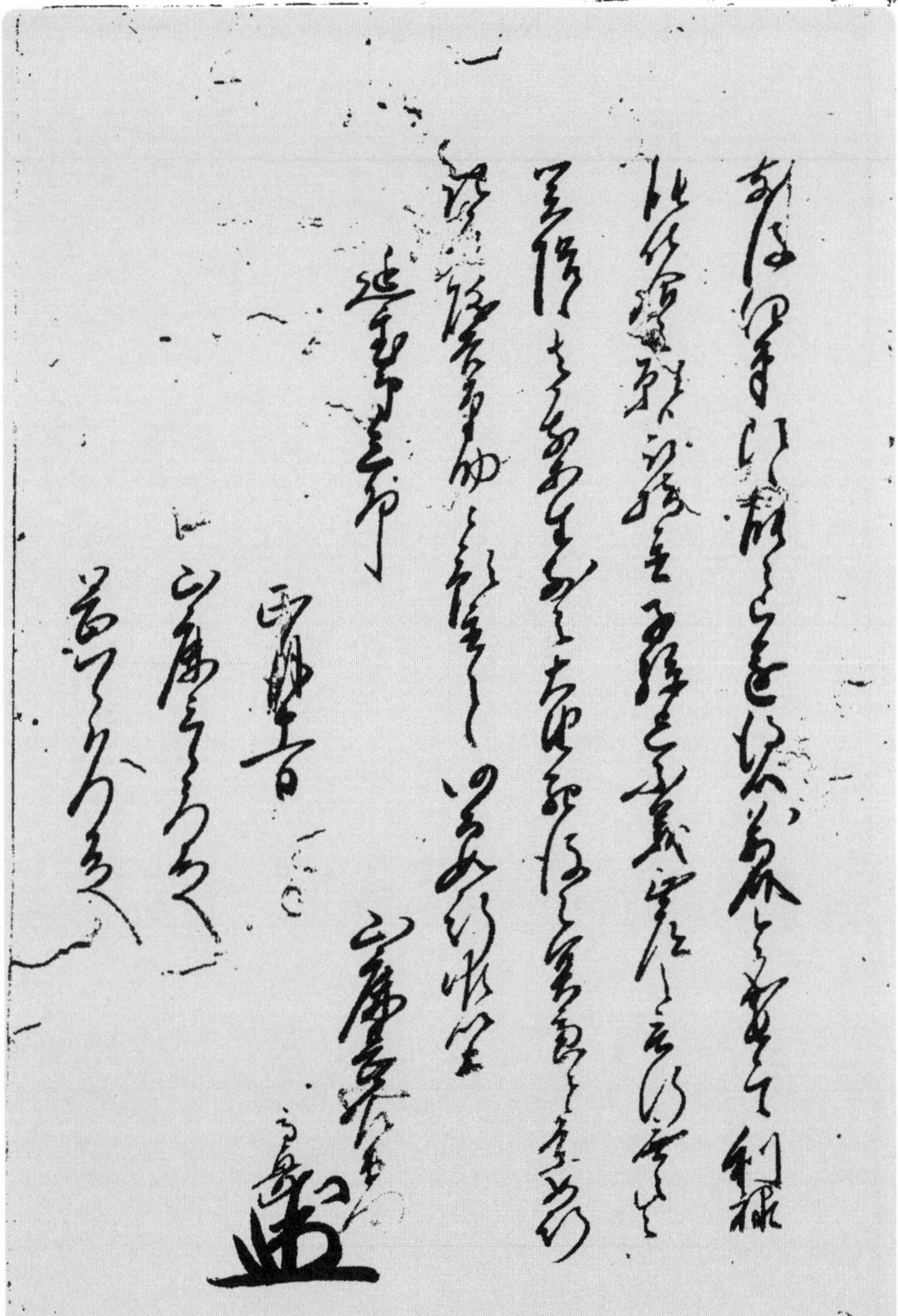

第二部　『配所残筆』の文献学的研究

第一章　『配所残筆』の自筆本

一、自筆本『配所残筆』の調査概要

山鹿素行自筆の『配所残筆』（「自筆本」と呼称する）は、著者が平成九年八月二十四日に調査を行なつた。奈良市在住の山鹿浩二氏の御所蔵で、桐箱に収められた状態で保管されてゐた。本文は三四丁、袋綴ぢの一冊本、表表紙に本文と同筆の草書で、「配所残筆」と墨書された題簽が貼付してあり、寸法は、たて一八・八センチメートル、よこ一六・二センチメートルで、右側の二箇所を紙縒り綴ぢしてあつた。

その箱蓋の裏には、次のやうな箱書きが墨書してある（返り点・句読点等は、著者が付加した）。

配所残筆匣記

素行子・山鹿先生、謫在二播陽一約十年矣。乃慮二其死一而遺二書于弟・平馬及岡某一。所謂、配所残筆是也。乃木将軍、嘗見レ之、以為二希世之珍一、乃印行以公二于世一。斯本、即其原本也。平馬子孫世伝、其家以至二今日一矣。予、嘗仮レ此以置二于座右一、直読不レ措焉。今嘗還レ之、特命作レ匣収レ之、且附二記一言一以令二珍蔵一云云。

大正七年臘月下浣　　鸞洲・源厚（花押）

これは、かつて松浦厚伯爵が「自筆本」を山鹿家より借覧し、大正七年十二月の下旬に返却する際、みづから調製させた桐箱の箱書きであることがわかる。

箱書きにもあるやうに、自筆本には明治四十二年六月頃に、乃木希典大将が写真石版で印刷・刊行した「複製本」の存在が知られてゐる。著者は平成七年三月に、東京大学史料編纂所所蔵の、この複製本（架蔵番号・五一二一―四）を、『続神道大系』論説編「山鹿素行」（以下「続神道本」と呼称する。大野健雄氏との共著。財団法人神道大系編纂会）に転載ならびに翻刻した。複製本には不明箇所や印刷上の問題点があつたが、自筆本を調査して底本に使用することはできなかつた。「続神道本」の「解題」にも、「翻刻・校注にあたっては、明治十八年七月、近藤圭造刊行の『存採叢書』所収本、昭和十五年六月刊行の『岩波文庫』所収本、同年同月刊行の『山鹿素行全集』思想編第十二巻所収本、昭和四十五年八月刊行の（著者の注記「日本」脱）『思想大系』三十二「山鹿素行」所収本を参考にした。」（六九頁）とだけ述べたやうに、複製本を底本に、既刊四点の『配所残筆』を参考にして、原稿作成を行なつた次第である。

その後、既述のとほり、山鹿氏の御自宅を訪問し、初めて自筆本を調査することができた。その結果判明した自筆本と複製本の印刷上の相違点や、複製本では不明であつた箇所は、平成十年六月に「山鹿素行『配所残筆』の自筆本と写本について」（『日本学研究』創刊号）において報告した。そのなかで「続神道本」の補訂も試み、些少ではあるが、校注者としての責任を果たすことができた。また、平成十九年十二月には、著者が中心となつて、山鹿氏から提供された写真を使用し、新たな自筆本の「写真版」を学界に公開した（金沢工業大学日本学研究所「山鹿素行自筆本『配所残筆』（写真版）」『日本学研究』一〇）。本章の以下の内容は、この写真版（本書の「第一部」に掲載）に依拠し、さらに調査・研究を加へた成果である。

よつて自筆原本の「写真版」の次には、読者が共有できる活字「翻刻本」の資料提示が必要であり、これが文献研究の第一歩となる。そこで次節には、第三節の「自筆本」翻刻に先立つて、翻刻・校注上の「凡例」を明示しておきたい。

二、〔翻刻〕自筆本『配所残筆』の凡例

本節では、自筆本『配所残筆』の文献資料としての特質を究明し、問題点があれば解決するために、次節において翻刻する。加へて自筆本と本章の第四節で検討する、唯一の自筆本系写本「山鹿甲本」との対校結果を、「校異」として挿入した。なほ、「山鹿甲本」自体の書誌については、第二章・第一節で概説したい。

自筆本の翻刻および山鹿甲本との校異の「凡例」は、次のとほりである。

一、本篇は、山鹿素行自筆の『配所残筆』（底本、第一部〔写真〕「山鹿素行自筆『配所残筆』」による）を、所蔵者・山鹿浩二氏の許可を得て、できるだけ「底本」に忠実に翻刻した。

二、自筆本の翻刻に「山鹿甲本」（対校本）との校異を校注として記入した。主に文字の異同・誤字・誤入、改行箇所や空白部分（欠字）の相異についてである。

三、翻刻にあたつては、左の項目に準拠した。

1　本文の頭部に「(1)〜(30)」とあるのは、『配所残筆』の段落番号を示し、便宜上、著者が施した。たとへば、本文の頭部に「(1)」とあれば、第一段落であることを示す。

2　底本の正字体・異体字・略字・俗字などは、原則として通行の新字体に改めたが、底本の字体を残したものもある。

3　底本の草書体や変体仮名の文字は、通行の漢字・仮名文字に改めたが、「ニ・ハ・ミ・江（え）・之（の）・而（て）・ケ（箇）・ヿ（こと）・〆（して）・ゟ（より）・〻（畳字）」などは底本のままとし、字体の大きさを統一した場合もある。

4　仮名遣ひ、ならびに仮名文字の清・濁は、底本通りにした。

5　返り点は、組版が煩瑣になるので削除し、本書の最終研究段階で作成する「校訂本」（第三章・第三節）で加へることにした。ただし、底本の一部にある振り仮名と返り点（一部補訂）を残した箇所がある（一〇三頁）。

6　同じく底本にある二行割行の注記は、小字一行組に改変した。

7　句読点は、諸本（既刊の翻刻本など）を参考にして施した。

8　並列点「・」は、読解のために多用したが、成語とみなしたものには入れなかつた。

9　虫損による不読文字は、「□」をもつて示した。たとへば、本文の字間に「□」とあれば、底本が虫損であることを意味する。なほ、字間にある空白部分（欠字など）は、底本の間隔に従つてゐる。

四、校注にあたつては、左の項目に準拠した。

1　底本との文字の異同、改行箇所の相異、対校本の虫損などを、右傍注「（　）」の形式で記入した。

2　対校本の脱字・脱文は、字間注「【　】」の形式で記入した。たとへば、「【我等】」とあれば、底本にはあるが、対校本にないことを意味する。

3　対校本が衍入・補入させた字句は、字間注「《　》」の形式で記入した。たとへば、「《見》」とあれば、底本にはないが、対校本にあることを意味する。

4　字間にある空白部分（欠字など）について、字間注「【　】」は、底本にある欠字が、対校本にはないことを意味する。反対に、字間注「《　》」は、底本にない欠字が、対校本にはあることを意味する。また、その間隔の相異も、これらの形式で明示した。

五、著者の注記は、左傍注「（　）」をもつて付した。また、左傍の記号「×」は、本章・第四節で使用する目的で付けてある。

三、〔翻刻〕自筆本『配所残筆』

「配所残筆」（表紙外題）

(1) 我等儀、凡×〔被〕〔□〕下之者、殊更無徳短才、中〻御歴×〔麻〕〻之御末×〔未〕席江、出座候者ニ無之候所、幼少之時分ゟ、似合ニ人も存候而、御歴×〔麻□□〕〻方御取持被下候。此段、全我等徳義之故とハ不存候〔□〕。天道之冥〔□□〕加ニ相叶候故ニ可有之、弥天命をおそれ候而、毎事〔□〕日用を勤慎候事ニ候。

(2) 一、六歳より親申付候而、学被為仕候へ共、不器用ニ候而、漸八歳之比〔頃〕迄ニ、四書・五経・七書・詩文之書、大方よミ覚候。

(3) 一、九歳之時、稲葉丹後守殿御家来塚田杢助、我等親近付故、【我等】を林道春老弟子ニ仕度由頼入候。杢助次手候而、右之段、丹後守殿へ〔江〕申上候へは〔得者〕、幼少ニ而学問仕候事、奇特成由被仰、於御城、道春江直ニ丹後守殿御頼被下候。就夫杢助、拙者を同道仕候而、道春へ〔江〕参候。道春・永喜一座ニ而、我等【に】論語之序、無点之唐本ニ而よませ被申候。我等よミ候【へ】は〔者〕、山谷を取出し候而被為読候。永×〔長〕喜被申候は、幼少ニ而如此読候事、きとくニ候。乍然、田舎学問之者、師を仕【候】と相ミへ、点悪敷候由被申候。道春も、永喜同意ニ被申候而感悦被仕、別而念比ニ候而、十一歳迄、以前読候書物共、又点を改、無点之本ニ而読直候。

(4)一、十一歳之春、歳旦之詩を初而作候而、道春へ〔江〕見せ候へハ、一字〔□〕改被申候而、則序文を書、幼少之述作、別而感入之由、書状〔□〕被副之、和韵被仕候。

(5)一、同年、堀尾山城守殿御家老揖斐伊豆、我等へ〔江〕被懸目候而、則〔改行〕山城守殿江被召寄、書物読候。伊豆是非共、山城守殿〔□□〕江奉公ニ出候様ニ、二百石は可〔被〕□下候由申候へ〔得〕共、我等親同心不仕候。

(6)一、十四歳之比は、〔者〕詩文共ニ達者ニ仕候故、【　】伝奏飛鳥井大納言殿被及聞召、被召寄、即座ニ詩を作候而懸御目候所、大納言殿和歌御詠吟候而、和韵被下候。烏丸大納言殿も被及聞召候而、是も即座ニ章句を被成被下候。【則】乍慮外、我等も即座ニ対を仕候。若輩之時分、殊更即座之事ニ御座候間、唯今見《見》申候而は、笑草成儀ニ御座候へ×〔は〕共、各御感不浅候。其後は〔□〕御両公、御念比ニ被成、折々奉得御意、詩文之贈答御座候。

(7)一、十五歳之時、初而大学之講釈仕候。聴衆大勢有之【候】。十六歳之時、大森信濃守殿 其比は佐久間久七。・黒田信濃守殿 其比〔頃〕は源右衛門。御所望ニ而、孟子を講釈仕候。蒔田甫庵老、論語御所望、同年講釈、いつれも翌年迄ニ読終候。是又、若年之時分故、定而不埒成事斗可有之候へ〔得〕共、其時分之儀、蒔田権之佐殿・富永甚四郎殿なと、今以能御覚候。

(8)一、我等幼弱より、武芸・軍法稽古不怠候。十五之時、尾畑勘兵衛殿〔□〕・北条安房守殿 其比は新蔵。へ逢申候而、兵学令稽古、随分修行候〔□□〕。廿歳ゟ内にて、門弟中ニハ、我等大方上座仕候而、則北条安房守殿筆者ニ而、尾畑勘兵衛殿印免之状給之候。廿一歳之時、尾畑勘兵衛殿印可被仕候而、殊更門弟中、一人も無之候、印可之副状と申候を、我等ニ被与之候。筆者ハ高野按察院光宥ニ而御座候。
於文而感其能勤、於武而歎其能修。噫有文章者、必有武備。古人云、我亦云、と末句に、我等を御称美候。此文言は勘兵衛殿、直ニ御好候。

(9)一、十七歳之冬、高野按察院光宥法印ゟ神道令伝受候。神代之巻ハ不及申、神道之秘伝、不残令伝受候。其後壮年之比、広田坦斎と申候、忌部氏之嫡流之者有之、×〔神〕根本宗源之神道令相伝候。其節、忌部神道之口决、不残相伝候書付証文を越候。其中比ゟ石出帯刀参候而、我等江断、神書承候。坦斎は頓而死去仕候《ニ》付、神書之事、帯刀事、拙者を頼候而、合点不参候処、所〻皆承候。是又、今以其書付有之候。

(10)一、同年ゟ歌学を好ミ、二十歳迄之内ニ、源氏物語不残承、源語秘决迄令相伝【候】。伊勢物語・大和物語・枕草子〔□〕・万葉集・百人一首・三部抄・三代集迄、広田坦斎相伝仕候〔□〕。依之、源氏私抄、万葉・枕草子・三代集等之私抄〔□〕・注解、大分撰述仕候而。詠歌の志深、一年に千首之和歌を詠候得共、存候子細有之、其後は棄置之候。今以右、広田坦斎方ゟ歌学之儀、不残相伝仕候段、書付御座候。尤職原抄官位之次第、道春講釈不残承、其後、是又坦斎に具承候〔□〕而、合点不参候所は、菊亭大納言殿へ申上候而、大納言殿ゟ被染御筆、一〻之口伝御書付被下候。此段、人之存候事ニ候。就夫、我等ニ職原を伝受仕候者数多候。

(11)一、若年之時分、湫兵右衛門殿・小栗仁右衛門殿御取持候而、【　】紀伊大納言様へ〔□〕七十人扶持被下被召出、御小性・近習ニ可被召×〔承〕遣之由、御約束候〔□□〕而、頓而御目見之用意仕候。内証は岡野権左衛門殿、万事御取持候。其節、阿部豊後守殿被聞召及、尾畑勘兵衛殿・北条安房守殿被成御頼、我等を御抱被成度之由、被仰候へ共、右之御先約故、御断申上候。然所、【　】大納言様御事、豊後守殿御抱有之度由、被成御聞、布施佐五右衛門為御使者、兵右衛門殿・仁右衛門殿迄被仰出候ハ、豊後守殿御抱有之度由、×〔被〕御申候者を、【　】大納言様へ御引取被成候段、御遠慮ニ被思召候。たとへ《御》家来ニ而有之候〔□〕共、豊後守殿なと、御所望有之者ハ、可被遣之候。豊後守殿御用〔改行〕之事ハ、【　】御公儀御《　》用同意ニ候間、豊後守殿へ被召抱候様ニ〔□〕可仕候。其段、勘兵衛殿・安房守殿へも、右佐五右衛門被遣之、被仰進〔□〕之由ニ【候】。佐五右衛門もはや可被召抱候段、御両

所江御約束被成候而御座候ニ、唯今此段、如何可有御座と申上候へは、兵右衛門殿・仁右衛門殿御事、御心易儀ニ《て》候間、不苦候儀之由、被仰出候由《拙》候《由候》。拙者奉存候ハ〔は〕、〔改行〕大納言様右之通御遠慮被遊候上は〔者〕、豊後守殿ニも御抱被成間敷候。其上御老中家へ〔江〕ハ、遠慮仕候子細御座候間、従此方双方へ〔江〕御断申上度候段、岡野権左衛門殿へ〔江〕御相談仕候而、其分ニ罷成候。右湫兵右衛門殿ハ謙信流之軍法者、御歴ゝ方に弟子衆大勢候へ共、我等弟子ニ御成候而、兵学□〔御〕勤御念比〔頃〕ニ候。仁右〔×左〕衛門殿は〔者〕、我等へ〔江〕鞠身之やわら御相伝候而、奥儀迄承候故、別而得御意候。岡〔「野」脱カ〕権左衛門殿ハ、我□〔等〕若年之時分ゟ書物御聞、殊兵法之弟子ニ御成候而、御一類中不残、我等ニ兵学御聞候故、御【心】易得御意候。

(12) 一、右之翌年、【加】賀《か》松平筑前守殿、拙者義〔儀〕(儀カ)被聞召及、【可被召抱由、町野長門殿御取持候。拙者親申候ハ、知行千石不】被下候而は、罷出候事無用ニ可仕候由申候而留申候。筑前守殿にも七百石迄ハ可被下候由、御沙汰候様ニ、長門殿《ハ》【御】申候由承【候】。

(13) 一、正保四年丁亥秋、大猷院様、北条安房守殿へ〔江〕城取之作法・木図被仰付候時分、拙者おこり相煩候而罷有候所、安房守殿、私宅へ御出候而、右之木図御相談候而、陰陽之両図出来候。右木図之書付并目録迄、拙者令相談書付候。其書付不残、拙者所ニ御座候〔□〕。其節、久世大〔×今〕和守殿御事、安房守殿へ〔江〕御出候而掛御目候。御覚可被成候。

(14) 一、拙者廿五歳之時、松平越中守殿、拙者を御よひ被成、学問・兵学之御詮儀〔議〕(義カ)・御議〔×儀〕論御座候。拙者申上候通、御得心被致〔存〕、別而御大慶被成、則被為遂誓状〔□〕候而、拙者ニ兵学御相伝被成候。右御誓状之翌《一》日、三輪権右衛門先達而被遣之、御【太】刀・大馬代・時服被下之、追〔□〕付越中守殿為御礼、私□〔宅〕江御来臨被成被下候。其以後は毎度御懇意、詩文なと折ゝ御贈答被成候。拙者文章を書候を、表具被仰付候而、拙者御招請之時分は、御座敷ニ被為懸【之】候《て》。誠冥加至極、却而迷惑×〔忍〕仕候段、度〻御断申上候。其段、浅野因幡守殿能御存、常〻被仰出候。越中守殿御事、其比〔頃〕六十ニ被為成候。御門葉と申、御譜代之【御】大名ニハ珍敷、御学問は諸〔者〕事豪傑之御方、兵法は尾畑勘兵衛殿印可之《御》弟子、東海道一番之御大名、人皆崇×〔宗〕敬仕候に、拙者信仰不大方候〔□〕間、御音問之事迄、事〻×〔ら〕しく書付置候。其段【は】今以、家中之衆相残候は可存候。

⒂一、同年、丹羽左京大夫殿、兼而我等ニ兵書御聞候序に、荘子【之】講釈御所望候而、折〻講尺(釈カ)候。荒尾平八郎殿・揖斐与右衛門殿なと御聞候。其時分は、〔者〕我等専老子・荘子之学をこのミ候而講読申候。然に武田道明寿院ニ老荘相伝候。近代世上に、荘子之講読×〔談〕ハ無之候。拙者読候事、無心元候間、一座聞申度由を、浅野因州公へ頼被申候旨、因州公、拙者へ〔江〕御断被成候而、道安事、丹羽左京殿亭に而一座仕候而、拙者荘子聞被申候。道安殊外、拙者を褒美不大方候。其段、後迄因州公御咄候。道安は医師、殊更学問も広才ニ無之候得共、明寿院以来不承候由、別而褒美被仕候故、書付置候《御》事候〔□〕。

⒃一、大猷院様御前江、祖心昵近被仕候時分、祖心被申候ハ、其方儀、御序御座候而、具達【　】上聞候。折〻其方事、【　】上意有之間、必家中へ奉公ニ罷出候事、無用ニ〔□〕可仕候。何とそ仕×〔は〕、御家人に成候様ニ、取持可被申候由被申【候】。松平越中守殿御念比〔頃〕候故、右之次第、具ニ御内意申上候得は、一段之事ニ候。表向は越中守殿御取持可被下候。其方事、松平和泉守殿兼而能御存被成候間、【〔傍書「明ケ」〕　】〔不改行〕当公方様江被召出候様ニ仕候は、早速首尾可仕候。祖心へ〔江〕も、其段御相談可被成候。先酒井日向守殿へ被仰置候【半間、懸】御目置候へと被仰、【御】家老三輪権右衛門被指添、日向守殿【へ】、拙者を被遣×〔之〕候て懸御目候。《拙者》其節、空印公御事、〔改行〕上意ニ而祖心下屋敷へ〔江〕振舞被申候時分、拙者義〔儀〕(儀カ)被召出〔□□〕、御念比〔頃〕之上ニ、越中守殿、其後、越中守殿被仰候ハ、酒井空印公へ拙者事、具【ニ】御物語被成被置候間、左様ニ心得候様ニ被仰候。

拙者噂具ニ被仰候由、御挨拶被成候。久世和州公、上意〔改行〕ニ而祖心御振舞被成《候》、道春被召寄、老子経之講釈御座候時分、和州公被仰下、拙者も右之末〔末〕×座江被召出候。祖心後ニ被申候ハ、此段皆【　】上意〔改行〕ニ候間、難有可奉存候由被申聞候。卯年二月、御近習番頭駒井右京殿御事、阿倍〔部カ〕伊勢守殿　其比〔頃〕は式部と申候而、御小性被仕候。を御頼被成、拙者弟子ニ御成、兵学御聞被成度由被仰候間、幸御近習に北条安房守殿居被申候間、是へ御相伝可然由、達而御断申上候へ共、思召入有之【候】由被仰候間、任御意候而参候所、急度被成候御馳走ニ而兵書御聞、早〻御登〔改行〕城候。御両所之御咄【共ハ、拙】者不承候。脇ニ而承候へは、右【右】京殿被召寄之儀ハ、【　】上意ニ而御座【候】つる由承候。此段、□〔具〕ニ祖心へ〔江〕物語仕候へは〔得者〕、大方【　】上意ニ而可有之【候】間、弥以諸事慎、家中なとへ奉公ニハ、不入〔御〕×儀ニ可存候由御申候。其夏【　】薨御被為成候。松平越中守殿、其年極月御逝去候。

⒄一、翌辰年、浅野内匠頭、拙者江直ニ約束被仕候而、色〻念比〔頃〕之上、知行千石被宛行候。拙者儀、相応之奉公被申付候様ニ、達而願申候へ共、いかゝ被存候哉、番并使者、一度も不申付候。定而拙者、不調法者故ニ而可有之候。稽古日を定置、我等罷出候時分は、馳走被仕候而、浪人分ニ被仕候。巳年、播州赤穂へ罷上候時分、於大坂、曽我丹波守殿、拙者兵学【之】弟子〔□□〕ニ而御座候故、別而御念比〔頃〕ニ被成、御馳走被遊、二三日滞留仕候。其時分、板倉内膳殿御加番故、丹波殿へ〔江〕被仰合候而、九月廿一日、丹波守殿ニ而、内膳殿へ〔江〕終日得御意候。翌年五月、罷下候時分、内匠頭急度振舞被申候而、道具給之候。内匠頭所ニ九年有之、存寄候子細御座候而、書付を上、□〔乃年〕×□〔子カ〕、大嶋雲八殿奉頼、知行断申候而上候。其時分も加増□〔迄〕可被申付候由、御留候得共、加増・利禄之望ニ而、知行断申候【三】而無御座候由、達而断申候而、【知行返納候。大嶋雲八殿、具ニ御存被成候。】

⒅【一、知行断申候而、】以後間御座候而、浅野因州公・本多備前殿なと、私宅へ〔江〕御出被成候時分、因州公被仰候ハ、

其方儀、以来は一万石ニ而無之【候】は、何方ヘも奉公仕間敷候由兼而申候。一段尤ニ被思召候。古来戦国にハ、陪臣ニ高知行取申【候】者数多候。木村常陸介五万石之時、木村惣左衛門五千石、長谷川藤五郎八万石之時、嶋弥左衛門八千石取候。丹羽五郎左衛門十二万〔「石」脱カ〕ニ而、江口三郎〔「右」脱カ〕衛門・坂井与右衛門一万石宛取候。か様之事不珍候。結城中納言殿、越前拝領之時分被仰候は、御国を拝領被成候而、以前ニ替、別而御満足成事ハ無之候〔口〕。難有被思召候事、二か〔ケ〕条有之。其第一は、年来分限広候ハ、〔口〕、被召《寄》置度被思召【候】、久世但馬、今度二万石被下被召出候。此段、大名ニ被仰付候故、願相叶申候由被仰候段、石谷土入物語候。扨近代我等存候而も、寺沢志摩守殿へ〔江〕、天□〔野〕源右衛門〔口口口〕を八千石ニ而被抱之候。御一所松平越中守殿へ、□〔口〕〔吉カ〕村又右衛門を一万石ニ而被抱之候。此者共、名高場所一両度有之者候。渡辺睡庵事、藤堂泉州令浪人、五万石ニ而無之候ハ、、主取仕間敷候由申候。其身覚書ニも、其段記置之候。此者ハ又、右両人ゟ度々武功場数も有之、殊ニ〔口〕一騎寄之役儀ゟ、大勢之指引を心懸候者〔「ニ」脱カ〕【候】。此両三輩、皆我等存候。然に其方事、戦国に生候ハ、、武功【之】段ハ、右之者共ニおとり申間敷候。此段ハ力わさに不成事ニ候。第一博学多才、唯今、弘文院をさし置、世上に有之間敷候。又聖学之筋目、発明仕候事、異朝ニさへ無之候間、古今其方一人ニ候。我等事、十二歳ゟ兵学を稽古候而、畠山殿弟子ニ御成、其流をきわめ、上泉流を習、上泉治部左衛門ニ相伝【を】きわめ候。其後、尾畑勘兵衛殿弟子ニ御成、印可迄御取候。北条安房守殿【ハ】、《御》尚以心易、昼夜被仰談候。然ニ其方影故、兵学之筋目、初而能得心、難有仕合被思召候故、其方ヘ別ニ誓詞遺置候。然は兵法之儀、無双之様ニ被存候。□□〔如此〕上は、五万石望【候】共〔×其〕、似合不申候様ニハ、我等ハ不存候。其上、一万石ニ而奉公不仕候而ハ、【主】用ニ立不申候段申候。寔当時相応成望、尤之至候。我等儀、分限無之候故、別而残念被思召候。其上一類内、一人ニ而も、二人ニ而も、〔口〕被召出候事、御願〔×頼〕被成候間、左様ニ同心可仕【候】由被仰候。私申上候は〔者〕、忝御意奉存

候と斗申上候而、指置候得共、本多備前殿へ度々被仰候間、達而一人遣候様ニ御取持×〔之〕候間、岡八郎左衛門十六歳之時、因州公へ被召出、過分ニ知行被下、近習ニ今以被召遣候而、御念比之義（儀カ）共候。其節、磯部彦右衛門を御使ニ被下、八郎左衛門被召出、御満足被遊候由、却而×〔者〕【御】礼被仰下候。此段、因州公ハ不及申、松浦肥州公・本多備前守殿、各御覚相成候。

(19)一、松浦肥州公御事ハ、以前ゟ御家中へ、弟三郎右衛門被召置候而、段々御取立被下、御厚志不浅、毎度御大恩を請申候。×〔然は〕拙者【　】（空白ママ）心底被為成御存候御事ハ、因州公ゟ猶以厚被成御座候。松浦公・浅野公・本多備前守殿なと、御【一】座之時分、御分限被成御座□□□〔候ハヽ〕、拙者ニ一万石・二万石被下候事、何ゟ安儀ニ候由、被仰出候故、拙者申上候ハ、×〔而〕御両公様、右之通被為思召候得は、拙者儀、×〔之後〕×寔ニ冥加ニ相叶候と奉存候。拙者御存不被成候御方ニは、定而無途方たわけ者ニ候。各様御崇敬被為成候を誠と存、如此高ふりたる事を申候と可有之【候】。然所、因州公御事ハ、〔□□□〕御老年と申、御学問之義〔儀〕（儀カ）、唯今之御大名ニ×〔而〕ハ無之候。其上、紀伊守殿・但馬守殿御家ニ、諸家之名高者、大勢被召抱候而、高知之者共罷有【候】。此者共之咄被為聞之候。殊更兵学之義〔儀〕（儀カ）、兼而被仰聞候通候間、拙者体、御噂・批判可仕候様無之候。松浦公御事ハ、因州公ゟ少々御年下ニ被成御座候。御自分之御文学は無御座候へ共、昼夜書物等被聞召、文武之諸芸、儒仏之御勤、御怠不被成、其上、当代之古老衆、毎度被成招請、　御当家・上方衆、近代之物語、大方御存被成候。近年御家中へ〔江〕、諸歴々高知ニ而被指置、尤能者共、御使立被成候。依之、中根宗閑・石谷土入、常々被申候は、御家中之作法、人之御遣立被成様、若年ニハ珍敷武将ニ而可有之由、度々被申【候】を、石谷市右衛門殿、并〔並〕拙者体《御》承候事ニ候。然は〔者〕、此御両公様御事ハ、御自身之勤×〔分〕ゟはしめ、御家中・御領内迄之〔ハ〕（〔御〕脱カ）作法・御仕置、無残所候様ニ、乍恐奉存候。然ニ一両度は、時之御挨拶共奉存候。度々被仰聞候事ニ御座候得は、拙者存念は立候而安堵仕候。拙者事、御存被成候御方〻様は〔者〕、御分限不被成御座候。御存不被成候御方は、無途方者ニ可被思召候間、拙者儀は、当分永浪人と覚悟仕候故、諸事ひつ【そ】く仕、罷有候×〔て〕所存ニ御座候由、其節申上候。

⒇一、山口出雲守殿、御出候而被仰候ハ、津軽十郎左衛門殿御申候ハ〔者〕、津軽越中守殿、御知行高は少御座候得共、土地広、新田多候間、知行之事〔□〕は×〔三〕、其方望ニ御任可有之候。越中守殿、初而御入部之間、拙者ニ付申候而、参候様ニ御願候と被仰聞候。拙者申候〔□□〕ハ、先以忝奉存候。乍去越州公、別而被懸御目候〔□〕へ共、いまた〔□〕御若年ニ被成御座候。尤十郎左衛門殿、出雲守殿被仰候御事ニ御座候へ共、家中之衆、又ハ他所衆承候而、御若年之御方様へ〔江〕、いか様ニ申なし候而、如斯×〔後〕儀御座候なとヽ、以来【　】〔空白ママ〕□〔御〕沙汰御座候へは、迷惑×〔忍〕仕候間、御免被成被下候様ニ御断申上候。其【以】後津軽十郎左衛門殿、死去之時分、遺書ニも、拙者得御意候様ニ御申置候故、其段御志忝奉存、越中公へ弥御懇意×〔参〕忝奉存候而得御意候。

(21)一、村上宗古老、我等別而申談候事、各存知候通候。拙者方へ御出候時分被仰候ハ、我等事、わかき時分ゟ物之師を取、誓詞仕候事無之【候】。殊更武芸なとハ、人ニさして習候者ニ無之候。世上に軍法者多候得共、師を仕候者、我等所【へ】参候而、軍法咄仕候へ共、我等尤と存【候】者無之候。此段ハ×〔御〕、渡辺睡庵と昼夜咄候而、古来ゟ之軍法・弓矢咄、毎度聞候故と存候。然に近年、其方ニ逢候而、軍法・兵学之咄、評判・詮議を仕候ニ《付》、毎度驚耳候。睡庵事ハ、渡奉公人に近代稀成〔□〕武士と存候。然共、軍学・兵法之議論被仕候ハヽ、其方前〔□〕ニ而、睡庵口の明可申候様ニハ不被存候。就其、当年五十三歳、老学〔□〕恥入候得共、今日初而誓詞仕、其方、兵学之弟子ニ成申度候×〔之〕由御申×〔事〕候故、私申候ハ、私事、左様ニ被思召被下候事、別而忝奉存候〔□〕。古戦物語・武功共、度〻御咄承候而、拙者儀不浅忝候。何事〔□□□□〕ニ而も、御相伝なとヽ有之儀ハ、不存寄候由申候へ共、達而御望候故、任其意、宗古老御誓詞候。其時分、林九郎右衛門事、弥三郎と申候而、宗古念比ニ而居被申候故、能【可】被存候。

(22)一、寛文六年午十月三日未上刻、北条安房守殿ゟ手紙被指越候。

（切紙自筆）可相尋《　》御用之事候間、早〻私宅迄可被参候。以上

十月三日　　北条安房守

山鹿甚五左衛門殿

（手紙）御手紙被成下、謹而奉拝見候。御尋可被成〔改行〕御用之義〔儀〕（儀カ）御座候間、早〻貴宅迄参上可仕候旨、畏奉存候。

追付参上仕候。以上

十月三日　　山鹿甚五左衛門判

房州様

如斯相認候而遣候。夕料理不被下候故、食事心能認候而、行水仕、定而唯事ニ×〔而〕ハ有之間敷と被存、乍立遺書相認残置候。尤若死罪ニ〔□□〕被　仰付候ハヽ、　公儀【へ】壹通指上可相果、是又相認令懐中候。〔□□〕此外、五六か所へ小翰相調、与態老母方へ不申遣、宗三寺へ〔□〕参詣仕、下人成程省き、若党両人召連、馬上ニ而房州へ参候。四日ニハ、津軽公へ可被召寄兼約御座候つるを、津軽公門前ニ而〔□□□〕存出し、明日参上仕間敷候由、使をよせ、北条殿へ参候。門前【ニ】人馬多〔□〕相ミへ候。唯今、何方へそ打立×〔被〕候様子ニ御座候。此体、拙者若不参候ハヽ、則拙宅へ押寄、御ふ〔ふ〕ミつぶし可有之様子と見へ申候。私事、一刀を下人に渡、座敷へ上り【申】候而、笑□□〔なか〕ら申候ハ、如何様之事御座候哉、御門前事【之】外、人多候由申候而、奥江通候。暫候而北条殿被出候而逢申候。北条殿被申候ハ、不入書物作候故、浅野内匠頭所へ御預被成候。是ゟ直ニ彼地へ可参候間、何ニ而も宿へ〔□〕用所候ハヽ、

可申遣候と、別而念比ニ被申候。福嶋伝兵衛硯を持候而、拙者傍へ参、申遣度事ハ、伝兵衛可申次候由申候間、私北条殿へ向申候ハ、忝奉存候。乍然、常々家を出候《而》ゟ、跡に心残候事ハ、無之様ニ勤罷有候間、書付越可申事無御座候由申候。其内ニ嶋田藤十郎殿御出候而、北条殿も座敷へ御列座候而、私被召出候間、脇指を置罷出候へハ、北条殿・嶋田殿、互御色題候而、北条殿被仰渡候ハ、其方事、不届成書物仕候間、浅野内匠頭所へ御預被成候由、【御】老中被仰渡候由【申】候。私申上候ハ〔は〕、先以御意之趣、畏奉存候。乍然、対　御公儀様不届成儀ハ、右之書物之内、何之所ニ而御座候哉、承度儀奉存、と〔□〕申上候得共、房州御事、嶋田殿へ御むか×〔い〕ひ候而、甚五左衛門申わけ〔□□□〕も可有之候〔□〕得共、如斯被仰付候上ハ、不及申分候御事と御申候。私申上候ハ、御意之上ハ、×〔先御用被〕兎角と可申上様無之候由、申候而罷《有》立候。御歩行目付衆両人居被申候而、内匠頭者御よひ被仰渡候ニ〔□□〕、御歩行目付衆さわかしく被申候故、我等笑申候而、一礼仕〔□〕罷立候。此時之作法、残所無之由、右内匠頭者、其晩申聞候。内匠頭所へ参候而は、不通ニ人ニも逢不申【候】。浅野因州公ゟ礒部彦右衛門御越候、不〔〔而〕脱カ〕苦候由、家老共申候へ共、逢不申【候】。右之時分、随分不仕合成儀、迷惑×〔忍〕至極仕候へ共、心底是ニ而×〔動〕動申候事ハ、聊無之候。小事ニ而も、一か条も申置候事、申遣候事、失念不仕候。九日之未明ニ、江戸を罷立候。自〔□〕御公儀被仰聞候ハ、此者大勢弟子・門人有之、徒党之輩可有之【候】間、道中は不及申候、江戸罷立候時分、芝・品川等ニ而奪取候事なと可有之候間、油断不仕候様ニ被　仰渡候由ニ而、付候而参候者共も、気遣仕候故、朝ゟ昼休、昼ゟ泊迄〔□〕は、大小用をも不弁候様ニ心得候而、同廿四日之晩、赤穂へ著仕候。我等匹夫之者ニ候所、一人之再拝〔采配カ〕ニ而、大勢をも従申候様ニ、諸人存候事ハ、不仕合成内ニ、少ハ武士之覚悟、所有之ニも可罷成候哉。此段、皆虚説・風聞ニ、次第ニ罷成候而、於赤穂ハ心易罷成候。

(23)一、我等配所江被仰付候時分、北条□〔殿〕ゟ呼に参候節は、死罪可被仰付候哉、配所へ可参候哉、不分明候間、若死

罪ニ候〔□□□〕ハヽ、一通之書付を指出し可申と存、令懐中候。其案文、今以残候〔□□〕。此節は、人間之一大事相究、五十年之事、夢之覚候様ニ、有之時分〔□〕ニ候へ共、聊心底ニ取ミたし候事無之候。尤迷惑〔×忽〕ハ仕候〔□□〕。此段は〔者〕、我等日比学問工夫之つとめ故と全存候。人間之上〔□〕にハ、如此事有之物ニ候間、覚悟所如此しるし置候。

蒙当ニ二千歳之今一、大明ニ周公・孔子之道一、猶欲レ糺ニ吾誤於天下一、開ニ板聖教要録一之処、当時俗学・腐儒、不レ修レ身不レ勤ニ忠孝一、況天下国家之用、聊不レ知レ之、故於ニ吾書一無ニ一句之可一レ論、無ニ一言之可一レ糺、或借レ権而貪レ利、或構レ讒而追蹤。世皆不レ知レ之、専任ニ人口一而伝レ虚、不レ正ニ実否一、不レ詳ニ其書一、不レ究ニ其理一、強嘲レ書罪レ我。於レ茲我始安。我言之大道無レ疑、天下無レ弁レ之。夫罪レ我者、罪ニ周公・孔子之道一也。我可レ罪而道不レ可レ罪。罪ニ聖人之道一者、時政之誤也。古今天下之公論不レ可レ遁。凡知レ道之輩、必逢ニ夭災一、其先蹤尤多。乾坤倒覆、日月失レ光。唯怨生ニ今世一而残ニ時世之誤於末〔×未〕代ニ一。是臣之罪也。誠惶頓首

十月三日　　山鹿甚五左衛門

北条安房守殿

是《書》は令懐中候迄〔ハ〕ニ候。若死罪ニ而候は〔者〕と存候へ共、別条無之候故、出不申候。此文言、立なから認候而、点を付、令懐中候〔□〕。其以後、今日取出候而見申候。急成事故、不宜書様ニ存【候】。乍恐〔□〕【　】日本大小神祇〔祇カ〕、一字も改候事無之候。寔ニ我等辞世之一句ニ候。

(24)一、我等儀、以前知行断申候而、内匠頭殿家を出候ニ、今度、内匠殿へ御預被成候。然ニ配所ニ罷有候内、別而念比ニ被仕、常々被申候ハ、御預ニ而無之候ハヽ、其方、再此地へ可参候哉。随分内々ニ而、馳走可仕候由被申【候】。就其、衣服・食物・家宅迄、段々念比不浅候。大石頼母助事、朝夕之野菜、今日迄毎日両度宛送候。頼

母助×〔者〕在江戸之内も右之通候。断□□〔申候〕へ共、頼母助申候ハ、此段、全□〔自〕分之心入ニ而無之候。内匠《頭》殿〔「御」脱カ〕念比之、拙者事故、如斯仕候由申候。尤配所ニ罷有候内は、御預×〔頼〕之者ニ候間、随分慮外不仕候様ニ、家中之者迄被申付候而、拙者所ヘ内匠殿御出候而も、以前ゟ却而慇懃ニ御座候而迷×〔忍〕惑仕候。

(25)一、我等奉得御意候而、兵学・学問御聞被成、我等弟子ニ御成被成候御方〻ハ、松平越中守殿を初め、右如申候、別而□〔御〕崇敬被成候。其外、板倉内膳殿なと、御老中ニ被為成候而も、拙者名ニ様之字御〔□〕【付】被成候故、度〻御断申上候《上候》得共、□〔不〕被聞召【分】候《而》。浅野内匠頭〔□□□□者〕は主人ニ而候得共、【　】上〻様ヘ【口切之茶献上候後、必拙者ニも口切之茶肴被与之候而令頂戴候。采女殿尚以其通候。其外之御衆、大方上〻様ヘ】御茶被進之候已後は、口切之御茶〔□〕《献上候後、必拙者ニも口切之茶者被与之候而令頂戴候。采□殿尚以其通候。其外之御衆、大方上〻様ヘ御茶被進□候已後も口切之御茶》被下令頂戴候。尤以前御出入〔□〕仕候御大名□〔衆〕迄、私参候へは、御送迎被遊候而、御門迄明候様ニ被仰付候。御慇懃□〔二而〕×ハ迷惑×〔忍〕×仕候段、毎度御断申上候へ共、左様ニ而無之候。私ヘ御礼とハ不被思召候。兵法之礼義〔儀カ〕、師□〔弟〕之道ニ而候由被仰候。然共、冥加おそろしく存候而、度〻御断□〔申〕上候ハ、×〔被〕凡下之拙者、無徳之□〔者〕ニ而、任御意御指南申上候とても、左様ニ被遊候程之御伝受も不罷成、迷×〔忍〕惑仕候由、度〻御辞退申候き〔キ〕。×〔伝〕侍従・四品・諸大夫之御方〻様、如斯之次第、天命おそれ多候故、せめて自分ニ奢無【之】、日夜之勤、聊無怠慢候段、此上之我等慎と令覚悟候故、此段、常〻子孫共迄令教戒候。今年配所ニ十年有之候。唯【今】は一入天道のとかめを存候而、病中之外、雖一日朝寝不仕、不作法成体を不致候。此段朝夕之儀、下〻迄存候儀【候】。就中、礒谷□〔平〕助能存候。自以前如此心かけ候故、益も無之候へ共、我等述作之書物、千巻斗有之候。目録別有之。我等人にすくれ愚ニ候而、言行不正候。子孫【□〔共カ〕ハ、愚成我等】ニ十倍勤不申候ハ、、人間之正〔□□〕義に不可叶【申】×〔令〕と存候。

乍序、我等存寄候学之筋、少〻記置之候。

(26)一、我等事、以前ゟ異朝之書物をこのミ、日夜勤候故〔□〕、近年、新渡之書物は〔者〕不存候。十ケ年□〔以〕前迄、異朝ゟ〔□□〕渡候書物、大方不残令一覧【之】候。依之不覚、異朝之事〔□〕を諸事よろしく存、【　】本朝は小国故、異朝にハ何事も不及、聖人も異朝にこそ出来候得と存候。此段【ハ】、我等斗ニ不限、古今之学者、皆左様ニ存候而、異朝を慕まなひ候。近比、初而此存入、誤なりと存候。信耳而不信目、棄近而取遠候事、不及是非、寔学者之痛病候。詳ニ中朝事実ニ記之候得共、大概をこゝにしるし置候。

本朝は　【　】天照太神之御苗裔として、神代より今日〔□〕迄、其正統一代も違不給、藤原氏輔佐之□〔臣〕迄、世〻不絶して、摂禄〔籙カ〕之臣相続候事、乱臣・賊子之不義不道成事無之故也。是仁義之正徳、甚厚成か故にあらすや。次に〔三〕、神代よ□〔り〕人皇十七代迄ハ、悉聖徳之人君相続【あり、賢聖之才臣輔佐し奉り、天地之道を立、朝廷之】政事、国郡之制を定、四民之作法・日用・衣食・家宅・冠昏・喪祭之礼に至迄、各其中庸をゑて、民やすく国平に、万代之規模立て、上〔□〕下之道明成ハ〔×御〕、是聡明聖知の天徳に達せるにあらすや。況や勇武之道を以て□〔□い〕わハ、三韓をたいらけて、　本朝へミつき物をあけ〔□□〕しめ、高麗をせめて、其王城をおとし入、【　】日本〔□〕之府を異朝〔□□〕にまふけて、武威を四海にかゝやかす事、上代より〔□〕近代迄しかり。《　》本朝之武勇ハ、異国迄是をおそれ候へ共、終ニ外国より　本朝を攻取候事ハさて置、一ケ所も〔□□〕彼地ヘうは〔□〕わるゝ事なし。されハ武具・馬具・劔戟之制、兵法・軍法・戦略〔×具〕之品〻、彼国之非所及、是勇武之四□〔海〕に優れるにあらすや。然は〔者〕知・仁・勇之三《ッ》ハ、聖人之三徳【也】。此三徳一つもかけ□〔て〕ハ、聖人之道にあらす。今此三徳を以て、【　】本朝と異朝とを、一〻其しるしを立て、校量せしむるに、〔欠字脱カ〕本朝はるかにまされり。誠にまさしく中国といふへき所分明なり。是更に私に云にあらす。天下之公論なり。上古に〔三〕聖徳太子、ひとり異国を不貴、　本朝之為本朝□〔事〕をしれり。然共旧記ハ、入鹿か乱に焼失せるにや、惜哉、其全書、世にあら□〔わ〕れす。

(27)一、学問之筋、古今共に【其】品多し。是に依て、儒・仏・神道共に、各其一理有之事ニ候。我等事、幼少ゟ壮年迄、専程子・朱子之学筋を勤、依之其比、我等述作之書は、皆程朱之学筋迄ニ候。中比、老子・荘子を好ミ、玄ゝ虚無之沙汰を本と存候。此時分は、別而仏法を貴ひ候而〔□□〕、諸五山之名知×〔不〕識に逢、参学・悟道を楽、隠元禅師江迄令相看候。然共、我等□〔不〕器□〔用〕故に候哉、程朱之学を仕候而〔□□□〕ハ、持敬・静座之工夫に陥候而、人品沈黙ニ罷成候様ニ覚候。朱子学□〔よ〕りハ、〔□〕×〔考〕老荘・禅之作略は、活達自由ニ候而、性心之作用、天地一枚之妙用〔□〕、高〔□〕□〔ク〕明成様ニ被存候而、何事も本心自性之用所を以て仕候故、滞所〔□〕《以て》無之、乾坤打破仕候而も、万代不変之【一】〔□〕理ハ、惺惺洒落たる所無疑《候》存候。然共、今日日用事物之上ニおいてハ、更に合点不参候故、是ハ我等不器〔□〕用故ニ可有之候。今少合点仕候ハヽ、可参被存《候》、弥此道を勤候。或ハ又、日用事物之上の事【ハ】、甚軽儀、如何様ニ仕候而も、不苦儀共存候へ共、五倫×〔輪〕之道に身を置、日用事物之間ニ応接仕候へは〔ハ〕、左様にハ不罷成候而つかゑ申候。然は〔者〕樹下石上之住居、閑居独身【に】成、世上之×〔三〕功名をすて候ハ、無欲清浄成事絶言語、妙用自由成所、可有之×〔候〕様ニ覚候【ニ】、×〔之〕天下国家、四民事物之上に×〔程□〕〔三〕【わたりてハ、大成事ハ不及言之、細事ニ而も、世上之】無学成者程ニも、合点不参候而、或ハ仁を体認するときハ、一日之間ニ、天下之事相済候と存し、或ハ慈悲を本に仕□〔候〕へは〔者〕、過去遠ゝ之功徳に成候とまて申候而、実ハ世間と学問【とハ、別の事ニ成候。他人ハ不存、我等□〔如カ〕斯存候故、是ニ而ハ、学問】之至極と不【被】存候故、儒者・仏者ニ□□□〔右之所尋〕之、又大徳有之人と申候ニ、右之品《ゝ》尋候而、其人之作略を見聞申候ニも、世間とハ不合、皆事物別に成候。神道は〔者〕【 】〔改行〕本朝之道ニ候へ共、旧記不分明〔□〕、事之端斗しれ候而不全候。是ハ定而天下国家之要法も可有之候へ共、入鹿乱後〔□□〕、【旧記】〔改行〕断絶と相見□〔へ〕申候。依之我等事、学問に不審出来、弥博く〔□〕書ゝを見、古之□〔学〕者衆申置候儀共考候へ〔得〕共、我等不審之条〻〔□□□□〕、埒明不申候間、定而我等料簡相違可有之と存候〔□〕而、数年此不審不分明候所、寛文×〔又〕之初、我等存候ハ、漢・唐・宋・明之学者之書を見候故、合点不参候哉、直に周公・孔子之書を見申候而、是を手本に仕候而、学問之筋を正し可申存、それゟ不通ニ、後世之書物をハ×〔御〕不用、聖人之書迄を昼夜勘候而、初而《　》〔改行〕聖学之道筋、分明に得心仕候而、聖学之のりを定候。たとへハ、紙を直にたつに、いか程細工能候而も、定規無之、手にまかせ候而立〔裁カ〕候へは、不残ろくにハ不成候。又、其身ハろくニ立〔裁カ〕候而も、人〻に左〔□〕様ニたゝせ【候】事ハ不成候。所〻定規をあてゝ裁候へは、□□〔大方〕幼若之者迄、先其筋目【のことくにハ裁之候。其間に、尤上□（手カ）・□（下カ）手ハ有之候得□（共カ）、其筋目】ハ一通ニ参候。然は、聖人之道筋と言を、能得心仕候而ハ、右之定規を知候故、何事にても、其人之学問程にハ、其道を合点可仕候。此故に、聖学之筋にハ、文【字も】学問も不入《候而》、【今日】承候而、今日【之】用事得心参候。工夫も持敬も静座も入不申《候》事ニ候。されハ、たとへ言行正敷、身を修、千言万句をそらんし申候者ニ而も、是ハ雑学ニ而、聖学之筋ニ而無之候と、分明ニしれ候。又、一言半句申候而も〔□〕、□〔聖〕学之筋目を知候人と知れ候。是定規を以て正敷勘候□〔故□□〕ニ候。唯今〔□□〕、《　》終ニ不見不聞之事物之上□□〔ニ而〕も、右之学筋ゟ尋候得は〔□□〕、十か条ニ五七か条ハしれ申候。俗学・雑学之輩ハ、十か条之内ニ三か条共〔□□□〕、合点参問敷候。其段は、我等慥ニ覚候。依之而世上之無学成□〔□□者〕に、博学成者おとり候而、人に笑われ候事、出来候様ニ覚候〔□〕。然ハ〔は〕、いかたなくして鉄炮之玉【を】けつり、定規なくして紙をすくにたゝんと仕候故、労而無功、常に苦候而、益更ニ無之、学をいたし候へは、弥おろかに成候様ニ、我等ハ□〔覚〕候。

(28)一、学問之筋、或ハ徳を貴ひ仁をねり、《参》工夫・静座□□〔を専〕と仕□〔候〕有之。或□〔ハ〕身を修、人をた【ゝ】し、世を治平せしめ、功成名遂あり。或ハ書物をこのミ、著述・詩文を専といたすあり。此品、上・中・下よりわかれて、様〻之心得ニ成行事に候。然に、我等存候ハ、〔□〕徳を以て人物を感せしめ、物いわすして、天下自正、垂衣裳而四海平に、修□〔文〕徳而敵自感×〔□心〕服せしめしハ、黄帝・堯・舜之時代之儀、末代之まなひかたき所×〔之〕也。是をかた斗似せ候而も、其しるし無之【儀也。依之】、如此心得候〔□〕学者ハ、其志所高尚にして、終ニ世を背、山林に入、鳥獣を友と仕候事に候。□〔文〕、書物【を】このミ、詩文・著述を事といたすは、学之慰ニ而、□□〔日用〕之事にあらす。但、文章も《御》学之余分なれハ、是を嫌にハあらす。余力の暇にハ、詩歌・文章〔□〕も不可棄之也。

(29) 一、我等存候、聖学之筋目ハ、身を修、人を正し、世を〔□□□〕治平せしめ、□□〔功成〕名遂候様ニ〔「仕度候」脱カ〕。其故ハ、我等今日、武士之門〔□□〕に出生せり。身に□〔付〕て、五倫之交際有之。然ハ〔者〕、自分之〔□□〕心得・作法□〔外〕に、□〔五〕倫之交、共に武士之上ニ而之勤〔□〕有之。其上、武門に付て之わ□〔さ〕大小品□〔多〕し。小事ニ而云〔□〕ときハ、衣類・食物・屋作・用具之用法迄、武士之作法ある事也。殊更武芸之稽古、武具・馬具之制法・用法あり。大にてハ、天下之治平、礼楽之品、国郡之制×〔と〕《法》、山林・海河・田畠・寺社・四民・公事訴訟之仕置、政道・兵法・軍法・陣法・営法・□□〔城築〕・戦法有之。是皆武将・武士日用之業也。然□〔は〕武門之学問ハ、自分斗修得いたしても、此品〻にあたりてしるしなく、功立不申候而ハ、聖学之筋にて無之【候】。此故に、右之品〻ニ付て、工夫・思案も有之。旧記・故実をも勘る事あり。然ハ外□〔ニ〕、工夫・黙識・静座等いたす事、其暇不可〔□〕有之也。左候とて、□〔無〕究品〻之□〔わ〕さを、一〻習知つくすと云にハあらす。前に云ことく、聖学之定規・いかたを能□〔知〕、規矩・準縄に入ときハ、見事能通し、聞事明ニ成て、いか様之わさ来れりと云共、其品〻勘様、明白にしるゝか故に、□□〔事物ニ〕に逢候而、屈する事無之候。是大丈夫之意地たり〔□〕。寔〔□〕に心ひろく、体ゆるやか成共可言也。此学相積時□〔ハ〕、知恵〔□□□〕日〻新にして、徳自高、仁自厚、勇自×〔目〕立て、終に□〔は□□□□〕功もなく□〔名カ〕もなく、無為玄妙之地に可至。されハ功名より入て〔□□〕功名もなく、唯人たるの道を尽すのミなり。孝経□〔に〕云、立身行道、揚名於後世者、孝之終也。

(30)

右之×〔〻〕品〻、自讃之様にきこへ候得共、各へ非可令遠慮【候】間□〔書〕付候。所〻に我等□〔覚〕悟所有之【候】間、能〻心を付候而、読□〔可〕被申候。今年は配所へ参、十年に成候。凡物必十年ニ変する物也。然は今年、我等於配□〔所〕朽果候時節到来と令覚悟候×〔候〕。我等始終之事は、所〻に書付有之候得共、御念比之御方〻、次第に残少ニ成行候間、我等以前より之成立、勤并学問□〔之〕心得、能被留耳底、我等所存立候様ニ被相勤候事所希候。最初に書候通、我等天道之□〔冥〕加に相叶候而、如此ニ候へ共、〔□〕第一は、乍愚蒙日夜相勤候故と被存候。然は、各自分之才学ニも可罷成と存、其時之御□〔用〕候。たとへ物語迄不残記置之候。若輩者如斯事迄、能覚候事〔□□〕尤候。有他見事ニ而無之候間、文□〔章〕之前後、任筆頭候。能〻被遂得心〔□〕、万介令成長候ハヽ、利禄能仕合□〔之〕願ハ被指置、子孫迄不義無道之言行無之、令覚悟候は、我等生前之大望、〔□〕死後之冥慮ニ候条、如斯記□〔置〕、礒谷平助ニ預置之候。仍而如斯候。

以上

延宝第三卯　　　　山鹿甚五左衛門

正□〔月〕十一日　　　　高興（花押）

山鹿三郎右衛門殿

岡八郎左衛門殿

四、自筆本の問題点と山鹿文庫甲本

自筆本の文献資料としての問題点は、第一部の「写真版」もしくは、前章の「翻刻」を通覧して認知できるやうに、虫損による不読文字の多さであらう。本章の翻刻においては、丁度、一〇〇字分の虫損箇所を、本文の字間に「□」をもつて示した。なぜなら、既刊の翻刻本や他の写本を参照したならば、その五分の四ぐらゐは判読できるが（前掲「山鹿素行『配所残筆』の自筆本と写本について」一五二～一六八頁）、本来、自筆本単独での解読は困難と判断したからである。

その他の問題は、誤字と思はれるものが八件、脱字と思はれるものが八件、統一した方がよいと思はれる文字が七件、欠字の錯誤と思はれるものが三件、計二六件の存在があげられる。いづれも、本文の左傍に「（　）」で注記した箇所である。（以下の傍線は、著者が付加したものである）

誤字には、⑴「学問・兵学之御詮儀（議カ）〔議〕」（九五頁一五行目）・⑵「折〻講尺（釈カ）候」（九六―五）・⑶「阿倍（部カ）伊勢守殿」（九七―三）・⑷「一人之再拝（采配カ）ニ而」（一〇二―一六）・⑸「日本大小神祗（祇カ）」（一〇三―一四）・⑹「摂禄（籙カ）之臣相続候事」（一〇五―八）・⑺「手にまかせ候而立（裁カ）候へは」（一〇七―五）・⑻「其身ハろくニ立（裁カ）候而も」（一〇七―五）があり、上記の文字より、左傍の「（　）」の文字の方が正しいと考へられる箇所である。ちなみに、右傍の「〔　〕」の文字は山鹿甲本である。

脱字は、同様に、⑴「岡（「野」脱カ）権左衛門殿ハ」（九五―六）・⑵「丹羽五郎左衛門十二万（「石」脱カ）ニ而」（九八―三）・⑶「江口三郎衛（「右」脱カ）門」

（九八―三）・(4)「大勢之指引を心懸候者〔「二」脱カ〕【候】」（九八―一〇）・(5)「御家中・御領内迄之〔「御」脱カ〕作法・御仕置」（九九―一七）・(6)「浅野因州公ゟ礒部彦右衛門御越候、〔「而」脱カ〕不苦候由」（一〇二―一〇）・(7)「内匠《頭》〔「御」脱カ〕殿念比之」（一〇四―一二）・(8)「□□〔功成〕名遂候様ニ。〔「仕度候」脱カ〕其故ハ」（一〇八―六）である。とくに、(6)と(8)は、自筆本のままでは意味不明であり、問題のある箇所といはなければならない。

文字表記の不統一は、(1)「拙者義〔儀〕（儀カ）被聞召及」（九五―八）・(2)「拙者義〔儀〕（儀カ）被召出〔□□〕」（九六―一八）・(3)「御念比之義（儀カ）共候」（九九―一二）・(4)「御学問之義〔儀〕（儀カ）」（九九―一〇）・(5)「殊更兵学之義〔儀〕（儀カ）」（九九―一一）・(6)「〔改行〕御用之義〔儀〕（儀カ）御座候間」（一〇一―一六）・(7)「兵法之礼義（儀カ）」（一〇四―一一）の「義」である。当時はむろん、「儀」も「義」も併用された文字であり、誤用とまではいへないが、次のやうな例が三一件も抽出できたので問題視し、注記の必要性を感じた次第である。

(1)「我等儀」（九二―三）・(2)「笑草成儀ニ御座候へ共〔×は〕」（九三―七）・(3)「其時分之儀」（九三―一一）・(4)「歌学之儀」（九四―八）・(5)「御心易儀ニ《て》候間」（九五―一）・(6)「不苦候儀之由」（九五―二）・(7)「其方儀」（九六―一一）・(8)「右【右】京殿被召寄之儀ハ」（九七―六）・(9)「不入儀ニ可存候由御申候」（九七―八）・(10)「拙者儀」（九七―一〇）・(11)「其方儀」（九八―一）・(12)「然は兵法之儀」（九八―一五）・(13)「我等儀」（九八―一七）・(14)「何ゟ安儀ニ候由」（九九―七）・(15)「拙者儀〔×之後×〕」（九九―八）・(16)「拙者儀は」（一〇〇―一）・(17)「如斯儀〔×後〕御座候なと丶」（一〇〇―七）・(18)「拙者儀不浅忝候」（一〇〇―一七）・(19)「御相伝なと丶有之儀ハ」（一〇〇―一七）・(20)(21)「対　御公儀様不届成儀ハ」（一〇二―五）・(22)「承度儀奉存」（一〇二―六）・(23)「随分不仕合成儀」（一〇二―一二）・(24)「我等儀」（一〇三―一五）・(25)「此段朝夕之儀」（一〇四―一六）・(26)「下〻迄存候儀【候】」（一〇四―一六）・(27)「甚軽儀」（一〇六―一〇）・(28)「不苦儀共存候へ共」（一〇六―一〇）・(29)「古之□〔学〕者衆申置候儀共考候へ〔得〕共」（一〇六―一八）・(30)「黄帝・堯・舜之時代之儀」（一〇八―一二）・(31)「其しるし無之【儀也。依之】」（一〇八―一三）

最後の欠字の錯誤は、左傍注で「（空白ママ）」「（欠字脱カ）」と示した箇所である。すなはち、(1)「拙者（然は）×〔　〕（空白ママ）心底被為成御存候御事ハ」（九九―六）、(2)「以来〔　〕（空白ママ）□（御）沙汰御座候へは」（一〇〇―七）、(3)「　本朝（欠字脱カ）はるかにまされり」（一〇五―一七）の三例である。(1)・(2)は、ともに「山鹿甲本」が欠字を削除してゐるやうに、不必要な空白・欠字であり、他の用例からいつて、「心底」や「御沙汰」などのやうな用語に欠字を加へたものはない。(3)は、他に「〔　〕本朝は小国故」（一〇五―三、二字分欠字、山鹿甲本は一字分）、「本朝は〔　〕天照太神之御苗裔として」（一〇五―七、三字分欠字、山鹿甲本は二字分）、「　本朝へミつき物をあけしめ（□□）」（一〇五―一二、一字分欠字）、「《　》本朝之武勇ハ」（一〇五―一三、一字分欠字、山鹿甲本は二字分）、「〔　〕本朝と異朝とを」（一〇五―一六、一字分欠字、山鹿甲本は削除）、「　本朝之為本朝□（事）をしれり」（一〇五―一八、一字分欠字）のやうな、「本朝」への欠字が六例もある。間違ひなく欠字の誤脱といつてよいであらう。

次に、以上の虫損による不読文字や誤記などの資料的な問題点を克服して、著者・山鹿素行の意思を損なふことなく、いかに真正な文献資料を構築していくかが課題となる。そのためには、現在、可能な限りの写本と既成の翻刻本を調査・蒐集し、厳密な校合作業を繰り返して、「定本」と評価されるやうな校訂本を作りあげていかなければならない。そこで、「自筆本」翻刻のあとは、第二段階として、その書写された内容に、できるだけ近似した「自筆本系写本」を見いだし、対校結果にもとづく補訂の可能性を探る作業に入ることになる。

幸ひなことに、前章において自筆本との校異を記入した「山鹿甲本」が、その唯一の自筆本系の写本にあたる。しかし、対校結果は、前章で逐次、明示したやうに、虫損箇所が自筆本と比較すると、一八三文字分とさらに多い写本であつた。そのなかには、誤入箇所・五七文字分の二字分が虫損といふものもある（一〇四頁―八～九行目）。脱字・脱文は三二八文字、これによつて削除された欠字数、および欠字の間隔（空白部分）は三四字分に相当する。衍字・誤入は一〇四文字、これによつて増加した欠字部分は九字分になつた。字句の異同は一四八文字分、そのうちの七五文字分は、山鹿甲本の明らかな誤写と判断できる杜撰なものである（前章「〔　〕」の上・下に「×」がある箇所）。自筆本と相異する改行も一〇箇所見られ、とても自筆本を直接、忠実に謄写したとは思へない書写内容であるが、以下のやうに、校訂上役に立つ有益な点も多い。

すなはち、自筆本の虫損箇所一〇〇字のうち九三字分まで、山鹿甲本で補訂できる点があげられる。文字通り、九三パーセントといふ高い補正可能比率である。よつて、残りは、(1)「□（吉カ）〔□〕村又右衛門」（九八—七）・(2)「子孫【□（共カ）ハ、愚成我等】ニ」（一〇四—一七、誤脱箇所）・(3)「我等□（如カ）斯存候故」（一〇六—一五、誤脱箇所）・(4)(5)(6)「尤上□（手カ）・□（下カ）手ハ有之候得□（共カ）」（一〇七—七、誤脱箇所）・(7)「終に□〔は□□□□〕功もなく□（名カ）もなく」（一〇八—一七）の七件だけとなつた。誤字八件、脱字八件については、まつたく貢献しないが、文字表記の不統一一七件に関しては、既述のやうに、(1)・(2)・(4)・(5)・(6)が山鹿甲本で補訂可能になる。欠字の錯誤三件も、既記のとほり、意義ある山鹿甲本の削除および補入といへる結論となつた。

次章・第二章では、『配所残筆』の写本、「山鹿甲本」を含めて一七本の写本を調査したので、諸写本の調査報告を行なつたうへで、対校作業の結果を「〔校異〕自筆本・写本『配所残筆』」として掲載する。さらなる「自筆本」の補訂材料として活用していくためである。

第二章　『配所残筆』の写本

一、写本『配所残筆』の調査概要

『配所残筆』の写本は、『補訂版 国書総目録』(第六巻)によって「内閣(二冊)(明治写)・宮書(江戸百化物と合)(静幽堂叢書一三)・東博(安政四写)・京大・東大(天保一三写)・岩瀬・素行文庫(二部)・無窮 神習・旧彰考(二冊)・山鹿誠之進(自筆)」(五六一頁)の一三点と、『古典籍総合目録』(第二巻)によって「茨城大 菅(「配所残筆」、嘉永二鈴木鐸写一冊)・新潟大 佐野(「素行先生配所残筆」一冊)・伝習館高 安東(一巻一冊)」(二四六頁)の三点とが知られてゐる。焼失した「旧彰考」および、自筆本の「山鹿誠之進(自筆)」を除外すると、現在、計一四点の写本が存在してゐることになる。

それ以外に、平成十一年四月二十九日、故中山広司氏の蔵書が、遺族の中山エイ子氏によって、金沢工業大学日本学研究所に寄贈された結果、著者は新たに二点の写本と邂逅することができた。一本は、中山氏旧蔵の『配所残筆』であり、もう一本は、寄贈図書『古文書類目録（旧平戸松浦家所蔵）』（昭和四十六年六月、一二四頁）によって知った、財団法人松浦史料博物館所蔵『配所残筆』である。さらに、同十九年六月五日、著者が入手した『配所残筆』であり、これらによって、一七本の写本が調査・研究の対象となった。

まづは、各写本の実見調査の結果を列記してみたい。以下の①から⑰までの写本の序列番号は、『補訂版　国書総目録』『古典籍総合目録』の配列順と、それ以後は調査年次順によって決めた。その下に、所蔵機関名・複数所蔵区別名（甲本・乙本）・所収叢書名・標題書名・架蔵番号、調査日・冊数、その他の書誌事項の順番に記載してある。なほ、写本の所蔵機関名は、各冒頭に記載した調査年月日の時点の表記とした。特に変化があつた写本は「伝習館高　安東」であり、調査できた時点では、福岡県柳川市の九州歴史資料館分館・柳川古文書館に寄託されてあつた。また、本書中における写本の奥付などの引用や翻刻、対校本使用は、すべて著者が調査時に許可を得て撮影した写真、または、所蔵機関指定の業者から入手した写真に依拠してゐることを付言しておきたい。

①国立公文書館内閣文庫所蔵甲本『配所残筆』（架蔵番号・一六六―一二四）（以下、本写本ならば、「内閣甲本」と略称する）

平成六年十二月十六日、同十一年四月九日調査。上・下二巻の二冊本、上巻が「配所残筆」の部分で三七丁、下巻が「増補部分」で二〇丁ある。寸法は、たて二六・七センチメートル、よこ一九・一センチメートルで、上巻の表表紙に、「徳川家達献本」と墨書した小付箋が貼付してある。本文は一頁・一〇行取り、ほぼ草書体で筆写されてゐるが、上巻の一丁表から三丁裏にかけて、朱筆による他本との校異が、約九〇箇所、傍書されてゐる。

奥書の類はない。

②国立公文書館内閣文庫所蔵乙本『配所残筆』（架蔵番号・一六六―九五）

平成六年十二月十六日、同十一年四月九日調査。一冊本、全体五〇丁の前半三四丁表までが「配所残筆」で、後半三五丁表から五〇丁表までが「増補部分」である。寸法は、たて二六・一センチメートル、よこ一八・三センチメートルで、五一丁ともに、柱の下部に「内務省」と印刷された、たて一〇行罫線の用紙に楷書体で筆写されてゐる。本文の仮名文字は、すべて片仮名で書写されてゐる。五〇丁裏の末尾には、次のやうな奥書がある。

明治八年四月　以二岡谷繁実所蔵本一写レ之。
課長七等出仕岡谷繁実督　十等出仕日比重知（判）／十四等出仕山下宣彪（判）　校

③宮内庁書陵部所蔵甲本『配所残筆／江戸百化物』（架蔵番号・二〇一―八六）

平成九年十一月十九日、同十年七月十四日から十五日調査。一冊、一丁表から三六丁表までに「配所残筆」が、三七丁表から七三丁表までに「当代江戸百化物」が筆写されてゐる。「配所残筆」の部分は、最初から二四丁表の四行目までで、二行空白にして、同紙面の七行目から「増補部分」がある。寸法は、たて二三・五センチメートル、よこ一六・〇センチメートルで、本文は一頁・一〇行取り、ほぼ草書体で筆写されてゐるが、奥書の類はない。

④宮内庁書陵部所蔵乙本『静幽堂叢書』一三「伝記部」五所収「配所残筆」（架蔵番号・三九九七―五九―一〇三―一〇）

平成九年十一月十九日、同十年七月十四日から十五日調査。一冊に六点、「黒田老士物語」「山鹿配所残筆」「豊大閤(ママ)秀吉出生記」「東濃岩村明知(ママ)家譜」「野口豊前覚書」「栗山大膳利章記」「徳廟御母堂浄円夫人御由緒」が所収されてゐる。二〇丁表から四三丁表までが「配所残筆」で、内題「配所残筆」の下に、小字で「延宝第六極月写レ之畢」といふ識語がある。そして、四三丁裏から五四丁裏までが「増補部分」で、末尾に「右残筆一篇、自二永田氏一借候而書写畢。併可レ秘者歟。寛延庚午如月」といふ奥書があり、五五丁表から五六丁裏までに、

一、山鹿甚五左衛門義、素行子と軒号あるハ、水戸公御師範ニ、舜水とて人名付られし由、高基先生物語也。素行子御預之年月ハ、寛文六年丙午十月三日、浅野又市長直殿内匠頭江御預ニ而、十年之間、播州赤穂へ蟄居なり。座敷牢へ入置にあらす。赤穂ニて屋敷に居す。　延宝三年六月十五日御赦免なり。夫より江戸ニ帰り、浅草田原町三丁目に屋敷を求、住居也。

屋敷間数間(衍カ)口十八間に、裏行廿二間。裏ハ借屋作り、表之方、屋敷構也。外ニ図(ママ)あり。先程、(ママ)残置所の額あり。積徳堂の三字あり。張額也。書院の次の間にかゝれり。藤助・高基七十三にて死去也。元文三年戊(ママ)午三月十九日、至徳院汚(ママ)水真龍居士、宗三寺に葬在。(〔素行子ハ〕脱カ)貞享二年九月廿六日死、牛込早稲田宗三寺に葬。所在、禅宗也。六十四歳、月海院明門(ママ)浄珊居士。

一、浅野氏は先主也。素行子壮年之時、千石ニて召抱られ、其後願ニて牢人也。其頃は牛込早稲田に借地して住居也。諸大名・旗本、諸家中、数(〔多〕脱カ)門人有。

定紋、丸の内打違の鷹の羽也。浅野殿へ被二呼出一候節、鷹の羽の紋を遠慮して、丸に橘に改られし也。母方の紋之由。高基の母・浄智院、浅野へ願われて赤穂へ行、対面ありしと也。

一、赤穂蟄居之内、十年の間、付添修行せし門人ハ、礒貝十介也。此人、儒学共ニ博識、諸門人に抜出たり。

津軽越中守信政へ四百石ニて被二呼出一、後(のち)権太夫と相改也。
一、御預已後は、布施源兵衛発向ニて、世上流布の高弟也。松平日向守殿へ四百石ニて被二呼出一。死去以後、日向守家九万石断絶。源兵衛惣領・市九郎、松平出羽守へ百人扶持ニて被二呼出一也。
一、高橋十郎左衛門、赤穂へも行、修行いたし、亀井隠岐守へ三百石か五十人ふちニて被二呼出一也。吾知人なり、老人也。
一、高基先生物語に、御預之時被二仰渡一ハ、思召依レ有レ之、浅野又市へ御預被レ遊候由、其子細ハ不二相知一也。御赦免之時、被二仰渡一候趣ハ、前〻よりの弟子ハ格別、新規に弟子取り候事ハ無用之由、被二仰渡一也。
考に、前〻発向過きたる、と相見へたり。但、其身に指当たる咎ハ無レ之、と見へ御赦免なり。

正徳三年季秋　　則通識（稲葉源太夫）

といふ覚書がある。ここまでは、ほぼ同筆の草書体で筆写されてゐるが、最末尾の奥書は、

右一本、借二抄於間宮白水君一。時、天保乙未仲春也。　　三善記

とあり、異筆に見える。「三善」は、「野口豊前覚書」の奥書に、「此一冊借二抄赤城清水氏一、時天保壬午初冬也。晶山」とあるので、磐城平藩の中老、清水赤城門下の鍋田静幽堂三善である。本文は一頁・一〇行取り、ほぼ草書体で筆写されてゐて、寸法は、たて二三・九センチメートル、よこ一六・五センチメートルである。

⑤東京国立博物館資料館所蔵本『配所残筆』（架蔵番号・〇一〇―と二三七二）

平成九年十一月二十日調査。一冊、一丁表から一六丁裏までに、「配所残筆」の巻頭から、第二五段落の最後の行「乍レ序、我等存寄候学之筋、少〻記二置之一候。」まで筆写された写本である。その中断された「配所残筆」

の部分に続けて、一字下げて「此下に、乍レ次我等存寄之学之筋、少〻記置候と、影し数十紙ありといへども、原本、誤脱・蕪穢にして、一句も読返す事あたハず。故に欠て、他日、善本を得て、是を補ふべきのミ。其下に如レ左。」といふ注記があり、次に、「増補部分」の最初から、本書・第二部・第二章・第六節・二五〇頁八行目の「今以罷有（在）候」まで、一七丁表にかけて筆写し、同じく一字下げて、「已下之文、大略、前之□（様カ）と同じ。録するに足らず。因云、素行之弟・山鹿三郎右衛門ハ、津軽（ママ）侯に仕へ、娘も津軽家士之内に（姓名逸）嫁したる由、此末文に見ゆ。」と注記してゐる。一七丁裏には、左記のやうな奥書がある。

寛文六年のとし冬の頃、山鹿甚五左衛門、聖教要録といふ書を著述・開板をし、咎により播州赤穂・浅野侯江預られしとき、罪死を賜ふ事にやと、一通の書を懐中せしかども、預人となりしかバ、いださで止ぬといふ。この頃、観しまゝ写し置ぬ。原書、誤脱多く、欠文をゝしといふ。おしむべし。将来、善書を得ば、補ん事を冀ふのミ。時に安政三年中秋四日

鑒識

右、配所残筆といふふミ、尾本のぬし蔵せられしを、こひてうつしぬ。原書あやまり多きよしハ、こゝにかゝれし故、はぶきつ。安政四年む月廿三日

本文は一頁・一一行取り、ほぼ草書体で筆写されてゐて、寸法は、たて二四・八センチメートル、よこ一七・五センチメートル、自筆本のやうに、紙縒り二箇所で綴ぢ製本してある。裏表紙の裏に、「徳川宗敬氏寄贈」の印が見られる。

⑥京都大学文学部図書室所蔵本『配所残筆』（架蔵番号・国史内田文庫・か七—二四）

平成十年七月八日から九日調査。一冊、全体三三丁の前半二一丁表までが「配所残筆」で、後半二一丁裏から三二丁裏までが「増補部分」である。寸法は、たて二四・七センチメートル、よこ一六・八センチメートルで、本文は一頁・一〇行取り、ほぼ草書体で筆写されてゐるが、朱書による校訂・校注が散見する。三二丁裏の後半からは、「増補部分」に続けて、④「宮書乙本」とほぼ同様の覚書と奥書が、本文と異筆の朱書で、次のやうに謄写されてゐる。

　一書ニ、

右残筆一篇ハ、永（イ水）田氏ゟかり候而書写畢。併可レ秘者歟。寛延庚午如月

一、山鹿甚五左衛門義、素行子ト軒号アルハ、水戸公御師範ニ、舜水ト云人名付られし由、高基先生物語なり。素行子御預ノ年月ハ、寛文六年丙午十月三日、浅野又市（長直。改而（ママ）内匠頭。）御預ノ（ママ）、延宝三年六月十五日御赦免ナリ。夫ゟ江戸ニ帰り、浅草田原町三町目ニ屋敷ヲ求、住居也。

　屋敷間口十九八間ニ、裏行廿弐間。裏ハ借屋作リ、表方、屋敷構也。外ニ囲アリ。先程（ママ）、残ス所の額アリ。積徳堂ノ三字アリ。張額ナリ。書院の次の間ニかゝれり。藤助・高基七十三（元文三年午三月）ニて死去也。

一、素行子ハ、貞享三年九月廿六日死、牛込早稲田宗三寺ニ葬。六十四歳、月海院明門（ママ）浄珊居士。定紋、丸ノ内打違ノ鷹の羽也。浅野殿ヘ出候節、丸に橘ニ改られし也。母方紋之由。高基ノ母・浄智院、浅野ヘ願れて赤穂ヘ行、対面ありしと也。

一、赤穂蟄居之内、十年之間、修行せし門人ハ、礒貝十介ナリ。此人、津軽越中守信政ヘ四百石ニ而被二呼出一□（後カ）権大夫（ママ）ト改□（候カ）也。

一、御預已後は、布施源兵衛発向ニて、世上流布之高弟ナリ。

一、高基先生物語ニ、御預御赦免之時、前〻ゟ之弟子ハ格別、新規ニ弟子取候事ハ無用之由、被二仰渡一候也。
考ニ、前〻発向スギタルト相見たり。但、其身ニ指たる咎ハ無レ之と見へ御赦免ナリ。　正徳三年季秋
稲葉（源大夫）則通トアリ。
一、赤穂蟄居中、著る所の書、謫居童子問アリ。兵学ノ書ニ非スシテ、専ラ儒学ヲ論セし書ナリ。参看シテ
其学識ヲ見ルヘシ。　耻叟識レ之。
右ハ一本ヲ以テ校訂・朱書ス。明治二十年六月　内藤耻叟六十一
二男　燦聚十四

⑦東京大学総合図書館所蔵本『配所残筆』（架蔵番号・H二〇―一二三五八）

平成九年十一月二十一日調査。一冊、一丁表から二八丁裏までが「配所残筆」で、二八丁裏の後半から二九丁表にかけては、

配所残筆者、山鹿素行子之所二自記一也。蓋、年譜・行状之類也。而為二其人一及、一生事実、可二以概見一。
且、左験明審、亦為レ可レ信矣。因手写以収二于帳中一。但、至レ論二兵法之深理一、予、雖レ未二推服一、而俊才博物。
莫二書不レ窺、莫二為不レ果、其望不レ測。尚不レ失二常度故態一、綽〻然、有二余裕一者、実君子人之事。尤可二
感伏一云。
寛政十年戊午秋七月七日、揮二毫於西郊運籌堂一。
平山潜子龍氏（花押）
文政九戊年夏六月廿四日、終二謄写之業一。

鈍斎□□(篆元カ)明　（花押）

といふ奥書があり、二九丁裏の末尾に、異筆で、

天保十三壬寅年二月廿二日　越智直澄

といふ奥書がある。寸法は、たて二二・九センチメートル、よこ一六・四センチメートルで、本文は一頁・一〇行取り、ほぼ草書体で筆写されてゐる。「増補部分」はない。

⑧西尾市立教育委員会文化振興課岩瀬文庫所蔵本『山鹿素行配所残筆』（架蔵番号・六六二八―貴七五―四〇）

平成六年十二月十日、同十年七月二日調査。一冊、一丁表から三四丁表までが「配所残筆」で、白紙が一丁あつて、三五丁表から五〇丁裏までが「増補部分」である。内題「配所残筆」の下に、小字で「延宝第六年極月写レ之畢」といふ識語がある。

内表紙の裏には、

兵学者・山鹿素行先生の事蹟、概、此残筆に委し。大石良雄か山鹿流の軍法なりしことなと思ひやられて、むかしを今にみるか如く、愛玩すくなからす。　式亭（判）

文化十年癸酉九月下浣、得て蔵とす。

といふ識語があり、五〇丁裏の奥書には、

延宝六年より、今文化十年まて、百三十六年に及ふ古写、疑いなきもの歟。　三馬（判）

といふ識語があつて、式亭三馬旧蔵本であることがわかる。本文は一頁・一〇行取り、ほぼ草書体で筆写されてゐて、寸法は、たて二二・七センチメートル、よこ一六・六センチメートルである。

なほ、本写本には、原文の文字を白墨で塗抹・訂正してゐる箇所があるが、そのなかで一三箇所、白墨が剝離して、原文を判読できるものがある。これらの剝離は、自然なものではなく、故意になされた形跡があり、自筆本と対校した結果、異同がほとんどなかつた。

⑨平戸市山鹿文庫所蔵甲本『配所残筆』（架蔵番号・キ―六二・通九八〇）

平成十年七月二十五日から二十七日、同十一年七月二十六日から三十日調査。一冊、一丁表から二七丁表までに「配所残筆」が写されてゐて「増補部分」はない。二七丁裏には、次のやうな奥書がある。唯一の自筆本系の写本である。

文政二年
　卯八月十五日
　　　　　　種村高周
　　　　　　書レ之。

本文は一頁・一〇行取り、ほぼ草書体で筆写されてゐて、寸法は、たて二七・一センチメートル、よこ一八・〇センチメートル、紙縒り三箇所綴ぢで製本してある。

⑩平戸市山鹿文庫所蔵乙本『配所残筆』（架蔵番号・キ―四四・通五三一）

平成十年七月二十五日から二十七日、同十一年七月二十六日から三十日調査。一冊、一丁表から三〇丁裏までが「配所残筆」で、一丁白紙の後、三二丁表から四六丁裏にかけてが「増補部分」である。一丁表の右上には「積徳堂」の陰刻朱印、内題「配所残筆」の下に、小字で「延宝第六年午極月写レ之畢」といふ識語がある。寸法は、たて二七・五センチメートル、よこ一九・七センチメートルで、本文は一頁・一〇行取り、ほぼ草書体で筆写されてゐるが、奥書の類はない。

⑪財団法人無窮会専門図書館神習文庫所蔵本『配所残筆』（架蔵番号・二九八九）

平成六年十二月十日、同十一年五月二日調査。一冊、一丁表から二一丁表の二行目までが「配所残筆」で、同三行目から三二丁表までが「増補部分」である。表表紙には、「配所残筆　全」といふ墨書の題簽が貼付され、同じく右下に、赤い囲み罫のなかに、「広田精一手沢」と青インクで書かれたシールがある。一丁表には、「配所残筆一巻／安政六年己未春二月写レ之」といふ識語があり、その周囲に、「無窮会／神習文庫」「井上頼囶蔵」「井上／氏」「好古堂蔵書印」といふ朱の蔵書印四顆が押されてゐる。寸法は、たて二七・一センチメートル、よこ一八・八センチメートルで、本文は一頁・一一行取り、ほぼ草書体で筆写されてゐる。

⑫茨城大学付属図書館菅文庫所蔵本『配所残筆』（架蔵番号・五―二―三二）

平成十年七月二十一日調査。一冊、一丁表から二〇丁裏までが「配所残筆」で、二一丁表から三〇丁裏までが「増補部分」である。内題「配所残筆」の下には、「菅氏所蔵」「白雲斎図書印」といふ二顆の朱印がある。三〇丁裏の一〇行目には、「増補部分」に続けて「右残筆一篇、自二永田氏一借レ之（ママ）而書写畢。併可レ秘者歟。寛延庚午如月（鐸按スルニ、此文、稲葉源太夫、則通円斎先生ノ書シ給フナルヘキカ。）」といふ奥書があり、さらに三一丁表から三二丁表までには、左記の覚書がある。

一、山鹿甚五左衛門義、素行子と軒号あるは、　水戸公御師範に、舜水と中人名付られし由、高基先生物語なり。素行子御預之年月は、寛文六年丙午十月三日、浅野又市（長直内匠頭）へ御預ニて、十年之間、播州赤穂へ蟄居なり。（座敷牢へ入置ニあらす。赤穂ニて屋敷ニ居す。）延宝三年六月十五日御赦免なり。夫ヨリ江戸に帰り、浅草田原町三丁目に屋敷を求、住居也。

屋敷間数（衍カ）間口十八間ニ、裏行廿二間。裏ハ借屋作り、表の方、屋敷構也。外に図（ママ）あり。先住、残置所の額あり。積徳堂の三字あり。張額也。書院の次之間ニかゝれり。藤介・高基七十三にて死去也。元文三年戊午三月十九日、至徳院活水真龍居士、宗三寺に葬在。素行子ハ、貞享二年九月廿六日死去、六十四歳。月海院瑚光浄珊居士、牛込早稲田宗三寺ニ葬。所在、禅宗也。

一、浅野氏ハ先主也。素行子壮年之時、千石にて召抱られ、其後願ニて牢人也。其頃は牛込早稲田に借地して住居也。諸大名・旗本、諸家中、数多門人あり。

定紋、丸之内打違の鷹の羽也。浅野殿へ被㆓呼出㆒候節、鷹の羽の紋遠慮して、丸に橘に改られし也。母方の紋の由。高基の母・浄智院、浅野へ願われて赤穂へ行、対面ありしと也。

一、赤穂蟄居之内、十年之間、付添修行せし門人ハ、礒貝十介也。此人、儒学共に博識、諸門人ニ抜出たり。津軽越中守信政へ四百石ニて被㆓呼出㆒、後権太夫と相改也。

一、御預以後は、布施源兵衛発向ニて、世上流布の高弟也。松平日向守殿へ四百石ニて被㆓呼出㆒。死去以後、日向守家九万石断絶。源兵衛物領・市九郎、松平出羽守（〔へ〕脱カ）、百人扶持ニて被㆓呼出㆒也。

一、高橋十郎左衛門、赤穂へも行、修行いたし、亀井隠岐守へ三百石か五十人ふちニて被㆓呼出㆒也。吾知人なり、老人也。

一、高基先生物語に、御預之時被㆓仰渡㆒は、思召依㆑有㆑之、浅野又市へ御預被㆑遊候由、其子細ハ不㆓相知㆒也。御赦免之時、被㆓仰渡㆒候趣ハ、前ゝゟの弟子ハ格別、新規に弟子取候事ハ無用之由、被㆓仰渡㆒也。考に、前〻発向過たる、と相見へたり。但、其身に指当たる咎ハ無レ之、と見へ御赦免也。

正徳三年季秋　　則通識

また、三二丁裏には、

右、配所残筆一巻、小宮山楓軒先生垂統大記引書也。今為二写本一一日乞二□□□□一而繕写云。

于レ時弘化三丙午歳二月十一日　　鈴木鐸振道謹識

といふ奥書がある。三三丁表からは「山鹿由来記」が、三五丁裏からは「素行先生誕生記」が、三六丁表四行目からは「山鹿御預御赦免記録」が、四〇丁裏からは「山鹿流文武兼備録」が、末尾の四二丁裏まで筆写されてゐる。本文は、柱を「白雲斎」と印刷した用紙に、一頁・一一行取り、ほぼ草書体で筆写されてゐて、寸法は、たて二二・二センチメートル、よこ一四・八センチメートルである。

⑬新潟大学付属図書館佐野文庫所蔵本『配所残筆』（架蔵番号・三五―四六）

平成八年七月十五日から十六日、同十一年七月五日調査。一冊、一丁表から三七丁裏までが「配所残筆」で、三八丁表から五七丁裏までが「増補部分」である。本文は一頁・一〇行取り、ほぼ草書体で筆写されてゐて、寸法は、たて二七・〇センチメートル、よこ一八・八センチメートルである。奥書の類はない。

⑭柳川古文書館伝習館文庫所蔵本『山鹿先生配所残筆』（架蔵番号・安国―一二三二）

平成十年七月二十八日調査。一冊、一丁表から三五丁裏までが「配所残筆」で、三六丁表から五二丁裏までが

「増補部分」である。本文は一頁・九行取り、ほぼ草書体で筆写されてゐて、寸法は、たて二四・五センチメートル、よこ一五・二センチメートルで、奥書の類はない。

⑮財団法人松浦史料博物館所蔵本『配所残筆』（架蔵番号・古文書—N—二—二〇）

平成十一年七月二十九日調査。一冊、一丁表から三二丁裏の二行目までが「配所残筆」で、同丁裏の四行目から四四丁表までが「増補部分」である。本文は、冒頭から二丁目裏までは一頁・九行取りであるが、三丁目表から四二丁裏までは、異筆の一頁・八行取りとなり、四三丁目表から四四丁目表の最後までは、最初の筆跡と行取りにもどる。寸法は、たて二五・九センチメートル、よこ一八・七センチメートルで、奥書の類はない。自筆本のやうに、二箇所紙縒り綴ぢで製本してある。

⑯金沢工業大学日本学研究所中山文庫所蔵本『配所残筆』（架蔵番号・中山—写本三）

平成十二年一月十三日調査。一冊、一丁表から三三丁裏までが「配所残筆」で、三四丁表から四九丁裏までが「増補部分」である。内題「配所残筆」の下に、小字で「延宝第六年極月写レ之畢」といふ識語がある。本文は一頁・一〇行取り、ほぼ草書体で筆写されてゐて、寸法は、たて二八・三センチメートル、よこ二〇・三センチメートルで、奥書の類はない。

⑰著者家蔵本『配所残筆』

一冊、一丁表から二〇丁表までが「配所残筆」で、二〇丁裏から三〇丁表までが「増補部分」である。表表紙には、「配所残筆　追加附録　全」といふ墨書の題簽が貼付され、内題「配所残筆」の下には、小字で「延□(宝カ)第六年極月写レ之□(畢カ)」といふ識語がある。本文は一頁・一二行取り、ほぼ草書体で筆写されてゐて、寸法は、たて二六・九センチメートル、よこ一八・六センチメートルで、奥書の類はないが、次のやうに墨書した紙片が挿入されてゐた。

　祖心ハ、伊勢国多気度会郡ノ領主・牧村兵部大輔ノ長女、兵部大輔ハ朝鮮陣ノ節、彼国ニ而卒ス。弟・長兵衛幼年ニ付、母方叔父・稲葉蔵人道通家ニ懸リ居タルガ、領地ヲ道通ニオサヘトラレ、稲葉家ヲ立退キ、姉共ニ加賀中納言ヲ頼居タリ。右、長兵衛、駿河御城御作事ノ時、人ニ殺サレ家終ユ。祖心ハ成人ノ上、将軍家ニ被二召仕一、老年、比丘尼トナリシ由也。

この祖心とは、徳川家光の乳母・春日局の姪で、『配所残筆』の記事中に、素行の幕府出仕を周旋する庇護者として登場する人物である。結局、幕府出仕は、家光の死去により実現しなかつたが、本書に占める祖心記事の比重は、内容・分量ともに大きい。

以上の調査結果を整理してみると、第一に、「内題」の下に、類似の書写年月を示す「識語」があるものが五本見られた。列記してみる。

④「宮書乙本」　延宝第六　極月写レ之畢
⑧「岩瀬本」　延宝第六年　極月写レ之畢
⑩「山鹿乙本」　延宝第六年午極月写レ之畢
⑯「中山本」　延宝第六年　極月写レ之畢

⑰「家蔵本」　延□（宝カ）第六年　極月写レ之□（畢カ）

若干、文字の増減はあるが、延宝六年（一六七八）年十二月に書写したといふことである。自筆本は延宝三年（一六七五）年正月に執筆されたものであるから、約四年後、素行五十七歳の時に、この「増補本」が成立したことを窺はせる内容といつてよい。

第二に、④「宮書乙本」・⑥「京大本」・⑫「茨大本」の三本は、まづ同じ寛延三年（一七五〇）二月の「本奥書」と見なすことができるものがある。次に、素行の嫡子・高基（一六六六～一七三七）の門弟で、水戸藩に仕へた稲葉則通（一六七一～一七六〇）が、正徳三年（一七一三）九月付で記した「覚書」を持つ系統の写本だといふことがわかる。『兵法伝統録』（『山鹿素行全集』思想篇一五）によれば、享保十一年（一七二六）七月に、則通は出仕して近習番となり、藩主の兵学師範となつた（六〇二頁）。稲葉家はその後も子孫が、代々水戸藩主の兵学師範をしてゐる（六〇四～六〇九頁）。この「覚書」の年次は、延宝六年から三五年後と古い。これをもつて則通が、それ以前に筆写した『配所残筆』を所持してゐたとはいへないが、戦災に遭つた水戸の彰考館文庫本の存在を想起すると、その可能性は全くないとはいへないだらう。

さらに、次に続く「書写奥書」や「校合奥書」の部分では、④は、それぞれ水戸藩の小宮山楓軒（一七六四～一八四〇）とも交流があつた、磐城平藩の鍋田三善（一七七八～一八五八）が天保六年（一八三五）二月に、⑥と⑫は、水戸藩士の鈴木黄軒（生歿年未詳）が弘化三年（一八四六）二月に、内藤恥叟（一八二七～一九〇三）が明治二十年（一八八七）六月に、筆写または校合した写本であることを示してゐる。⑥はまた黄軒から水戸藩の菅政友（一八二四～一八九七）に伝来していつたものである。みな水戸藩に接点を求めることができる系統の写本であるが、これらと同等の写本を底本として、明治十八年（一八八五）に最初の『配所残筆』の印刷がなされた。近藤圭造が刊行した『存採叢書』本である。所収された第五三冊の「奥書」は、このやうになつてゐる（国立公文書館内閣文庫所蔵による。架蔵番号・二一六―六、二八丁裏）。

故東条琴台翁賞出一冊、子示レ余曰、是山鹿素行氏所レ著者、世無レ類本。得二之於氏之孫縁山之僧某一矣。子、盍副写一本以蔵焉。今、不レ空二翁之意一、附（拊カ）レ手氏遺同（書カ）好云。

明治十八年七月　　近藤瓶城　識

そして同じく、明治二十九年に叢書『古老遺筆』（金沢大学附属図書館北条文庫所蔵による。架蔵番号・四―二一―二一〇）に所載された。その後も同三十四年の『日本倫理彙編』（育成会）に所収されたが、いづれも「増補本」が底本となつて出版されてゐる。なぜなら「自筆本」の公開は、明治四十二年、素行会刊行の「複製本」の出現を待たなければならなかつたからである。

第三に、実質の書写年代を確認できる写本からは、⑧「岩瀬本」の内表紙「識語」によると、式亭三馬（一七七六～一八二二）が文化十年（一八一三）九月に入手したとあるから、増補本の成立より一三五年後以前に書写された、この写本が最も古いといへる。書写年代を確定できる写本は、⑦「東大本」の文政九年（一八二六）六月が最も古く、④「宮書乙本」の天保六年（一八三五）二月がそれに続く。他には、書写年次順に、⑫「茨大本」の弘化三年（一八四六）二月、⑤「東博本」の安政四年（一八五七）正月、⑪「神習本」の安政六年（一八五九）二月、②「内閣乙本」の明治八年（一八七二）四月、⑥「京大本」の明治二十年（一八八七）六月がある。

他の「奥書」から読み取れることは、②「内閣乙本」は、岡谷繁実（一八三五～一九二〇）が内務省の職務で、家蔵の『配所残筆』の写本を書写し、部下の日比重知・山下宣彪に他本と校合させた写本である。④「宮書乙本」は、鍋田三善が「間宮白泉」所蔵の『配所残筆』を借写したもので、「白泉」は国学者の間宮升芳（一七七九～一八四一）と、幕臣で昌平坂学問所勤務もした間宮士信（一七七七～一八四一）のいづれかと考へられるが確証はない。⑤「東博本」は、本文と増補部分に筆写されてゐない箇所がある。安政三年（一八五六）九月に、漢学者で越後の尾本雪斎（生歿年未詳）が書写したものを、翌年に某氏が借写した写本である。⑦「東大本」は、第三点でもふれたが、寛政十年（一七九八）二月に、兵学者の平山兵原（一七五九～一八二八）が奥書だけを「揮毫」したと考へられる写本で、それを文政九年（一八二六）六月に、「鈍斎」と号する人物が「謄写」した写本である。さらに別筆で、漢学者・越智直澄（生歿年未詳）による天保十三年（一八四二）二月の「奥書」が記されてゐる。

　また、現存する増補本の「奥書」からは、⑦の兵学者・平山兵原の「尚不レ失二常度故態一、綽〻然、有二余裕一者、実君子人之事。尤可二感伏一云。」といつた、第二二段落の北条氏長（一六〇九～一六七〇）からの召喚と赤穂流罪を通達された場面での出処進退に感嘆してゐる言辞はもとより、漢学者も国学者も入手、または筆写して求めてゐる状況から、⑧の戯作者・式亭三馬までもが、「大石良雄か山鹿流の軍法なりしことなと思ひやられて、むかしを今にみるか如く、愛玩すくなからす。」といつて珍重してゐることまで、察することができて有益である。

　しかし、これだけでは、「自筆本」と「増補本」の精確な関係は不詳であり、なぜ「増補本」が作成されたのか、増補したのは素行自身なのか、その意図したところは何か、といつた点は不明である。増補本の書写系統も不明確である。よつて、これらの文献学上の課題の解明には、もちろん、新写本の捜査・発掘も大切だが、「自筆本」と諸写本との校合、そして「増補本」同士の校合といふ基礎作業を通じての検討が不可欠である。そこで、次節以降においては、「自筆本」と諸写本との対校結果を整理し、「増補本」が「自筆本」と比べて、どのやうな特色があるのか、さらに追求してゆくこととする。

なほ、「自筆本」と一七本の写本との、いはば一対一の「校異一覧」資料は、多量の紙数を費やすことになるので割愛した。これらは、すでに平成十二年十二月発行の『山鹿素行著作『配所残筆』の文献学的研究』第四章「写本『配所残筆』の調査報告と各〔校異一覧〕」（一七〜二二二頁）に、①「内閣甲本」から⑯「中山本」までの対校結果を、また同二十一年十二月発行『日本学研究』（第一二号）の「増補本『配所残筆』の新出写本について」に、⑰「家蔵本」の対校結果を、それぞれ報告してゐるからでもある。

二、〔校異〕自筆本・写本『配所残筆』の凡例

本節では、自筆本『配所残筆』と諸写本、現存一七本との対校結果を、「〔校異〕自筆本・写本『配所残筆』」と称して具体的に提示する。第一章・第二節の「凡例」以外の、本節独自に付加する項目は、次のとほりである。

一、本篇は、自筆本の翻刻（底本、第一章・第三節「〔翻刻〕自筆本『配所残筆』」による）に、諸写本（対校本）との異同を示したものである。ただし、「内閣乙本」のみは、漢字・片仮名混り文で筆写されてゐるので、特別な場合を除いては、平仮名・片仮名の異同は採用しなかつた。

一、校異の表示は、作業上の煩瑣を避け、読者の利便性も考慮し、原則として、対校本四本以上に、同じ異同がある場合のみに止めた。ただし、重要な校異については、三本以下の場合でも掲出した。

一、本文の異同箇所に傍注で番号を付し、各段落の末に後注形式で、同じ異同を有する対校本の序列番号を列記する方法を取つた。他に、参考となる異同がある場合は、字間注「（　）」に記入した。

一、便宜上、左の諸写本の序列番号か、下記の「　」内の略称で異同を記載する。

①国立公文書館内閣文庫所蔵甲本「内閣甲本」

②国立公文書館内閣文庫所蔵乙本「内閣乙本」

③宮内庁書陵部所蔵甲本「宮書甲本」

④宮内庁書陵部所蔵乙本「宮書乙本」

⑤東京国立博物館資料館所蔵本「東博本」（第二六段落の末尾以降が書写されてゐない写本）

⑥京都大学文学部図書室所蔵本「京大本」

⑦東京大学総合図書館所蔵本「東大本」

⑧西尾市立教育委員会文化振興課岩瀬文庫所蔵本「岩瀬本」

⑨平戸市山鹿文庫所蔵甲本「山鹿甲本」（自筆本系統の写本）

⑩平戸市山鹿文庫所蔵乙本「山鹿乙本」

⑪財団法人無窮会専門図書館神習文庫所蔵本「神習本」

⑫茨城大学付属図書館菅文庫所蔵本「茨大本」

⑬新潟大学付属図書館佐野文庫所蔵本「新大本」

⑭柳川古文書館伝習館文庫所蔵本「柳川本」

⑮財団法人松浦史料博物館所蔵本「松浦本」

⑯金沢工業大学日本学研究所中山文庫所蔵本「中山本」
⑰著者家蔵本「家蔵本」

一、傍注の番号の上部、または下部にある記号、および後注の番号の上部にある記号「＊」は、対校本一七本から八本までが共通の異同を有する場合に付した。対校本の過半数とみなし、「増補本『配所残筆』」の特色として重視するためである。

三、〔校異〕自筆本・写本『配所残筆』

《配所残筆》[*1]《延宝第六年極月写之畢》[2]

＊1　①③④⑤⑥⑦⑧⑩⑪⑫⑬⑭⑮⑯⑰
（②「配所残筆　全」［扉内題］⑨「配所残筆」［表紙外題］⑭「山鹿先生配所残筆」）

2　⑧⑯
（④「延宝第六極月写之畢」⑩「延宝第六年午極月写之畢」⑰「延□第六年極月写之□」）

(1)
我等儀、凡下之者、殊更無徳短才、中〻御歴〻之御末席江《も》[*1]、出座《仕》[*2]候者ニ無之候所[3]〔処〕、幼少之時分ゟ、似合ニ人も存候而、御歴〻方御取持被下候。此段、全《く》[4]我等徳義之故とハ不存候。天道之冥加ニ相叶候故ニ可

有之、弥天命をおそれ候而、《物》[*5]毎【事】[6]日用を勤慎候事【ニ】[*7]候。

*1　①④⑥⑦⑧⑩⑪⑫⑬⑭⑮⑯⑰
（②「モ」）
*2　①②③④⑥⑦⑧⑩⑪⑫⑬⑭⑮⑯⑰
3　①②⑥⑪⑬⑭⑮
4　④⑦⑫⑭
*5　①②④⑥⑦⑧⑩⑪⑫⑬⑭⑮⑯⑰
6　④⑥⑪⑫
*7　①④⑥⑧⑪⑫⑬⑯⑰
（⑦⑯⑰「事→に」⑧⑩⑭「事→之」①⑬「事→の」）

(2)

【一、】[*1][2〔不改行〕]六歳より親申付候而、学《問》[*3]被為仕候へ共、[*4〔無〕]不器用ニ候而、漸八歳之比迄ニ、四書・五経・七書・詩文之書、大方よミ覚候。

*1　①④⑥⑧⑩⑪⑫⑬⑭⑮⑯⑰
2　③⑤⑪⑮
*3　①②③④⑤⑥⑦⑧⑩⑪⑫⑬⑭⑮⑯⑰
*4　①②③④⑤⑥⑦⑧⑩⑪⑫⑬⑭⑮⑯⑰

(3)

【一、】[*1]九歳之時、稲葉丹後守殿御家来塚田杢《之》[3]助、我等親近付《候》[*4]故、我等を林道春老弟子ニ仕度《候》[*5]由頼入候。[2〔不改行〕]杢《之》[6]助次手[*7〔而〕]候而、右之段、丹後守殿へ申上候へは、幼少ニ而学問仕候事、奇特成由被仰、於御城《ニ》[8]、道春江直ニ丹後守殿御頼被下候。就夫杢《之》[9]助、拙者を同道仕候而、道春へ参《り》[10]候。道春・永喜一座ニ而、我等に論語之序、無点之唐本ニ而よませ被申候。我等よミ候へは、山谷を取出【し】[*11]候而被為読候。永喜被申候は、幼少ニ而如此[12〔斯〕]読候事、きとくニ候。乍然、田舎学問之者、師を仕候と相ミへ[*13〔見〕]、点悪敷候由被申候。道春も、永喜同意ニ被申候而感悦被仕、別而念比ニ候而、十一歳迄、以前読候書物共、又点を改、無点之本ニ而読直《し》[14]候。

＊1　①③④⑤⑥⑧⑩⑪⑫⑬⑭⑮⑯⑰
2　③⑤⑮
3　③④⑤⑫⑰
＊4　①③④⑥⑧⑩⑪⑫⑬⑭⑮⑯⑰（③⑥⑪「ニ候」）
＊5　②③④⑦⑧⑩⑫⑮⑯⑰
6　③⑤⑧⑩⑭⑯⑰
＊7　①④⑧⑩⑫⑬⑯⑰（⑥⑪⑭「次手→序」②「テ」⑮「【手】」）
8　⑥⑪
9　③⑤⑭⑰

10　⑥⑦⑪⑭
*11　②④⑥⑪⑫⑬⑭⑮
12　④⑧⑫⑯
*13　①③④⑤⑦⑫⑭⑮（⑥⑧⑩⑪⑬⑯⑰「ミヘ→見」）
14　⑥⑦⑧⑪⑮⑯⑰（⑥⑪「し申」②「シ」③「直候→申候」）

(4)

【一、】[*1][2〔不改行〕]十一歳之春、歳旦之詩を初而作候而、道春へ見せ候へハ、一字改被申候而、則序文を書、幼少之述作、別而感入[3〔候〕]之由、書状被副之、和韻[4〔韻〕]被仕候。

*1　①③④⑤⑥⑧⑩⑪⑫⑬⑭⑮⑯⑰
2　③⑤⑬
3　③⑤⑧⑪⑭⑮⑯（⑥「之《候》由」）
4　②③⑥⑪（⑤「歌」⑫「詞」）

(5)

【一、】[*1][2〔不改行〕]同年、堀尾山城守殿御家老揖斐伊豆、我等へ被懸目候而、則山城守殿江被召寄、書物読【候】[*3]。伊豆是非共、

山城守殿江奉公ニ出候様【ニ】[4]、二[5]〔弐〕百石は可□[*6]〔被〕下候由申候へ共、我等親同心不仕候。

*1	①		③	④	⑤	⑥		⑧		⑩	⑪	⑫	⑬	⑭	⑮	⑯	⑰
2																⑯	⑰
*3	①		③	④		⑥		⑧			⑪	⑫	⑬	⑭		⑯	
4				④	⑤	⑥					⑪	⑫					
5			③		⑤	⑥					⑪					⑯	⑰
*6	①	②	③	④	⑤	⑥	⑦	⑧	⑨	⑩	⑪	⑫	⑬	⑭	⑮	⑯	⑰

(6)

【一、】[*1] 十四歳之比は、詩文【共ニ】[3][4]達者ニ仕候故、【　】[*5]伝奏飛鳥井大納言殿被及聞召、被召寄、即座ニ詩を作候〔2 不改行〕而懸[6]〔掛〕御目候所[*7]〔処〕、大納言殿和歌《を》[*8]御詠吟候而、和韵[9]〔韻〕被下候。烏丸大納言殿【も】[*10]被及聞召候而、是も即座ニ章句を被成【被】[11]下候。【則】[*12]乍慮外、我等も即座ニ対を仕候。若輩之時分、殊更即座之事【ニ】[*13]御座候間、唯[14]〔只〕今見申候而は、笑草成儀[*15]〔義〕ニ御座候へ共、各御感《心》[16]不浅候。其後は御両公、御念[17]〔懇〕比ニ被成、折〻奉得御意《候而》[*18]、詩文【之】[*19]贈答御座候。

*1	①		③	④	⑤	⑥		⑧		⑩	⑪	⑫	⑬	⑭	⑮	⑯	⑰
2			③	④	⑤	⑥									⑮		
3			③		⑤	⑥	⑦				⑪						
4	①				⑤	⑥	⑦				⑪		⑬				
*5			③	④	⑤	⑥			⑨		⑪	⑫	⑬			⑯	

（①⑦⑬改行　⑤「伝奏→伝　奏」）

6　②⑥⑦⑩⑪⑮

＊7　①②③④⑤⑥⑪⑬⑭

＊8　①④⑦⑧⑩⑫⑬⑭⑮⑯⑰

（②③「ヲ」）

9　②③⑥⑦⑪

（⑫「詞」）

＊10　①②③④⑥⑦⑧⑩⑪⑫⑬⑭⑮⑯⑰

11　③⑤⑥⑪⑯⑰

＊12　①②③⑤⑥⑦⑧⑨⑩⑪⑬⑭⑮⑯⑰

＊13　③④⑧⑩⑫⑭⑮⑯

14　①③⑥⑪⑬⑭

＊15　①④⑥⑦⑪⑫⑬⑭

（③「儀ニ→事」　⑤「事」）

16　④⑥⑪⑫⑭

17　①⑧⑩⑬⑮⑯

（③⑤⑥⑪⑰「念比→懇」　④⑫「念比→懇情」　⑭「念比→懇意」）

＊18　③⑤⑥⑦⑧⑩⑪⑮⑯⑰

（①⑫⑬⑭「候て」②「候テ」④「二而」）
*19 ①③④⑤⑥⑧⑩⑪⑫⑬⑭⑮⑯⑰

(7)

【一、】*1 十五歳之時、初而大学之講釈仕【候】*3。聴衆大勢有之【候】*4。5〔改行〕十六歳之時、大森信濃守殿 其比は佐久間久七。・2〔不改行〕黒田信濃守殿 其比は源右衛門。 御所望二而、孟子を講釈仕候。蒔田甫庵老、論語御所望、《是又》*6 同年講釈、いつれ7〔何〕も翌年迄【二】8 読終候。是又、若年*9〔輩〕之時分故、定而不埒成事斗可有之候へ共、其時分之儀10〔義〕、蒔田権之佐*11〔助〕殿・富永甚四郎殿*12〔抔〕など、今以能【御】13覚候。

*1 ①③④⑤⑥⑧⑩⑪⑫⑬⑭⑮⑯⑰
2 ③⑤⑮
*3 ①②③④⑥⑦⑧⑩⑪⑬⑭⑮⑯⑰
*4 ①②④⑦⑧⑨⑩⑫⑬⑮⑯
5 ③⑥⑧⑪⑯⑰
*6 ①②④⑤⑥⑦⑧⑩⑪⑫⑬⑭⑮⑯
（③⑰「是亦」）
7 ⑥⑪⑭⑮
（①⑬「いつれ↓何」③⑤「いつれ↓孰」）
8 ①②③⑧⑩⑬⑯
*9 ①②③④⑤⑥⑦⑧⑩′⑪⑫⑬⑭⑮⑯⑰

10　②④⑥⑪⑫⑭
（③⑤「之儀→も」）
*11　①③④⑤⑥⑦⑧⑩⑪⑫⑬⑭⑮⑯⑰
（②「介」）
*12　①②③④⑥⑧⑩⑪⑫⑬⑭⑰
13　①⑥⑦⑬

(8)

【一、】[*1] 我等幼弱より、武芸・軍法【稽古】[3] 不怠候。十五之時《に》[4]、尾畑勘兵衛殿・北条安房守殿【其比は新蔵。】[*5] へ
[2〔不改行〕]逢申候而、兵学令稽古、随分修行候。廿歳ゟ内にて、門弟中ニ【ハ】[*6]、我等大方上座仕候而、則北条安房守殿筆者ニ
而、尾畑勘兵衛殿印免之状給之候。廿一歳之時、尾畑勘兵衛殿印可被仕候而、殊更門弟中、[7〔壱〕]一人も無之候、印可
之副状と申【候】[8] を、我等ニ被与之候。筆者ハ高野按察院光宥ニ而御座候。
[9〔不改行〕]於文而感其能勤、於武而歎其能修。噫有文章者、必有武備。古人云、我亦[10〔又〕]云、と末句に、我等を御称美候[*11〔之〕]。此文
言は勘兵衛殿、直ニ御好候。

*1　①③④⑤⑥⑧⑩⑪⑫⑬⑭⑮⑯⑰
2　③
3　④⑥⑪⑫⑭
4　⑧⑬⑯⑰
（⑥⑪⑮「ニ」）

＊5　①②③④⑤⑥⑦⑧⑩⑪⑫⑬⑭⑮⑯⑰
（⑥「《　》」）
＊6　①③④⑤⑥⑧⑪⑫⑬⑭⑯⑰
（⑰「□」）
7　③⑤⑥⑪⑬
8　①⑥⑪⑫⑬⑮
9　②⑥⑪⑫⑯⑰
10　④⑥⑪⑫⑭
＊11　②③⑦⑩⑪⑫⑭⑮
（①⑧⑬「也」⑯⑰「なり」⑤「【候】」）

(9)

【一、】[*1][*2〔不改行〕] 十七歳之冬、高野按察院光有法印ゟ神道令伝受候。神代之巻ハ不及申、神道之秘伝、不残【令】[3]伝受[4〔授〕]候。其後壮年之比、広田坦[5〔垣〕]斎と申【候】[*6]、忌部氏之嫡流之者有之、根本宗源之神道令【相】[7]伝候。其節、忌部神道之口決、不残相伝候書付証文を越候。其中比ゟ石出帯刀参候而、我等江断、神書承候。坦[8〔垣〕]斎は頓而死去仕候《ニ》[*9]付、神書之事、帯刀事、拙者を頼候而、合点不参候【処】[*10]、所々皆承候。是又、今以其書付有之【候】[11]。

＊1　①③④⑤⑥⑧⑩⑪⑫⑬⑭⑮⑯⑰
＊2　①③⑤⑧⑬⑮⑯⑰
3　⑥⑧⑪⑭⑮⑯⑰

4　②③⑤⑥⑪
5　①⑦⑬⑮⑯⑰
*6　①②③④⑦⑧⑪⑫⑬⑭⑮⑯⑰
（⑥⑪「申候→か」　⑤「候→す」）
7　①⑤⑪⑬⑰
（①⑪「相伝→伝之」　⑤「相伝→伝授」　⑬「相伝→伝受」　⑮「相→□」）
8　①⑦⑬⑮⑯⑰
*9　②③④⑥⑦⑧⑨⑩⑪⑫⑯⑰
*10　②④⑤⑥⑧⑩⑪⑫⑬⑭⑮⑯⑰
11　③④⑫⑭

⑽

【一、】*1 2〔不改行〕同年ゟ歌学を好【ミ】*3、*4〔廿〕二十歳迄之内ニ、源氏物語不残承《候》5、源語6〔氏〕秘決迄令相伝候。伊勢物語・大和物語・枕草子7〔紙〕・万葉集・百人一首・三部抄・三代集迄、広田坦8〔垣〕斎相伝仕候。依之、源氏私抄、万葉・枕草子9〔紙〕・三代集等之私抄・注解、大分撰述仕候而、詠歌の志深、一年に千首之和歌を詠候得共、存候子細有之、其後は棄10〔捨〕置【之】*11候。今以【右】12、広田坦13〔垣〕斎方ゟ歌学之儀*14〔義〕、不残相伝仕候段、書付御座候。尤職原抄官位之次第、道春講釈不残承、其後、是又坦15〔垣〕斎に具《ニ》*16承《り》17候而、合点《猶》*18不参候所19〔処〕【は】20、菊亭大納言殿へ申上候而、大納言殿ゟ被染御筆、一ゝ之口伝御書付被下候。此段、人之*21〔ゝ〕存候事【ニ】22候。就夫23〔其〕、我等【ニ】24職原を伝受25〔授〕仕候者数多候。

*1　①③④⑤⑥⑧⑩⑪⑫⑬⑭⑮⑯⑰

2			③	④	⑤						⑪						
*3	①	②	③	④	⑤	⑥	⑦	⑧	⑩		⑪	⑫	⑬	⑭		⑯	⑰
*4	①	②	③	④	⑤	⑥	⑦	⑧	⑩		⑪	⑫	⑬	⑭	⑮	⑯	⑰
5		②	③	④	⑤	⑥						⑫		⑭			
6			③		⑤		⑦	⑧								⑯	⑰
7			③	④	⑤	⑥					⑪	⑫		⑭			
8	①						⑦						⑬		⑮	⑯	⑰
9			③	④	⑤	⑥					⑪	⑫		⑭			
10				④	⑤	⑥					⑪	⑫		⑭			
*11	①	②	③	④	⑤	⑥	⑦	⑧	⑩		⑪	⑫	⑬	⑭	⑮	⑯	⑰
12			③		⑤									⑭	⑮		⑰
13	①						⑦						⑬		⑮		
*14		②	③			⑥	⑦	⑧	⑩		⑪	⑫					

（⑥「儀→義も」）

15	①						⑦						⑬		⑮	⑯	⑰
*16	①		③			⑥	⑦				⑪	⑫	⑬		⑮		

（⑦⑬⑮「ミ」　⑤⑭「に」）

17			③			⑥					⑪			⑭			

＊18　②　④　⑦　⑧　⑩　⑫　⑮　⑯　⑰
（③「尚」　⑭「抔」）
19　①　②　③　⑥　⑪
20　③　⑤　⑪
＊21　①　②　③　④　⑤　⑥　⑦　⑧　⑩　⑪　⑫　⑬　⑭　⑮　⑯　⑰
22　①　⑧　⑩　⑫　⑬　⑮　⑰
23　①　⑧　⑯　⑰
24　②　③　⑦　⑧　⑯
25　③　⑤　⑥　⑪

(11)

【一、】[*1][2〔不改行〕]若年之時分、湫兵右衛門殿・小栗仁右衛門殿御取持候而[3〔ニ〕]、【　】[*4]紀伊大納言様へ七十[*5〔拾〕]人扶持被下被召出、御小性[6〔姓〕]・近習ニ可被召遣[7〔連〕]之由、御約束候而[8〔ニ〕]、頓而御日見之用意仕候。内証は岡野権左[9〔右〕]衛門殿、万事御取持候[10〔ニ而〕]。其節、阿部豊後守殿被《及》[11]聞召【及】[12]、尾畑勘兵衛殿・北条安房守殿被成御頼、我等を御抱被成度【之】[13]由、被仰候へ共、右之御先約故、御断申上候。然所[*14〔処〕]、【　】[*15]大納言様御事、豊後守殿御抱有之度由、被成御聞、布施佐五右衛門為御使者、兵右衛門殿・仁右衛門殿迄被仰出候ハ、豊後守殿御抱有之度由、御申【候】[16]者を、【　】[*17]大納言様へ御引取被成候段、御遠慮【ニ】[18]被思召候。たとへ《御》[*19]家来ニ而有之候共、豊後守殿など[*20〔抔〕]、御所望《之者》[*21]有之者[22〔候〕]ハ、可被遣【之】[23]候。豊後守殿御用之事ハ、【　】[24]御公儀《之》[*25]御用同意【ニ】[26]候間、豊後守殿へ被召抱候様ニ可仕候。其段、勘兵衛殿・安房守殿へも、右佐五右衛門被遣之、被仰進[*27〔遣〕]之由ニ候。佐五右衛門

もはや可被召抱候段、御両所江御約束被成候而御座候【ニ】[*28]、[*29]〔只〕唯今此段、如何《ニ》[*30]可有御座《候》[*31]と申上候へは、兵右衛門殿・仁右衛門殿御事、御心[32]〔安〕易儀[33]〔義〕ニ候間、不苦候【儀之】[34]由、被仰出候由《ニ》[*35]候。拙者奉存候ハ、【　】[*36]大納言様右之通御遠慮被遊候上は、豊後守殿ニも御抱被成間敷候。其上御老中家【へ】[*37]ハ、遠慮仕候子細御座候間、【従】[*38]此方《ゟ》[39]双方へ御断申上度【候】[*40]段、岡野権[41]〔右〕左衛門殿【へ】[*42]御相談仕候而、其分ニ罷成候。右湫兵右衛門殿ハ謙信流之軍法者、御歴々方に弟子衆大勢候へ共、我等弟子ニ御成候而、兵学[*43]〔御〕□勤御念比ニ候。仁右衛門殿は、我等へ[*44]〔ニ〕鞠身之やわら御相伝候而、奥儀迄承《り》[45]候故、別而得御意候。岡《野》[*46]権[47]〔右〕左衛門殿ハ、我[*48]〔等〕□若年之時分ゟ書物御聞、殊《ニ》[49]兵法之弟子ニ御成候而、御一類中不残、我等ニ兵学御聞候故、御心易得御意候。

*1　①　③④⑤⑥　⑧　⑩⑪⑫⑬⑭⑮⑯⑰
2　①　④⑤⑥　⑪⑫⑬
3　③　⑧　⑩⑪⑫　⑭⑮（①④⑤⑬⑯⑰「に」）
*4　①②③　⑤⑥⑦　⑨　⑪　⑬　⑮⑯⑰（⑩⑭一字欠字・改行［自筆本と同じ］④五字欠字・改行　⑫「《　》」）
*5　①②③④　⑥　⑩⑪　⑬⑭⑮
6　①②③　⑫⑬⑭　⑰
7　①　③④　⑫⑬（⑦⑭⑯⑰「出」　⑥⑪「遣之→候」　③「遣之→連候」　⑮「仕」）
8　③④　⑥　⑫

（⑤「に」 ⑮「候↓有之」 ⑯「候↓之処」）

9　③ ⑤⑥ ⑪

10　③ ⑪

（⑥⑪「《ニ》候」 ④「《に》候」 ⑤「にて」 ⑭「ニて」）

11　① ③④ ⑥ ⑪⑫⑬

12　① ③④⑤⑥ ⑫⑬

（⑪「【召及】」 ⑫「聞し召及はれ」）

13　④ ⑥ ⑪⑫ ⑭⑮⑯

＊14　② ⑤⑥ ⑪ ⑭⑮⑯⑰

（⑥「然る処ニ又」 ⑪「然ル処ニ又」）

＊15　① ③ ⑤⑥⑦ ⑪ ⑬⑭⑮⑯⑰

（②④⑧⑩⑫「【　】」 ⑨「【　】」）

16　③④ ⑥ ⑧ ⑪ ⑯

＊17　① ③ ⑤⑥⑦ ⑨ ⑪ ⑬ ⑮⑯⑰

（②④⑧⑩⑫⑭「【　】」）

18　① ③ ⑤ ⑧ ⑬ ⑯⑰

＊19　①②③④⑤⑥⑦⑧⑨⑩⑪⑫⑬⑭⑮⑯⑰

＊20　①②③④ ⑧ ⑩ ⑫⑬⑭ ⑯⑰

（⑤⑥⑪「【など】」）

＊21　②③　⑤　⑦⑧　⑩　⑭　⑯⑰
（①④⑫⑬「之者ニ」　⑥「候者ニ」　⑪「候者」）

22　①　⑤　⑬⑭⑮
（⑨「者」）

23　②　⑤⑥⑦　⑪⑫
（⑤「【之候】」　⑮「之↓事」）

24　⑧⑨⑩　⑮
（⑤⑭⑯改行　⑥⑦「《　》」）

＊25　①②③④⑤⑥⑦⑧　⑩⑪⑫⑬⑭⑮⑯⑰

26　①　⑥　⑬　⑮

＊27　②③④⑤　⑦⑧　⑩　⑫　⑭⑮⑯⑰
（②③⑤⑭⑯⑰「進之↓遣候」　⑥⑪⑬「被仰進之由ニ候↓候よし」　①「【被仰進之】」　④⑫「進之↓遣」）

＊28　①　③④⑤⑥⑦⑧　⑪⑫⑬⑭　⑯⑰
（⑦「【御座候ニ】」）

＊29　①②③④⑤　⑦⑧　⑩　⑫⑬⑭⑮
（⑥「【唯今】」）

*30　②③⑥⑧⑩⑪⑮⑯⑰
（①④⑫⑬⑭「に」）
*31　①②④⑥⑧⑩⑪⑫⑬⑭⑮⑯⑰
（③⑤「哉」）
32　⑧⑩⑭⑮⑯⑰
33　④⑥⑦⑪⑫
34　③⑤⑥⑦⑪
（③「【候儀之】」④「儀之↓義也」⑫「儀之↓義之」）
*35　②③④⑤⑥⑦⑪⑫⑭⑯⑰
（①⑬「に」⑨「拙」）
*36　①③⑤⑥⑦⑪⑬⑭⑮
（⑨⑫改行）
*37　①②③④⑤⑥⑦⑧⑩⑪⑫⑬⑭⑮⑯⑰
*38　①②③④⑤⑥⑦⑧⑩⑪⑫⑬⑭⑮⑯⑰
（⑧⑰「【従此方】」）
39　③⑤⑥⑩⑪⑫⑮
（①⑦⑬⑭「より」②「ヨリ」④「も」⑯「江」）
*40　①⑤⑥⑦⑪⑬⑭⑯⑰

41　⑤⑥⑪⑮⑰
（③「大夫」）
＊42　①②③④⑥⑦⑧⑪⑫⑬⑭⑮⑯⑰
＊43　①②③④⑤⑥⑦⑧⑨⑩⑪⑫⑬⑭⑮⑯⑰
＊44　②③④⑥⑧⑩⑪⑫⑮⑰
（①⑦⑬⑭「に」⑤「【〈】」）
45　⑤⑥⑦⑪
＊46　①②③④⑤⑥⑦⑧⑩⑪⑫⑬⑭⑮⑯⑰
47　①③⑤⑥⑪⑭
＊48　①②③④⑤⑥⑦⑧⑨⑩⑪⑫⑬⑭⑯⑰
（⑮「拙者」）
49　②⑥⑦⑧⑪⑫⑭
（①⑬⑰「に」⑯「より」）

⑿

【一、】[＊1]右之翌年、加賀松平筑前守殿、拙者義[3〔儀〕]被《及》[＊4]聞召【及】[＊5]、可被召抱由、町野長門《守》[＊6]殿御取持【候】[7]。
[2〔不改行〕]拙者親申候ハ、知行千石不被下候而[8〔ハ、〕]は、罷出候事無用ニ可仕候由申候而留申候。筑前守殿にも七百石迄ハ可被下
【候】[＊9]由、御沙汰候様【 】[ニ10]、長門《守》[＊11]殿御申候由承候。

＊1　①③④⑤⑥⑧⑩⑪⑫⑬⑭⑮⑯⑰

2　③⑤⑥⑪⑬⑮

3　②⑧⑨⑩⑮⑯⑰
（「③【拙者儀】」）

＊4　①③④⑤⑥⑪⑫⑬

＊5　①③④⑤⑥⑪⑫⑬
（⑪「【召及】」）

＊6　①②③④⑥⑦⑧⑩⑪⑫⑬⑭⑮⑯⑰
（⑤「殿→守」）

7　②④⑧⑫⑯⑰
（⑥⑪「候→ニ而」　①「候→に」　③「候→被成所」　⑤「《被成》候《所》」　⑭「候→ニ」）

8　④⑥⑪⑫⑮

＊9　③⑤⑦⑧⑭⑮⑯⑰

10　①③⑤⑬⑯⑰
（「⑤【候様ニ】」　⑪「候様ニ→御座候由ニ而」）

＊11　①②③④⑤⑥⑦⑧⑩⑪⑫⑬⑭⑮⑯⑰

(13)

【一、】[＊1]〔不改行〕[2]正保四年丁亥秋、
〔不改行〕[3]大猷院様、北条安房守殿へ城取之作法・木図被《　》[4]仰付候時分、拙者おこり相煩候而罷有〔在〕[＊5]候所〔処〕[6]、安房守殿、私

宅へ御出候而、右之木図御相談候而、陰陽之両図出来候。右木図之書付并目録迄、拙者令相談書付候。其書付不残、拙者所ニ御座候。其節、久世【大】[*7]和[*8〔州公〕]守殿【御事】[*9]、安房守殿へ御出候而[*10〔懸〕]掛御目候。御覚可被成候。

*1　①　③④⑤⑥　⑧　⑩⑪⑫⑬⑭⑮⑯⑰
2　⑯⑰
3　②③④　⑥　⑪⑫　⑮
（②⑪⑫⑮一字欠字・不改行　③④⑥三字欠字・不改行）
4　④　⑧　⑩　⑮
（①⑬「《　》」⑤改行）
*5　①②③④⑤⑥⑦　⑪⑫⑬⑭
6　②③　⑥⑦　⑪　⑮
（⑤⑭「故」）
*7　①②　④⑤⑥⑦⑧　⑩⑪⑫⑬⑭　⑯⑰
（⑨「今」）
*8　①②③④⑤⑥⑦⑧　⑩⑪⑫⑬⑭　⑯⑰
*9　①②③④⑤⑥⑦⑧　⑩⑪⑫⑬⑭⑮⑯⑰
*10　①　③④　⑥　⑧　⑪⑫⑬⑭　⑯⑰

(14)

【一、】[*1][2〔不改行〕]拙者廿五歳之時、松平越中守殿、拙者を御よひ[*3〔呼〕]被成、学問・兵学之御詮儀[4〔議〕]・御議論御座候。拙者申上候通、御得心被致[*5〔成〕]、別而御大慶被成、則被為遂誓状候而、拙者【ニ】[6]兵学御相伝被成候。右御誓状之翌日、三輪権右衛門先達而被遣之[*7〔候〕]、御太刀[8〔御〕]・大馬代・時服被下之[9〔候〕]、追付越中守殿為御礼、私□[*10〔宅〕]江御来臨被成【被】[11]下【候】[12]。其[13〔已〕]以後は毎度御懇意、詩文など[14〔抔〕]折ゝ御贈答被成候。拙者文章を書候を、表具被仰付候而、拙者御招請之時分【は】[15]、御座敷ニ[*16〔へ〕]被【為】[*17]懸【之[18]候】[19]。誠《ニ》[*20]冥加《之》[*21]至【極】[*22]、却而迷惑仕候段、度ゝ御断申上候。其段《ハ》[*23]、浅野因幡守殿[*24〔州公〕]能御存、常ゝ被仰出候。越中守殿御事《ハ》[*25]、其比六十ニ被為成【候】[26]。御門葉と申、御譜代[*27〔普〕]之御大名ニハ珍敷、御学問は[28〔ニ而〕]【諸事豪傑之御方】[*29]《候》[*30]、兵法は尾畑【勘兵衛】[*31]殿印可之弟子[*32〔迄御究〕]、東海道一番之御大名、人皆崇敬仕候に[*33〔所〕]、拙者《御》[*34]信仰不大方候間、御音問[35〔信〕][*36〔儀〕]之事迄、事ゝしく[*37〔ら〕]書付置候。其段【は】[*38]今以、家中【之】[*39]衆【相】[*40]残候は】可存候。

*1　①　③④⑤⑥　⑧　⑩⑪⑫⑬⑭⑮⑯⑰

2　③　⑤　⑬

*3　③④　⑥⑦　⑪⑫　⑭　⑯⑰
（⑤「【御よひ】被成《御呼》」）

4　②③　⑧⑨⑩
（⑥⑦⑪⑫⑭「義」）

*5　①②③④　⑥⑦⑧　⑩⑪⑫⑬⑭⑮⑯⑰
（⑤「【被致】」　⑨「存」）

6　①　③　⑤　⑬
（⑧⑮⑯⑰「ニ→へ」　④⑭「ニ→に」）

＊7　①②③④⑤⑦⑩⑪⑬⑭
（⑥⑧⑮⑯⑰「【之】」　②「被遣之→可遣候」）
8　①③⑤⑬⑭⑯
（⑥⑦⑪⑮⑯「【大】」）
9　④⑤⑥⑦⑫⑯
（⑮⑰「【之】」）
＊10　①②③④⑤⑥⑦⑧⑨⑩⑪⑫⑬⑭⑮⑯⑰
11　⑤⑥⑦⑪⑫
12　③④⑤⑫⑭
13　⑥⑦⑪⑭
14　①③⑤⑥⑪⑬⑭
15　③⑤⑥
（④⑪「は→之」　⑰「は→ハ」）
＊16　②③④⑦⑩⑫⑬⑭⑮
（①⑤⑥⑪「江」）
＊17　①②③④⑤⑥⑦⑧⑩⑪⑫⑬⑭⑯⑰
18　①⑤⑥⑦⑨⑪⑬
19　③④⑤⑫⑭

＊20　②⑥⑦⑧⑪⑭⑯⑰
（⑤「に」）

＊21　①②③④⑤⑥⑦⑧⑩⑪⑫⑬⑭⑮⑯⑰

＊22　①②③④⑤⑥⑦⑧⑩⑪⑫⑬⑭⑮⑯⑰

＊23　②③⑦⑧⑫⑮⑯⑰
（④⑤⑥⑩⑪⑭「は」）

＊24　①②③④⑤⑥⑦⑧⑩⑪⑫⑬⑭⑮⑯⑰

＊25　①②③④⑦⑧⑫⑬⑮⑯⑰
（⑥⑩⑭「は」）

26　④⑤⑥⑪⑫⑮

＊27　①③⑦⑧⑩⑬⑮⑰

28　③⑤⑥⑮
（②⑧⑩⑰「ミ」　⑦⑫「ニて」　①⑬「に」　④「ニ□」　⑭「にて」）

＊29　①②③④⑤⑥⑦⑧⑩⑪⑫⑬⑭⑮⑯⑰

＊30　①②③⑤⑧⑩⑬⑮⑯

＊31　①②③④⑤⑥⑦⑧⑩⑪⑫⑬⑭⑮⑯⑰

＊32　②③④⑤⑧⑩⑫⑬⑮⑯⑰
（①「与御究」　⑥「迄御極」　⑦「迄御究め候」　⑨「之《御》弟子」　⑭「之御究め」）

＊33　①　③　⑧　⑩⑪⑫⑬　⑯⑰
（②④⑤⑥⑦⑭「処」　⑮「【に】」）
＊34　①②③④⑤⑥⑦⑧　⑩⑪⑫⑬⑭⑮⑯⑰
（①⑬「を御」）
35　③　⑤
（⑥⑪「物」　⑦「【音】」問）
＊36　①②　⑤　⑧　⑩　⑬⑭⑮⑯⑰
（③④⑥⑦⑪⑫「義」）
＊37　③④　⑦⑧⑨⑩　⑫　⑭⑮
（①⑬「事〻しく→委」　②「ラ」　⑥「事〻しく→悉く」　⑪「事〻しく→事ことく」）
＊38　①②③④⑤⑥⑦⑧⑨⑩⑪⑫⑬⑭⑮　⑰
＊39　①②③④⑤⑥⑦⑧　⑩⑪⑫⑬⑭⑮⑯⑰
＊40　①②③④⑤⑥⑦⑧　⑩⑪⑫⑬⑭⑮⑯⑰

⒂

【一[*1]、】[2]〔不改行〕同年、丹羽左京[*3]〔太〕大夫殿、兼而我等ニ兵[*4]〔法〕書御聞候《兵書[*5]之》[*6]〔次而〕序に、荘子之講釈[7]〔談〕御所望候而、折〻講尺[*8]〔談〕《之》[*9]候。荒尾平八郎殿・揖斐与右衛門殿なと[10]〔抔〕御聞候。其時分は、我等専老子・荘子之学をこのミ[11]〔好〕候而講読[12]〔釈〕申候。然《ル》[13]に武田道安事、明寿院ニ老荘相伝候。近代世上に、荘子之講読[*14]〔釈〕【ハ】[15]無之【候】[*16]。拙者読候事、無心元[*17]〔許〕候間、一座聞申度《之》[18]由【を】[19]、浅野因州公【へ】[*20]《御》[21]頼被申【候】[22]旨、因州公、拙者へ御断被成候而、道安事、丹羽左京《太夫[23]》殿亭に而一座仕候而、拙者荘子聞被中【候[24]】。道安殊《之[*25]》外、拙者を褒美不大方候。其段、後迄
因州公御咄候。道安は医師、殊更学問も広才【ニ[*26]】無之候得共、明寿院[27](巳)以来不承候由、別而褒美被仕候故、書付
【置[*28]】候《御[*29]》事《ニ[*30]》候。

*1　①　③④⑤⑥　⑧　⑩⑪⑫⑬⑭⑮⑯⑰
2　③
*3　①②　④　⑥⑦　⑪⑫　⑮
*4　①②　④　⑥　⑧　⑩⑪⑫⑬　⑯⑰
（④⑤⑦⑭「学」）
*5　①②　④　⑦⑧　⑩⑪⑫⑬⑭　⑯
（⑤⑰「書→学之」　③「□書《之》」　⑥「書《ノ》」　⑮「書《ノ》」）
*6　①　④　⑧　⑪⑫⑬⑭⑮⑯⑰
（②③⑤⑦⑩「次手」　⑥「次テ」）
7　②　⑩　⑮　⑰
（⑧「修」　⑯「段」）
*8　②③④　⑦⑧　⑩　⑫　⑮　⑰
（⑤⑥⑪⑭「釈」　①⑬「講尺→御相談」）
*9　②　④　⑧　⑩　⑫　⑭　⑯⑰
（⑤⑮「仕」　⑥⑪「申上」　③「ニ候」　⑦「いたし」）

10　①③⑤⑥⑪⑬⑭

11　④⑤⑥⑪⑫⑭（①⑬「好み」③「好ミ」⑦「このみ」）

12　⑤⑥⑦⑪（③⑮⑰「談」）

13　⑤⑥⑦⑪⑮（⑯「然に→願て」）

*14　①④⑤⑥⑦⑪⑬⑰（②③⑨⑩⑮「談」⑧⑯「尺」⑫「訳」）

15　①③⑤⑬

*16　③④⑤⑥⑪⑫⑭⑮

*17　②③④⑤⑦⑧⑩⑫⑭⑮⑯⑰

18　②④⑧⑩⑫⑯⑰

19　③④⑤⑥⑪⑫

*20　③④⑤⑥⑦⑪⑫⑭（①⑰「被」⑧⑯「江」⑬「に」）

21　③④⑤⑥⑪⑫⑭

22　③⑤⑥⑪

（⑪「【候旨】」）

23　①③④⑥⑪⑫（⑤⑬⑭「大夫」）

24　②③⑤⑦⑫⑮

*25　①②③⑤⑦⑧⑩⑬⑯⑰（⑥⑪「の」）

*26　①④⑥⑧⑩⑪⑫⑬⑭⑮⑯⑰

27　③⑤⑥⑪

*28　①②③④⑥⑦⑧⑩⑪⑫⑬⑭⑮⑯⑰（①⑬「書【付置】候《之》事候」⑯「書付置候事候→書付ニ申事ニ候」）

*29　②④⑧⑨⑩⑫⑮⑰

*30　②④⑥⑦⑪⑫⑭⑯⑰

⒃

【一、】[*1][2〔不改行〕]大猷院様御前江、祖心昵近【被】[3]仕《られ》[4]候時分、祖心被申候ハ、其方儀[*5〔義〕]、御[*6〔次手〕]序御座[7〔坐〕]候而、具《ニ》[8]達

【　】[*9]上聞候。折〻其方事、【　】[*10]上意有之間、必家中ヘ奉公ニ罷出候事、無用ニ可仕候。何とそ【仕】[*11]、

御家人に《罷》[12]成候様【ニ】[13]、取持可被申【候】[14]由被申候。松平越中守殿御念比【候】[*15]故、右之次第、具ニ御内

意申上候得は、一段之事ニ候。表向は越中守殿御取持可被下候。其方事、松平[16〔伊豆〕]和泉守殿兼而能御存被成候間、

当[*17〔不改行〕]《　》[18]公方様江被召出候様【ニ】[19]仕候は[20〔ハ、〕]、早速首尾可仕候。祖心ヘも、其段御相談可被成候。先酒井日向守殿

へ被仰*21〔遣〕置候22〔由〕半間、懸23〔掛〕御目置候へと被仰、御家老三輪権右衛門被指*24〔差〕添、日向守殿へ、拙者を被遣【候て*25】懸26〔掛〕御目
【候27】。其後、越中守殿被仰候ハ、酒井空印公へ拙者事、具ニ御物語被成【被28】置候間、左様ニ心得候様ニ被仰候。
其節、空印公御事、【 】29上意ニ而祖心下屋敷へ振30〔廻〕舞被申候時分、拙者義31〔儀〕被召出、御念比之上【ニ*32】、越中守殿、
拙者噂具【ニ33】被仰候由、御挨拶被成候。久世和州公、34〔改行〕上意ニ而祖心御振35〔廻〕舞被成、道春被召寄、老子経之講釈
御座候時分、和州公被仰下、拙者も右之末座江被召出候。祖心後ニ被申候ハ、此段皆*36〔改行〕上意ニ候間、難有可
奉存【候37】由被申聞候。卯《ノ38》年二月、御近習番頭駒井右京殿御事、阿*39〔部〕倍伊勢守殿其比【は*40】式部と《被*41》申【候而*42】、
御小性43〔姓〕被仕候。を御頼被成、拙者弟子ニ御成、兵学御聞被成度由被仰候間、幸御近習44〔所〕に北条安房守殿居被申候間、
是へ御相伝可然由、達而御断申上候へ共、思召入有之【候*45】由被仰候間、任御意候而参候所*46〔処〕、急度被成候御馳走
ニ而兵書御聞、早〻御登【 】47城【候48】。御両所之御咄【共*49】ハ、拙者不承候。脇ニ而承候へは、右右京殿被召寄
*50〔候〕〔事〕之儀【ハ*51*52】、【 】53上意ニ而御座54〔坐〕候【つる55】由承《り56》候。此段、□*57〔具〕ニ祖心【へ58】物語仕候へは、大方【 *59】
上意ニ而可有之【候60】間、弥以諸事慎、家中など*61〔抔〕へ奉公【ニ*62】ハ、不入儀ニ可存候由御申候。其夏*63〔改行〕薨御被
為成候。松平越中守殿、其年64〔十二〕極月御逝去候。

	①	②	③	④	⑤	⑥	⑦	⑧	⑨	⑩	⑪	⑫	⑬	⑭	⑮	⑯	⑰
*1	①		③	④	⑤	⑥		⑧		⑩	⑪	⑫	⑬	⑭	⑮	⑯	⑰
2						⑥					⑪	⑫					
3				④		⑥					⑪			⑭			
4				④		⑥					⑪			⑭			
*5			③	④		⑥	⑦	⑧			⑪	⑫					⑰
*6		②	③		⑤		⑦	⑧		⑩						⑯	⑰

（①④⑫⑬⑭⑮「次而」⑥「次テ」⑪「次ニ」）

7　⑦　⑪⑫　⑯

8　⑦　⑫　⑭⑮

＊9　③　⑥　⑨⑩⑪⑫　⑮　⑰

（①⑬⑭⑯改行　⑤⑦⑧「【　】」　②④「【　】」）

＊10　②③　⑧⑨⑩⑪⑫　⑮⑯⑰

（①④⑤⑦⑬⑭改行　⑥「【　】」）

＊11　①②③④⑤⑥⑦⑧　⑩⑪⑫⑬⑭⑮⑯⑰

12　③④　⑥　⑪⑫　⑭

（①⑦⑧⑩⑬「被」　②「に↓被」　⑤「成↓召出」）

13　①　⑦　⑪　⑬　⑰

14　①　⑤　⑬　⑮　⑰

＊15　①②③④⑤⑥⑦⑧　⑩⑪⑫⑬⑭⑮⑯⑰

16　④　⑥　⑪⑫　⑭

＊17　③④⑤⑥⑦　⑨　⑪⑫　⑭　⑯⑰

18　④　⑪⑫　⑰

（⑤⑦⑭⑯改行　⑥「《　》」）

19　③　⑤⑥　⑪

20　⑥⑦⑪⑫⑭⑮
（②「ハ」④「ハ□」⑤「ハゞ」）
*21　①③④⑤⑥⑧⑩⑪⑭⑮⑯⑰
（③⑫「半↓由候」⑥⑪「【半】」⑤「半↓由ニ御坐候」⑭「半↓由ニ候」）
22　③④⑤⑫⑭
23　④⑤⑫⑮
（⑥「【懸】」）
*24　①④⑤⑥⑦⑧⑪⑬⑭⑯⑰
*25　①②③④⑤⑥⑦⑧⑨⑩⑪⑫⑬⑭⑮⑯⑰
（⑨「候て↓之【て】」）
26　①②⑤⑬
27　②⑦⑪⑭
28　④⑤⑥⑦⑪⑫⑮
29　②④⑦⑩⑫⑮⑰
（⑤⑥⑨⑪⑭⑯改行　③「　《　》」）
30　①⑥⑪⑬
31　①⑤⑧⑨⑬⑯⑰
（②④⑥⑪⑫⑭「も」①⑬「義被↓儀御」⑦⑮「【義】」）

＊32　①②③④⑤⑥⑦⑧⑩⑪⑫⑬⑭⑮⑯⑰
33　①②⑦⑩⑪⑬
（⑦「具二↓日〻」）
34　②⑩⑪⑭⑯⑰
（①⑤⑬「《　》」③⑧「《》」⑥⑦「【　】」）
35　①③⑥⑪⑬
＊36　①②⑨⑪⑬⑭⑮⑯
（④⑤⑧⑩⑫⑰「【　】」③⑥⑦「【　】」）
37　①⑤⑬⑭⑮
38　②⑦⑧⑩⑮⑯⑰
（④⑭「之」⑫「三」）
＊39　①②③④⑤⑥⑦⑧⑩⑪⑫⑬⑭⑮⑯⑰
＊40　①⑥⑧⑩⑪⑫⑬⑭⑯⑰
＊41　①②④⑧⑫⑬⑭⑯⑰
（⑩「□」）
＊42　①②④⑥⑦⑧⑩⑪⑫⑬⑭⑮⑯⑰
43　②⑫⑰
（③⑤割注欠落）

44　②③⑤⑥⑪⑮

＊45　①②③④⑤⑦⑧⑨⑩⑫⑬⑭⑮⑰

＊46　①②③⑤⑥⑦⑪⑬⑭⑮
（⑭「《之》処」）

47　②⑦⑧⑫⑮
（①⑬「《　》」⑨⑪改行）

48　⑦⑧⑪⑯⑰
（⑤⑭「《被成》候」③「被成」）

＊49　①②③④⑤⑥⑦⑧⑩⑪⑫⑬⑭⑮⑯⑰
（⑨「【共ハ、拙】」）

＊50　①②④⑤⑥⑩⑪⑫⑬⑭⑮
（③⑧⑯⑰「【之】」）

＊51　①②③④⑤⑥⑦⑧⑩⑪⑫⑬⑭⑮⑯⑰

＊52　①②③④⑤⑥⑦⑧⑩⑪⑫⑬⑭⑮⑯⑰

53　④⑥⑨⑪⑫⑮⑰
（②③⑤⑧⑭⑯改行）

54　④⑦⑪⑫⑯

55　③⑤⑥⑦⑪⑮

（①④⑬「へる」②「ツル」⑯「つと」）

56　②⑥⑦⑪

＊57　①③④⑤⑥⑧⑨⑩⑪⑫⑬⑭⑮⑯⑰

（②「日ゝ」⑦「【□】」）

58　③⑤⑥⑪

（⑰「江」）

＊59　②④⑨⑪⑫⑮⑯⑰

（①③⑤⑬⑭改行　⑥⑦⑧⑩「【　】」）

60　①⑧⑨⑩⑮⑯⑰

＊61　①③④⑤⑥⑪⑫⑬⑭

＊62　①②③④⑤⑦⑧⑩⑫⑬⑭⑮⑯⑰

＊63　①②④⑤⑦⑩⑬⑭

（③⑧⑪⑫⑰「【　】」⑨⑮「【　】」⑯「　【　】」）

64　③⑤⑥⑪

⒄

【一、】[＊1]翌辰年、浅野内匠頭、拙者江直ニ約束被仕候而、色ゝ念比之上、知行千石被宛行候。拙者儀[3]〔義〕、相応之奉公被
[＊2]〔不改行〕申付候様【ニ】[4]、達而願申候へ共、いかゝ[5]〔如何〕被存候哉、番并使者《等》[＊6]、一度も不《被》[＊7]申付候。定而拙者、不調法
【者】[8]故ニ而可有之候。稽古日を定置、我等罷出候時分は、馳走被仕候而、浪人分ニ被仕候。[9]〔改行〕巳年、播州赤穂へ罷

上候時分、於大坂、曽我丹波守殿、拙者兵学之弟子ニ【而】[*10]御座[11]〔坐〕候故、別而御念比ニ被成、御馳走被遊[12]〔成〕、二三日滞留仕候。其時分、板倉内膳殿御加番故、丹波《守》[*13]殿【へ】[14]被仰合候而、九月廿一日、丹波守殿ニ而、内膳殿へ終日得御意候。翌年五月、罷下《り》[*15]候時分、内匠頭急度振[16]〔廻〕舞被申候而、道具給之候。[17]〔改行〕内匠頭所[18]〔処〕ニ九年有之、存寄候[*19]〔之〕子細御座候而、書付を上、[*20]〔子年〕□□、大嶋雲八殿奉頼、知行断申候而上候。其時分も加増[*21]〔迄〕□可被申付候由、御留候得共、加増・利禄[*22]〔録〕之望ニ而、知行断申【候】[*23]ニ而無御座候由、達而断申候而、知行返納候。大嶋[24]〔島〕雲八殿、具ニ御存被成候。

*1	①		③	④	⑤	⑥		⑧		⑩	⑪	⑫	⑬	⑭	⑮	⑯	⑰
*2	①		③	④	⑤	⑥					⑪	⑫	⑬	⑭		⑯	⑰
3			③	④		⑥	⑦				⑪	⑫			⑮		
4					⑤		⑦	⑧								⑯	⑰
5	①		③		⑤	⑥	⑦				⑪		⑬				
*6	①	②	③	④	⑤	⑥	⑦	⑧		⑩	⑪	⑫	⑬	⑭	⑮	⑯	⑰
	（⑯⑰「等へ」）																
*7	①	②	③		⑤	⑥	⑦	⑧		⑩	⑪	⑫	⑬	⑭	⑮	⑯	⑰
8			③		⑤	⑥					⑪					⑯	
9						⑥					⑪						
*10	①	②	③	④	⑤	⑥	⑦	⑧		⑩	⑪	⑫	⑬	⑭	⑮	⑯	⑰
11				④			⑦				⑪	⑫				⑯	

12　④⑥⑪⑫⑭⑮
（⑥⑪「被遊↓ニ相成」③「被遊↓候」⑤「被遊↓御坐候而」⑦「【被遊】」⑭「遊↓成候」）

＊13　①②③⑤⑥⑦⑪⑫⑬⑭

14　①④⑦⑫⑬

＊15　①④⑤⑥⑦⑪⑫⑬

16　①⑤⑥⑪⑬⑭

17　⑥⑪

18　②③④⑧⑩⑯⑰
（⑥⑪「方」⑮「頭所ニ↓殿へ」）

＊19　①④⑥⑪⑫⑭⑯⑰
（②⑦「【候】」）

＊20　③④⑤⑥⑦⑪⑫⑭⑯⑰
（①②⑧⑩⑬「子歳」⑨「乃年」⑮「子ノ年」）

＊21　①②③④⑥⑧⑨⑩⑪⑫⑬⑭⑮⑯⑰
（⑤⑦「【□】」）

＊22　①③⑤⑥⑧⑬⑭⑯

＊23　①⑥⑧⑪⑬⑭⑮⑯⑰

24　②⑦⑪⑭

(18)

【一、】[*1]知行断申候而、以[3〔已〕]後間御座候而、浅野因州公・本多備前《守》[4]殿なと、[5〔抔〕]私宅へ御出被成候時分、因州公被仰[2〔不改行〕]候ハ、其方儀[6〔義〕]、以来は一万石ニ而無之候は、[7〔ハ、〕]何方へも奉公仕間敷候由兼而申候。一段尤ニ被思召候。古来戦国にハ、[*8〔倍〕]陪臣ニ高知行取【申】[9]候者数多候。木村常陸介[10〔助〕]五万石之時、木村惣左衛門五千石、長谷川藤五郎八万石之時、嶋[11〔島〕]弥左衛門八千石取候。丹羽五郎左衛門十二万《石》[*12]ニ而、江口三郎《右》[*13]衛門・坂井与右衛門一万[14〔壱〕]石宛取候。か[*15〔ケ〕]様之事不珍候。結城中納言殿、越前拝領《被成》[*16]之[*17〔候〕]時分被仰候は、御国を拝領被成候而、以前ニ替[*18〔かわり〕]、別而御満足【成事】[19]ハ無之【候】[*20]。難有被思召候事、二か[*21〔ケ〕]条有之。其第一は、年来分限広候ハ、[22〔は〕]、被召置度被思召候、久世但馬、今度二[23〔弐〕]万石被下被召出候。此段、大名ニ被仰付候故、願相叶申候由被仰候段、石谷土入物語候。扨近代我等存候而も、寺沢志摩守殿へ、天□[*24〔野〕]源右衛門を八千石ニ而被《召》[25]抱【之】[26]候。【御一所】[27]松平越中守殿へ、□[*28〔吉〕]村又右衛門を一万石ニ而被抱【之】[29]候。此者共、名高場所一両度有之《候》[*30]者《ニ》[*31]候。渡辺[32〔部〕]睡庵事、藤堂泉州《公》[33]令浪人、五万石ニ而無之【候】[*34]ハ【、】[*35]、主取仕間敷【候】[36]由申候。其身覚書ニも、其段記置【之】[*37]候。此両三者【ハ[*38]又】[39]、右両人ゟ度〻武功場数も有之、殊【ニ】[40]一騎寄之役儀[*41〔前〕][42〔義〕]ゟ、大勢之指引[*43〔差〕]を心懸候者《ニ》[*44]候。此両三輩、皆我等存候。然に其方事、戦国に生《れ》[*45]候ハ、、武功之段ハ、右之者共ニおとり申間敷候。此段ハ力わさ[46〔業〕]に不成事ニ候。第一博学多才、[*47〔只〕]唯今、弘文院をさし[*48〔差〕]置、世上に有之間敷候。又聖学之筋目、発明仕候事、異朝ニさへ無之候間、古今《ニ》[49]其方一人ニ候。我等事、十二歳ゟ兵学を稽古《仕》[50]候而、畠山殿弟子ニ御成[51〔相〕]、其流をきわめ[52〔極〕]、上泉流を習、上泉治部左衛門【ニ】[*53]相伝をきわめ【候】[*54]。其後、尾畑勘兵衛殿弟子ニ御成、印可迄【御[55]取候。北条安房守殿【ハ】[56]、尚[57〔猶〕]以心易[*58〔安〕]、昼夜被仰談候。然ニ其方影故、兵学之筋目、初而能得心、難有【仕合[*59]被思召候故、其方へ別ニ誓詞[60〔紙〕]《を》[61]遣置候。然は[62〔共〕]兵法之儀[*63〔義〕]《は》[*64]、無双之様ニ被存候。□□[*65〔如此〕]上は、五万石望候共、

似合不申候様ニハ、我等ハ不存候。其上、一万石ニ而奉公不仕候而ハ、主用ニ立不申候段申【候】[*66]。寔[*67]〔誠〕《ニ》[68]当時相応成望、尤之至《ニ》[69]候。我等儀[*70]〔事〕、分限無之候故、別而残念被思召候。其上一類[*71]〔方〕《之》[*72]内、一[73]〔壱〕人ニ而も、二人ニ而も、被召出候事、御願[*74]〔頼〕被成候間、左様ニ同心可仕候由被仰候。私申上候は、忝御意奉存候【と】[75]斗申[76]〔に〕【上】[*77]【候】[78]而[79]〔て〕、指[*80]〔差〕置候得共、本多備前《守》[81]殿ヘ度々被仰候間、達而[82]〔壱〕一人遣候様【ニ】[*83]御取持候間、岡八郎左衛門十六歳之時、因州公ヘ被召出、過分ニ知行被下、《今以》[*84]近習ニ【今以】[*85]被召遣[86]〔仕〕候【而】[*87]、御念比[*88]〔成〕之義[89]〔儀〕共《ニ》[*90]候。其節、磯部彦右衛門を御使《者》[*91]ニ被下、八郎左衛門被召出、御満足被遊候由、却而御礼被仰下候。此段、因州公ハ不及申《候》[92]、松浦肥州公・本多備前【守】[*93]殿、【各】[*94]御覚[*95]〔可被〕相成候。

*1　①③④⑤⑥⑧⑨⑩⑪⑫⑬⑭⑮⑯⑰
（⑨「【一、知行断申候而、】」）
2　③④⑤⑪⑫
3　①③⑥⑪⑬
4　③④⑤⑥⑪⑫⑭
5　①③⑥⑦⑪⑬
6　④⑥⑦⑪⑫
7　③④⑥⑪⑫⑭⑮
（②⑦「ハ」⑤「ハゞ」）
*8　①②③④⑫⑬⑮⑯⑰
9　④⑥⑦⑪⑫⑭⑮

10　①③⑦⑫⑬

11　②⑦⑪⑭

＊12　①②③④⑤⑥⑦⑧⑩⑪⑫⑬⑭⑮⑯⑰

（③「十二万石→拾貳石」）

＊13　①②③⑤⑥⑦⑧⑩⑬⑭⑮⑯⑰

（④⑪⑫「左」）

14　③⑤⑧⑯⑰

（⑮「【二】」）

＊15　③④⑤⑥⑦⑪⑫⑭⑯

（②⑩「加」）

＊16　①②④⑥⑦⑧⑩⑫⑬⑭⑮⑯⑰

＊17　①②④⑥⑦⑧⑩⑫⑬⑭⑮⑯⑰

（③「御」）

＊18　①⑦⑧⑩⑬⑭⑯⑰

（④⑥⑪⑮「替り」　②⑤⑦「カハリ」　③⑫「かはり」）

19　④⑥⑪⑫⑭

（⑤⑦「成事→なる事」　⑤⑦「成事→被成事」　⑪「【成事ハ無之候】」　⑮「成事→成候事」）

＊20　①②③④⑤⑥⑦⑧⑩⑪⑫⑬⑭⑮⑯⑰

＊21　①②③④⑤⑥⑦⑧⑨⑩⑪⑫⑬⑭⑮⑯⑰
22　①④⑩⑬⑮
（②③⑦⑫「者」　⑤「者共」）
23　③⑤⑥⑪
＊24　①②③④⑤⑥⑦⑧⑨⑩⑪⑫⑬⑭⑮⑯⑰
25　⑥⑧⑪⑭⑯⑰
26　③⑤⑥⑦⑪⑮
27　⑤⑥⑪⑮
（③「《また》御一所」）
＊28　①②③④⑤⑥⑦⑧⑨⑩⑪⑫⑬⑭⑮⑯⑰
29　③⑤⑥⑦⑩⑪⑮
＊30　③④⑤⑥⑧⑩⑪⑫⑭⑮⑯⑰
＊31　②③④⑤⑦⑩⑫⑭⑮
（①⑬「に」　⑯⑰「者候→もの二而」　⑥「者候→者二而」　⑪「者候→候者」）
32　⑦⑧⑬⑮
（⑩「□」　⑯「世」）
33　③④⑤⑥⑪⑫⑭
（⑥「公江」　⑪「ゟ」）

*34　①②③④⑥⑦⑧⑩⑪⑫⑭⑮⑯⑰

（⑮⑰「候ハ、↓ハ」　①「候ハ、↓者」　⑬「候ハ、↓候者」　⑭「候ハ、↓は」）

*35　①②③④⑥⑦⑧⑩⑪⑫⑬⑭⑮⑯⑰

36　①③⑤⑬⑭

*37　③④⑤⑥⑦⑪⑫⑭⑮⑯⑰

（⑧「之【候】」）

*38　②③④⑤⑥⑪⑫⑭

39　①③⑤⑦⑬

40　⑥⑧⑪⑯⑰

*41　①②③④⑤⑥⑦⑩⑪⑫⑬⑮

（⑧⑰「別」　⑭「まへ」　⑯「列」）

42　①③⑥⑦⑪⑬⑭

*43　①④⑤⑥⑪⑫⑬⑭⑯⑰

*44　①②③④⑤⑥⑧⑩⑪⑫⑭⑯⑰

（⑦「【者候。此両三輩、皆我等存候。】」　⑨「者【候】」）

*45　④⑥⑦⑩⑪⑫⑭⑮

（②「レ」）

46　①③⑤⑥⑪⑬⑭

（⑦「ハさ」）

＊47　①②③④⑥⑦⑧⑩⑪⑫⑬⑭⑮⑰

＊48　①③④⑤⑥⑪⑬⑭

49　②⑥⑦⑧⑩⑪⑮

（①⑬⑭⑯⑰「に」）

50　④⑥⑪⑫⑭

51　⑤⑥⑪⑯⑰

（②⑦⑮「【御】」）

52　③⑤⑥⑦⑪

（⑭「きわめ→極候」）

＊53　①②③④⑤⑥⑦⑧⑩⑪⑫⑬⑭⑮⑯⑰

（②⑦「【ニ相伝】」）

＊54　①③④⑤⑥⑦⑪⑫⑬⑭⑯⑰

55　⑤⑥⑦⑪⑮

56　③⑤⑥⑨⑪

57　③④⑤⑥⑪⑫⑭

＊58　①④⑧⑩⑬⑭⑮⑯⑰

（⑥⑪「やすく」　④「安く」　⑫「安ク」）

＊59　①②③④⑤⑥⑦⑧⑩⑪⑫⑬⑭⑯⑰
（⑥⑪「【仕合被】」⑮「有難仕合→此段」）
60　④⑥⑦⑪⑫
（⑯「図」）
61　④⑫⑭
（⑥⑪「ヲ」）
62　④⑪⑫⑭
＊63　④⑥⑦⑧⑩⑪⑫⑭⑯⑰
＊64　①⑧⑩⑫⑬⑭⑯⑰
（②⑥⑦⑪⑮「ハ」④「者」）
＊65　①②⑥⑦⑧⑨⑩⑪⑬⑭⑮⑯⑰
（③⑤「【□□】」④⑫「如斯」）
＊66　①④⑥⑧⑫⑬⑭⑰
＊67　①④⑥⑧⑩⑪⑫⑬⑭⑮⑯⑰
68　⑥⑧⑪⑫⑯⑰
（⑭「に」）
69　⑥⑪⑫⑭⑮⑰
＊70　①②④⑥⑦⑧⑩⑪⑫⑬⑭⑮⑯⑰

*71 ①②④⑥⑦⑧⑩⑪⑫⑬⑭⑮⑯⑰
*72 ①②④⑥⑦⑧⑪⑫⑬⑭⑮⑯⑰
（⑩「□」）
73 ④⑥⑪⑭
*74 ①④⑥⑦⑨⑩⑪⑫⑬⑭⑮
75 ④⑧⑯⑰
（②「ト」⑥「ﾄ」）
76 ①④⑥⑬⑭
（⑧⑰「ﾆ」⑫「二」⑯「之」）
*77 ①②④⑥⑦⑧⑩⑪⑫⑬⑭⑮⑯⑰
78 ④⑥⑧⑫
79 ①④⑥⑫⑬⑭
（②「テ」⑰「とて」）
*80 ①④⑥⑧⑪⑫⑬⑭⑯⑰
81 ①⑥⑪⑫⑬⑭
82 ⑥⑦⑪⑭
*83 ①⑥⑧⑪⑬⑮⑯⑰
*84 ①②④⑥⑦⑧⑩⑪⑫⑬⑭⑮⑯⑰

＊85　①② ④ ⑥⑦⑧ ⑩⑪⑫⑬⑭⑮⑯⑰
（①②④⑧⑬⑯「【ニ今以】」）
86　① ⑥ ⑪ ⑬⑭
＊87　①② ④ ⑥⑦⑧ ⑩⑪⑫⑬⑭⑮⑯⑰
（②「候而↓之」⑮【候而】」）
＊88　①② ④ ⑥ ⑧ ⑩⑪⑫⑬⑭⑮⑯⑰
（⑦「なる」⑫「成ル」）
89　① ④ ⑬ ⑮ ⑰
＊90　⑥ ⑧ ⑪⑫ ⑭⑮⑯⑰
（④「に」⑯「ニ而」）
＊91　① ④ ⑦⑧ ⑫⑬⑭⑮⑯⑰
（②⑪「ニ↓者」⑥「ニ↓は」⑩「□」⑯「【ニ】」）
92　① ③④ ⑥ ⑩ ⑬⑭
＊93　①② ④ ⑥⑦⑧ ⑩ ⑫⑬ ⑮⑯
＊94　①② ④⑤⑥⑦⑧ ⑩ ⑫⑬⑭⑮⑯⑰
＊95　①②③④⑤⑥⑦ ⑩ ⑫⑬⑭⑮⑯⑰
（⑧「相↓可」）

(19)

【一、】[*1][2〔不改行〕]松浦肥州公御事ハ、以前ゟ御家中へ、弟三郎右[3〔左〕]衛門被召置【候而】[*4]、段〻御取立被下、御厚志不浅、毎度御大恩を請申候。拙者【】[*5]心底被為成御存候御事ハ、因州公ゟ猶[6〔尚〕]以厚被成御座候。松浦公・浅野公・本多備前守殿など[7〔抔〕]、御一座之時分、御分限被成御座□□□[*8〔候〕〔ハ〕〔、〕]、[*9]拙者【ニ】[10]一万石・二万石被下候事、何ゟ安[11〔やす〕]《き》[*12]儀[13〔義〕]【ニ】[*14]候由、《度〻》[*15]被仰出候故、拙者中上候ハ、御両公様、右之通被為思召候得は、拙者儀、寔[16〔誠〕]【ニ】[*17]冥加ニ相叶候と奉存候。拙者御存不被成候御方ニ[*18〔〻〕]は、定而無途方たわけ者ニ候。各様御崇敬被為成候を誠[19〔まこと〕]と存、【如此】[20]高ふりたる事【を】[*21]申候と可有之候。然所[*22〔処〕]、因州公御事ハ、御老年と申、御学問之義[23〔儀〕]、唯[24〔只〕]今之御大名ニハ無之候。其上、紀伊守殿・但馬【守】[*25]殿御家ニ、諸家之名高者、大勢被召抱【候而】[*26]、高知之者共罷有[*27〔在〕]【候】[28]。《如》[*29]此者共之咄被為聞【之候】[*30][*31]。殊更兵学之義[32〔儀〕]、兼而被仰聞候通候間、拙者体、御噂・批判可仕【候】[33]様無之候。松浦公御事ハ、因州公ゟ少〻御年下ニ被成御座[34〔坐〕]候。御自分之御文学は無御座[35〔坐〕]候へ共、昼夜書物等被聞召、文武之諸芸、儒仏之御勤、御怠不被成、其上、当代之古老衆、毎度【被成】[36]《御》[37]招請《被成》[38]、【】[*39]御当家・上方衆《之》[*40]、近代之物語、大方【御存】[*41]被成《御存》[*42]候。近年御家中へ、諸歴〻高知ニ而被指[*43〔差〕]置、尤能者共、御使立被成【候】[44]。依【之】[*45]、中根宗閑・石谷土入、常〻被申候は、御家中之作法、人之[*46〔〻〕]御遣立被成《候》[47]様、若年ニハ珍敷武将ニ而可有之由、度〻被申候を、石谷市右衛門殿、并拙者体承《り》[48]候事ニ候。然は、此御両公様御事ハ、御自身之勤ゟはしめ[49〔初〕]、御家中・御領内迄之《御》[*50]作法・御仕置、無残所候様【ニ】[51]、乍恐奉存候。然ニ一両度は、時之御挨拶[52〔分〕]共[53〔と〕]奉存候。度〻被仰聞候事ニ御座候得は、拙者存念は立候而安堵[54〔案〕]仕候。拙者事、御存被成候御方〻様は、御分限不被成御座候。御存不被成[*55〔無之〕]【候】[*56]御方は、無途方者ニ可被思召候間、拙者儀[*57〔事〕]は、当分[*58〔長〕]永浪人と覚悟仕候故、諸事ひつそく[*59〔逼塞〕]仕、罷[*60〔在〕]有候所存ニ御座候由、其節中上候。

＊1　①　③④⑤⑥　⑧　⑩⑪⑫⑬⑭⑮⑯⑰

2　④⑤⑥⑪⑫⑭⑮
3　④⑥⑪⑫⑭
＊4　①②③④⑤⑦⑧⑩⑫⑬⑭⑮⑯⑰
（⑥⑪「候【而】」）
＊5　①②③④⑤⑥⑦⑧⑨⑩⑪⑫⑬⑭⑮⑯⑰
6　③④⑤⑫
7　①③⑥⑪⑬
＊8　①②③④⑤⑥⑦⑧⑨⑩⑪⑫⑬⑭⑮⑯⑰
＊9　⑥⑦⑧⑨⑪⑫⑯⑰
（①③⑤⑩⑬⑭「は」　②⑮「ハ」　④「間」）
10　④⑥⑪⑫
11　①⑦⑧⑩⑬⑯⑰
（②「ヤス」　⑤「易」）
＊12　①⑤⑦⑧⑩⑬⑭⑯⑰
（③④⑪⑮「ｷ」　②⑥「キ」）
13　③④⑤⑥⑪⑫⑭
＊14　①②③④⑤⑩⑬⑭⑮
＊15　①②③④⑤⑥⑦⑧⑪⑫⑬⑭⑮⑯⑰

（⑩「度□」）

16 ①④⑫⑬⑭⑮

*17 ②③④⑥⑧⑩⑮⑯⑰

*18 ①④⑦⑧⑩⑬⑮⑯⑰

（⑤⑥⑪「【ミ】」）

19 ⑧⑩⑬⑯⑰

（③⑤⑥⑪「寔」⑮「実」）

20 ③⑤⑧⑯⑰

（①⑬「如此→如斯」⑥⑪「如此→如是」）

*21 ①②③④⑤⑥⑦⑧⑩⑪⑬⑭⑮⑯⑰

（④「【を申】」）

*22 ①④⑤⑥⑩⑪⑬⑭⑮⑯

23 ①⑤⑨⑬

（⑯⑰「分」④「処」）

24 ①④⑤⑫⑬⑭⑮

（②「昨」）

*25 ①③④⑧⑩⑫⑬⑭⑯⑰

*26 ①②③④⑤⑥⑦⑧⑩⑪⑫⑬⑭⑮⑯⑰

＊27　①②③④⑤⑫⑬⑭⑯

（⑥⑪「出」）

28　⑤⑨

（②「候《テ》」⑦「候《て》」⑩「候《而》」）

＊29　①③④⑥⑧⑪⑫⑬⑭⑯⑰

（③④⑫「此→如斯」）

＊30　①②③④⑤⑥⑦⑧⑩⑪⑫⑬⑭⑮⑯⑰

＊31　④⑤⑥⑧⑪⑫⑯⑰

32　①⑨⑬⑮⑯

33　③⑤⑥⑪⑮

34　④⑪⑫⑯

35　④⑤⑪⑫⑯

（⑭「御座→之」）

36　④⑤⑥⑪⑫⑭

37　③④⑤⑥⑪⑫⑭

38　④⑤⑥⑪⑫⑭⑮

＊39　①②③④⑤⑥⑧⑩⑪⑫⑬⑭⑮⑯⑰

（⑦改行）

＊40　①②③④⑤⑥⑦⑧⑩⑪⑫⑬⑭⑮⑯⑰

＊41　②③④⑥⑦⑩⑪⑫

＊42　②③④⑥⑦⑩⑪⑫

＊43　①④⑤⑥⑦⑧⑪⑬⑭⑯⑰

44　②④⑦⑫⑯

＊45　①③④⑧⑩⑬⑯⑰

（⑤⑥⑪「依之→依而」⑫⑭「依之→依て」⑯⑰「依之→よつて」）

＊46　①③④⑤⑥⑦⑧⑩⑪⑫⑭⑯⑰

47　⑥⑦⑪⑯⑰

（③「様→候」）

48　⑥⑦⑪⑭

（⑤「体承→承及」）

49　④⑥⑪⑫

（②「ハジメ」⑮「始」）

＊50　①④⑥⑧⑩⑪⑫⑬⑭⑮⑯⑰

51　①②④⑥⑬⑭

52　④⑥⑪⑫

（⑥⑪「時之→自分」）

53　④　⑧　⑯⑰
（①⑬「共」　⑥⑪「ト」　⑫「候」　⑭「かと」）
54　②　④　⑥　⑩⑪⑫　⑮
＊55　①②　④　⑥　⑧　⑩⑪⑫⑬　⑮
（⑦⑰「不被成→知無之」　⑯「不被成→知坐之」）
＊56　①②　④　⑥⑦⑧　⑩⑪⑫⑬⑭⑮⑯⑰
＊57　①②③④⑤⑥⑦⑧　⑪⑫⑬⑭⑮⑯⑰
（⑩「義」）
＊58　①②③④⑤　⑦⑧　⑩　⑫⑬⑭⑮⑯⑰
（⑥「永《く》」　⑪「永《之》」）
＊59　①②③④　⑥⑦⑧　⑩⑪⑫⑬⑭⑮⑯⑰
（⑤「否塞」　⑨「ひつ【そ】く」）
＊60　①②③④⑤⑥⑦　⑪⑫⑬⑭　⑯

⑳

【一、】[＊1]山口出雲守殿、御出候而[＊3〔御申〕]被仰候ハ、津軽十郎左衛門殿御申候ハ、津軽越中守殿、御知行高は少《く》[4]御座[2〔不改行〕]候得共、土地広、新田多候間、知行之事は、其方望ニ御任可有之候。越中守殿、初而御入部[＊5〔候〕]之間、拙者【ニ】[＊6]付申候而、参候様【ニ】[7]御願[8〔頼〕]候と被仰聞候。拙者申候ハ、先以忝奉存候。乍去越州公、別而被懸[9〔掛〕]御目候へ共、いまた[10〔未〕]御若年【ニ】[11]被成御座候。尤十郎左衛門殿、出雲守殿被仰候御事ニ御座[12〔坐〕]候へ共、家中【之】[＊13]衆、又ハ他所衆承候而、

御若年之御方様へ、いか[14]〔如何〕様ニ申なし候而、如[*15]〔此〕斯儀[*16]〔義〕御座[*17]〔坐〕候なと、、以来[*18]〔迄御〕□沙汰御座[19]〔坐〕候へは、迷惑仕候間、御免被成【被】[20]下候様【ニ】[*21]御断申上候。其[22]〔已〕以後津軽十郎左衛門殿、死去之時分、遺書ニも、拙者得御意候様【ニ】[23]御申置候故、其段御志[24]〔底志〕忝奉存《候》[*25]、越中公へ弥御懇意忝奉存候而得御意候。

	①	②	③	④	⑤	⑥	⑦	⑧	⑨	⑩	⑪	⑫	⑬	⑭	⑮	⑯	⑰
*1	①		③	④	⑤	⑥		⑧		⑩	⑪	⑫	⑬	⑭	⑮	⑯	⑰
2				④	⑤	⑥					⑪	⑫		⑭	⑮		
*3	①		③	④		⑥		⑧		⑩	⑪	⑫	⑬		⑮	⑯	⑰
	(②「御申上」　⑤「被申」　⑦「【候而】申」　⑭「御中」)																
4			③		⑤							⑫		⑭			
	(④⑮「ク」　⑥⑪「ミ」)																
*5	①	②	③	④	⑤	⑥	⑦	⑧		⑩	⑪	⑫	⑬	⑭	⑮		⑰
	(⑥⑪「御座候間」　⑤「ニ候」)																
*6	①	②		④	⑤	⑥	⑦	⑧		⑩	⑪	⑫	⑬		⑮	⑯	⑰
7					⑤	⑥	⑦				⑪				⑮		
8			③		⑤	⑥					⑪	⑫		⑭	⑮		
9	①	②					⑦	⑧				⑫	⑬		⑮		
	(⑩「□」)																
10			③	④	⑤	⑥					⑪			⑭	⑮		
	(②「イマタ」　⑫「未た」)																

11	③⑤⑧⑭⑯⑰
12	④⑦⑪⑫⑮⑯
＊13	①③④⑤⑥⑦⑧⑪⑫⑬⑭⑮⑯⑰
14	⑤⑥⑦⑪⑮
＊15	①②③④⑤⑥⑦⑧⑪⑫⑬⑮⑯⑰
	（⑩「□」⑭「是」）
＊16	②③④⑥⑦⑧⑪⑫
	（⑯⑰「も」⑤「には」⑨「後」⑩「□」）
＊17	①④⑦⑪⑫⑬⑮⑯
＊18	①②③④⑦⑧⑩⑫⑬⑭⑮⑯⑰
	（⑥⑪「まて」⑤「まで御」⑨「【　】御」）
19	④⑦⑪⑯
20	③⑤⑥⑪
＊21	①⑤⑥⑪⑬⑮⑯⑰
22	③④⑥⑪
	（⑤⑨⑮「【以】」）
23	⑤⑥⑪⑮
24	①④⑫⑬⑭

（③⑤⑥⑪「底意」　⑮「志忝」）

＊25　①②③④　⑥⑦　⑪⑫⑬⑭⑮⑯

（⑤「候て」　⑦「候而」）

⑵①

【一、】[＊1][2〔不改行〕]村上宗古老、我等別而申談候事、各存【知】[3]候通候[4〔之通ニ〕]。拙者方ヘ御出候時分被仰候ハ、我等事、わかき時分[＊5〔御申〕]ゟ物之師を取、誓詞仕候事無之【候】[6]。殊更武芸など[＊7〔抔〕]ハ、人ニさして習候者ニ《て》[＊8]無之候。世上【に】[9]軍法者多候得共、師【を】[10]仕候者、我等所ヘ参候而、軍法咄仕候ヘ共、我等尤と存候者無之候。此段ハ、渡辺睡庵と昼夜《心易》[＊11]咄候而、古来【ゟ之】[＊12][13]軍法・弓矢咄、毎度聞候故と存候。然に近年、其方ニ逢候而、軍法・兵学之咄、評判・詮議[14〔義〕]を仕候【ニ】[15]、毎度驚耳候。睡庵事ハ、渡奉公人に近代稀[＊16〔珍敷〕]成武士と存候。然共、軍学[＊17〔法〕]・兵法之議論被仕候ハ、[18〔は〕]、其方前ニ而、睡庵口の明可申【候】[＊19]様【ニ】[20]ハ不【被】[＊21]存候。就其[＊22〔夫〕]、当年五十三歳、[＊23〔之〕]老学恥入候得共、今日初而誓詞仕、其方、兵学之弟子ニ成申度[＊24〔之〕]候由御申候故、私申候ハ、私事、左様ニ被思召被下候事、別而忝奉存候。古戦物語・武功共[＊25〔は〕]、度〻御咄承候而、拙者儀[26〔義〕]不浅[＊27〔大慶仕〕]忝候。何事ニ而も、御相伝など[28〔抔〕]、有之儀[＊29〔義〕]ハ、不存寄候由申候ヘ共、達而御望【候】[＊30]故、任其意、宗古老御誓詞候。其時分、林九郎右衛門事、弥三郎と申候而、宗古念比ニ而居被申候故、能可被存候。

＊1　①　③④⑤⑥　⑧　⑩⑪⑫⑬⑭⑮⑯⑰

2　①　③　⑥　⑪　⑬⑭

3　④⑤⑥　⑪⑫　⑭

4　②　⑮　⑰

（①⑬「に候て一に」⑥⑪「たる義ニ」⑫⑭「たる一ニ」③「たるへく」④「たる可□」⑤「たるべく」⑧⑩「之通」⑦「之通りニ」）

＊5　①②③④⑤⑥⑦⑧　⑩⑪⑫⑬⑭⑮⑯⑰

6　④⑤　⑨　⑫

＊7　①②③④⑤⑥　⑧　⑩⑪⑫⑬⑭　⑯⑰

＊8　①　④　⑦　⑫⑬⑭　⑯⑰

（③⑧⑩⑮「而」②「テ」）

9　①　③　⑦　⑬⑭

（⑦「【世上に】」）

10　⑥⑦　⑪⑫

＊11　①②③④⑤　⑦⑧　⑩　⑫⑬　⑯⑰

（⑥⑪「心安ク」⑭⑮「心安」）

＊12　①②③④⑤　⑦⑧　⑩　⑫⑬⑭⑮⑯⑰

13　③　⑤⑥　⑪

14　⑥⑦　⑪　⑭　⑰

（①⑬⑮⑯「儀」）

15　③　⑤　⑫　⑯

＊16　①②③④⑤⑥⑦⑧　⑩⑪⑫⑬⑭⑮⑯⑰

＊17　① ③ ⑤ ⑥ ⑧ ⑩ ⑪ ⑬ ⑭ ⑮ ⑯ ⑰

18　① ⑥ ⑩ ⑪ ⑫ ⑬ ⑭

（③⑦「ハ」④⑧「者」⑯⑰「もの」⑤「ては」）

＊19　① ② ③ ④ ⑤ ⑥ ⑦ ⑧ ⑩ ⑪ ⑫ ⑬ ⑭ ⑮ ⑯ ⑰

20　④ ⑥ ⑪ ⑫

＊21　① ② ③ ④ ⑤ ⑥ ⑦ ⑧ ⑩ ⑪ ⑫ ⑬ ⑭ ⑮ ⑯ ⑰

＊22　① ② ③ ④ ⑤ ⑦ ⑧ ⑩ ⑫ ⑬ ⑭ ⑮ ⑯ ⑰

（⑥⑪「就其↓夫ニ付」）

＊23　① ③ ⑤ ⑧ ⑫ ⑬ ⑭ ⑯ ⑰

（④⑪「【老】」⑥「ニ到リ」⑩「□」）

＊24　① ② ⑥ ⑦ ⑨ ⑩ ⑫ ⑬ ⑮ ⑰

（⑤「【候】」）

＊25　① ④ ⑤ ⑥ ⑧ ⑪ ⑫ ⑬

（③⑭⑯⑰「ハ」）

26　② ④ ⑥ ⑦ ⑪ ⑫

（③⑤「【儀】」）

＊27　① ② ③ ④ ⑤ ⑥ ⑦ ⑧ ⑩ ⑪ ⑫ ⑬ ⑭ ⑮ ⑯ ⑰

28　③ ⑤ ⑥ ⑪

＊29　②③⑥⑧⑩⑪⑭⑯⑰
＊30　①②③④⑤⑥⑦⑧⑩⑪⑫⑬⑭⑮⑯⑰

⑵

【一、】*1 2〔不改行〕寛文六年午十月三日未上刻、北条安房守殿ゟ手紙被指*3〔差〕越候。

切紙自筆 可相尋　御用之事候間、早〻私宅迄可被参候。以上

十月三日　北条安房守

山鹿甚五左衛門殿

手紙〔切紙〕*4 御手紙被成下、謹而奉拝見候。御尋可被成*5〔改行〕御用之義*6〔儀〕御座候間、早〻貴宅迄参上可仕候旨、畏奉存候。追付参上《可》*7仕候。以上

十月三日　山鹿甚五左衛門【判】*8

房州様

如斯9〔此〕相認【候而】*10遣候。夕料理*11〔未〕不被下候故、食事*12〔快〕心能認候而、行水仕、定而*13〔只〕唯事ニ*14〔而〕ハ有之間敷【と被】*15存、乍立遺書*16〔調〕相認残置候。尤【若】*17死罪ニ被【　】*18仰付候ハヽ、　公儀へ*19〔一〕壹通*20〔差〕指上可相果、是又相認令懐中候。此外、五六*21〔ケ〕か所へ小輪相調、【与】*22態《と*23》老母方へ不申遣、宗三寺へ参詣仕、下人成程省き、若党両人召連、馬上ニ而房州へ参候。四日ニハ、津軽公へ可被召寄兼約御24〔坐〕座候つるを、津軽公*25〔殿〕門前ニ而存出【し】*26、明日参上仕間敷【候27】由、使をよせ28〔寄〕《申候而*29》、北条殿へ参候。門前ニ人馬多相ミ30〔見〕へ候。*31〔只〕唯今、何方へ*32〔も〕そ打立【候33】様子ニ御座候。此体、拙者若不参候ハヽ、則拙宅へ押寄、御ふミ34〔踏〕つぶし可有之様子と見へ申候。私事、*35〔ハ〕一刀を下人に渡36〔わたし〕、座敷へ上り申候而、笑*37〔なか〕□□ら申候ハ、如何様之事御座候哉、御門前*38〔殊〕事【之39】外、人多《御座*40》候由申候而、奥江通《り*41》候。

暫候而北条殿被出候而逢申候。北条殿被申候ハ、不入書物作《り[42]》候故、浅野内匠頭所ヘ御預《ケ[43]》被成候。是
ゟ直ニ彼地ヘ可参候間[44]〔旨〕、何ニ而も宿ヘ用所[45]〔事〕候ハヽ、可申遣【候[46]】と、別而念比ニ被申【候[*47]】。福嶋伝兵衛硯を持候
而、拙者傍ヘ参《り[48]》、申遣度事ハ、伝兵衛可申次[49]〔之〕候由申候間、私北条殿ヘ向申候ハ、忝奉存候。乍然、常〻家を
出候ゟ、跡に心《ニ[*50]》残《り[51]》候事ハ、無之様ニ勤罷[*52]〔在〕有候間、書付越可申《候[*53]》事無御座候由申候。其内ニ嶋田
藤十郎殿御出候而[54]〔間〕、北条殿も座敷ヘ御列座候而、私被召出候間、脇指[*55]〔差〕[*56]〔ぬき〕を置罷出候ヘハ、北条殿・嶋田殿、互《ニ[*57]》
御色[58]〔式台〕題候而[59]〔二〕、北条殿被仰渡候ハ、其方事、不届成書物仕候間、浅野内匠頭所ヘ御預《ケ[60]》被成候由、御老中被仰
渡候由[*61]〔三〕申候。私申上候ハ、先以《　[62]》御意之趣、畏奉存候。乍然、対[63]〔改行〕御公儀様不届成儀[*64]〔義〕ハ、右之書物之内、何
之所ニ而御座候哉、承度【儀[65]】《に[66]》奉存《候[*67]》、と申上候得[*68]〔は〕共、房州御事[*69]〔藤十郎〕、嶋田殿ヘ御むかひ[70]〔向〕候而、甚五左衛門
申[71]〔事〕わけも可有之候得共、如斯[72]〔此〕被仰付候上ハ、不及申分[73]〔訳〕候御事と御申候。私申上候ハ、御意之上ハ、兎角と[*74]〔を〕可申上
様無之【候[75]】由、申候而罷立候。御歩[*76]〔徒〕行目付衆両人居被申候而、内匠頭者御よひ被仰渡候ニ、御歩[*77]〔徒〕行目付衆さわ
かしく被申候故、[*78]〔私〕我等笑申候而、一礼仕罷立候。此時[*79]〔分〕之作法、《無[80]》残所【無之[81]】由、右内匠頭者、其晩申聞候。
内匠頭所ヘ参候而は、不通ニ人ニも逢不申候。浅野因州公ゟ礒部彦右衛門御越候《而[*82]》、不苦候由、家老共申候
ヘ共、《是ヘも[*83]》逢不申候。右之時分、随分不仕合成儀[84]〔義〕、迷惑至極仕候ヘ共、心底【是[85]】ニ而[*86]〔被〕動申候事ハ、聊無
之候[*87]〔御座〕《故[*88]》。小事ニ而も、一か条も申置候事、申遣候事、失念不仕候。九日之未明【ニ[89]】、[*90]〔御当地〕江戸【を[*91]】罷立候。[*92]〔従〕自
《　[93]》御公儀被仰聞候ハ、此者大勢弟子・門人有之《候[*94]》、徒党之輩可有之候間、道中は不及申【候[*95]】、江戸罷
立候時分、芝・品川等ニ而奪取候事なと[96]〔抔〕可有之候間、油断不仕候様ニ被【　[*97]】仰渡候由ニ而[*98]〔候間〕、付候而参候者共も、
気遣仕候故、朝ゟ昼休、昼《休[*99]》ゟ泊迄【は[100]】、人小用をも不弁候様ニ心得《申[*101]》候而、同廿四日之晩《ニ[102]》、赤
穂へ著仕候。我等匹夫之者ニ候所[103]〔処〕、一[104]〔壱〕人之再拝[105]〔采〕[106]〔幣〕ニ而、大勢をも従申候様ニ、諸人存候事ハ、不仕合成内ニ、少ハ

武士之覚悟《之》[107]、所有之ニも可罷成候哉。此段、皆虚説・風聞【ニ】[*108]、次第ニ罷成候而、於赤穂ハ心易罷[*109]〔在〕成候。

*1　①③④⑤⑥⑧⑩⑪⑫⑬⑭⑮⑯⑰
2　⑫
*3　①③④⑤⑥⑪⑬⑭⑯⑰
*4　①③④⑧⑩⑫⑬⑭⑮⑯⑰
（②⑤⑦「【手紙】」⑥⑪「手紙→切紙之御答」）
*5　②④⑦⑧⑨⑩⑪⑭⑮
（⑤⑯⑰「【　】」①⑬「《　》」）
*6　①④⑤⑥⑦⑧⑨⑩⑪⑫⑬⑭⑮⑯
*7　①③④⑤⑥⑪⑫⑬⑭
*8　③④⑤⑥⑦⑪⑫⑭⑯
9　⑤⑥⑪⑮
*10　⑤⑥⑦⑧⑩⑪⑬⑮⑯⑰
（①②「候【而遣候】」③④「【候】而」⑫「候而→て」）
*11　①③④⑤⑥⑦⑧⑩⑪⑬⑭⑮⑯⑰
（②「等」⑫「《未た》不」）
*12　①②③⑤⑥⑦⑧⑩⑪⑬⑭⑯⑰
（④⑫「慎」⑪「心能→心快」）

＊13　①③④⑤⑫⑬⑭⑮

＊14　③④⑤⑥⑧⑨⑩⑪⑫⑭⑮⑯⑰

（①⑦⑬「て」②「テ」）

＊15　①②③④⑦⑧⑩⑫⑬⑭⑮⑯⑰

（⑥⑪「ト【被】」⑤「と【被】」）

＊16　①④⑧⑩⑫⑬⑭⑮⑯⑰

（⑥⑪「【認】残【置】」③「認残→調」⑤「認【残】」）

＊17　①②③④⑤⑥⑦⑧⑩⑪⑫⑬⑭⑮⑯⑰

＊18　②③④⑤⑥⑦⑪⑫

（①⑬「《》」）

＊19　①②③④⑦⑧⑪⑫⑬⑭⑮⑯⑰

＊20　①③④⑤⑥⑪⑬⑭⑯⑰

＊21　①②③④⑤⑥⑦⑧⑪⑫⑬⑭⑮⑯⑰

（⑩「□」）

＊22　①④⑥⑦⑪⑫⑬⑭⑮

23　④⑥⑦⑪⑫⑭⑮

24　⑦⑪⑫⑯

＊25　①②④⑥⑧⑩⑪⑫⑬⑭⑮⑯⑰

（③⑤⑦「【公】」　⑮「公↓殿御」）

＊26　②④⑥⑧⑩⑪⑫⑮⑯⑰

27　③⑤⑥⑦⑪⑭

28　⑤⑥⑪⑮

（③④⑫⑭「よせ↓寄」　②「よせ↓ヨセ」　⑯「よせ↓かせ」）

＊29　③④⑤⑥⑧⑩⑪⑫⑭⑮

（①⑦⑬⑯⑰「申候て」　②「申候テ」）

30　③⑤⑦⑫⑭⑮

（①④⑥⑪⑬「ミへ↓見」）

＊31　①③④⑤⑥⑪⑫⑬⑭⑮

＊32　③④⑤⑥⑩⑪⑫⑮

（①⑬「か」　⑦「【そ】」　⑨「被」）

33　⑤⑥⑪⑮

34　④⑥⑪⑭

（⑫「諂」）

＊35　②③⑦⑧⑩⑭⑮⑯⑰

（①④⑤⑫⑬「は」　⑥⑪【一】）

36　①⑧⑩⑬⑯

（③⑤⑦⑭「渡《し》」⑥⑪⑮「渡《シ》」②「ワタシ」）

*37 ①②③④⑤⑥⑦⑧⑨⑩⑪⑫⑬⑭⑮⑯⑰

*38 ①④⑥⑦⑪⑫⑬⑭⑮

（③⑤「【事】」）

39 ③④⑤⑨⑫⑭⑮

*40 ①②③⑤⑥⑦⑧⑬⑭⑮⑯⑰

（④⑪⑫「御坐」⑩「御□」）

*41 ③④⑤⑥⑪⑫⑭⑮

（①⑦⑧⑬「とをり」②「トヲリ」⑰「とほり」）

42 ③⑤⑥⑪⑫⑭⑮

43 ①⑤⑬⑭

44 ①③⑧⑬⑭⑯⑰

45 ③⑤⑦⑭

（⑩⑮「等」④「処」⑫「心」）

46 ⑥⑧⑪⑮⑯⑰

*47 ①②④⑦⑧⑫⑬⑭⑯⑰

48 ③⑤⑥⑪⑭

49 ①②⑬⑮⑯

（⑦「【候】」）

＊50 ② ⑦ ⑧ ⑩ ⑫ ⑮ ⑯ ⑰

（① ④ ⑬「に」 ⑭「を」）

51 ⑤ ⑥ ⑦ ⑪

（⑮「ｼ」）

＊52 ① ② ③ ⑤ ⑥ ⑪ ⑬ ⑭ ⑯

＊53 ① ② ④ ⑧ ⑩ ⑫ ⑬ ⑯ ⑰

54 ③ ④ ⑤ ⑫ ⑭

＊55 ② ③ ⑥ ⑦ ⑧ ⑪ ⑭ ⑯ ⑰

＊56 ① ③ ④ ⑥ ⑧ ⑩ ⑪ ⑫ ⑬ ⑭ ⑮ ⑯ ⑰

（②「オキ」 ⑤「ぬぎ」）

＊57 ② ③ ④ ⑥ ⑦ ⑧ ⑩ ⑪ ⑫ ⑮ ⑰

（① ⑤ ⑬ ⑭「に」）

58 ④ ⑥ ⑪ ⑫ ⑭

（② ⑦「会釈」 ③ ⑤「式代」 ⑮「式題」）

59 ③ ④ ⑥ ⑦ ⑪ ⑫ ⑮

60 ① ③ ⑥ ⑪ ⑬ ⑭

＊61 ② ③ ④ ⑤ ⑥ ⑧ ⑪ ⑭ ⑮ ⑯ ⑰

（⑦⑨⑩「【申】」　①⑬「に」　⑫「□」）

62　①　④　⑧　⑩　⑬　⑮　⑰

（⑭改行　⑰「《　》」）

63　①②　⑤　⑩　⑬⑭

（⑦⑯「《　》」　⑮「【　】」）

＊64　①　④⑤⑥　⑪⑫⑬⑭

65　⑥　⑧　⑪　⑭　⑯⑰

66　①　⑬

（⑤⑦「ミ」　③「と」）

＊67　①②　④⑤⑥⑦⑧　⑩⑪⑫⑬⑭⑮⑯⑰

（③「哉」　⑮「候由」）

＊68　①　③　⑥　⑪⑫⑬⑭　⑰

（②⑮「ハ」　⑧⑩「者」　⑤「ば」）

＊69　①　③④⑤⑥　⑧　⑩⑪⑫⑬⑭⑮⑯⑰

（②⑦「藤七郎」　⑩「藤十□」　⑪「藤十郎【殿】」）

70　③　⑤⑥　⑪　⑭⑮

（①⑧⑨⑩⑬「むかい」　④⑫「迎」　⑥⑪「むかひ《被成》」　②「ムカヒ」）

71　③④⑤⑥　⑪⑫　⑭

72　③⑤⑥⑪⑮
73　④⑥⑫⑭
（⑪「誤」）
＊74　①③④⑤⑥⑦⑧⑪⑫⑬⑭⑯⑰
（②「ヲ」⑮「ヲ」）
75　②④⑤⑫⑭
＊76　①⑤⑥⑧⑪⑬⑯⑰
（⑦「歩【行】」）
＊77　①⑤⑥⑧⑪⑬⑯⑰
（⑦「歩【行】」）
＊78　①②③④⑤⑥⑦⑧⑩⑪⑫⑬⑭⑯⑰
（⑮「我等↓拙者」）
＊79　①③④⑤⑥⑧⑪⑫⑬⑭⑯⑰
80　③④⑤⑫⑭
81　③④⑤⑫⑭
（⑥⑪「無之↓なく」）
＊82　①③④⑤⑥⑧⑩⑪⑫⑬⑭⑮
（⑯⑰「て」）

＊83　①③④⑦⑧⑩⑫⑬⑭⑰
（⑤⑥⑪「是江も」②「是へモ」⑮「是ニも」⑯「これへも」）

84　③④⑥⑦⑪⑫⑭

85　④⑥⑪⑫⑭

＊86　①③④⑤⑥⑧⑪⑫⑬⑭⑯⑰
（⑨「勤」）

＊87　①②③⑤⑥⑦⑧⑩⑫⑬⑭⑯⑰
（④⑪⑮「御坐」）

＊88　①②③④⑤⑦⑧⑫⑬
（⑯⑰「ゆへ」⑩「□」）

89　⑤⑦⑧⑯⑰

＊90　①③④⑤⑥⑧⑩⑪⑫⑬⑭⑮⑯⑰

＊91　①③④⑤⑥⑧⑩⑪⑫⑬⑭⑮⑯⑰

＊92　①②③④⑤⑧⑩⑫⑬⑭⑮⑯
（⑥⑪「【自】」）

93　①③⑤⑦⑬
（②⑫「【　】」⑯⑰「【御】」④「【　】」⑭改行）

＊94　①②③④⑦⑧⑩⑫⑬⑭⑮⑯⑰

（⑥⑪「由」）

＊95　①②③④⑤⑥⑦⑧⑩⑪⑫⑬⑭⑮⑯⑰
（⑦「【申候】」）

96　①③⑤⑥⑪⑬
（②「ナソ」⑦「も」）

＊97　①②③④⑥⑦⑧⑪⑫⑭⑮⑯⑰

＊98　①②③④⑤⑥⑦⑧⑪⑫⑬⑭⑮
（⑯⑰「【ニ而】」）

＊99　①②③④⑦⑧⑩⑬⑭⑮⑯⑰
（③⑤「昼ゟ→夫ゟ」⑪「【昼】ゟ」）

100　③④⑤⑦⑫

＊101　①②③④⑤⑥⑦⑧⑩⑪⑫⑬⑭⑮⑯⑰
（⑧⑯「候而→候間」⑪「候而→候【而】」）

102　④⑥⑧⑩⑫⑰
（①⑬⑭「に」③「にハ」⑤「には」）

103　③⑤⑭⑮

104　③⑤⑥⑪

105　②④⑥⑪⑫⑭

106　（⑤「弊」）③④⑥⑪⑫⑭
107　（⑮「ノ」）④⑥⑦⑪⑫⑭
*108　（⑯⑰「ニ→たるゆへ」）③④⑤⑥⑦⑪⑫⑭
*109　（②④⑩⑫⑮「有」）①③⑤⑥⑦⑧⑪⑬⑭⑯⑰

(23)

【一、】[*1][2]〔不改行〕我等配所江被仰付候時分、北条□[*3]〔殿〕ゟ呼に参《り》[4]候節は、死罪《ニ》[*5]可被仰付候哉、配所へ可参【候】[6]哉、不分明候間、若死罪ニ候ハヽ、一通之書付を指出[*7]〔差〕【し】[*8]、可申と存、令懐中候。其案文、今以残候。此節は、人間之一大事相究、五十年之事、夢之覚候様ニ、有之時分ニ候へ共、聊心底ニ取ミたし[*9]〔乱〕候事無之候。尤迷惑ハ仕候。

此段は、【我等】[*10]日比《我等》[*11]学問工夫之つとめ[12]〔勤〕故と全存候。人間之上にハ、《一生に》[13]如此事有之物ニ候間、覚悟《之》[14]所如此しるし[*15]〔記〕置候。

蒙当二千歳之今、大明周公・孔子之道、猶欲糺吾誤於天下、開板聖教要録之処、当時俗学・腐儒、不修身不勤忠孝、況天下国家之用、聊不知之、故於吾書無一句之可論、無一言【之】[16]可糺、或借権而貪利、或構讒而追蹤。世皆不知之、専任人口而伝虚、不正実否、不詳其書、不究其理、強嘲書罪我。於茲我始安。我言【之】[*17]大道無疑、天下無弁之。夫罪我者、罪周公・孔子之道也。我可罪而道不可罪。【罪】[18]聖人之道者、時政之誤也。古今天下之公論不可遁。凡知道之輩、必逢夭[19]〔天〕災、其先蹤尤多。乾坤倒覆、日月失光。唯怨生今世、而残時世之誤於末代。是臣之罪也。誠惶頓首

山鹿甚五左衛門《判》[*20]

十月三日

北条安房守殿

是は令懐中候迄ニ候。若死罪ニ而候[21]〔ハ、〕はと存候へ共、別条無之候故、出不申候。此文言、立なから認候而、点を付、令懐中【候】[22]。其以後、今日取出候而見申候。急成事故、不宜書様ニ《も》[*23]存候。乍恐【[*24]】日本大小神祇[25]〔祇〕、一字も《後ニ》[*26]改候事《ハ》[*27]無之候。寔[28]〔誠〕【ニ】[*29]我等辞世之一句ニ《て》[*30]候。

*1 ① ③④⑤⑥ ⑧ ⑩⑪⑫⑬⑭⑮⑯⑰
2 ① ③④ ⑫⑬
*3 ①②③④⑤⑥⑦⑧⑨⑩⑪⑫⑬⑭⑮⑯⑰
4 ④⑤⑥ ⑪
*5 ②③ ⑥⑦ ⑪⑫ ⑮⑯⑰
（④⑧⑩⑬⑭「に」 ③「ニも」 ⑤「にも」）
6 ⑤⑥⑦ ⑪
*7 ①②③④⑤⑥⑦⑧ ⑩⑪ ⑬⑭⑮⑯⑰
*8 ②③④⑤ ⑦⑧ ⑩ ⑫ ⑭⑮ ⑰
（①⑬「出し→上」）
*9 ① ③④⑤⑥ ⑧ ⑩⑪⑫⑬⑭⑮⑯⑰

（⑮「ミたし候↓乱」）

＊10　①②③④⑤⑥⑦⑧⑩⑪⑫⑬⑮⑯⑰

＊11　①②③④⑤⑥⑦⑧⑩⑪⑫⑬⑯⑰

（⑥⑪「我等之」⑮「拙者」）

12　③④⑥⑦⑪⑫⑭

（⑤「功」⑮「勉」）

13　①④⑦⑬⑭

（②⑧⑩⑮⑰「一生ニ」⑥⑪⑫「一生」⑯「一生候」）

14　①④⑥⑫⑬⑮

＊15　②④⑤⑥⑦⑪⑫⑭

（①⑬⑯⑰「記し」③⑧⑩⑮「記シ」）

16　①⑥⑧⑪⑬⑯

＊17　③④⑤⑥⑧⑩⑪⑫⑭⑮⑯⑰

18　③④⑤⑪⑫

19　②④⑥⑦⑫

（③⑤「大」）

＊20　①②③⑤⑦⑧⑩⑬⑮⑯⑰

21　③⑥⑦⑪⑭

（②⑯⑰「ハ」⑤「ハヾ」）

22　①⑦⑬⑭

＊23　④⑥⑦⑧⑩⑪⑫⑬⑭⑮⑰
（①「と」②「モ」⑯「は」）

＊24　①②③⑥⑨⑪⑬⑭⑮
（④⑧⑩⑫「【　】」⑤⑯⑰改行　⑦「【乍恐　】」）

25　②⑮

＊26　②⑥⑧⑩⑪⑭⑮⑯⑰
（①②③④⑦⑫⑬「後に」）

＊27　②③④⑤⑦⑧⑩⑭⑯⑰
（①⑫⑬「は」）

28　④⑥⑫⑭⑮

＊29　①②⑧⑩⑬⑮⑯⑰

＊30　①③④⑤⑥⑦⑬⑭⑯⑰
（⑧⑩⑫⑮「而」②「テ」）

(24)

【一、】[*1][2]〔不改行〕我等儀[3]〔義〕、[4]〔已〕以前知行断【申】[5]候而、内匠【頭】[*6]殿家を出候ニ、今度、内匠殿へ御預被成候。然ニ配所ニ罷有[*7]〔在〕候内、別而念比ニ被仕、常ゝ被申候ハ、御預《ケ》[8]ニ而無之候ハヽ、其方、再此地へ可参候哉。随分内ゝニ而、馳

走可仕候由被申候。就[*9]〔夫〕其、衣服・食物・家宅迄、段〻念比不浅候。大石頼母助事、朝夕之野菜、今日迄毎日両
度[10]〔ツ、〕宛送《り[11]》候。頼母助在江戸之内も右之通《ニ[*12]》候。断[*13]〔申候〕□□へ共、頼母助申候ハ、此段、全[*14]〔自〕□分之心入ニ而無
之【候[15]】。内匠《頭[16]》殿《御[*17]》念比之[*18]〔二〕《被[*19]思召候》、拙者事故、《頼[*20]母助も》如斯[*21]〔此〕仕候由申候《而[*22]相送候》。尤配所
ニ罷[*23]〔在〕有候内は、御預之者ニ候間、随分慮外不仕[*24]〔無之〕【候[*25]】様【ニ[26]】、家中之者迄《慇[27]懃ニ仕候様ニ》被申付候而、拙者
所へ内匠殿御出候而【も[*28]】、以前ゟ却而慇懃ニ御座[29]〔坐〕候而迷惑仕候。

*1　①③④⑤⑥⑧⑩⑪⑫⑬⑭⑮⑯⑰
2　③⑤⑪
3　④⑥⑦⑪⑫
4　③⑥⑧⑩⑪⑯⑰
5　③④⑤⑥⑪⑫⑭
*6　②③⑧⑩⑫⑭⑮⑯⑰
*7　①②③④⑤⑥⑪⑫⑬⑭⑯
8　①⑥⑪⑬
(⑤「け」)
*9　②③④⑤⑥⑦⑧⑪⑫⑭⑮⑯⑰
10　③④⑦⑪⑫
(⑤「ヅ、」)
11　④⑥⑪⑫⑭⑮

＊12　⑤⑦⑧⑩⑭⑮⑯⑰
（⑭「り二」）

＊13　①②③④⑤⑥⑦⑧⑩⑪⑫⑬⑭⑮⑯⑰
（⑨「□」）

＊14　①②③④⑤⑥⑦⑧⑨⑩⑪⑫⑬⑭⑮⑯⑰

15　⑤⑥⑦⑪⑭

16　④⑤⑥⑦⑨⑪
（③「殿↓頭」）

＊17　①②④⑥⑦⑧⑪⑫⑬⑭⑮⑯

＊18　②③⑥⑧⑪⑫⑮⑰
（①④⑤⑦⑬「に」⑭「【之】」）

＊19　①②④⑤⑥⑦⑧⑫⑬⑭⑮⑯⑰
（⑪⑭「被思召」③「被召思候」⑩「□思召候」）

＊20　①③④⑤⑥⑦⑧⑩⑫⑬⑭⑮⑯⑰
（②「頼母助モ」⑪「頼母介も」）

＊21　③④⑤⑥⑦⑧⑩⑪⑫⑭⑮⑯⑰

＊22　④⑥⑧⑩⑫⑭⑯⑰
（①⑬「て相送候」⑤⑮「而相送り候」②「テ相送候」③「而相送り」⑦「て相贈候」⑪「相送」）

＊23　①②⑥⑦⑪⑫⑬⑭

＊24　①②③④⑤⑥⑦⑧⑩⑪⑫⑬⑭⑮⑯⑰

＊25　①②④⑤⑥⑦⑧⑩⑪⑫⑬⑭⑮⑯

26　③⑤⑥⑪

27　②⑧⑩⑮⑰（③⑤⑦「愍懃ニ仕候様」①⑬「愍懃に仕候様に」④⑫「愍懃を仕候様ニ」⑥「愍懃仕候様ニ」⑭「愍懃に仕候様二」⑯「愍懃ニ仕候ニ様」）

＊28　①②③④⑥⑦⑧⑩⑫⑬⑭⑮⑯⑰（⑥「【而も】」⑦「而も→之」⑫「候而も→ニ而」）

29　④⑦⑪⑫⑯

(25)

【一、】[*1]我等奉得御意候而、兵学・学問御聞被成、我等弟子ニ御成被成候御方〻ハ、松平越中【守】[3]殿【を】[4]初め、
[2〔不改行〕][*5〔二〕]右如申候《ことく》[*6]、別而[*7〔御〕]□崇敬被成候。其外、板倉内膳殿【なと】[*8]、御老中ニ被為成候而も、拙者《所へ[9]御状ハ、
拙者》名ニ様之字御付被成候故、度〻御断申上候得共、[*10〔不〕]□被聞召【分】[11]候。浅野内匠頭は主人ニ而候得共、【　】[*12]
上〻様へ口切之茶献上候後、[13〔之〕]必拙者ニ[14〔へ〕]も口切之茶肴被与之[*15〔給〕]候而令頂戴候。釆女殿尚[16〔猶〕]以其通《ニ[17]》候。其外之御衆、
大方【　】[*18]上〻様へ御茶被進【之】[*19]候已後[*20〔以〕]【は】[21]、口切之【御】[22]茶被下令頂戴候。尤以前御出入仕候御大名□[*23〔衆〕]迄、
私参候へは、御送迎被遊候而、御門迄明候様【ニ[24]】被仰付候。御愍懃□[*25〔二〕][〔而〕*26]ハ迷惑仕候段、【毎度】[27]御断申上候へ共、
左様ニ而無之【候】[28]。私へ御礼とハ不被思召候。兵法之礼義、師□[*29〔弟〕]之道ニ而候由被仰候。然共、冥加おそろしく[30〔恐〕][〔敷〕31]

存候而、度〻御断□*32〔申〕上候ハ、凡下之拙者、無徳之□*33〔者〕ニ而、任御意御指南申上候とても、左様ニ被遊候程之御伝受34〔授〕も不罷成、【迷惑仕*35】候由、度〻御辞退申候き。侍従・四品・諸大夫36〔太〕之御方〻様、如斯*37〔此〕之次第、天命おそれ38〔恐〕多候故、せめて自分【ニ39】40〔おこり〕奢無之、日夜之勤、聊無怠慢候段、此上之我等慎と令覚悟候故、此段、常〻子孫共迄令教戒候。今年配所ニ十年有之【候*41】。*42〔只〕唯今は一入天道のとかめを存候而、病中之外、雖一日朝寝《を*43》不仕、不作法成体を不致候。此段朝夕之儀*44〔義〕、下〻迄存候儀*45〔義〕《ニ46》候。就中、礒47〔貝〕谷□〔平〕*48助能存候。【自49】50〔已〕以前《ら51》如此*52〔斯〕心かけ53〔懸〕候故、益も無之候へ共、我等述作之書物《ハ*54》、千巻斗有之候。目録別有之。我等人にすくれ55〔勝〕愚ニ候而、言行不正候。子孫□*56〔共〕ハ、愚成我等ニ十倍勤不申候ハヽ、人間之正義に不可叶申*57〔被〕と存候。乍序*58〔次而〕、我等存寄候学之筋59〔之〕、少〻記置【之*60】候。

*1　①　③④⑤⑥　⑧　⑩⑪⑫⑬⑭⑮⑯⑰
2　③　⑤　⑬　⑮⑯⑰
3　③　⑧　⑩　⑮⑯
4　③　⑤⑥　⑪
（⑥⑪「を初め→御始」）
*5　①②③④　⑦⑧　⑩　⑫　⑮⑯⑰
（⑥⑪「《之》如」　⑬「ニ」　⑭「に」）
*6　④　⑧　⑩　⑫　⑭⑮⑯⑰
（①⑦⑬「如く」　②「ゴトク」　③「を」）
*7　①②③④⑤⑥　⑧⑨⑩⑪⑫⑬⑭⑮⑯⑰

（⑦【□崇敬】）

＊8　①　③④⑤⑥　⑧　⑩⑪⑫⑬⑭⑮⑯⑰

9　④　⑫

（⑥⑪「所江之御状ハ、拙者之」⑭⑰「所江之御状は、拙者」①「所へ之御状は」②「所へノ御状ハ、拙者」③「方へ之御状ハ、拙者」⑤「方江之御状者、拙者」⑦「処之御状は、拙者」⑧「所江之御状者、拙者」⑩「所へ之御状は、拙者」⑬「所へ之御状は、拙者」⑮「之御状ハ、拙者」⑯「所候て御状は、拙者」）

＊10　①②③④⑤⑥⑦⑧⑨⑩⑪⑫⑬⑭⑮⑯⑰

11　②③　⑤　⑦　⑨

（④⑫「不被聞【召】分候」⑥⑪「不被聞召分候→不被聞召分而」⑦「不【被】聞召【分候】」⑨「不被聞召【分】候《而》」）

＊12　②③④⑤⑥　⑧⑨⑩⑪⑫　⑭⑮⑯⑰

（①⑦⑬「《　》」）

13　⑤⑥⑦　⑪　⑮

（②「ノ」）

14　③④⑤　⑫

＊15　①②③④⑤⑥⑦⑧　⑩　⑬⑭⑮　⑰

（⑫「仰」⑯「仰も」）

16　①③⑤⑦⑭

17　③⑥⑪⑭⑮

（⑤「りに」　⑦「り」　②「其通候→其通リ」）

*18　②③④⑤⑥⑦⑧⑩⑪⑫⑭⑮⑰

（①⑬「《　》」）

*19　①③④⑤⑥⑦⑧⑪⑫⑬⑭⑮⑯⑰

（④⑭「進之→為遣」）

*20　①②③⑤⑫⑬⑭⑮⑯⑰

（⑥⑪「【已】」）

21　⑥⑦⑪⑭

22　①⑥⑪⑬

*23　①②③④⑤⑥⑦⑧⑨⑩⑪⑫⑬⑭⑮⑯⑰

24　①③⑤⑥⑪⑬⑭

*25　②③④⑤⑥⑦⑧⑨⑩⑪⑫⑬⑭⑯⑰

（①「に」　⑮「御慇懃□ハ→右」）

*26　③⑤⑥⑧⑨⑩⑪⑯⑰

（①⑦⑬⑭「て」　②「テ」）

27　④⑤⑥⑪⑫⑭

28　④⑤⑦⑭

（①⑬「【無之候】」）

＊29　①②③④⑤⑥⑦⑧⑨⑩⑪⑫⑬⑭⑮⑯⑰

30　③⑤⑥⑦⑪⑮

（②「オソロ」）

31　③⑤⑦⑮

（②「シク」）

＊32　①②③④⑤⑥⑦⑧⑨⑩⑪⑫⑬⑭⑮⑯⑰

＊33　①②③④⑤⑥⑦⑧⑨⑩⑪⑫⑬⑭⑮⑰

（⑯「もの」）

34　⑤⑥⑪⑯

＊35　①②③④⑤⑥⑦⑧⑩⑪⑫⑬⑭⑮⑯⑰

（⑨「迷忍仕」）

36　③⑥⑪⑮

＊37　①③④⑤⑥⑧⑩⑪⑫⑬⑭⑮⑯⑰

38　①③④⑥⑪⑫⑬

（⑤「恐敷」⑦「恐れ」）

39　③⑥⑪⑭

40　①③⑩⑬⑮⑯⑰

（④⑥⑦⑪⑫⑭「驕」②「オコリ」⑤「ほこり」⑦「驕り」⑧「おごり」⑯「おこめ」）

*41　①②④⑥⑦⑪⑫⑬⑭⑮

*42　③⑤⑥⑩⑪⑫⑬⑮

*43　①③⑤⑦⑧⑩⑬⑭⑯⑰

（②⑥⑪⑮「ヲ」）

*44　②④⑦⑧⑩⑫⑮⑯⑰

（⑥⑪「処」）

*45　①②③④⑤⑥⑦⑧⑩⑪⑫⑬⑭⑮⑯⑰

46　③④⑤⑥⑦⑫⑭

47　④⑥⑪⑫⑭

（③⑤「部」）

*48　①②③④⑤⑥⑦⑧⑨⑩⑪⑫⑬⑭⑮⑯⑰

49　④⑤⑥⑪⑫⑭⑮

50　③⑥⑦⑪

51　④⑥⑪⑫⑭⑮

（⑤「より」）

*52　①②④⑦⑧⑩⑬⑭⑯⑰

53　③　⑥　⑪⑫　⑭⑮
（④⑤「掛」⑪「かけ↓懸申」）

＊54　②　④　⑥　⑪⑫　⑮⑯⑰
（①③⑩⑬⑭「は」⑤「も」⑧「者」）

55　④　⑥　⑪⑫　⑭⑮
（⑯「すくれ↓すへき」）

＊56　②③④　⑥⑦⑧　⑩⑪⑫　⑭⑮　⑰
（①⑤⑬「も」⑨「【共ハ、愚成我等】」⑯「もに」）

＊57　①②　④　⑥　⑧　⑩　⑫⑬　⑮⑯⑰
（⑦⑪「【申と】」③⑤「申と↓と被」⑨「申と↓令」⑭「申と↓儀と」）

＊58　①　④〇　⑧　⑩　⑫⑬⑭⑮⑯⑰
（②「次手」③「次」⑦「席」）

59　③④〇⑥　⑪⑫　⑭
（⑯「御」）

＊60　①　③④〇⑥⑦⑧　⑫⑬⑭⑮⑯⑰

(26)

【一、】[*1]我等事、以前ゟ異朝之書物をこのミ[3]〔好〕、日夜勤候故[*4]〔而〕、近年、新渡之書物は不存候。十ケ年□[*5]〔已〕前迄、異朝ゟ渡[2]〔不改行〕《り》[6]候書物、大方不残令一覧【之】[*7]候。依之不覚、異朝之事を諸事よろしく[8]〔宜〕存、【　】[*9]本朝は小国故、異朝

にハ何事も不及、聖人も異朝にこそ出来候得と存候。此段ハ、我等斗ニ不限、古今之学者、皆左様ニ存[*10]〔心得〕候而、異
朝を慕[*11]〔したひ〕まなひ[12]〔学〕候。近比、初而此存《知》[*13]入、《甚》[*14]誤なりと存[*15]〔知〕候。信耳而不信目、棄近而取遠候事、不及是非、
寔[*16]〔誠〕《ニ》[*17]学者之痛[*18]〔通〕病《ニ》[*19]候。詳ニ中朝事実ニ記之候得共、大概をこゝ[20]〔爰〕にしるし[21]〔記〕置候。

本朝は【　】[*22]天照太[*23]〔大〕神之御苗裔として、神代より今日迄、其正統一代も違不給、藤原氏輔佐之□[*24]〔臣〕迄、世々不
絶[*25]〔断〕して、摂禄[*26]〔録〕之臣相続候事、乱臣・賊子之不義[27]〔儀〕不道成事無之《候》[*28]故也。是仁義之正徳、甚厚成か故にあらす
や。次に、神代よ□[*29]〔り〕人皇十七代迄ハ、悉聖徳之人君相続あり、賢聖之才臣輔佐【し】[*30]奉り《て》[*31]、天地之道を
立、朝廷之政事、国郡之制を定《め》[32]、四民之作法・日用・衣食・家宅・冠昏・喪祭之礼に至迄、各其中庸をゑ
て、民やすく国平に、万代之規模立て、上下之道明成ハ、是聡明聖知の天徳に達せるにあらすや。況や勇武之道
を以【て】[33]□[*34]〔い〕わハ[35]〔ゝ〕、三韓をたいらけ[36]〔平〕て、【　】[37]本朝へミつき物[38]〔貢〕をあけ【しめ】[39]、高麗をせめて、其王城をおとし入、
【　】[*40]日本之府を異朝にまふけ[41]〔設〕て、武威を四海にかゝやかす事、上代より近代迄しかり。【　】[42]本朝之武勇ハ、異
国迄《も》[*43]是をおそれ[44]〔恐〕候へ共、終ニ外国より【　】[45]本朝を攻取候事ハさて[46]〔扨〕置、一ケ所も彼地へうはわるゝ事なし。
されハ武具・馬具・劔戟之制、兵法・軍法・戦略之品々、彼国之【非所】[47]及《処ニあらず》[48]、是勇武之四□[*49]〔海〕に優
れるにあらすや。然は知[50]〔智〕・仁・勇之三《ツ》[51]ハ、聖人之三徳也。此三徳一つもかけ□[*52]〔て〕ハ、聖人之道にあらす。今
此三徳を以【て】[53]、【　】[*54]本朝と異朝とを、一々其しるし[55]〔印〕を立て、校量せしむるに、《　》[56]本朝はるかにまされ[*57]〔優〕り。
誠にまさしく中国といふへき所分明なり。是更に私に云にあらす。天下之公論なり。上古に聖徳太子、ひとり異
国[*58]〔朝〕を【不】[59]貴《す》[60]、【　】[61]本朝之為《　》[62]本朝□[*63]〔事〕をしれり。然共旧記ハ、入鹿か乱に焼失せるにや、惜哉、其全
書、世にあら[64]〔顕〕□[65]〔わ〕れす。

＊1　①　③④○⑥　⑧　⑩⑪⑫⑬⑭⑮⑯⑰

2　◯⑥⑪

3　④◯⑥⑪⑫⑭

（②「コノミ」③「好ミ」）

＊4　③④◯⑥⑧⑩⑪⑫⑭⑮⑯⑰

（①⑬「て」）

＊5　③④◯⑥⑦⑧⑩⑪⑯⑰

（①②⑨⑫⑬⑭⑮「以」）

6　①◯⑥⑪⑫⑬

（②「リ」③「し」④「シ」）

＊7　①②③④◯⑦⑧⑨⑩⑫⑬⑭⑮

8　④◯⑥⑪⑭

（③⑦⑫「宜敷」⑮「宜ク」）

＊9　①②③④◯⑥⑧⑩⑪⑫⑬⑭⑮⑰

（⑦⑨「【　】」）

＊10　①②③④◯⑥⑦⑧⑩⑪⑫⑬⑭⑮⑯⑰

＊11　①◯⑦⑧⑩⑪⑫⑬⑭⑯⑰

（④⑮「したい」②「シタイ」）

12　③④◯⑭

（⑥⑪⑫「まなひ↓学」　②「まなひ↓マナヒ」　⑮「まなひ↓学び」）

＊13　①②　④◯　⑦⑧　⑩　⑫⑬⑭　⑯⑰

（③「者」）

＊14　①②③④◯⑥⑦⑧　⑩　⑫⑬⑭⑮⑯⑰

＊15　①②③④◯⑥⑦⑧　⑩⑪⑫⑬　⑮⑯⑰

（⑭「存《知》」）

＊16　①②　④◯⑥⑦⑧　⑩⑪　⑬⑭⑮⑯⑰

（⑫「実」）

＊17　③④◯⑥　⑧　⑪⑫　⑮⑯⑰

（①⑦⑬⑭「に」　⑩「□」）

＊18　①②　④◯⑥⑦⑧　⑩⑪⑫⑬⑭⑮⑯⑰

（③「道」）

＊19　③　◯　⑦⑧　⑩　⑫　⑮⑯⑰

（①⑬「に」）

20　③④◯⑥　⑪⑫　⑭

21　④◯⑥　⑪⑫　⑭⑮

＊22　①②③④◯　⑧　⑩　⑫　⑭⑮⑯⑰

（⑦⑨⑬「【　】」　⑥⑪「【　】」）

*23　②③○⑦⑧⑩⑪⑮⑯⑰
（⑥「天」）
*24　①②③④○⑥⑦⑧⑨⑩⑪⑫⑬⑭⑮⑯⑰
*25　①③④○⑦⑧⑩⑫⑬⑭⑮⑯⑰
（②「行」　③「不絶→御断」）
*26　①③○⑥⑧⑩⑪⑭⑯⑰
（②「籙」）
27　①○⑥⑪⑫⑬⑭
*28　①②③○⑥⑦⑧⑩⑪⑬⑮⑯⑰
*29　①③④○⑦⑧⑨⑩⑪⑫⑬⑭⑯⑰
（②「リ」　⑥「よ□→ら」　⑮「リ」）
*30　①③④○⑧⑪⑫⑬⑭⑯⑰
（②「之」）
*31　①③④○⑧⑩⑫⑬⑭⑯⑰
（②⑮「テ」　⑥⑪「候而」）
32　④○⑦⑫⑭
（⑥⑪「メ」）
33　③○⑥⑪⑮⑰

*34　①　④○⑥⑦⑧⑨⑩⑪⑫⑬⑭⑮⑯
（②「イ」　③「□わ→云」　⑰「【□】」）

35　①　④○⑥　⑪　⑬⑭　⑯
（⑫⑮「は」　⑦「ゞ」）

36　③④○　⑪⑫　⑭
（⑥「たいらけ→平」）

37　②③　○⑥⑦　⑪　⑮
（⑯「《　》」）

38　④○⑥　⑪⑫　⑭
（③⑦「ミつき物→貢」）

39　④○⑥　⑪⑫　⑭　⑯⑰
（③⑧「【し】め」）

*40　①②③④○⑥⑦　⑨　⑪⑫⑬⑭⑮
（⑧⑩改行）

41　③④○⑥　⑪
（⑭「まふけ→設け」　⑮「まふけ【て】」）

42　②③④○⑥　⑪　⑭⑮
（⑦⑨⑩「《　》」）

＊43　③　○⑥⑦⑧　⑩⑪　⑭⑮⑯⑰
（②「モ」）
44　③　○⑥⑦　⑪
45　③④○⑥　⑪⑫　⑮
（①②⑩⑬「改行」⑧「《　》」）
46　○⑥　⑪　⑭⑮
47　④○⑥　⑪⑫　⑭
48　○⑥　⑪
（④⑭「所にあらす」⑫「所ニあらす」）
＊49　①②③④○⑥⑦⑧⑨⑩⑪⑫⑬⑭⑮⑯⑰
50　○⑥⑦　⑪　⑭
51　○⑥⑦　⑨　⑪
＊52　①　③④○⑥⑦⑧⑨⑩⑪⑫⑬⑭⑮⑯⑰
（②「テ」）
53　④○⑥　⑪⑫
＊54　②③④○⑥⑦　⑨　⑪⑫　⑭⑮⑯
（①⑧⑬改行）
55　④○⑥　⑪⑫　⑭

56　○ ⑧ ⑩ ⑰
（①⑬「《　》」⑨⑯「改行」）

＊57　①② ○ ⑦⑧ ⑩ ⑬ ⑮⑯⑰
（④⑫「勝」③「侵」）

＊58　③④○⑥ ⑧ ⑪⑫ ⑭ ⑯⑰

59　③④○⑥ ⑪⑫
（②⑦「不貴→不失」）

60　④○ ⑫
（⑥「ばす」⑪「とす」）

61　②③④○⑥ ⑪ ⑭⑮
（⑦⑧⑬⑯「《　》」）

62　① ○ ⑬
（③「【為本朝】」⑦「朝之為本朝→本朝の本朝たる」）

＊63　①②③④○⑥⑦⑧⑨⑩⑪⑫⑬⑭⑮⑯⑰

64　④○⑥ ⑪⑫ ⑭
（②「あらわれす→アラハレス」③「あらわれす→あらす」）

65　○ ⑧⑨⑩ ⑮⑯⑰
（①②⑦⑬「ハ」）

(27)

【一、】[*1]学問之筋、古今共に其品多し。是に依て、儒・仏・神道共に、各其一理有之事ニ候。我等事、幼少ゟ壮年迄[2〔不改行〕]、専程子・朱子之学筋を勤、依之其比、我等述作之書は、皆程朱之学《之》[*3]筋迄ニ候。中比、老子・荘子を好【ミ】[4]、玄〻虚無之沙汰を本と存候。此時分は、別而仏法を貴【ひ】[5]候而、諸五山之名知識に逢、参学・悟道を楽、隠元禅師江迄令相看候。然共、我等□[*6〔不〕]器□[*7〔用〕]故に候哉、程朱之学を仕候而ハ、持敬・静座之工夫に陥候而、人品沈默ニ罷成候様ニ覚候。朱子学□[*8〔ゟ〕]りハ、老荘・禅之作略は、活達自由ニ候而、性心之作用、天地一枚之妙用、高□[*9〔く〕]明成様ニ被存候而、何事【も】[10]本心自性之用所[*11〔処〕]を以【て】[12]仕候故、滞所[13〔処〕]無之、乾坤打破仕候而も、万代不変之一理ハ、惺惺[*14〔〻〕]洒落たる所無疑存候。然共、今日《之》[*15]用事物之上ニおいて[16〔ゐ〕]ハ、更に合点不参候故、是ハ我等不器用故ニ可有之候。今少合点【仕】[*17]候ハ[18〔而〕]、、可参被存[*19〔と〕]《候而》[*20]、弥此道を勤候。或ハ又、日用事物之上の事ハ、甚軽儀[*21〔義〕]、如何様ニ仕候而も、不苦儀[22〔義〕]共存候へ共、五倫[23〔輪〕]之道に身を置、日用事物之間ニ応接仕候へは、左様にハ不罷成候而つかゑ[24〔へ〕]申候。然は樹下石上之住居《仕》[*25]、閑居独身に成、世上之功名をすて候ハ、無欲清浄成事絶言語、妙用自由成所、可有之様ニ覚候ニ、天下国家、四民事物之上にわたりてハ、大成事ハ不及言之、細事ニ而も、世上之無学成者程ニも、合点不参候而、或ハ仁を体認[*26〔せしむれ〕]するときハ、[*27〔万〕]一日之間ニ、天下之事相済候と存【し】[28]、或ハ慈悲を本に仕□[*29〔候〕]へは、過去遠〻之功徳に成候とまて申候而、実ハ世間と学問とハ、別の事ニ成候。他人ハ不存、我等《ハ》[*30]□[*31〔如〕]斯[〔此〕*32]存候故、是ニ而ハ、学問之[*33〔共〕]至極と不被存候故、儒者・仏者ニ□□□[*34〔右之所尋〕]之、又大徳有之人と申候ニ、右之品尋候而、其人之作略を見聞申候ニも、世間とハ不合、皆事物別に成候。神道は【】[*35]本朝之道ニ候へ共、旧記不分明、事之端[36〔候〕]斗しれ候而不全候。是ハ定而天下国家之要法も可有之候へ共、入鹿乱後、旧記断絶と相見□[37〔へ〕]申候。依之我等事、学問に不審出来、弥博[38〔広〕]く書【〻】[*39]を見、古之□[*40〔学〕]者衆申置候儀[41〔義〕]共考候へ共[42〔とも〕]、我等不審[43〔候〕]之条ゝ、埒明不申候間、定而我等料簡相違可有之【と】[*44]存候而、数年此不審不分明候所[45](処)、寛文之初、我等存候ハ、漢・唐・宋・明之学者之書を見候故、合点不参候哉、直に周公・孔子之書を見【申】[*46]候而、是を手本に仕候而、学問之筋を正し可申存、それ〻不通ニ、後世之書物をハ不用、聖人之書迄を昼夜勘[*47](勤)候而、初而聖学之道筋、分明【に】[*48]得心仕候而、聖学之のり[49](法)を定候。たとへハ、紙を直にたつに、いか[*50](如何)程細工能候而も、定規無之、手にまかせ候而立候へは、不残ろくにハ不成候。又、其身ハろくニ立候而も、人〻に左様ニたゝせ[51](立)候事ハ不成候。所〻[*52](に)定規をあてゝ裁候へは、[*53](大方)□□幼若之者迄、先其筋目のことくにハ裁之候。其間に、尤上[*54](手)□・□(下)手ハ有之候得[*55](共)□、其筋目ハ一通《り[56]》ニ参候。然は、聖人之道筋と言を、能得心仕候而ハ、右之定規を知候故、何事にても、其人之学問程にハ、其道を合点可仕候。此故に、聖学之筋にハ、文字も学問[57](文)も不入、今日承候而[58](へは)、今日之用事得心参候。工夫も持敬も静座も入不申事【ニ[59]】候。されハ、たとへ言行正敷、身を修、千言万句をそらんし申候者ニ而も、是ハ雑学ニ而、聖学之筋ニ而無之候と、分明ニしれ候。又、一言半句申候而も、[*60](聖)□学之筋目を知候人と知れ候。是定規を以【て[61]】正敷勘候[*62](故)□ニ候。[*63](只)唯今、終ニ不見不聞之事物之上[*64](候)、[*65](ニ而)□□も、右之学筋〻[66](にて)尋候得は、十か条ニ五七か条ハしれ申候。俗学・雑学之輩ハ、十か条之内ニ三か条共、合点参間敷候。其段は、我等慥ニ覚候。依之【而[*67]】世上之無学成[*68](者)□に、博学成者おとり候而、人に笑【わ[69]】れ候事、出来候様ニ覚候。然ハ、いかたなくして鉄炮之玉をけつり、定規[*70](木)なくして紙をすくにた[71](直)ゝ[*72](裁)んと仕候故、労而【無[73]】功《なく[74]》、常に苦[*75](〻)候而、益更ニ無之、学をいたし候へは、弥[*76](愚)おろかに成《申[*77]》候様ニ、我等ハ[*78](覚)□候。

*1　①　③④○⑥　⑧　⑩⑪⑫⑬⑭　⑯⑰
2　③○　⑫
*3　○⑥　⑧　⑩⑪⑫⑬　⑮⑯⑰

（④⑭「の」①「候」②「ノ」）

4　④〇　⑪⑫　⑭

（⑪「【好ミ】」⑭「好ミ→好無之」）

5　④〇⑥　⑪⑫　⑭

＊6　①②　④〇⑥　⑧⑨⑩⑪　⑬⑭⑮⑯⑰

（③⑦⑫「無」）

＊7　①②③④〇⑥⑦⑧⑨⑩⑪⑫⑬⑭⑮⑯⑰

＊8　③　〇⑥⑦⑧　⑪⑫　⑭⑮

（①④⑨⑬⑯⑰「より」②「ヨリ」⑩「□り」）

＊9　①　④〇　⑦　⑫⑬⑭　⑯⑰

（②⑧⑨⑩「ヶ」③⑥⑪⑮「【□】」）

10　①　④〇　⑧　⑪　⑬　⑯

＊11　①　③　〇　⑧　⑩　⑬　⑮⑯⑰

12　③④〇　⑦　⑫

13　③④〇⑥　⑪⑫　⑭

＊14　①②③　〇⑥⑦⑧　⑩⑪　⑬⑭⑮⑯⑰

（⑫「惺惺→惺　落字」）

＊15　①　③④〇⑥　⑧　⑩⑪⑫⑬⑭⑮⑯⑰

（②「ノ」⑦「の」）

16　①　③　○　⑧　⑬　⑯⑰

（④⑥⑪⑫「おいて↓於」②「おいて↓オヒテ」⑦「ひ」⑭「おいて↓於て」）

＊17　①②　④○　⑧　⑩　⑫⑬⑭⑮⑯⑰

（⑥⑪「仕↓ニ」③「仕候ハ、↓ニ而」）

18　○⑥　⑪⑫　⑭

（①⑩⑬「は」②「ハ」④「て」）

＊19　④○⑥⑦⑧　⑩⑪⑫⑬⑭⑮⑯⑰

（②「ト」③「与」⑯「候と」）

＊20　③④○⑥　⑧　⑩⑪⑫　⑭⑮⑯⑰

（①⑦⑬「候て」②「候テ」⑨「候」）

＊21　②③　○⑥　⑧　⑩⑪⑫　⑭⑮⑯⑰

（④「茂」）

22　③④○⑥⑦　⑪⑫

23　①　④○　⑨　⑫⑬⑭

24　①　③　○⑥⑦　⑬⑭

（②「つかゑ↓ツカヱ」⑪「つかゑ↓つるべ」）

＊25　①②③④○⑥⑦⑧　⑩⑪⑫⑬⑭⑮　⑰

（③「を仕」）

＊26　①　④○⑥⑦⑧　⑩⑪⑫⑬⑭⑮⑯⑰

（②「セシムレ」③「さしむれ」）

＊27　①　③④○⑥　⑧　⑪⑫⑬⑭　⑯⑰

28　①　③④○　⑦　⑬⑭

（⑥⑪⑫「し→候」）

＊29　①②③④○⑥⑦⑧⑨⑩⑪⑫⑬⑭⑮⑯⑰

＊30　②③④○　⑧　⑩　⑫　⑭⑮⑯⑰

（①⑦⑬「は」）

＊31　①②③④○⑥⑦⑧⑨⑩⑪⑫⑬⑭⑮⑯⑰

＊32　①　③④○⑥⑦　⑪⑫⑬⑭

（⑥⑪「斯→此ニ」）

＊33　①　④○⑥　⑧　⑪⑫⑬⑭　⑯⑰

（③「とも」⑦「の」）

＊34　②③　○⑥⑦⑧⑨⑩⑪⑫　⑭⑮⑯⑰

（①⑬「右之所尋→右之処」④「右之所尋→右の所尋」）

＊35　①②③　○⑥⑦　⑪　⑬　⑮⑯

（⑨⑩改行）

36　①　④○⑥　⑫⑬⑭
（③「之→之候」　⑦「ニて」　⑪「【事之】」　⑰「〻」）

37　③　○　⑦⑧⑨⑩　⑯⑰
（①⑥⑪⑬【□】　⑫⑭⑮「ヘ」　②「へ」　④「江」）

38　④○⑥　⑪⑫　⑭
（①⑬「伝」　⑮「転」）

＊39　②③④○⑥⑦　⑪⑫⑬⑭⑮⑯⑰

＊40　①②③④○⑥⑦⑧⑨⑩⑪⑫⑬⑭⑮⑯⑰

41　④○⑥⑦　⑪⑫　⑭

42　①　○　⑬⑭　⑯⑰

43　④○⑥　⑪⑫　⑭

＊44　①②　④○⑥⑦⑧　⑩⑪⑫⑬⑭⑮⑯⑰
（③「与」）

45　②③　○　⑫　⑭⑮
（⑦「て」）

＊46　①②③④○⑥⑦⑧　⑩⑪⑫⑬⑭⑮⑯⑰

＊47　②③　○⑥⑦⑧　⑪⑫　⑭　⑯
（⑥⑪「勘→勘之」　⑮「考」）

＊48　①②③④○　⑧　⑪　⑬⑭　⑯⑰
（①⑬「のり↓理」　②「のり↓ノ、リ」　③「のり↓法」）

49　④○⑥　⑪⑫　⑭

＊50　①②③④○⑥　⑧　⑩⑪⑫⑬⑭⑮⑯⑰

51　④○⑥　⑪⑫
（⑭「裁」）

＊52　①　④○⑥　⑪　⑬⑭　⑯⑰
（⑧⑩⑫⑮「〻」　⑥⑪「所〻↓処に」　②「所〻↓処」　⑦「【所〻】」）

＊53　①②③④○⑥⑦⑧⑨⑩⑪⑫⑬⑭⑮
（⑯⑰「大かた」）

＊54　①②③④○⑥⑦⑧　⑩⑪⑫⑬⑭⑮⑯⑰
（⑨「□・□」）

＊55　①②③④○⑥　⑧　⑩⑪⑫⑬
（⑦⑭⑮⑯⑰「とも」　⑨「□」）

56　④○⑥　⑪⑫　⑭　⑯

57　②　○⑥⑦　⑪

58　③　○　⑧　⑩　⑫　⑭
（①⑬⑮「得ハ」　⑦⑯⑰「へハ」　⑥⑪「得は」　②「へハ」　④「得バ」　⑩「へ共」）

59　①　○⑥　⑪⑫⑬

（⑥⑪「【ニ候】」　⑫「【事ニ】」）

＊60　①②③④○⑥⑦⑧⑨⑩⑪⑫⑬⑭⑮⑯⑰

61　①　④○⑥　⑪⑫⑬⑭

＊62　①②③④○⑥　⑧⑨⑩⑪⑫⑬⑭⑮

（⑦⑯⑰「ゆへ」）

＊63　①②③④○⑥⑦⑧　⑩⑪⑫⑬⑭⑮

＊64　①②　○⑥⑦⑧　⑩⑪⑫⑬⑭⑮　⑰

（③⑯「【之】」）

＊65　③　○⑥　⑧⑨⑩⑪　⑮　⑰

（①④⑬⑭⑯「にて」　⑦⑫「ニて」　②「ニテ」）

66　①　④○　⑬⑭

（③⑥⑧⑪「ニ而」　⑫⑯⑰「ニて」　②「ヨリ」）

＊67　①②③④○⑥⑦　⑪⑫⑬⑭⑮⑯⑰

＊68　①②　④○⑥⑦⑧⑨⑩　⑫⑬⑭⑮⑯⑰

（③⑪「もの」）

69　③④○　⑫　⑭

＊70　①②③　○　⑧　⑩　⑬　⑮⑯⑰

71　③④○⑥⑦⑫⑭⑮
*72　①②③④○⑥⑦⑧⑩⑪⑫⑬⑭⑮⑯⑰
（③「た、ん→裁む」）
73　③④○⑥⑪⑫⑭
74　④○⑥⑪⑫⑭
（③「なし」）
*75　①②③④○⑥⑦⑧⑩⑪⑫⑬⑭⑮⑯⑰
*76　①②③④○⑥⑦⑧⑩⑪⑫⑬⑭⑮⑯⑰
*77　②③○⑦⑧⑩⑮⑯⑰
*78　①②③④○⑥⑦⑧⑨⑩⑪⑫⑬⑭⑮⑯⑰

⑵⑻

【一、】[*1][2〔不改行〕]学問之筋、或ハ徳を貴ひ仁をねり、工夫・静座□□[*3〔を専〕]《ら》[*4]と仕□[*5〔候〕]有之。或□[*6〔ハ〕]身を修、人をたゝし、世を治平せしめ、功成名遂[*7〔高〕]あり。或ハ書物をこのミ[8〔好〕]、著述・詩文を専《ら》[*9]といたすあり。此品、上・中・下よりわかれ《候》[*10]て、様ゝ[11〔子〕]之心得ニ成行事に候。然に、我等存候ハ、徳を以【て】[12]人物を感せしめ、物いわすして、天下自正、垂衣裳而四海平【に】[13]、修□[*14〔文〕]徳而敵自感服せしめ【しハ】[15]、黄帝・尭・舜之時代之儀[*16〔義〕]、末代之まなひかたき所也。是をかた斗似せ候而も、其しるし無之儀[*17〔事〕]也。依之、如此心得候学者ハ、其志所高尚にして、終ニ世を背、山林に入、鳥獣を友と仕候事に候。□[*18〔又〕]、書物をこのミ、詩文・著述を事といたすは、学之慰ニ而、□□[*19〔日用〕]之事に《ハ》[*20]あらす。但、文章も学之余分なれハ、是を嫌にハあらす。余力の暇にハ、詩歌・文章【も】[*21]不可棄之也。

＊1　①　③④〇⑥　⑧　⑩⑪⑫⑬⑭⑮⑯⑰

2　③　〇

＊3　①　③④〇　⑦⑧⑨⑩⑪⑫⑬⑭⑮⑯⑰

（②⑥「を専→ヲ専」）

＊4　①　〇⑥　⑧　⑩⑪　⑬⑭⑮⑯⑰

（④⑫「専→高し」　⑥⑪「専と→専らニ」　②「ラ」）

＊5　①②③④〇⑥⑦⑧⑨⑩⑪⑫⑬⑭⑮⑯⑰

＊6　①②③④〇　⑦⑧⑨⑩　⑬⑭⑮⑯⑰

（⑥⑪⑫「は」）

＊7　②　④〇⑥⑦⑧　⑩⑪⑫　⑭⑮　⑰

（①③⑬「名遂→高名」　⑦「遂→高キ」　⑭「遂→高き」　⑯「名遂→治高」）

8　④〇⑥　⑪⑫　⑭　⑰

＊9　①　④〇⑥⑦⑧　⑩⑪⑫⑬⑭⑮⑯

（②「ラ」）

＊10　①　③④〇⑥　⑩⑪⑫⑬⑭

（④⑫「様〻之→様子ニ」）

11　③④〇　⑪⑫⑬⑭

12　③④〇　⑦　⑫　⑭

（②「テ」）
13　③④◯⑥　⑪⑫　⑭
＊14　①②③④◯⑥⑦⑧⑨⑩⑪⑫⑬⑭⑮⑯⑰
15　◯⑥　⑩⑪⑫⑬　⑮⑯
（①④⑧⑰「しハ↓候」②「しハ↓シハ」③「しハ↓し」⑭「感服せしめしハ↓令感」）
＊16　①②　④◯⑥⑦⑧　⑩⑪⑫⑬　⑮⑯⑰
＊17　①②③④◯⑥⑦⑧　⑩⑪⑫⑬⑭⑮⑯⑰
＊18　①②③④◯⑥⑦⑧⑨⑩⑪⑫⑬⑭⑮　⑰
（⑯「また」）
＊19　①②③④◯⑥⑦⑧⑨⑩⑪⑫⑬⑭⑮⑯⑰
＊20　②　◯⑥⑦⑧　⑩⑪　⑮⑯⑰
（①④⑫⑬⑭「は」）
＊21　①　③④◯⑥⑦⑧　⑪⑫⑬⑭　⑯⑰

(29)

【一、】[＊1]我等存候、聖学之筋【目】[＊3]ハ、身を修、人を正し、世を治平せしめ、[＊4]□□〔功成〕名遂候様ニ《仕度候》[＊5]。其故ハ、
[2]〔不改行〕我等今日、武士之門に出生せり。身に□[＊6]〔付〕て、五倫之交際有之。然ハ、自分之心得・作法□[＊7]〔外〕に、□[＊8]〔五〕倫之交《り》[＊9]、共に武士之上ニ而[10]〔候〕之勤有之。其上、武門に付て之わ□[＊11]〔さ〕大小品□[＊12]〔多〕し。[＊13]〔少〕小事ニ而云ときハ、衣類・食物・屋作・用具【之】[14]用法迄、武士之作法ある事也。殊更武芸之稽古、武具・馬具之制法・用法あり。大にて【ハ】[＊15]、天下之治

平、礼楽之品、国郡之制、山林・海河・田畠・寺社・四民・公事訴訟之仕置、政道・兵法・軍法・陣法・営法・□□*16〔城築〕・戦法有之。是皆武将・武士日用之業也。然□*17〔は〕武門之学問ハ、自分斗修得18〔行〕いたしても、此品〻にあたりてしるしなく、功立不申候而ハ、聖学之筋にて無之候。此故に、右之品【〻*19】ニ付て、工夫・思案も有之。旧記・故20〔古〕実をも勘21〔考〕る事あり。然ハ外□*22〔ニ〕、工夫・黙識・静座等いたす23〔致候〕事、其暇不可有之也。左候とて、□*24〔きわまりなき〕究品〻之*25〔の〕□*26〔わ〕さを、一〻習知《り27》つくすと云にハあらす。前に云28〔言〕ことく、聖学之定規・いかたを能□*29〔知〕、規矩・準縄に入とき【ハ30】、見事能通し、聞事明ニ成て、いか様之わさ31〔業〕来れりと云共、其品〻勘様、明白にしる、か故【に*32】、□□*33〔事物〕に逢【候*34】而、屈する事無之候。是大丈夫之意地たり。寔35〔まこと〕に心ひろく、体ゆるやか成共可言*36〔云〕也。此学相積時□*37〔ハ〕、知恵38〔智〕日〻新にして、徳自高《く39》、仁自厚、勇自立て、終に□*40〔ハ〕功もなく□*41〔名〕もなく、無為玄妙之地に可至。されハ功名より入て功名もなく、唯42〔只〕人たるの道を尽【す*43】のミなり。孝経【□*44】云45〔曰〕、立身行道、揚名於後世者、孝之終也。

＊1　①　③④〇⑥　⑧　⑩⑪⑫⑬⑭⑮⑯⑰

2　④〇　⑫

＊3　①　③④〇⑥⑦⑧　⑩⑪⑫⑬⑭⑮⑯⑰
（②「筋目→学」）

＊4　①②③④〇⑥⑦⑧⑨⑩⑪⑫⑬⑭⑮⑯⑰

＊5　①②　〇⑥⑦⑧　⑩⑪⑫⑬⑭⑮⑯⑰
（③「仕度」　④「ハ仕度候」）

＊6　①②③④〇⑥⑦⑧⑨⑩⑪⑫⑬⑭⑮⑯⑰

＊7　①②③④〇⑥⑦⑧⑨⑩⑪⑫⑬⑭⑮⑯⑰

＊8　①②③④〇⑥⑦⑧⑨⑩⑪⑫⑬⑭⑮⑯⑰

＊9　①　③④〇⑥⑦⑧　⑩⑪⑫⑬⑭⑮⑯⑰

（②「リ」）

10　①　④〇　⑫⑬⑭

（⑥⑪「【而之】」⑯⑰「の」②「モ」③「ハ」⑦「も」）

＊11　①　〇　⑦⑧⑨⑩　⑬　⑮⑯⑰

（③④⑥⑪⑫⑭「わ□→業」②「サ」）

＊12　①②③④〇⑥⑦⑧⑨⑩⑪⑫⑬⑭⑮⑯⑰

（①⑫「□し→多」）

＊13　①②③④〇⑥　⑧　⑩⑪⑫⑬⑭⑮⑯⑰

（⑦「小事→小時」⑭「小事→少時」）

14　③④〇⑥　⑪⑫　⑭

＊15　①　③④〇⑥　⑧　⑩⑪⑫⑬⑭　⑯⑰

＊16　①②③④〇⑥⑦⑧⑨⑩⑪⑫⑬⑭⑮⑯⑰

＊17　①　③　〇　⑦⑧⑨⑩　⑫⑬　⑯⑰

（②④⑥⑭「ハ」⑪「は→らは」⑮「者」）

18　④〇⑥⑦　⑪

＊19　①②③④〇　⑦⑧　⑪⑫⑬⑭⑮⑯⑰

20　④〇⑥⑦　⑪⑫　⑭

21　④〇⑥　⑪⑫　⑭⑮

＊22　②③④〇⑥⑦⑧⑨⑩⑪⑫　⑮
（①⑬⑭⑯⑰「に」　④⑫「外□↓殊ニ」）

23　④〇　⑫
（⑥⑪「いたす事↓いたし候事」　②「いたす事↓イタス事」　③「いたす事↓致ス事」　⑦「いたす事↓致す事」　⑭「いたす事↓致事」）

＊24　①　③　〇　⑦⑧　⑩　⑬　⑮⑯⑰
（⑥⑪⑫「□究↓極りなき」　④⑭「□究↓極り無」　②「□究↓キハマリナキ」　⑨「□究↓無究」）

＊25　①　③　〇⑥　⑧　⑪　⑬⑭　⑯
（②「ノ」）

＊26　〇　⑦⑧⑨⑩　⑬　⑮⑯⑰
（④⑥⑪⑫⑭「□さ↓業」　①③「□さ↓わざ」　②「□さ↓ワサ」）

27　〇⑥⑦　⑪　⑮

28　①　〇⑥　⑪　⑬⑭

＊29　①②③④〇⑥　⑧⑨⑩⑪⑫⑬⑭⑮⑯⑰
（⑥「知リ」　⑦「しり」　⑮「知□」）

30　①　④〇　⑪⑫⑬⑭⑮

31　③④○⑥ ⑪⑫ ⑭
（④⑪⑫「わさ↓業ゝ」　②「ワサ」）

＊32　①②③④○ ⑧ ⑩ ⑬⑭⑮⑯⑰
（⑥⑪「しる、か故に↓しるべし」　⑫「【しる、か故に】」）

＊33　①②③④○⑥⑦⑧⑨⑩⑪⑫⑬⑭⑮⑯⑰

＊34　①②③④○ ⑦⑧ ⑩ ⑫⑬⑭⑮⑯⑰
（⑥⑪「候而↓ひて」）

35　① ○ ⑧ ⑩ ⑬ ⑮⑯⑰
（④⑥⑦⑪⑫⑭「誠」　②「マコト」）

＊36　①② ○ ⑧ ⑩ ⑬ ⑮⑯⑰
（⑥⑪⑫⑭「可言↓云へき」　④「可言↓云べき」）

＊37　①②③④○⑥ ⑧⑨⑩⑪⑫⑬ ⑮⑯⑰
（⑦⑭「は」）

38　① ○⑥⑦ ⑪ ⑬⑭

39　① ④○⑥ ⑪⑫⑬⑭

＊40　①②③④○⑥ ⑧ ⑩⑪⑫⑬⑭⑮⑯⑰
（⑦⑨「は」）

＊41　①②③④○⑥⑦⑧ ⑩⑪⑫⑬⑭⑮⑯⑰

（⑨「□」）

42　③④〇⑥　⑪⑫　⑭

*43　①③〇⑥⑧⑩⑪⑬⑯⑰

*44　①②③④〇⑥⑦⑧⑩⑪⑫⑬⑭⑮⑯⑰

（⑨「に」）

45　①③〇⑥⑪⑬⑭⑮

（②④⑦⑧⑩⑯⑰「云」⑨「は」⑫「之」）

⑶⑽

[1]〔不改行〕右之品〻、自讃之[2]〔候〕様にきこへ候得共、各ヘ非可令遠慮候間□[*3]〔書〕付候。所【〻】[4]に我等□[*5]〔覚〕悟所有之候間、能〻心を付候而、読□[*6]〔可〕被申候。今年は配所ヘ参《り》[7]、十年に成候。凡物必十[8]〔拾〕年ニ変する物也。然は今年、我等於配□[*9]〔所〕朽果候時節到来と令覚悟候。我等始終之事は、所〻に[10]〔へ〕書付有之候得共、御念比之御方〻《も》[*11]、次第に残少ニ成行候間、我等[12]〔已〕以前より之成立、勤并学問□[*13]〔之〕心得、能被留耳底、我等所存立候様ニ被相勤候事所希候。最初に書候通、我等天道之□[*14]〔冥〕加に相叶候而、如此【ニ】[15]候へ共、第一は、乍愚蒙日夜相勤候故と被存候。然は、各自分之才学[16]〔覚〕ニも可罷成と存《候》[*17]、其時【之】[*18]御□[*19]〔咄〕〔之〕[*20]候。たとへ物語迄不残記置【之】[*21]候。若輩[22]〔年〕《成》[*23]者《ハ》[*24]如斯[25]〔此〕事迄、能覚候事尤《ニ》[26]候。有他見事ニ而無之候間、文□[*27]〔章〕之前後、任筆頭候。能〻被遂得心、万介[28]〔藤〕〔助〕[*29]令成長候ハヽ、利禄[30]〔録〕能仕合□[*31]〔之〕願ハ被指[*32]〔差〕置、子孫迄不義[33]〔不〕無道之言行無之、令覚悟候は[*34]〔ハ、〕、我等生前之大望、死後之冥慮【ニ】[35]候条、如斯[36]〔此〕記□[*37]〔置〕、礒谷平助ニ預置【之】[*38]候。仍而如斯[39]〔此〕候。以上

延宝第三卯《ノ》[40]　山鹿甚五左衛門《判》[*41]

正[*42]〔不改行〕□[*43]〔月〕十一日
山鹿三郎右衛門殿
岡八郎左衛門殿
【高興[*44]（花押）】

1　④○⑦⑫⑬
2　②○⑧⑩⑪⑬⑭
＊3　①②③④○⑥⑦⑧⑨⑩⑪⑫⑬⑭⑮⑯⑰
4　①③○⑧⑪⑬⑯⑰
＊5　①②③④○⑥⑦⑧⑨⑩⑪⑫⑬⑭⑮⑯⑰
＊6　①②③④○⑥⑧⑨⑩⑪⑫⑬⑭⑮⑯⑰
（⑦「【可】」）
7　○⑥⑦⑪⑭
8　②○⑧⑩⑯
＊9　①②③④○⑥⑦⑧⑨⑩⑪⑫⑬⑭⑮⑯⑰
10　④○⑥⑪⑫⑭
（⑧⑯⑰「ニ」②「【に】」③「江」）
＊11　①○⑥⑧⑪⑬⑭⑮⑯⑰
（③④⑦⑫「ミ→も」②「モ」⑩「□」）

12　③　○⑥⑦　⑪

＊13　①②③④○⑥⑦⑧⑨⑩⑪⑫⑬　⑮⑯⑰

（⑭「の」）

＊14　①②③④○⑥⑦⑧⑨⑩⑪⑫⑬⑭⑮⑯⑰

15　○⑥⑦⑧　⑪　⑮⑯⑰

16　③　○⑥⑦　⑪　⑭

＊17　④○⑥⑦　⑪⑫　⑭　⑯⑰

（②⑧⑩⑮「シ」）

＊18　①②③④○⑥⑦⑧　⑩⑪⑫⑬　⑮⑯⑰

＊19　①②③④○⑥⑦⑧⑨⑩⑪⑫⑬⑭⑮⑯⑰

＊20　①　③　○⑥　⑧　⑩⑪⑫⑬　⑮⑯⑰

（②「ノ」⑦「の」）

＊21　①　③④○⑥⑦⑧　⑪⑫⑬⑭⑮⑯⑰

22　④○⑥　⑪⑫　⑭⑮

＊23　①②　④○⑥⑦　⑪⑫⑬⑭⑮

（③⑧⑩⑯⑰「なる」）

＊24　①②③　○⑥⑦⑧　⑪　⑬⑭⑮⑯⑰

（④⑫「は」⑩「□」）

25　①③〇⑥⑪⑫⑬⑭
26　③④〇⑦⑫
＊27　①②③④〇⑥⑦⑧⑨⑩⑪⑫⑬⑭⑮⑯⑰
28　〇⑥⑪⑫⑰
（⑥⑪⑫⑰「万助→藤助」）
＊29　①②③④〇⑥⑦⑧⑩⑪⑫⑬⑭⑮⑯⑰
30　①③〇⑥⑦⑬⑭⑯
＊31　①②③④〇⑥⑧⑨⑩⑫⑬⑭⑮⑯⑰
（⑦「の」⑪「【之】」）
＊32　①④〇⑥⑪⑫⑬⑭⑯⑰
33　〇⑥⑦⑪⑭
（⑯「無道→無常」）
＊34　①②③④〇⑥⑦⑧⑩⑪⑫⑬⑮⑯⑰
（⑭「而」）
35　④〇⑦⑧⑪⑭⑯⑰
36　①④〇⑥⑪⑬⑭
＊37　①②③④〇⑥⑦⑧⑨⑩⑪⑫⑬⑭⑮⑯⑰
＊38　①②③④〇⑥⑦⑧⑩⑪⑫⑬⑭⑮⑯⑰

39			③		○	⑥					⑪				⑮			（⑫「是」）
40	①	②			○		⑦	⑧		⑩			⑬					
＊41	①	②	③	④	○	⑥	⑦	⑧		⑩	⑪	⑫	⑬	⑭	⑮	⑯	⑰	
＊42	①	②	③	④	○	⑥	⑦	⑧		⑩	⑪	⑫	⑬	⑭	⑮	⑯	⑰	
＊43	①	②	③	④	○	⑥	⑦	⑧	⑨	⑩	⑪	⑫	⑬	⑭	⑮	⑯	⑰	
＊44	①	②	③	④	○	⑥	⑦	⑧		⑩	⑪	⑫	⑬	⑭	⑮	⑯	⑰	

四、自筆本・写本の対校結果

「自筆本」と「写本」一七本との異同総項目件数は、前節の結果から一〇三五件であり、その内の過半数、八本以上の共有する異同の項目件数は五五五件（前節に「＊」の記号がある項目。以下、件数は「（ ）」で示す）であった。内訳は、前節の標題「配所残筆」の二件（一件）、同じく⑴、すなはち『配所残筆』の第一段落が七件（四件）、以下同様に、⑵が四件（三件）、⑶が一四件（六件）、⑷が四件（一件）、⑸が六件（三件）、⑹が一九件（一〇件）、⑺が一三件（七件）、⑻が一一件（四件）、⑼が一一件（五件）、⑽が二五件（八件）、⑾が四九件（二五件）、⑿が一一件（六件）、⒀が一〇件（六件）、⒁が四〇件（二五件）、⒂が三〇件（一六件）、⒃が六四件（二八件）、⒄が二四件（一二件）、⒅が九五件（四九件）、

⒆が六〇件(三二件)、⒇が二五件(一一件)、㉑が三〇件(一七件)、㉒が一〇九件(六三件)、㉓が三〇件(一七件)、㉔が二九件(一七件)、㉕が六〇件(三一件)、㉖が六五件(三二件)、㉗が七八件(四七件)、㉘が二一件(一五件)、㉙が四五件(二九件)、㉚が四四件(二五件)である。一〇三五件の総項目件数に占める( )内の総件数五五五件の割合は、五三・六二パーセント(小数点第二で切り捨て、以下同)で、全体の過半数といふことになつた。

次に、この五五五件を対象として、諸写本がどの程度の占有件数と割合を示すのかを列記してみたい(写本名は「 」の略称を使用)。ただし、「東博本」は、完本ではないので、「自筆本」との異同総項目件数・四〇一件の異同総項目件数中の比率である。

①「内閣甲本」四四二件(七九・六三パーセント)
②「内閣乙本」三四五件(六二・一六パーセント)
③「宮書甲本」四一四件(七四・五九パーセント)
④「宮書乙本」四五三件(八一・六二パーセント)
⑤「東博本」二五六件(六三・八四パーセント。ただし四〇一件中の比率)
⑥「京大本」四三八件(七八・九一パーセント)
⑦「東大本」三五九件(六四・六八パーセント)
⑧「岩瀬本」四五四件(八一・八〇パーセント)
⑨「山鹿甲本」一〇一件(一八・一九パーセント。自筆本系の写本)
⑩「山鹿乙本」四〇四件(七二・七九パーセント)

⑪「神習本」　四三四件（七八・一九パーセント）
⑫「茨大本」　四五三件（八一・六二パーセント）
⑬「新大本」　四四四件（八〇・〇〇パーセント）
⑭「柳川本」　四五〇件（八一・一〇パーセント）
⑮「松浦本」　四一八件（七五・三二パーセント）
⑯「中山本」　四五七件（八二・三四パーセント）
⑰「家蔵本」　四五九件（八二・七〇パーセント）

以上の結果から、当然のことであるが、唯一の自筆本系の写本・⑨「山鹿甲本」は一〇一件、一八・一九パーセントといふ低い比率になつた。

その他の増補本系の写本・一六本においては、逆に占有率の高い順番でいふと、第一が⑰「家蔵本」四五九件の八二・七〇パーセントであつた。第二が⑯「中山本」四五七件の八二・三四パーセント、第三が⑧「岩瀬本」四五四件の八一・八〇パーセント、第四が④「宮書乙本」と⑫「茨大本」の四五三件の八一・六二パーセントになつた。上位一番目の⑰「家蔵本」四五九件から、第四の④「宮書乙本」と⑫「茨大本」の四五三件までの差は、わづかに六件である。

以下の順は、第六が⑭「柳川本」四五〇件の八一・一〇パーセント、第七が⑬「新大本」四四四件の八〇・〇〇パーセント、第八が①「内閣甲本」四四二件の七九・六三パーセント、第九が⑥「京大本」四三八件の七八・九一パーセント、第十が⑪「神習本」四三四件の七八・一九パーセント、第十一が⑮「松浦本」四一八件の七五・三二パーセント、第十二が③「宮書甲本」四一四件の七四・五九パーセント、第十三が⑩「山鹿乙本」四〇四件の七二・七九パーセントとなつた。

第十四の⑦「東大本」三五七件の六四・四四パーセント、第十五の⑤「東博本」二五六件の六三・八四パーセント、第十六の②「内閣乙本」三四三件の六一・九一パーセントは、その前までの写本と比較すると、比率で平均九パーセント以上もの差が生じてゐる。

全写本の比率の平均値を出してみると、七二・八八パーセントとなつた。自筆本系の⑨「山鹿甲本」一八・一九パーセントを除外すると、七六・三〇パーセントとなる。このやうに諸写本の平均値は、八割にはおよばなかつたが、この数値を念頭におきながら、「五五五件」の自筆本と写本一七本との異同項目件数を、「増補本」の標準的な特色として、第三章・第三節の「自筆本」の校訂に使用してゆきたい。

なほ、著者はかつて、「増補本『配所残筆』の校訂について」（『芸林』五二―二、平成十五年一〇月）において、①「内閣甲本」を底本に、⑰「家蔵本」を除く増補本系写本・一五本を対校本にして、「〔校訂〕増補本『配所残筆』」を作成した。さらに、これを対校本「増補本」として、「自筆本」の校訂を行なひ、「〔校訂〕『配所残筆』」を作成し発表したが（「山鹿素行著作『配所残筆』の校訂について」『日本学研究』七、平成十六年六月）、既述のとほり、本書はそれを全面改訂した成果である。

五、増補本『配所残筆』の特色

「自筆本」の構成は、本文ともいふべきものが、「一、……」の箇条書きで二十八条あり、その前後におかれた「まへがき」「あとがき」とで、全体、三〇段落の形式になつてゐる。それに比べて「増補本」の方は、「一、……」の箇条書き形式を取らない。つまり、「一」をすべて削除し、厳密な定義とはいへないが、ただの改行によつて、三十段落を構成してゐる写本であることを特筆しなければならない。

しかし、第二節と第三節の調査結果によれば、本文の文字の異同上の特色から「増補本」と見なせるものに、「一、……」の箇条書き形式をすべて残した、②「内閣乙本」と⑦「東大本」とがある。さらに後者は、第三〇段落目の「あとがき」部分が、第二九段落目と連続して筆写されてゐるため、二十九段落の構成となつてゐるだけでなく、「増補部分」を持たない写本である。書写内容からすれば「増補本」であるのに、なぜ「自筆本」の形式なのか、現時点では説明が付かない。

また、次の〔表〕のやうに、「自筆本」は三〇段落構成であるが、増補本系統の写本では、⑩「山鹿乙本」だけがこの構成を保持してゐた。つまり、各写本において、「×」記号の段落が、前段落と連続して筆写されてゐた状況を示してゐる。「一」記号が「一、……」の形式を残してゐるといふ意味であり、⑤「東博本」の「╱」記号は、筆写されてゐない段落の意味である。

		⑰	⑯	⑮	⑭	⑬	⑫	⑪	⑩	⑨	⑧	⑦	⑥	⑤	④	③	②	①		
0																				(1)
4				×			×			—		—		×		×	—			(2)
3				×						—		—		×		×	—			(3)
2										—		—		×		×	—			(4)
3		×	×							—		—					—	×		(5)
5				×						—		—	×	×	×	×	—			(6)
3				×						—		—		×		×	—			(7)
2										—	×	—				×	—			(8)
8		×	×	×		×				—	×	—		×		×	—	×		(9)
4							×			—		—		×	×	×	—			(10)
8						×	×	×		—	×	—	×	×	×		—	×		(11)
5				×				×		—		—	×	×		×	—			(12)
2		×	×							—		—					—			(13)
4						×				—		—		×		×	—	×		(14)
1										—		—				×	—			(15)
3							×	×		—		—	×				—			(16)
11		×	×		×	×	×	×		—		—	×	×	×	×	—	×		(17)
5							×	×		—		—		×	×	×	—			(18)
7				×	×		×	×				—	×	×	×		—			(19)
6				×	×		×			—		—	×	×	×		—			(20)
6					×	×		×		—		—	×			×	—	×		(21)
1							×			—		—					—			(22)
5						×	×			—		—			×	×	—	×		(23)
3								×		—		—		×		×	—			(24)
7		×	×	×		×				—		—		×		×	—	×		(25)
2								×		—		—	×	／			—			(26)
2							×			—		—		／		×	—			(27)
1										—		—		／		×	—			(28)
2							×			—		—		／	×		—			(29)
5						×	×					×		／	×			×		(30)
		5	5	9	4	8	13	9	0	0	3	1	9	16	10	19	0	9		

この改行のくずれた状態が比較的少ないのが、前出の⑦「東大本」の一箇所であり、⑧「岩瀬本」の三箇所であり、⑭「柳川本」の四箇所、⑯「中山本」と⑰「家蔵本」の五箇所ぐらゐである。その他は、飛んで八箇所、九箇所の三本、一三箇所、一六箇所、一九箇所となつてゐる。同段落の不改行が一致したのは、⑯と⑰だけであり、第三節の異同件数の上位一位・二位を占めた両者は、間違ひなく近親関係にある写本といへるであらう。

次に、これも形式上の特色であるが、第三〇段落末尾の「日付」「署名」に相違が見られる点である。左に比較してみたい。

〔自筆本〕　延宝第三卯　　　　　　山鹿甚五左衛門
　　　　　　　正□十一日　　　　　高興（花押）
　　　　　山鹿三郎右衛門殿
　　　　　岡八郎左衛門殿

〔増補本〕　延宝第三卯《ノ》正月十一日　山鹿甚五左衛門判
　　　　　山鹿三郎右衛門殿
　　　　　岡八郎左衛門殿

第一に、日付の「延宝第三卯」と「正月十一日」とが、自筆本では改行して、二行に筆記されてゐるが、増補本では一行で書写されてゐる。第二に、それも①「内閣甲本」・②「内閣乙本」・⑦「東大本」・⑧「岩瀬本」・⑩「山鹿乙本」・⑬「新大本」の六本は、その間に「ノ」の字を挿入し、同じく一行で書写してゐる。なぜ自筆本は不自然な改行をしたのであらうか。第一部の「写真版」を参看してみると、いかにも「手紙・遺書」といふ印象の強い、素行の流麗な筆跡で書かれてゐる。そして、この箇所（八三頁）は、「日付」と「署名」を一行で書くと、その上下の間隔が、およそ二字分ぐらゐしか空かないと見なすことができる。おそらく素行は、書いてゐる途中で、均衡が取れないと判断し、「正月十一日」を横の位置、つまり次行においたのか。または、日付のこの部分は、署名をした後で、その日にちをその時点で思ひだして書き入れたのか、のどちらかであらう。「増補本」が、当初から「ノ」を入れてゐたかどうかは、⑤「東博本」を除く一五本のうちの六本であるので、可能性は低いといはざるをえない。

第三に、「署名」の問題であるが、これも「日付」と似た理由で、自筆本が通称の「山鹿甚五左衛門」をまづ自署し、左横下に実名の「高興」と「花押」を記入してゐる。増補本の「写本」一五本すべてが、通称の署名の下に、「花押」の省略を意味する「判」の字を加へて一行とし、「高興」と実際の「花押」は削除してゐる。これも決定的な「増補本」の特色であるといつてよく、「増補本」が「自筆本」を改変したものであるといふ証拠がここに見られるのである。そして、この所為は、素行自身のものと推測する。なぜなら素行以外に、誰が素行の自署「山鹿甚五左衛門」「高興」および「花押」を、「山鹿甚五左衛門判」といふやうに、「通称」と「判」の字だけに替へられるだらうか。⑨「山鹿甲本」は、種村高周（生歿年不明）によつて、「自筆本」の「日付」「署名」の形式を忠実に謄写された唯一ではあるが、その実例である。

続いて最大の特色である「増補部分」についてであるが、これは「増補本」の成立に関はる重要な内容を含んでゐる。よつて節を改め、次節に具体的な資料を掲載して、その成立について論述することとする。

六、増補本『配所残筆』の成立

『配所残筆』の自筆本が最初に翻刻されたのは、昭和九年（一九三四）十二月発行の『大日本文庫』武士道篇「武士道集」上巻（春陽堂）所収の「配所残筆」においてであらう。校訂者の井上哲次郎氏は「解題」で、

本文の末に延宝第三卯正月十一日山鹿甚五左衛門高興、山鹿三郎右衛門殿、岡八郎左衛門殿とあるまでは、配所残筆の本文にて其の次に挙げた十月十六日附の書簡四通は、盖し罪を赦されて帰京（マヽ）後四年、即ち寛文六年に書いたもので、残筆の本文ではなく後に書添へたものであるが、其の後の消息を知るに有力な材料である故に其の儘之を載することにした。（三頁）

と、初めて増補本「増補部分」の性格について解説された。また、本文の「増補部分」の頭注には「〇以下自筆本にはない。」（二三二頁）とあり、同じくその「奥書」部分の頭注には「〇以下稲葉則通の追記に係り残筆の本文にあらざれど、存採叢書本に拠り参考の為に存す。」（二四一頁）とあつて、双方ともに『存採叢書』の転載であることが確認できる。

次は、昭和十一年十月『日本先哲叢書』（一）所収の「配所残筆」（広文堂書店）と思はれる。校註者・中山久四郎氏の

「解題」には、「また原文は流布本に拠らず、古写本を複製したものに拠つて校訂した。」(三四〜三五頁)とされてゐるが、「校訂」は「翻刻」のことであり、「増補部分」は掲載されなかつた。

その次は、昭和十五年(一九四〇)六月十八日、『岩波文庫』「聖教要録・配所残筆」に所収された「配所残筆」である。その後の同文庫本の「奥付」を記載してみると、「昭和十六年十二月十五日第二刷発行」「昭和十九年一月五日第三刷発行(一万部)」「昭和十九年八月二十五日第三(四カ)刷発行(一万部)」「一九八九年一〇月一二日第五刷発行」(平成元年、原横書き、アラビア数字使用)といふやうに、現在まで四回増刷されてゐる。ちなみに、僅少ではあるが「第五刷」本に本文の改訂が見られる。

校訂者の村岡典嗣氏は、次のやうな「解説」をされてゐる(初版本による)。

> 本書は長く写本として伝つたが、明治十八年、近藤瓶城が之を存採叢書に収めて以来、しばしば刊行された。今本文庫にをさめるについて、文学士福尾猛市郎君を煩して、自筆影印本により、改めて原稿を作成した。多少とも流布本の誤りを正しえたと信ずる。なほ影印本は、延宝三年正月十一日付、山鹿三郎右衛門、岡八郎左衛門宛の一篇だけであるが、存採叢書は東条琴台所蔵の写本によつて、更に後年(延宝六年)十月十六日付書付四通を附載した。今そのまゝ添へることにしたが、これまた、京都帝国大学所蔵の内藤恥叟校訂本によつて、流布本を改めるところ少くなかつた。(一〇六頁)

このやうに村岡氏は、「自筆本」を翻刻した上に、『存採叢書』本の「増補部分」を転載し、これを⑥「京大本」で校訂されてゐる。なぜ増補部分を「今そのまゝ添へることにした」のか理由は記してゐないが、本文について「多少とも流布本の誤りを正しえたと信ずる」と自負されてゐる。よつて、「自筆本」が転写されてゆく過程で、「流布本」すなはち「増補本」のやうな誤写が生じたと判断されたものと推測できる。「増補部分」については、井上氏と同様に、後世に付載されたものであるが、なんら意義のないものといふ認識は持たれてゐなかつたやうである。

同じ岩波書店から、これも同時期の昭和十五年六月二十四日付けで『山鹿素行全集』本の「配所残筆」（思想編一二）が登場した。編纂者は広瀬豊氏で、こちらは「自筆本」しか翻刻されてゐないだけでなく、その「解題並凡例」にも、「増補本」や「増補部分」についてはは一切ふれられてゐない。

昭和十二年（一九三七）四月刊行、紀平正美氏の『山鹿素行の配所残筆』（日本文化協会出版部）は、「増補本」を口語訳された啓蒙書である。その「増補部分」も同様に掲載されてゐるが、その「前言」には、

此勢を見て老中久世大和守は喜ばない、謹慎し居るべき筈のものが所々徘徊し不謹慎なる行為ありと、松浦侯鎮信に向うて語つたといふ。それに就ての弁解書が後に附録の形式になつて居る、十月十六日といふ日附けのある四文である。即ち四年後の延宝六年のことである。（中略）即ち茲では自叙伝としての『配所残筆』の補遺として見ればよいからである。又此四文を『配所残筆』の附録の様にしたのは、素行のやつたことではなく、後人の仕業である。（一三～一四頁）

とあつて、論拠は明示されてをられないが、「増補部分」は、『配所残筆』の「補遺」であり「附録」であつて、素行の意思でなされたものではない、といふ説明である。ここにも、後世、付加された「附録」であつて、『配所残筆』には元来なかつたもの、といふ認識が窺へる。

しかし、問題はその前半の部分に「増補本」の成立にかかはる記事があることである。つまり、素行の日記『年譜』（『山鹿素行集』七による。昭和十九年一月、目黒書店）延宝六年（一六七八）十月十日の条（素行五十七歳）に、「晴、松浦弥一右衛門来話、晩到二松浦公亭一、今朝、公、謁二久世公一、公云、素行有二方々徘徊之説一、公云、豈夫然乎、云々、」（一五九～一六〇頁）とあつた。この日の夕方、松浦鎮信の屋敷を訪ねると、鎮信が今朝、老中・久世広之に会つたところ、「謹慎中の素行が方々出歩いてゐるといふ風聞がある」といはれたとあり、幕閣から素行不謹慎の嫌疑がかかつたことにその発端がある。そして、同十六日、「予及レ夜到二松浦公一、献二書付三通一、」（一六〇頁）とあつて、この時に提出した、いはば弁明書が「増補部分」にあたるのである。なぜなら、素行の「書簡」（『山鹿素行全集』思想篇一五による。昭和十六年二月）の、松浦藩・家老「滝川弥市右衛門宛」の同日付三通と、同「口上之覚」一通と文面が合致するからである（八二一～八二六頁、以下「全集本」と呼称する）。

そこで、この「書簡」の四文書と「増補部分」とを比較してみると、文書の排列に次のやうな違ひがあつた。参考までにその概要も下記に記しておく。ちなみに、この素行にとつて、『聖教要録』の筆過事件以来の危機は、松浦鎮信の仲裁が功を奏し、『年譜』に「廿日、晴、朝到二松浦公一之処、自二久世公一御手紙到来、有下予可二安堵一之告上、公御触、」（一六一頁）とあつて事なきを得た次第である。

全集本「三七　滝川弥市右衛門宛㈠」→　増補本「第二文書」幕府重役・諸大名との師弟関係について
全集本「　　　同　　　　　　㈡」→　増補本「第一文書」不謹慎などの嫌疑への釈明
全集本「　　　同　　　　　　㈢」→　増補本「第四文書」老中・板倉重規への不遜な問答に対する弁明
全集本「　　　口上之覚　　　㈣」→　増補本「第三文書」口上書

次に、これら「四文書」(底本)を、「増補本」の排列通りに組み替へて転載し、⑰「家蔵本」(対校本)との対校作業の結果を明示して、具体的に検討してみたい。左の底本の転載・翻刻、そして、対校本との校異記入における「凡例」は、第二章・第二節のそれと同様である。ただし、畳字「々」「〻」は、底本・対校本の字体を残した。

「第一文書」

(1)【一　】四年以前卯六月、私儀奉蒙《　》御赦免、八月御当地へ〔江〕下著仕、同十四日浅野又市郎《殿御》家来大石頼母助同道仕、久世大和守様へ〔江〕参上仕候。其節両人へ〔江〕御直々被仰聞候は、以前よりの〔之〕近付衆へは〔ハ〕出入可仕候、浪人など〔と〕あつめ候事無用【に】可仕候、住所は〔ハ〕心次第に〔三〕何方に成共可罷有〔在之〕候由被仰渡候。右の〔之〕御意堅【く】今日迄相守罷有〔在〕候。其節より浅草田原町と申候所に〔三〕借屋仕、今以罷有〔在〕候。近年は病者に罷成候て〔間〕、乍慮外行歩不自由に御座候故〔ゆへ〕、大方何方へ〔江〕も不罷出候。

(2)【一　】罷下〔不改行〕候以後、此以前の〔之〕筋目を被思召、戸田左門公其外御使者被下候得共、御礼迄申上候て〔而〕、一度も御見舞不申上候。数十年以来由緒御座候て〔而〕被懸御目候御方方〔〻〕様へは〔江ハ〕、自然《ニ》懸御目候。是以四年以来度々得御意候御事も無御座候。

(3)【一　】浅野又市郎《殿》・松浦肥州公御事は〔ハ〕各別に〔三〕候。是へ〔江〕も少々にて御見舞〔廻〕不申上候。津軽越州〔中〕公御事前々より御念比の〔之〕筋目御座候て〔而〕、私一類共一両人御家中に〔三〕罷有〔在〕候。只今は〔ハ〕拙者娘御家中へ遣置候。然ば〔ハ〕右三家御事、主人同意に〔三〕奉存候間、折々従此方奉窺御機嫌可然事に〔三〕奉存候へ共〔とも〕、御断申上候て〔而〕、大方参上不仕候。娘儀も御屋敷の〔之〕内に〔三〕罷有候故、逢申候様に〔三〕参候事も遠慮仕候て〔而〕、少々にて〔三而〕は不参候。

(4)【一 】四年以来筋目無御座候衆へ〔江〕近付【に】不罷成候。尤御大名衆へ新敷御出入不仕候。【御】小身成御方へ〔江〕も一人も御近付に〔ニ〕不罷成候。殊更筋目無御座候家中の〔之〕衆・浪人は断を申候て〔而〕、近付に〔ニ〕不罷成候。

(5)【一 】上野御門主様へは〔江ハ〕為冥加【に】候間〔之〕、一年に〔ニ〕両度従此方必参上仕候。久世大和守様・土屋但馬守様へは〔江ハ〕奉窺御機嫌候様に〔ニ〕折々参上可仕候得共〔とも〕、御事多候内態と延引仕候。当年も年頭の〔之〕御礼に〔ニ〕漸正月末か二月比【に】御両所様へ〔江〕一度参候かと覚申候。

(6)【一 】人に道具遣候御沙汰御座候由、少も左様の〔之〕儀無御座候。世悴・弟・聟共に〔ニ〕自然さび〔ひ〕身の〔之〕道具くれ申候事は〔ハ〕御座候。急度仕候御方へは〔ハ〕不奉及申上候、家中浪人其外【軽者に】も道具遣候事終に無御座候。

(7)【一 】拙者儀〔不改行〕松浦肥州公・津軽越州公御家中〔中〕の〔之〕御仕置を口入仕候て〔而〕色々新法を立【て】、下下痛〔ミ〕《申》候事申付候などと〔とゝ〕方々沙汰仕候由風聞承候。中々存寄も無御座候。娘有付〔斤〕【申】候時分、拙者儀故隣【家】にも〔ニ〕不存候程〔ほと〕軽仕候【故】、松浦肥州公御近所に〔ニ〕罷有〔在〕候へ〔得〕共、有付〔斤〕候事御存不被成、御使も不被下候程軽き儀に〔ニ〕御座候所、是も右の〔之〕時分夥敷書付を仕候て〔而〕申ふらし候中に〔ミ〕一ケ条も無御座候御事【候】。

(8)【一 】唯今は世上に〔ニ〕拙者名をかり申候て〔而〕方々兵学の〔之〕師を仕候者〔もの〕多御座候由伝承候。書物屋に〔ニ〕も拙者作の〔之〕書物の〔之〕由申候て〔而〕、高直に〔ニ〕方々へ〔江〕売申候本御座候由承候。【但】風聞故〔ゆへ〕偽も不奉存候。四年以来拙者師を【不】仕、并書物他所へ〔江〕取あつかひ不仕候。

(9)【一 】乍憚申上候。拙者儀四十年以来奉得貴意被掛〔懸〕御目候御方々御歴々様は〔ハ〕不奉及申上候。家中の衆筋目御座候て〔而〕自然参候浪人迄、不義不作法仕候者〔もの〕今日迄一人も不承伝候。先年悪人共〔とも〕徒党仕候て〔而〕罪科被《 》仰付候時分も、私方へ出入仕候者は〔ものハ〕不及申上候、近付一人も無御座候。此段は〔ハ〕拙者冥加に〔ニ〕相叶候と奉存候。尤日比無筋目浪人等堅出入不仕候様に〔ニ〕随分心がけ〔か〕奉存候御事ニ御座候。

(10)【一　】拙者儀於配所朽果可申覚悟仕候所〔処〕、各【ゝ】様御影故〔ゆへ〕不寄存〔存寄〕冥加に〔ニ〕相叶、母存命の〔之〕内に〔ニ〕罷下三年一所に〔ニ〕罷有〔在〕、去冬母相果【候】、今生の〔之〕願相達難在〔有〕奉存候。其以後私病者に〔ニ〕罷成、弥【ゝ】何方へも不罷出候。拙者儀元来凡下の者に〔之ものニ〕御座候故〔ゆへ〕、自前々御歴歴〔ゝ〕様へ〔江〕従此方望《申》候て〔而〕御出入不仕候。就夫酉《の》年大火事以後高田へ引込罷有候て〔而〕、大方不罷出候。其時分より只〔唯〕今は猶以老衰仕候故、ひつそく仕罷有候。

(11)【一　】拙者体の〔之〕凡下の〔之〕者《　》【御】公儀【様】御恩忝奉存候由〔よし〕申上候事、慮外千万成様に〔ニ〕奉存候得共、如斯御静謐【に】御座候て〔而〕、数十年心閑に〔ニ〕相勤罷有〔在〕候儀、乍恐天下の〔之〕御恩不浅難有奉存候。殊更不慮に〔ニ〕奉蒙【　】御赦免御当地へ〔江〕罷下候上は〔ハ〕、弥【ゝ】以日夜相慎罷有〔在〕候事、似合の〔之〕志に〔ニ〕ても可有御座《と》、乍恐奉存候。若たはぶれ〔わふ〕に〔ニ〕も不義不忠成事を口に申候へば〔ハ〕、心に〔ニ〕もうつり〔移〕申候間、冥加忽尽可申【候】。此段堅相勤候様に〔ニ〕世悴共にも平生教戒仕候。然者〔は〕【御】公儀【様】をかろしめ御法度をないがしろ〔ひか〕に仕、御作法を評判仕候事、かりそめに〔ニ〕も御座候はば〔ハヽ〕、乍恐冥【加】罰甚重に可罷蒙、常々つつ〔ゝ〕しみ〔ミ〕罷有候。就中四年以来は拙者儀御取持被下候御方々様へ〔江〕御苦労をかけ申候段、生々世々迷惑仕候間、不覚悟【成】義聊無御座候様に〔ニ〕朝暮心が〔か〕け罷有候。此段已前より被懸御目候御方々様御存の〔之〕前に〔ニ〕御座候間不及申上候得共〔とも〕、乍次【手】如斯申上候御事《ニ》御座候。以上

十月十六日

山鹿甚五左衛門

《右之通半紙ニ壱通合文一》

「第二文書」

(1)拙者儀凡下無徳の者に〔之ものニ〕御座候て〔而〕、御歴々様方の〔之〕御前へ〔江〕罷出候体の者〔もの〕に《ハ》無御座候得共〔とも〕、若輩の〔之〕時分より御歴々様方被懸御目御取持被下候。此段聊私徳義の〔之〕故などとは〔と、ハ〕不奉存【候】。天道の〔之〕冥加に〔ニ〕相叶候御事と〔ニ〕奉存候。

(2)
【一　】拙者義〔儀〕若年の〔之〕時分湫兵右衛門殿・小栗仁右衛門殿御取持被成候て〔而〕　紀伊大納言様へ〔江〕七拾人扶持にて〔二而〕可被召出候御約束仕候。其節阿部豊州公より尾畑勘兵衛殿・北条安房守殿御頼被成、拙者被召出度の〔之〕由被仰聞候得共〔とも〕、右の〔之〕御先約仕候段御断申上候。然所〔ハ〕　大納言様豊州公御事【より】被為聞召候て〔而〕、布施佐五右衛門為御使者、兵《右》衛門殿・仁右衛門殿へ〔江〕被仰出候《ハ》。豊州公御抱有之度由御申〔被〕【候】者〔もの〕を【　】大納言様へ御引取被成候段、御遠慮に〔ニ〕被【為】思召候間、豊州〔後〕《守》公へ〔殿江被〕御召抱候様に〔ニ〕可仕候。其段勘兵衛殿・安房守殿へ右佐五右衛門被遣、被仰〔候〕遣由〔よしニ〕に候。拙者奉存候は、　大納言様右の〔之〕通御遠慮被為成候上は、豊州公にも被召置間敷奉存候間、双方被指〔差〕置被下候様に〔ニ〕従此方申上度由御相談仕、其通【に】罷成候。

(3)
【一　】右翌年加州【松平】筑前公拙者儀可被召抱由、町野長門殿御取持候得共〔とも〕、拙者親申候は、知行千石不被下候ては〔而〕罷出候事無用に〔ニ〕可仕候由申候て〔而〕留【め】申候。筑州〔前〕公も七百石迄可被下候由承候。

(4)
【一　】大猷院様御前へ〔江〕祖心昵近被仕候時分、祖心被申候は〔ハ〕、其方儀御次手御座候て〔間〕【具】達《　》上聞候、他所へ〔江〕奉公に〔ニ〕罷出候事無用に〔ニ〕可仕候由被申聞候。松平古越中公拙者に〔江〕兵学御相伝被成、別而御念比に〔ニ〕御座候【に】付、右の〔之〕段御物語仕候。其後越州公被仰候は、拙者儀〔義〕酒井空印公へ〔ニ〕具に〔ニ〕被仰達候由に〔ニ〕候。就夫祖心所へ〔江〕空印公御出被成候節、拙者被召出御懇意の〔之〕上、越州公私儀被仰候旨【を】被成御意候。右越中公御懇意の〔之〕段は酒井日州公御覚可被成候。

(5)
大猷院様御他界の〔之〕春、御近習駒井右京殿・阿倍〔部〕伊勢守殿、拙者兵学の〔之〕弟子に〔ニ〕御成被成度【由】被仰候間、幸北条安房守殿御近習に〔ニ〕居被申候間、是へ〔江〕御相伝可然奉存候由御断申候へ〔得〕共、達て〔而〕被仰候故任御意候。此段祖心へ〔被〕申候得ば〔へハ〕、弥【〻】家中【へ】奉公に〔ニ〕出不申候様に〔ニ〕被申候て〔而〕罷有候。

(6)
【一　】辰年浅野内匠頭《殿》拙者へ〔江〕直に〔ニ〕約束被仕候て〔而〕知行千石被宛行候。拙者は〔儀〕相応の〔之〕奉公被申付候様に〔ニ〕達て〔而〕願申候へ〔得とも〕共、不調法に〔ニ〕被存候哉、一度も番并使者に〔ニ〕も遣不被申候《而》。稽古日を定置、拙者罷出候へ〔得は〕ば馳走被仕浪人分に〔ニ〕被仕〔仰〕【候】。内匠頭《殿》所に〔ニ〕九年罷有、子の年大嶋雲八殿奉頼知行断申候。其時分内匠《殿》色々《御》留被申候段【は】、雲八殿御存に〔ニ〕御座候。

(7)【一　】知行断申候以後間御座候て〔而〕、浅野因州公私宅へ〔江〕御出被成被仰候は〔ハ〕、其方儀〔事〕以来は壱万石にて〔ニ而〕無之候はば〔ハヽ〕何方へも奉公仕間敷由申候、一段尤に〔ニ〕被思召候。近年寺沢殿【へ】天野源右衛門を八千石にて〔ニ而〕被抱候。御一所松平越中殿吉村又右衛門を壱万石にて〔ニ而〕御抱候。渡辺睡庵【事】藤堂泉州公を浪人仕候て〔而〕、五万石にて〔ニ而〕無之ば〔は〕主取仕間敷候由《申候》、其身覚書にも其段記置候。此者共皆被成御存候。然ば〔は〕其方事五万石望申候共似合不申【候】事と《ハ》我等は〔ハ〕不存候。【然るに】一万石にて〔ニ而〕不罷出候ては〔而ハ〕奉公難仕候〔之〕存入、当時相応の〔之〕事至極仕候。我等分限無之故、残念被思召候間、拙者一類の〔之〕内一人にても二人にても〔ニ而〕可被召出候間、左様に〔ニ〕心得申候様に〔ニ〕被仰聞候。拙者忝奉存候段御礼申上候て〔而〕指置候。其〔その〕時分被聞召候御方々の〔之〕内、本多備前守殿、是非親類の〔之〕内進上可仕候由御取持被下、岡八郎左衛門儀十六歳にて〔ニ而〕因州公へ〔江〕被召出、過分に〔ニ〕御知行被仰付、別而御懇意に〔ニ〕被成被下候。尤松浦肥州公御事は〔ハ〕以前より弟三郎左衛門被召遣候。拙者へ〔江〕御懇意に〔之〕思召入【り】、因州公より猶以甚重に〔ニ〕御座候故〔右〕、両公様一度に〔ニ〕拙宅へ被成御出候時分、御分限御座候はば〔ハヽ〕拙者に〔ニ〕一万石被下候事何より安き儀に〔ニ〕候由度々被仰候。拙者申上候は、御両公様右の〔之〕通被思召候へ〔得は〕ば寔私冥加に〔ニ〕相叶候。私を不被成御存候御方々は定【め】て〔而〕無途方たわけ者〔もの〕、人の〔ゝ〕崇敬にまかせ、《身》分をも不存候て〔而〕口をきき〔ヽ〕申候様に可《被》思召候。然【る】所〔処〕御学問御兵学共に〔ニ〕被成御座、殊更御人すき被遊候御両公様、左様に〔ニ〕被成御意候へば〔ハ〕、拙者存念は〔ハ〕立申候。拙者事如此御存【知不】被成候御方《ゝ様》へは〔ニハ〕《御分限不被成御座御存知不被成候御方ゝハ》無途方者に〔ものニ〕可被思召候。然【れ】ば〔は〕拙者事は〔ハ〕当分長浪人と奉存候間、弥【ゝ】ひつ足〔そく〕仕候所存に〔ニ〕御座候由〔旨〕申上候。

(8)【一　】其以後山口出雲守殿御出被成被仰候は〔ハ〕、津軽十郎左衛門殿御申候は〔ハ〕、津軽越中公御知行高は〔ハ〕少く御座候へ〔得〕共、土地広【く】新田多【く】候間、知行の〔之〕事は〔ハ〕其方望に〔ニ〕御任可被成候。越中公初て〔而〕御入部の〔之〕間、拙者に〔ニ〕付候て〔而〕参候様に〔ニ〕被仰候と〔旨〕被仰聞候。拙者申候は〔ハ先〕真【に】以忝奉存候。乍然越州公御若年に〔ニ〕被成御座候、尤十郎左衛門殿・出雲殿被仰候御事に〔ニ〕御座候へ〔とも〕共、御主人御若年に〔ニ〕御座候間、御免被下候様に〔ニ〕申上候。

(9)【一　】右の〔之〕通に〔ニ〕御座候儀〔故〕、弥【〻】ひつ足〔そく〕仕高田に〔ニ〕罷有〔在〕候て〔而〕、御近付衆をもはぶ〔ふ〕き申、浅野因州公・松浦肥州公迄に〔ニ〕奉得御意候様に〔ニ〕仕罷有〔在〕候。其外の〔之〕御方々へは〔ハ〕大方に〔ニ〕仕候。然【る】所〔処〕不意〔慮ニ〕に配所に〔へ〕被《　》仰付、十《ヶ》年彼地に〔ニ〕罷有〔在〕、日々老衰仕、罷下候て〔而〕四年に〔ニ〕罷成候。只今は〔ハ〕なが〔か〕らへ申候て〔而〕罷有〔在〕候迄の〔ニ而〕体に御座候。今少の〔口〕余命に〔ニ〕御座候間、何とぞ〔そ〕義理相違不仕候様に〔ニ〕相勤申候て〔而〕、相果申【候】迄の〔之〕覚悟に〔ニ〕御座候。

(10)右の〔之〕次第自分の〔之〕取合【に】似せ〔合〕申候て〔而〕如斯〔此〕書付申候段別而迷惑仕候。此前被懸御目候御方々皆以御存被成候。就中松浦肥州〔前〕公能御存の〔之〕御事《ニ》候。私配所へ参候以後十三年に〔ニ〕罷成候。其内右奉得御意候御方々御死去被成候て〔而〕、唯今残少【に】罷成候。然ば〔は〕新敷拙者儀被聞召候御方々様は〔ハ〕、一己独身のいたづ〔つ〕ら者の〔もの之〕様に〔ニ〕若被思召候へば〔ハ〕迷惑仕候間、益も無御座候儀〔ニ〕共如斯書付申候へば〔儀ハ〕、事々〔あたら〕しく御座候て如何敷奉存候。以上

十月十六日　　山鹿甚五左衛門

《右之通一通合》

「第三文書」

(1)【口上之覚】

当五月十四日、渡辺源蔵殿御事本多下野守殿へ〔江〕振舞に〔ニ〕御出被成候由にて〔ニ而〕、拙者所へ押〔おしかけ〕懸御見廻被成候故〔ゆへ〕、奉得御意

候。此御一礼に〔ニ〕も終に〔ニ〕不参候。駿府へ御立候〔ニ〕御暇乞に〔ニ〕も、病気故〔ゆへ〕不参候。

(2)酒井河内守様御内、地内与一兵衛事拙者兵学の〔之〕弟子筋、殊に〔ニ〕浅野又市郎殿家老外村源左衛門聟に〔ニ〕て御座候故、罷下り候時分より源左衛門度々近付に〔ニ〕成候様に〔ニ〕申候得共〔とも〕、断申候て〔而〕延引仕候。当五月十六日、外村源左衛門、右与一兵衛同道仕候て〔而〕参候。私方よりは〔ハ〕礼に〔ニ〕使をも不遣、尤《も》一度も見廻〔舞〕不申候。此外慥成筋目の〔之〕家中衆並〔并〕与力衆自然に〔ニ〕私所へ〔江〕参候事御座候、《無》筋目【無き】衆新敷近付《ニ》不罷成候。

(3)数《十》年拙者へ〔江〕被掛〔懸〕御目候は〔ハ〕板倉内膳公・浅野因州公・松浦肥州公にて御座候。何〔いつれ〕も拙者儀師恩難忘被思召候由、毎度御自筆の〔之〕御状被下、其御状今以【端々】残《り》御座候。然所内膳公御事拙者儀不届有之《□〔候カ〕》様に〔ニ〕被仰立候由風聞承【り】候。風聞の〔之〕儀に〔ニ〕候間、偽には〔ニ而〕可有御座奉存候へ共〔とも〕、無心元奉存候て〔而〕、松浦肥州公迄委細申上候御事《ニ》御座候。

(4)右書付品々不調法に〔ニ〕御座候て〔而〕、文言の〔之〕前後仕候所、又は〔ハ〕慮外成言葉御座候て〔而〕、若上々様御耳にかかり〔へ〕申候所も可有御座候哉、乍恐無《御》心元奉存候。拙者儀十ケ年蟄居仕、殊【に】罷下【り】候ても〔而〕今以逼塞〔ひっそく〕仕罷在〔有〕候故〔ゆへ〕、弥【ゝ世上】無〔不〕案内に〔ニ〕御座候て〔而〕、書違申《候》所所も可有御座候間〔迄ニ〕、《被》入【御】高覧候はば〔ハヽ〕御用捨被下候様《ニ》、御取成可被【下】候。以上

十月十六日 山鹿甚五左衛門

《右之通合改之》

「第四文書」

(1)【一 】板倉内膳公へ於法泉寺拙者御無礼仕候御沙汰御座候由、風聞承候。

(2)板倉公御老中様に〔ニ〕被為成候時分は拙者親相煩罷有〔在〕頓て〔而〕相果候故、従此方終《ニ》御見舞不申上候。忌中再〔并〕忌明申候て〔而〕も度々御使者被下、毎度御念比に〔ニ〕被仰下候得共〔へとも〕、忌明の〔之〕以後も拙者病〔痛〕気に〔ニ〕罷有〔在〕、御礼にも〔ニ〕参上不仕候。翌年四月五日、初て〔而〕為御礼参上仕候。其節は〔ハ〕御他行被遊不奉得尊意候。其後四〔同〕月廿九日、拙者近所法泉寺へ御出被成候間、近所に〔ニ〕候彼地へ参上仕候て〔而〕奉得尊意候様に〔ニ〕被仰下候。尤誰も無御座、石谷市右衛門殿迄御出候間、御閑談仕候様に〔ニ〕参上【仕】候へと、御自筆の〔之〕尊書被下候。就夫法泉寺へ伺ひ〔公〕仕候。拙者参上以後板倉公御出被遊候間〔而〕、為御迎庭上迄罷出候。御著座の〔之〕後敷居を隔、度々御使者被成下難有奉存候段御礼申上候。被仰候は〔ハ〕左様に〔ニ〕急度仕候て〔而〕は難被仰談候間、他所又は〔ハ〕人多候時分は〔ハ〕尤に〔ニ〕候、今日は〔ハ〕いつものごとく〔如〕内へ入申候て無遠慮《候》奉得尊意候様に〔ニ〕、再三被仰聞候故〔ゆへ〕、奉任尊〔得〕慮〔意〕乍恐御一座へ入申候。御同役〔氏〕石州公おそく御出被成、料理の〔之〕出申候に〔ニ〕間御座候て〔而〕御咄共〔とも〕御座候。

(3)【一】板倉公被仰候は〔ハ〕、不徳の〔之〕我等に〔ニ〕大役被仰付難有被思召候得共〔とも〕、諸事無御心元被思召候、第一天下の〔之〕政は〔ハ〕何を専要に〔ニ〕可仕《存》候哉と被仰候故〔ゆへ〕、【私申上候は、】拙者式の〔之〕凡下の〔之〕者天下の〔之〕御政道如此可有御座など〔とゝ〕と存寄可申事無御座候故〔ゆへ〕、自分の〔之〕工夫は〔ハ〕無御座候、古来より聖人申置候は〔ハ〕、天下の〔之〕政は〔ハ〕仁を本に〔ニ〕仕候て〔而〕礼を行候迄の〔之〕由申伝候と申上候得ば〔は〕、少々御合点不被遊候哉、【仁は】左様にも〔ニ〕可有之《候》、礼も〔ハ〕大事の〔之〕物の〔ニ〕《候》由、軽御挨拶被遊候。

(4)【一】次被仰候は〔ハ〕、保科肥後守殿御学問の〔之〕筋は〔ハ〕如何承候哉と被仰候間、拙者儀は保科公へ〔江〕不奉懸御目候間不奉存候由申上候得ば〔は〕、其方存寄は〔ハ〕いかが〔ゝ〕と被仰候故、不奉得尊意風聞迄にて〔ニ而〕申上候事は〔ハ〕必相違多御座候者〔ものニ〕に候間、難申上奉存候由申上候得共〔は〕、達て〔而〕御尋被成候故〔ゆへ〕、私申上候は〔ハ〕、風聞迄〔まて〕にて申上候はば〔ハヽ〕、御学問の〔之〕筋乍慮外私共〔とも〕奉存候とは〔ハ〕《御》相違御座候様に〔ニ〕奉存候由申上候得ば〔は〕、被仰候は〔ハ〕、此方も左様に〔ニ〕被思召候との御事御座候。

(5)【一】次に〔ニ〕京都の〔之〕所司代は〔ハ〕たれをさし候哉と被仰候故〔ゆへ〕、拙者は〔ハ〕不承候由申上候へば〔得ハ〕、石谷市右衛門殿、永井伊賀守殿を指【申】候由御申候。私申上候は〔ハ〕、永井公【は】御年若《に》被成御座候と申候へば〔ハ〕、被仰候は〔ハ〕、年の〔之〕老若には〔ハ〕寄申間敷候、器量次第の〔之〕事にて〔三〕可有之由被仰候。

(6)【一　】次〔不改行〕に〔三〕世間にいか様の〔之〕風聞候哉と御尋被成候《間》。私申上候は〔ハ〕、世上の〔之〕風聞一円不承候、風聞はさして益の〔も〕無御座【候】御事かと申上候へば〔ハ〕、被仰候は〔ハ〕、世上【に】能者【多】可有之【候】間、其者〔もの〕共の〔之〕風聞を聞候事能候由被仰候故〔ゆへ〕、私申上候は〔ハ〕、御歴々様方に〔三〕さへ賢人君子は〔ハ〕少く御座候、然ば〔ハ〕《凡》下【々】には〔ハ〕能者は〔ハ〕大方無御座候、若能者御座候ては〔へハ〕風聞など〔と〕申【上】候事は御座有間敷候、風聞は〔ハ〕大方〔かた〕御大名衆へ〔江〕出入仕候軽町人風情、世上にかし〔三〕こき者〔もの〕の申候事【に御座候と申上候得ば、其世上にかしこき者の申候事】能候由〔よし〕被仰候間、私申上候は〔ハ〕、【乍恐】左様には〔ニハ〕不奉存候、世間にかしこき者は〔ものハ〕御時代のいき〔之〕おい〔ほ〕を能勘〔勘〕申候て〔間〕、上々様の〔之〕能被思召候者〔もの〕を【ば】能申、御にくみ〔ミ〕被成候者〔もの〕をば〔ハ〕あしく申候、少もひいで申候者〔もの〕をば〔ハ〕ささ〔ゝ〕へ【申】候て〔而〕、我身の立候様に取まはし〔わ〕【申】候、人の〔之〕事も能様に〔三〕申候て〔而〕、実は〔ハ〕そしり【を】ふくみ申候。如斯者〔もの〕の申候【御】事御許容被遊候御事は〔ハ〕、大事の〔之〕儀に〔三〕奉存候由申上候得ば〔は〕、古より堯舜もいやしき者〔ものニ〕に事を尋【ね】られ候と〔し〕有之と被仰候故、私申上候は〔ハ〕、それは〔ハ〕いやしき者〔もの〕の可存事は〔ハ〕いやしき者〔ものニ〕に御尋候と申【候】事に〔三〕御座候と申上候。此問答再三御座候て〔而〕少不入御意御挨拶に〔三〕御座候へ〔得〕共、私存寄申上候様に〔三〕被仰候故、少もかへり見ず〔す〕申上候。定て〔而〕御無礼の〔之〕様に〔三〕相みえ〔ミへ〕可申【候】哉。

(7)【一　】其後私申上候は〔ハ〕、只今御〔ハ〕方々に〔三〕寺方【多】御座候て〔而〕、路頭〔次ニ〕にも仏体を出《し》置候故〔ゆへ〕、下々迄仏をば〔ハ〕存候。日本【に】も所々に孔子堂を取立申候はば〔て〕、人々も又聖人の名を【も】可奉存《候》事に〔三〕御座候哉〔様〕《ニ》と申上候へば〔得ハ〕、尤の〔之〕由被仰候。

(8)【一　】御料理過候て〔而〕頓て〔而〕御立の〔候〕前、私申上候は〔ハ〕、乍恐申上候御事に〔三〕御座候、今度御老中様に〔三〕被為成、乍慮外御仕合能奉存候、乍然古より申置候は〔ハ〕、仕合能候得ば〔ハ〕又それ程失御座候物に〔三〕御座候由申伝候、乍憚弥【ゝ】被為加〔ものこと〕御慎候様奉願候、就中御威光に〔三〕付、御息様方【従】世上御馳走可有御座候間、御勤第一に奉存候由申上候。是は〔ハ〕伯州公御勤乍慮外無御心元奉存候下心にて〔ニ而〕申【上】候得共〔とも〕、其御心得は〔ハ〕無御座御挨拶に〔ニ〕御座候て、其方心入不浅被思召候由被仰、御大慶被遊候由御座候。其日二条御番帰衆野間金左衛門殿・猪飼五郎兵衛殿など〔と〕御宅へ御出候て〔而〕、御帰を御待御座候由申来、早々御帰被成候。其以後は終《ニ》不懸御目候。

(9)右の〔之〕段石谷市右衛門殿御存被成候。其後度々御自筆の〔之〕御状御音問被遊、石谷市右衛門殿へも切々御言伝被遊《候》、頓て〔而〕御作事出来次第可被仰下候間参上可仕候、寺にて〔ニ而〕申上候品々于〔に〕今御失念不被遊候由被仰下候。殊更御【加増御】拝領の〔之〕時分も御自筆の〔之〕御懇書被下、別而御念比【に】候。然ば〔は〕御無礼仕候て〔而〕不届成儀と〔之〕被仰候由は〔ハ〕、風聞にて〔ニ而〕可有御座《と》、今以拙者【は】奉存候て〔而〕罷有〔在〕候。以上

十月十六日　　　山鹿甚五左衛門

以上から看取できることは、第一・第二・第四文書にあった「一　……」の箇条書き形式の「一　」が、「増補本」の本文のやうに、すべて削除されてゐるといふことである。次に、第一・第二文書の間に「《右之通半紙ニ壱通合文一》」といふ注記を、第二・第三文書の間には「《右之通一通合》」を、第三・第四文書の間には「《右之通合改之》」を挿入してゐる。『配所残筆』の本文と同様に、かやうな改変・加筆ができる人物、あるいは指示できる人物は誰であらうか。少なくとも素行の三文書・口上書の控へを書写できる立場の人物であり、『配所残筆』の自筆本か、その下書き、または写本を所持してゐることも条件となる。

第二章・第一節でも指摘したが、「増補本」の標題の下の「識語」によれば、六本の写本に、たとへば、④「宮書乙本」には、「延宝第六極月写レ之畢」とあり、みな延宝六年十二月に筆写されたことがわかる。これと全く同じ「識語」が、前掲の『古老遺筆』本にもあり、依拠した底本は不明であるが、この時期に成立したことは間違ひないであ

らう。少なくとも素行五十七歳で存命中の延宝六年十二月に、同年十月十六日付の素行の文書をこのやうに書写できるのは、素行もしくは、素行の指示を受けた人物以外に考へられない。この時点で、既述の紀平正美氏の「素行のやつたことではなく、後人の仕業である。」といふ御説は崩壊せざるを得ない。

また、同じく「自叙伝としての『配所残筆』の補遺」といふ位置付けもどうであらうか。この点は「増補本」作成の動機から検討すべきものであると考へる。すなはち、日記『年譜』の延宝六年十二月の条には、『配所残筆』や同書の筆写・整理に関する記事は一切ない。しかし、老中より不謹慎の嫌疑を受けてから、まだ二箇月前後しか経つてゐない年末に、かつての流謫の地・赤穂で、いはば人生の最期を覚悟して書いた遺書『配所残筆』に思ひを馳せるのは、素行の心情として、ごく自然であると思はれる。「増補部分」の「第二文書」は、『配所残筆』の文面と重複する部分が多く見られるので、これを参考にして作成されたものに違ひない。おそらく素行が、この事件があつた年の瀬に、万感の思ひを込めて、自筆本『配所残筆』もしくはその副本を、改変を加へながら筆写し、そして、この四文書の写しを増補したのではないか。これが「増補本『配所残筆』」成立の経緯であり、よつて単なる「補遺」ではなく、深刻な事情が秘められた「補筆」と言ふべきものであつた。

第三章　『配所残筆』の校訂

一、『配所残筆』の校訂

山鹿素行著作の『配所残筆』をなぜ校訂する必要があるのか。その理由の第一点は、唯一の素行「自筆本」自体に、全体で一〇〇字分の虫損箇所が存在することをはじめ、読解上・翻刻上の問題点があるからである。第二点として、従来の『配所残筆』の翻刻本には、底本撰定の問題や誤字・誤植が多いなどの不備な点があつた。よつて、これらの課題を克服するためには、文献学的な基礎研究の手続きを経た「校訂本」の作成をしなければならない、と思考したためである。

第一の点については、第一章・第四節で、自筆本の写真によつて、虫損箇所以外に、二六件の問題箇所の抽出を行なつた。これらは本章・第四節で校訂作業の成果として説明したい。

第二の問題点は、著者が『続神道大系』論説編「山鹿素行」所収「配所残筆」の底本を、自筆本の「複製本」（明治四十二年六月、素行会）を使用し、多くの問題を残したことは既述のとほりである。実は、過去の著名な「翻刻本」においても、『山鹿素行全集』本だけが、底本に「自筆本」を撰んでゐるが、『岩波文庫』本、『日本思想大系』本、『講談社学術文庫』本は、みな「複製本」に依拠し、同様に精確な翻刻といふ点で支障をきたしてゐる。

さらにいへば、これら既刊本のなかで、自筆本との「校異件数」が最も多いのが『山鹿素行全集』本であり、それに含まれる「過誤件数」が一番多いといふ矛盾した結論も得られてゐる。

そこで、既刊の著名な『配所残筆』翻刻本に、どのやうな誤字・誤植や編集上の問題点があつたかを明確にするために、その調査結果を提示してみたい。まづ使用した翻刻本の正式書名と、その略称・発刊年月（日）・発行所、次に、それぞれ翻刻上の基準の要点を注記して、不要な対校作業は省略した。

(1)『岩波文庫』「聖教要録・配所残筆」所収「配所残筆」（「岩波本」と略称する。昭和十五年六月十八日、岩波書店）解説に「自筆影印本により、改めて原稿を作成した」（一〇六頁）とある。正字体使用。振り仮名・返り点は、底本にある部分のみ残す。句読点・濁点の付加。「ニ→に」「ハ→は」「ミ→み」「而→て」「ゟ→より」と翻刻。「江・者」の草書体を部分的に、「棄」の異体字（弃）・「歌」の略字体（哥）をすべて残してゐる。

(2)『山鹿素行全集』思想編第一二巻所収「配所残筆」（「全集本」と略称する。昭和十五年六月二十四日、岩波書店）凡例に「本書の底本は山鹿平馬の後裔山鹿誠之助氏所蔵の素行自筆である。尚ほ又津軽伯爵家所蔵のものも参考とした」（五六九～五七〇頁）とあり、「成るべく原形保存に力めたるも、誤脱は訂正し、又仮名遣・送仮名等現代風に直したところもある」（五七〇頁）とある。正字体使用。送り仮名・振り仮名・返り点・句読点・濁点・畳字の付加。「ニ→に」「ハ→は・ば」「ミ→み」「江→へ」「之→の」「而→て」「ゟ→より」と翻刻。校注は傍注形式。「送り仮名」の厖大な増補は、精確な史料読解といふ点で支障が生じ、問題であらう。

（3）『日本思想大系』三二「山鹿素行」所収「配所残筆」（「思想本」と略称する。昭和四十五年八月、岩波書店）凡例に、底本は「東京大学史料編纂所所蔵の自筆複写本を用いた」（三頁）とある。新字体使用。振り仮名・返り点・句読点・濁点・引用記号の付加。「ニ→に」「ハ→は・ば」「ミ→み」「江→え」「之→の（不統一）」「而→て」「ゟ→より」と翻刻。校注は頭注形式。

（4）『続神道大系』論説編「山鹿素行」所収「配所残筆」（「続神道本」と略称する。平成七年三月、財団法人神道大系編纂会）

解題に「東京大学史料編纂所所蔵の複製本（五一二一―四）一冊を底本にし」（六八頁）たとある。正字体使用。返り点・句点の付加。校注は傍注形式。

（5）『講談社学術文庫』「聖教要録・配所残筆」所収「配所残筆」（「学術本」と略称する。平成十三年一月、講談社）「はじめに」に、「『配所残筆』は自筆本によった。自筆本の写真は『続神道大系　論説篇　山鹿素行』（神道大系編纂会　平成七年）に収められている」（一二頁）とある。新字体使用。振り仮名・返り点・句読点・濁点の付加。「ニ→に」「ハ→は・ば」「ミ→み」「江→え」「之→の（不統一）」「而→て」「ゟ→より」と翻刻。校注は後注形式（「語釈」欄）。

次に掲げる一覧は、以上をふまへての、「自筆本」と対校本「山鹿甲本」「増補本」との対校結果および、この「翻刻本」五本とのそれである（本章・第三章・第三節「〔校訂〕『配所残筆』」にもとづく校異結果）。上部より順に説明していくと、『配所残筆』本文の三〇段落の順番、次に「校異総件数七七九件」の段落ごとの内訳件数、下の「（　件）」の数値は、そのなかで底本を校訂した「校訂件数一一四件」の内訳である。以下同じやうに、「翻刻本」五本との対校結果と、著者が翻刻本の誤りと見なした数値を下に「（　件）」で示した。

	〔校異件数〕	〔岩波本〕	〔全集本〕	〔思想本〕	〔続神道本〕	〔学術本〕
(1)	八件（一件）	○件	二件（一件）	○件	○件	一件
(2)	三件	○件	○件	○件	○件	○件
(3)	一一件	三件（三件）	一件（一件）	○件	○件	○件
(4)	二件	○件	○件	○件	○件	一件（一件）
(5)	五件（一件）	○件	○件	○件	一件（一件）	一件（一件）
(6)	一二件	○件	四件（三件）	○件	○件	○件
(7)	一三件	三件（三件）	一件（一件）	二件（一件）	一件（一件）	一件
(8)	八件	二件（二件）	○件	一件	○件	二件
(9)	九件	○件	一件（一件）	一件（一件）	一件（一件）	三件（三件）
(10)	一四件	○件	二件（二件）	三件（二件）	二件（二件）	四件（四件）
(11)	三〇件（三件）	六件（四件）	六件（六件）	四件（二件）	四件（一件）	五件（二件）

(12)　五件（二件）　〇件　〇件　〇件　〇件　〇件

(13)　八件　〇件　二件（一件）　一件（一件）　〇件　一件（一件）

(14)　三一件（二件）　四件（四件）　二件（二件）　四件（一件）　四件（二件）　五件（二件）

(15)　一八件（一件）　二件（二件）　二件（二件）　〇件　二件　一件

(16)　四〇件（二件）　一四件（七件）　一六件（九件）　一一件（三件）　九件（一件）　一四件（六件）

(17)　二〇件（三件）　四件（三件）　四件（三件）　二件　一件　四件（二件）

(18)　六七件（八件）　七件（七件）　一二件（一一件）　六件（五件）　二件（二件）　一二件（一一件）

(19)　四二件（三件）　六件（六件）　一〇件（七件）　三件（二件）　四件（三件）　五件（五件）

(20)　一五件（二件）　一件（一件）　三件（二件）　二件（一件）　二件　二件（一件）

(21)　二四件　五件（五件）　三件（二件）　二件（二件）　〇件　一件（一件）

(22)　八二件（六件）　一三件（一三件）　二〇件（一七件）　九件（七件）　五件（四件）　一〇件（七件）

(23)　二一件（二件）　三件（二件）　三件（二件）　三件（二件）　一件　三件（二件）

(24)　一九件（四件）　一件（一件）　三件（一件）　一件　二件（一件）　一件

(25)　四五件（九件）　一〇件（一〇件）　七件（七件）　五件（二件）　一件（一件）　五件（二件）

(26)　五四件（二一件）　八件（六件）　二三件（二〇件）　八件（六件）　三件（一件）　七件（五件）

(27)　八四件（二九件）　一四件（一四件）　二七件（一六件）　一四件（一〇件）　九件（五件）　一三件（一〇件）

(28)　一八件（六件）　一件（一件）　二件（二件）　〇件　二件　〇件

(29)　三八件（一八件）　六件（四件）　七件（四件）　五件（二件）　六件（二件）　六件（二件）

(30)　三三件（二一件）　四件（三件）　六件（三件）　一件（一件）　〇件　一件（一件）
七七九件（一一四件）　一一七件（一〇一件）　一六九件（一二六件）　八八件（五一件）　六二件（二八件）　一〇九件（六九件）

問題箇所の結果を整理すると、(1)「岩波本」が一〇一件、(2)「全集本」が一二六件、(3)「思想本」が五一件、(4)「続神道大系本」が二八件、(5)「学術本」が六九件であつた。(2)の一二六件から(4)の二八件まで、その過誤の件数には多少の幅はあるが、「底本」の忠実な翻刻といふ観点からいへば、いづれの翻刻本も「問題あり」とせざるを得ないであらう。

二、〔校訂〕『配所残筆』の凡例

本節では、自筆本『配所残筆』（第一章・第三節「〔翻刻〕自筆本『配所残筆』」による）を底本にし、主に、同系統の写本・山鹿文庫所蔵甲本（「山鹿甲本」と略称する）、および「増補本『配所残筆』」（第二章・第三節「〔校異〕自筆本・写本『配所残筆』」で得られた特色（＊）による。「増補本」と略称する）によつて校注・校訂した。なほ、諸写本との校異結果は、必要最低限の校訂にのみ使用してゐる。その他、第一章・第二節、第二章・第二節の「凡例」以外の、本節独自に付加する「凡例」は、次のとほりである。

一、底本と山鹿甲本・増補本、および翻刻本・五本との対校作業によつて、校注が必要になつた箇所には、傍点「○」と各段落通しの注番号を付し、その段落末尾に、校異結果を後注形式で記載した。

一、同じやうに、校訂を加へた箇所には、傍点「●」と注番号を付し、校訂に依拠した諸本などを末尾に明記した。

一、後注部分に注記した翻刻本の略称の典拠は、左の通りである。

(1)「岩波本」『岩波文庫』「聖教要録・配所残筆」所収「配所残筆」

(2)「全集本」『山鹿素行全集』思想編第一二巻所収「配所残筆」

(3)「思想本」『日本思想大系』三二「山鹿素行」所収「配所残筆」

(4)「続神道本」『続神道大系』論説編「山鹿素行」所収「配所残筆」

(5)「学術本」『講談社学術文庫』「聖教要録・配所残筆」所収「配所残筆」

一、傍注の番号の上部、または下部にある記号、および後注部分の「翻刻本の略称」の傍注番号の上部にある記号「＊」は、その翻刻本が過誤であることを示す。

三、〔校訂〕『配所残筆』

(1)配所残筆[●1]

我等儀、凡下之者、殊更無徳短才、中ゝ御歴ゝ之御末席江[○2]、出座[○3]候者[○4]ニ無レ之候所、幼少之時分ゟ、似合[○5]ニ人も存候而、御歴ゝ方御取持被レ下候。此段、全我等徳義之故とハ不レ存候。天道之冥加ニ相叶候故ニ可レ有レ之、弥[○6]天命をおそれ候而、毎[○7]事日用を勤慎候事[○8]ニ候。

●1　配所残筆、底本なし。増補本によりて補ふ。
2　江、増補本、この下に「も」の字あり。
3　座、増補本、この下に「仕」の字あり。
4　候、全集本[*1]「の」に作る。
5　似合、学術本「仕(似)合」に作り、その語釈には、「原文は「似合」」とある。
6　弥、全集本、この下に「ゝ」の字あり。
7　毎、増補本、この上に「物」の字あり。
8　ニ、増補本なし。

(2)
一[○1]、六歳より親申付候而、学[○2]被レ為レ仕候へ共、不[○3]器用ニ候而、漸八歳之比迄ニ、四書・五経・七書・詩文之書、大方よミ覚候。

1　一、増補本なし。
2　学、増補本、この下に「問」の字あり。
3　不、増補本「無」に作る。

(3)
一[○1]、九歳之時、稲葉丹後守殿御家来塚田杢[○2]助、我等親近付[○3]故、我[○4]等を林道春老弟子ニ仕度[○5]由頼入候。杢[○6]助次手候[○7]而、右之段、丹後守殿へ申上候へは、幼少ニ而学問仕候事、奇特成由被レ仰、於二御城一、道春江直ニ丹後守殿御頼被レ下候。就レ夫杢[○8]助、拙者を同道仕候而、道春へ参候。道春・永喜一座ニ而、我等に論語之序、無点之唐本ニ而よませ被レ申候。我等よミ候へは、山谷を取出し候[○9]而被レ為レ読候。永喜被レ申候は、幼少ニ而如レ此読候事、きとくニ候。乍レ然、田舎学問之者、師を仕候と相ミへ[○10]、[○11]点悪敷候由被レ申候。道春も、永喜同意ニ被レ申候而感悦被レ仕、別而念比ニ候而、十一歳迄、以前読候書物共、又点を改、無点之本ニ而読直候。

1　一、増補本なし。
2　杢、岩波本[*1]「木工」に作る。
3　付、増補本、この下に「候」の字あり。
4　我等、増補本なし。
5　度、増補本、この下に「候」の字あり。
6　杢、岩波本[*2]「木工」に作る。

7 手、増補本「而」に作る。
8 杢、岩波本[*3]「木工」に作る。
9 し、増補本なし。
10 ミ、増補本「見」に作る。
11 へ、全集本[*2]「え」に作る。

(4)
一[○1]、十一歳之春、歳旦之詩を初而作候而、道春へ見せ候ヘハ、一字改被レ申候而、則序文を書、幼少之述作、別而感入之由、書状被レ副レ之、和韻[○2]被レ仕候。

1 一、増補本なし。
2 韵、学術本[*1]「韻」に作る。

(5)
一[○1]、同年、堀尾山城守殿御家老揖斐伊豆、我等へ被レ懸レ目候而、則山城守殿江被二召寄一、書物読候[○2]。伊豆是非共、山城守殿江奉公[○3]ニ出候様ニ、二百石は可レ被[●4]レ下候由申候へ[○5]共、我等親同心不レ仕候。

1 一、増補本なし。
2 候、増補本なし。
3 公、続神道本[*1]「行」に作る。
●4 被、底本虫損。山鹿甲本・増補本によりて補ふ。
5 へ、学術本[*2]〔振り仮名〕にする。

(6)一○[1]、十四歳之比は、詩文共ニ達者ニ仕候故、　○[2]伝奏飛鳥井大納言殿被レ及二聞召一、被二召寄一、即座ニ詩を作候而懸二御目一候所○[3]、大納言殿和歌御詠吟○[4]候而、和韵被レ下候。烏丸大納言殿も○[5]被レ及二聞召一候而、是も即座ニ章句を被レ成被レ下候。則○[6]乍二慮外一我等も即座ニ対を仕候。若輩之時分、殊更即座之事ニ○[7]御座候間、唯今見申○[8]候而は、笑草成儀○[9]ニ御座候へ共、各○[10]御感不レ浅候。其後は御両公、御念比ニ被レ成、折ゝ奉レ得二御意○[11]一、詩文之○[12]贈答御座候。

1　一、増補本なし。
2　〔二字欠字〕、増補本および全集本*[3]なし。
3　所、増補本「処」に作る。
4　歌、増補本、この下に「を」の字あり。
5　も、増補本なし。
6　則、増補本および全集本*[4]なし。
7　ニ、増補本「に」に作る。
8　申、全集本*[5]なし。
9　儀、増補本「義」に作る。
10　各、全集本、この下に「ゝ」の字あり。
11　意、増補本、この下に「候而」の字あり。
12　之、増補本なし。

(7)
一○1、十五歳之時、初而大学之○2講釈仕候○3。聴衆大勢有レ之候○4。十六歳之時、大森信濃守殿（其比は○5佐久間久七○6○7）・黒田信濃守殿（其比は○8源右衛門。）御所望二而、孟子を講釈仕候。蒔田甫庵老、論語御所望、同○9年講釈、いつれも翌年迄二読終候。是又、若○10年之時分故、定而不埒成事斗○11可レ有レ之候へ共、其時分之儀、蒔田権之佐○12殿・富永甚四郎殿など○13、今以能御覚候。

1　一、増補本なし。
2　之、思想本・学術本「の」に作る。
3　候、増補本なし。
4　候、増補本なし。
5　比は、岩波本[*4]「頃者」に作る。
6　久七、全集本[*6]「長久」に作る。
7　七、思想本[*1]・続神道本[*2]「長」に作る。
8　比は、岩波本[*5]「頃者」に作る。
9　同、増補本、この上に「是又」の字あり。
10　年、増補本「輩」に作る。
11　斗、岩波本[*6]「計」に作る。
12　佐、増補本「助」に作る。
13　など、増補本「抔」に作る。

(8)
一○1、我等幼弱より、武芸・軍法稽古不レ怠候。十五之時、尾畑勘兵衛殿・北条安房守殿（其○比は○3新蔵○2。）へ逢申候而、兵学令二稽古ニ、随分修行候。廿歳ゟ内にて、門弟中ニハ○4、我等大方上座仕候而、則北条安房守殿筆者ニ而、尾畑勘兵衛殿印免之状給レ之候。廿一歳之時○5、尾畑勘兵衛殿印可被レ仕候而、殊更門弟中、一人も無レ之候、印可之副状○6と申候を、我等ニ被レ与レ之候。筆者ハ高野按察院光宥ニ而御座候。

於レ文而感二其能勤一、於レ武而歎二其能修一。噫有二文章一者、必有二武備一。古人云、我亦云、と末句に、我等を御称美候○7。此文言は勘兵衛殿、直ニ○8御好候。

1　一、増補本なし。
2　其比は新蔵、増補本なし。
3　比は、岩波本*7「頃者」に作る。
4　ハ、増補本なし。
5　之、増補本および思想本・学術本「の」に作る。
6　之、学術本「の」に作る。
7　候、増補本「之」に作る。
8　ニ、増補本「に」に作る。岩波本*8「々」に作る。

(9)一○1、十○2七歳之冬、高野按察院光宥法印ゟ神道令二伝受一○3候。神代之巻ハ不レ及レ申、神道之秘伝、不レ残令二伝受一○4候○5。其後壮年之比、広田坦斎と申候○6、忌部氏之嫡流之者有レ之、根本宗源之神道令二相伝一候。其節、忌部神道之口決○7、不レ残相伝候書付証文を越候。其中比ゟ石出帯刀参候而、我等江断、神書承候。坦斎は頓而死去仕候付○8、神書之事、帯刀事、拙者を頼候而、合点不レ参候処○9、所〻皆承候。是又、今以其書付有レ之候。

1　一、増補本なし。
2　十、増補本〔不改行〕にする。
3　受、学術本[*3]「授」に作る。
4　受、学術本[*4]「授」に作る。
5　候、続神道本[*3]なし。
6　候、増補本なし。
7　決、全集本[*7]・思想本[*2]・学術本[*5]「訣」に作る。
8　候、増補本、この下に「ニ」の字あり。
9　処、増補本なし。

(10)
一[○1]、同年ゟ歌学を好ミ[○2]、二十[○3]歳迄之内ニ、源氏物語不レ残承、源語秘決迄[○4]令ニ相伝一候。伊勢物語・大和物語・枕草子・万葉集・百人一首・三部抄・三代集迄、広田坦斎相伝仕候。依レ之、源氏私抄、万葉・枕草子・三代集等之[○5]私抄・注解、大分撰[○6]述仕候而、詠歌の志深、一年に千首之和歌を詠候得共、存候子細有レ之、其後は棄ニ置之[○7]一候。今[○8]以右広田坦斎方ゟ歌学之儀[○9]、不レ残相伝仕候段、書付御座候。尤[○10]職原抄官位之次第、道春講釈不レ残承、其後、是又坦斎に具承[○11]候而、合点[○12]不レ参候所は、菊亭大納言殿[○13]ヘ申上候而、大納言殿ゟ被レ染ニ御筆一、一ミ之口伝御書付被レ下候。此段、人之[○14]存候事ニ候。就レ夫、我等ニ職原を伝受仕候者数多候。

1　一、増補本なし。
2　ミ、増補本なし。

3　二十、増補本「廿」に作る。
4　決、全集本[*8]・学術本[*6]「訣」に作る。
5　之、思想本「の」に作る。
6　撰、続神道本[*4]「選」に作る。
7　之、増補本なし。
8　今、全集本[*9]・思想本[*3]・続神道本[*5]・学術本[*7]、この上に「唯」の字あり。
9　儀、増補本「義」に作る。
10　尤、思想本[*4]・学術本[*8]、この下に「も」の字あり。
11　具、増補本、この下に「ニ」の字あり。
12　点、増補本、この下に「猶」の字あり。
13　殿、学術本[*9]なし。
14　之、増補本「〻」に作る。

(11)一[1]、若年之時分、湫兵右衛門殿・小栗仁右衛門殿御取持候而、[2]紀伊大納言様へ七十[3]人扶持被レ下被二召出一、御小性・近習ニ可レ被二召遣一之由、御約束候而、頓而御目見之用意仕候。内証は岡野権左衛門殿、万事御取持候。其節、阿部豊後守殿被二聞召及一、尾畑勘兵衛殿・北条安房守殿被レ成二御頼一、我等を御抱被レ成度之由、被レ仰候へ共、右之御先約故、御断申上候。然所、[4]　[5]大納言様御事、豊後守殿御抱有レ之度由、被レ成二御聞一、布施佐五右衛門為二御使者一、兵右衛門殿・仁右衛門殿迄被二仰出一候ハ、豊後守殿御抱有レ之度由、御申候者を、[6]大納言様へ

御引取被レ成候段、御遠慮ニ○[7]被二思召一候。たとへ家来○[8]ニ而有レ之候共、豊後守殿など、○[9]御所望有○[10]レ之者ハ、可レ被レ遣レ之候。豊後守殿御用之事ハ、　御公儀御用同意○[11]ニ候間、豊後守殿へ被二召抱一候様ニ可レ仕候。其段、勘兵衛殿・安房守殿へも、右佐五右衛門被レ遣レ之、被二仰進一○[12]之由ニ候。佐五右衛門もはや○[13]可レ被二召抱一候○[14]段、御両所江御約束被レ成候而御座候○[15]二、唯○[16]今此段、如何可○[17]レ有二御座一○[18]と申上候へは、兵右衛門殿・仁右衛門殿御事、御心易儀ニ候間、不レ苦候儀之由、被二仰出一候由○[19]候。拙者奉レ存候ハ、　○[20]大納言様右之通御遠慮被レ遊候上は、豊後守殿ニも御抱被レ成間敷候。其上御老中家へ○[21]ハ、遠慮仕候子細御座候間、従二○[22]此方一双方へ御断申上度候段○[23]、岡野権左衛門殿へ○[24]御相談仕候而、其分ニ罷成候。右湫兵右衛門殿ハ謙信流之軍法者、御歴々方に弟子衆大勢候へ共、我等弟子ニ御成候而、兵学御●[25]勤御念比ニ候。仁右衛門殿は、我等へ○[26]鞠身之やわら○[27]御相伝候而、奥儀○[28]迄承候故、別而得二御意一候。岡野●[29]権左衛門殿ハ、我等●[30]若年之時分ゟ書物御聞、殊兵法之弟子ニ御成候而、御一類中不レ残、我等ニ兵学御聞候故、御心易得二御意一候。

1　一、増補本なし。
2　〔一字欠字〕、増補本および岩波本*[9]・全集本*[10]・思想本*[5]・続神道本*[6]・学術本*[10]なし。
3　十、増補本「拾」に作る。
4　所、増補本「処」に作る。
5　〔四字欠字〕、増補本および全集本*[11]なし。岩波本・思想本・学術本〔一字欠字〕にし、続神道本〔二字欠字〕にする。
6　〔三字欠字〕、増補本および全集本*[12]なし。岩波本・思想本・学術本〔一字欠字〕にし、続神道本〔二字欠字〕にする。

7　ニ、増補本なし。

8　へ、増補本および岩波本[*10]、この下に「御」の字あり。

9　など、増補本「抔」に作る。

10　望、増補本、この下に「之者」の字あり。

11　儀、増補本、この下に「之」の字あり。

12　進、増補本「遣」に作る。

13　は、岩波本[*11]・思想本[*6]「し」に作る。

14　候、岩波本[*12]「之」に作る。

15　ニ、増補本なし。

16　唯、増補本「只」に作る。

17　何、増補本、この下に「ニ」の字あり。

18　座、増補本、この下に「候」の字あり。

19　由、増補本、この下に「ニ」の字あり。

20　〔一字欠字〕、増補本および全集本[*13]なし。

21　へ、増補本なし。

22　従、増補本なし。

23　候、増補本なし。

24　へ、増補本なし。

●25　御、底本虫損。山鹿甲本・増補本によりて補ふ。
26　へ、増補本「ニ」に作る。
27　わ、増補本「ハ」に作り、全集本[*14]「は」に作る。
28　儀、学術本[*11]「義」に作る。
●29　野、底本なし。増補本によりて補ふ。全集本[*15]「野」の字あり。続神道本の傍注に「(野脱)」とあり、学術本の語釈に「底本では「野」字が抜けている」とある。
●30　等、底本虫損。山鹿甲本・増補本によりて補ふ。

(12)
一[○1]、右之翌年、加賀松平筑前守殿、拙者義被レ及二聞召一[●2]可レ被二召抱一由、町野長門殿[●3]御取持候。拙者親申候ハ、知行千石不レ被レ下候而は、罷出候事無用ニ可レ仕候由申候而留申候。筑前守殿にも七百石迄ハ可レ被レ下候[○4]由、御沙汰候様ニ、長門[○5]殿御申候由承候。

1　一、増補本なし。
●2　及聞召、底本「聞召及」に作る。増補本によりて改む。
●3　殿、底本なし。増補本によりて補ふ。
4　候、増補本なし。
5　門、増補本、この下に「守」の字あり。

(13)
一[○1]、正保四年丁亥秋、

大[○2]猷院様、北条安房守殿ヘ城取之作法・木図被二仰付一候時分、拙者おこり相煩候而罷有候所[○3]、安房守殿、私宅ヘ御出候而、右之木図御相談候而、陰陽之両図出来候。右木図之書付并[○4]目録迄、拙者令二相談一書付候。其書付不レ残、拙者所ニ御座候。其節、久世大[○5]和守殿[○6]御事[○7]、安房守殿ヘ御出候而掛[○8]二御目一候。御覚可レ被レ成候。

1　一、増補本なし。
2　大、全[*16]集本・思想[*7]本〔不改行〕にし、この上に〔一字欠字〕あり。
3　有、増補本「在」に作る。全集本、傍注「(在)」あり。
4　并、学[*12]術本「並」に作る。
5　大、増補本なし。
6　守殿、増補本「州公」に作る。
7　御事、増補本なし。
8　掛、増補本「懸」に作る。

(14)一[○1]、拙者廿五歳之時、松平越中守殿、拙者を御よひ[○2]被レ成、学問・兵学之御詮[○3]議[●4]・御議論御座候。拙者申上候通、御得心被レ致[○5]、別而御大慶被レ成、則被レ為レ遂二誓状一候而、拙者ニ兵学御相伝被レ成候。右御誓状之翌日、三輪権右衛門先達而被レ遣レ之、御[○6]太刀・大[○7]馬代・時服被レ下レ之、追付越中守殿為二御礼一、私宅[●8]江御来臨被レ成被レ下候。其以後は毎度御懇意、詩文なと折〻御贈答被レ成候。拙者文章を書候を、表具被二仰付一候而、拙者御招請之時分[○9]は、御座敷[○10]ニ被レ為レ懸レ之候。誠冥加[○11]至極[○12]、却而迷惑仕候段、度〻御断申上候。其段、浅野因幡守殿[○13]能御存、常〻[○14]被二仰出一候。越中守殿御事[○15]、其比[○16]六十ニ被レ為レ成候。御門葉と申、御譜[○17]代[○18]之御大名ニハ珍敷、御学問[○19]は諸事

豪傑之御方[20]、兵法は尾畑勘兵衛殿[21]印可之弟子[22][23]、東海道一番之御大名、人皆崇敬仕候に[24]、拙者[25]信仰不二大方一候間、御音問之事[26]迄、事〻[27]しく書付置候。其段は[28]今以、家中之衆[29]相残候は[30]可[31]レ存候。

1　一、増補本なし。
2　よひ、増補本「呼」に作る。
3　之、思想本・学術本「の」に作る。
●4　議、底本「儀」に作る。増補本によりて改む。全集本[*17]・思想本[*8]・学術本[*13]「議」に作る。続神道本、傍注「(議)」あり。
5　致、増補本および岩波本[*13]「成」に作る。
6　之、増補本「候」に作る。
7　大、続神道本、傍注「(御カ)」あり。
●8　宅、底本虫損。山鹿甲本・増補本によりて補ふ。
9　之、思想本・学術本「の」に作る。
10　ニ、増補本「へ」に作る。
11　加、増補本、この下に「之」の字あり。
12　極、増補本なし。
13　幡守殿、増補本「州公」に作る。
14　〻、全集本[*18]「に」に作り、続神道本[*7]「ニ」に作る。
15　事、増補本、この下に「ハ」の字あり。

16 比、岩[*14]波本「頃」に作る。
17 譜、増補本「普」に作る。
18 之、思想本・学術本「の」に作る。
19 は、岩[*15]波本「者」に作る。
20 諸事豪傑之御方、増補本「候」に作る。
21 勘兵衛、増補本なし。
22 之弟子、増補本「迄御究」に作る。
23 之、岩[*16]波本、この下に「御」の字あり。
24 に、増補本「所」に作る。
25 者、増補本、この下に「御」の字あり。
26 事、増補本「儀」に作る。
27 〻、増補本「ら」に作る。
28 は、増補本なし。
29 之、増補本なし。
30 相残候は、増補本なし。
31 は、続[*8]神道本・学[*14]術本「者」に作る。

⒂一[○1]、同年、丹羽左京大[○2]夫殿、兼而我等ニ兵書[○3]御聞候[○4]序[○5]に、荘子之講釈御所望候而、折〻[○6]講[●7]釈候。荒尾平八郎殿・揖斐

与右衛門殿など御聞候。其時分は、我等専老子・荘子之[○8]学をこのミ候而講読申候。然に武田道安事、明寿院ニ老荘相伝候。近代世上に、荘子之講読[○9]ハ無レ之候[○10]。拙者読候事、無二心元[○11]一候間、一座聞申度由を、浅野因州公へ[○12]頼被レ申候旨、因州公、拙者へ御断被レ成候而、道安事、丹羽左京殿亭に而一座仕候而、拙者荘子聞被レ申候。道安殊[○13]外、拙者を褒美不二大方一候。其段、後迄因州公御咄[○14]候。道安は医師、殊更学問も広才[○15]ニ無レ之候得共、明寿院以来不レ承候由、別而褒美被レ仕候故、書付置[○16]候[○17]事[○18]候。

1　一、増補本なし。
2　大、増補本「太」に作る。
3　書、増補本「法」に作る。
4　候、増補本、この下に「兵書之」の字あり。
5　序、増補本「次而」に作る。
6　ミ、全集本[*19]「折」に作る。
●7　釈、底本「尺」に作る。⑤⑥⑪⑭本によりて改む。増補本「談之」に作り、全集本[*20]「釈」に作る。続神道本、傍注「(釈)」あり。
8　之、学術本「の」に作る。
9　読、増補本「釈」に作り、岩波本[*17]「談」に作る。
10　候、増補本なし。
11　元、増補本「許」に作る。
12　へ、増補本なし。

13　殊、増補本、この下に「之」の字あり。
14　咄、岩波本[*18]「出」(初版以下)に作る。ただし、第五刷本(平成元年十月)は「咄」に訂正してゐる。
15　ニ、増補本なし。
16　置、増補本なし。
17　候、増補本、この下に「御」の字あり。
18　事、増補本、この下に「ニ」の字あり。

⒃一[1]、大猷院様御前江、祖心昵近被レ仕候時分、祖心被レ申候ハ、其方儀[2]、御序[3]御座候而、具達[4]二　上聞[5]一候。折〻其方事、　上意[6]有レ之間、必家中ヘ奉公ニ罷出候事、無用ニ可レ仕候。何とそ仕[7]、御家人に成候様ニ、取持可レ被レ申候由被レ申候。松平越中守殿御念比候故[8]、右之次第、具ニ御内意申上候得は、一段之事ニ候。表向は越中守殿御取持[9]可レ被レ下候。其方事、松平和泉守殿兼而能御存被レ成候間、当[10]公方様江被二召出一候様ニ仕候は、早速首尾可レ仕候。祖心ヘも、其段御相談可レ被レ成候。先酒井日向守殿ヘ被二仰置[11]一候半間、懸二御目一置候へと被レ仰、御家老三輪権右衛門被二指添[12]一、日向守殿ヘ、拙者を被レ遣候て[13]懸二御目一候。其後、越中守殿被レ仰候ハ、酒井空印公ヘ拙者事、具ニ御物語被レ成被レ置候間、左様ニ心得候様ニ被レ仰候。其節、空印公御事、　上意[14]二而祖心下屋敷ヘ振舞被レ申候時分、拙者義被二召出一、御念比之上ニ[15]、越中守殿、拙者噂具ニ被レ仰候由、御挨拶被レ成候。久世和州公、　上意[16]二而祖心御振舞被レ成、道春被二召寄一、老子経之講釈御座候時分、和州公被二仰下一、拙者も右之末座江被二召出一候。祖心後ニ被レ申候ハ、此段皆　上意[17]ニ候間、難レ有可レ奉レ存候由被二申聞一候。卯年二月、御近習番頭駒井右京殿御事、阿部[18]伊勢守殿（其比[19]は[20]式部と申[21]候而[22]、御小性被レ仕候。）を御頼

被レ成、拙者弟子ニ[○23]御成、兵学御聞被レ成度由被レ仰候間、幸御近習に北条安房守殿居被レ申候間、是ヘ御相伝可レ然由、達而御断申上候へ共、思召入有レ之候[○24]由被レ仰候間、任二御意一候而参候所[○25]、急度被レ成候[○26]御馳走ニ而[○27]兵書御聞、早々御登[○28]城候。御両所之御咄[○29]共ハ、拙者不レ承候。脇ニ而承候へは、右右京殿被[○30]二召寄一之儀ハ[○31][○32][○33]、上[○○○34]意ニ而御座候つる由承候。此段、具[●35]ニ祖心ヘ物語仕候へは、大方[○○○36]上意ニ而可レ有レ之候間[○37]、弥以諸事慎、家中なと[○○38]ヘ奉公[○39]ニハ、不レ入儀ニ可レ存候由御申候。其夏[○○○40]薨御被レ為レ成候。松平越中守殿、其年極月御逝去候。

1　一、増補本なし。
2　儀、増補本「義」に作る。
3　序、増補本「次手」に作る。
4　具、全集本[*21]、この下に「に」の字あり。
5　〔三字欠字〕、増補本および岩波本・全集本・思想本〔一字欠字〕にする。続神道本〔二字欠字〕にするが、学術本[*15]はなし。
6　〔三字欠字〕、増補本および岩波本・全集本・思想本・学術本〔一字欠字〕にする。続神道本〔二字欠字〕にする。
7　仕、増補本なし。
8　候、増補本なし。全集本[*22]「の」に作る。
9　御、学術本[*16]なし。
10　当、増補本および岩波本[*19]・全集本[*23]・思想本[*9]・学術本[*17]〔不改行〕にし、この上に〔一字欠字〕あり。続[*9]神道本、同じく〔二字欠字〕あり。

11 置、増補本「遣」に作る。
12 指、増補本「差」に作る。
13 候て、増補本なし。岩波本[*20]「之」に作る。
14 〔二字欠字〕、増補本および岩波本・全集本・思想本・学術本〔一字欠字〕にする。
15 ニ、増補本なし。
16 〔一字欠字〕、全集本[*24]なし。
17 〔三字欠字〕、増補本〔改行〕にする。岩波本・全集本・思想本・学術本〔一字欠字〕にし、続神道本〔二字欠字〕にする。
●18 部、底本「倍」に作る。山鹿甲本・増補本によりて改む。学術本[*18]「部」に作る。思想本の頭注、学術本の語釈に「安倍信成」とあり、続神道本の傍注に「(部)」とある。
19 比、岩波本[*21]「頃」に作る。
20 は、増補本なし。
21 と、増補本、この下に「被」の字あり。
22 候而、増補本なし。
23 ニ、全集本[*25]・思想本[*10]・学術本[*19]「と」に作る。
24 候、増補本なし。
25 所、増補本「処」に作る。
26 候、岩波本[*22]なし。

27　ニ、岩波本[*23]「候」に作る。
28　〔一字欠字〕、全集本[*26]なし。
29　共、増補本および全集本[*27]なし。
30　被、岩波本[*24]・全集本[*28]・思想本[*11]・学術本[*20]「御」に作る。
31　之、増補本および岩波本[*25]「候」に作り、学術本「の」に作る。
32　儀、増補本「事」に作る。
33　ハ、増補本なし。
34　〔三字欠字〕、増補本および岩波本・思想本・学術本〔一字欠字〕にする。続神道本〔二字欠字〕にするが、全集本[*29]はなし。
●35　具、底本虫損。山鹿甲本・増補本によりて補ふ。続神道本、傍注「(具)」あり。
36　〔三字欠字〕、増補本および岩波本・全集本・思想本・学術本〔一字欠字〕にする。続神道本〔二字欠字〕にする。
37　弥、全集本、この下に「〻」の字あり。
38　なと、増補本「抔」に作る。
39　ニ、増補本なし。
40　〔三字欠字〕、増補本〔改行〕にする。岩波本・全集本・思想本・学術本〔一字欠字〕にし、続神道本〔二字欠字〕にする。

(17)一[1]、翌[2]辰年、浅野内匠頭、拙者江直ニ約束被レ仕候而、色〻念比之上、知行千石被二宛行一候。拙者儀、相応之奉公被二申付一候様ニ、達[3]而願申候へ共、いかゝ被[4]レ存候哉、番并[5]使者[6]、一度も不[7]二申付一候。定而拙者、不調法者故ニ而可レ有レ之候。稽古日を定置、我等罷出候時分は、馳走被レ仕候而、浪人分ニ被レ仕候。巳年、播州赤穂へ罷上候時分、於二大坂[8]一曽我丹波守殿、拙者兵学之弟子[9]ニ而[10]御座候故、別而御念比ニ被レ成、御馳走被レ遊、二三日滞留仕候。其時分、板倉内膳殿御加番故、丹波守殿[11]へ被二仰合一候而、九月廿一日、丹波守殿ニ而、内膳殿へ終日得二御意一候。翌年五月、罷下[12]候時分、内匠頭急度振舞被レ申候而、道具給レ之候。内匠頭所ニ九年有レ之、存寄候[13]子細御座候而、書付を上[14]、子年[15]、大嶋雲[16]八殿奉レ頼、知行断申候而上候。其時分も加増迄[17]可レ被二申付一候由、御留候得共、加増・利禄[18]之望ニ而、知行断申候[19]ニ而無二御座一候由、達而断申候而、知行返納候。大嶋雲[20]八殿、具ニ御存被レ成候。

1　一、増補本なし。
2　翌、増補本〔不改行〕にする。
3　ニ、増補本なし。
4　ゝ、全集本[*30]「が」に作る。
5　并、岩波本[*26]・学術本[*21]「並」に作る。全集本[*31]、この下に「に」の字あり。
6　者、増補本、この下に「等」の字あり。
7　不、増補本、この下に「被」の字あり。
8　坂、全集本[*32]「阪」に作る。
9　之、思想本・学術本「の」に作る。
10　而、増補本なし。

[●]11　守、底本なし。増補本によりて補ふ。
12　下、増補本、この下に「り」の字あり。
13　候、増補本「之」に作る。
14　上、学術本[*22]、この下に「り」の字あり。
[●]15　子年、底本虫損。増補本によりて補ふ。岩波本「子年」、全集本・思想本「子歳」とある。続神道本、傍注「(子年)」あり。学術本はないが、同本「大嶋雲八郎殿」の語釈に、「底本には無いが、義近に依頼したのを「子歳(万治三年、一六六〇)」と明記する本もある」とある。
16　雲、岩波本[*27]「金」に作る。
[●]17　迄、底本虫損。山鹿甲本・増補本によりて補ふ。
18　禄、増補本「録」に作る。
19　候、増補本なし。
20　雲、岩波本[*28]「金」に作る。

(18)
一[○1]、知行断申候而、以後間御座候而、浅野因州公・本多備前守殿[●2]など、私宅へ御出被レ成候時分、因州公被レ仰候ハ、其方儀、以来は一万石ニ而無レ之候は、何方へも奉公仕間敷候由兼而申候。一段尤ニ被ニ思召一候。古来戦国にハ、陪臣[○3]ニ高知行取申候者数多候。木村常陸介五万石之時、木村惣左衛門五千石、長谷川藤五郎八万石之時、嶋弥左衛門八千石取候。丹羽五郎左衛門十二万石[●4]ニ而、江口三郎右衛門[●5]・坂井与右衛門一万石宛取候。か[○6]様之事不レ珍候。結城中納言殿、越前拝領之[○7]時[○8]分被レ仰候は、御国を拝領被レ成候而、以前ニ替[○9]、別而御満足成事ハ無レ之候。○10難レ有被二思召一候事、二か条○11有レ之。其第一は、年来分限広候ハ、、被二召置一度被○12二思召一候、久世但馬、今度二万石被レ下被二召出一候。此段、大名ニ被二仰付一候故、願相叶申候由被レ仰候段、石谷土入物語候。扨○13近代我等存候而も、寺沢志摩守殿ヘ、天●14野源右衛門を八千石ニ而被レ抱レ之候。御一所松平越中守殿ヘ、吉●15村又右衛門を一万石ニ而被レ抱レ之候。此者共、名高場所一両度有レ之者候。○16○17渡辺睡庵事、藤堂泉州令二浪人一、五万石ニ而無レ之候○18ハ○19、、○20主取仕間敷候由申候。○21其身覚書ニも、其段記二置之一候。○22此者ハ○23又、右両人ゟ度ゝ武功場数も有レ之、殊ニ一騎寄之役儀○24ゟ、大勢之指引○25を心懸候者●26ニ候。此両三輩、皆我等存候。然に其方事、戦国に生○27候ハ、、武功之段○28ハ、右之者共ニおとり申間敷候。此段ハ力わさに不レ成事ニ候。第一博学多才、唯○29今、弘文院をさし○○30置、世上に有レ之間敷候。又聖学之筋目、発明仕候事、異朝ニさへ無レ之候間、古今其方一人ニ候。我等事、十二歳ゟ兵学を稽古候而、畠山殿弟子ニ御成、其流をきわめ、○31上泉流を習、上泉治部左衛門ニ○32相伝をきわめ○33候。○34其後、尾畑勘兵衛殿弟子ニ御成、印可迄御取候。北条安房守殿ハ、尚以心易、昼夜被二仰談一候。然ニ其方影故、兵学之筋目、初而能得心、難レ有仕合○35被○36二思召一候故、其方ヘ別ニ誓詞遣置候。然は兵法○37之儀、○38無○39双之様○40ニ被レ存候。如●レ此●41上は、五万石望候共、似合不レ申候様ニハ、我等ハ不レ存候。其上、一万石ニ而奉公不レ仕候而ハ、主用ニ立不レ申候段申候。○42寔○43当時相応成望、尤之至候。○44我等儀、○45分限無レ之候故、別而残念被二思召一候。其上一○46類内、○47一人ニ而も、二人ニ而も、被二召出一候事、御願○48被レ成候間、左様ニ同心可レ仕候由被レ仰候。私申上候は、忝御意奉レ存候と○49斗申上○50候而、指○51置候得共、本多備前守殿●52ヘ度ゝ被レ仰候間、達而一人遣候様○53ニ御取持候○54間、岡八郎左衛門十六○55歳之時、因州公ヘ被二召出一、過分ニ知行被レ下、近習○56ニ今以○57被二召遣一候而、○58御念比○59之義共○60候。其節、礒○61部彦右衛門を御使○62○63ニ被レ下、八郎左衛門被二召出一、御満足被レ遊候由、却而御礼被二仰下一候。此段、因州公ハ不レ及レ申、松浦肥州公・本多備前守殿○64、各○65○66御覚相○67成候。

1 一、増補本なし。

●2 守、底本なし。③④⑤⑥⑪⑫⑭本によりて補ふ。

3 陪、増補本「倍」に作る。

●4 石、底本なし。増補本によりて補ふ。全[*33]集本・学[*23]術本「石」の字あり。

●5 右、底本なし。増補本によりて補ふ。岩[*29]波本「右」の字あり。

6 か、増補本「ヶ」に作る。

7 領、増補本、この下に「被成」の字あり。

8 之、増補本「候」に作る。

9 替、増補本「かわり」に作る。

10 候、増補本なし。

11 か、増補本および岩[*30]波本・全[*34]集本・思[*12]想本・学[*24]術本「ケ」に作る。

12 被、岩[*31]波本「旨」に作る。

13 扨、学[*25]術本「扨」に作る。

●14 野、底本虫損。山鹿甲本・増補本によりて補ふ。

●15 吉、底本虫損。増補本によりて補ふ。

16 之、増補本、この下に「候」の字あり。

17 者、増補本、この下に「ニ」の字あり。全[*35]集本、同じく「に」の字あり。

18 候、増補本なし。

19　ハ、、全集本[*36]・思想本[*13]・学術本[*26]「て」に作る。

20　、、増補本なし。

21　候、全集本[*37]なし。

22　之、増補本なし。

23　ハ又、増補本なし。

24　寄、増補本および岩波本[*32]「前」に作る。

25　指、増補本「差」に作る。

●26　ニ、底本なし。増補本によりて補ふ。全集本[*38]・思想本[*14]・学術本[*27]「に」、続神道本[*10]「ニ」の字あり。

27　生、増補本、この下に「れ」の字あり。

28　之、思想本・学術本「の」に作る。

29　唯、増補本「只」に作る。

30　さし、増補本「差」に作る。

31　わ、全集本[*39]「は」に作る。

32　ニ、増補本なし。

33　わ、全集本[*40]「は」に作る。

34　候、増補本なし。

35　仕合、増補本なし。

36　被、学術本[*28]、この上に「に」の字あり。

37　法、学[*29]術本「学」に作る。
38　儀、増補本「義」に作る。
39　無、増補本、この上に「は」の字あり。
40　様、学[*30]術本「儀」に作る。
●41　如此、底本虫損。山鹿甲本・増補本によりて補ふ。
42　候、増補本なし。
43　寔、増補本「誠」に作る。
44　至、全[*41]集本、この下に「に」の字あり。
45　儀、増補本「事」に作る。
46　上、増補本「方」に作る。
47　類、増補本、この下に「之」の字あり。
48　願、増補本「頼」に作る。
49　と、学[*31]術本、〔振り仮名〕とする。
50　上、増補本なし。
51　指、増補本「差」に作る。
●52　守、底本なし。増補本によりて補ふ。
53　ニ、増補本なし。
54　候、岩[*33]波本「之」に作る。

55　六、全[*42]集本「七」に作る。
56　近、増補本、この上に「今以」の字あり。
57　今以、増補本なし。
58　而、増補本なし。
59　之、増補本「成」に作る。
60　共、増補本、この下に「ニ」の字あり。
61　礒、岩波本[*34]・全集本[*43]・思想本[*15]・続神道本[*11]・学術本[*32]「磯」に作る。
62　使、思想本[*16]・学術本[*33]「吏」に作る。前者の頭注に「「使」の誤りか」とあり、後者の語釈に「御使か」とある。
63　ニ、増補本、この上に「者」の字あり。
64　守、増補本なし。
65　各、増補本なし。
66　御、全集本、この上に「〻」の字あり。
67　相、増補本「可被」に作り、岩波本[*35]「被」に作る。

⒆一[1]、松浦肥州公御事ハ、以前ゟ御家中へ、弟三郎右衛門[2]被ニ召置一候而[3]、[4]段〻御取立被レ下、御厚志不レ浅、毎度御大恩を請申候。拙者[5]心底被レ為レ成ニ御存一候御事ハ、因州公ゟ猶以厚被レ成ニ御座一候。松浦公・浅野公・本多備前守殿なと、御一座之時分、御分限被レ成ニ御座一候ハヽ[6]、[7]拙者ニ一万石・二万石被レ下候事、何ゟ安儀[8]ニ[9]候由、被[10]ニ

仰出一候故、拙者申上候ハ、御両公様、右之通被レ為二思召一候得は、拙者儀、寔二[11]冥加ニ相叶候と奉レ存候。拙者御存不レ被レ成候御方ニ[12]は、定而無二途方一たわけ者ニ[13]候。各様[14]御崇敬被レ為レ成候を誠と存、如レ此高ふりたる事を[15]申候と可レ有レ之候。然所[16]、因州公御事ハ、御老年と申、御学問之義[17]、唯今之御大名ニハ無レ之候。其上、紀伊守殿・但馬守[18]殿御家ニ、諸家之名高者、大勢被二召抱一候而[19]、高知之者共罷有候[20]。此者共之咄[21]被レ為レ聞レ之候[22]。殊更兵学之義、兼而被二仰聞一候通候間[23]、拙者体、御噂・批判可レ仕候様無レ之候。松浦公御事ハ、因州公ゟ少ゝ御年下ニ[24]被レ成二御座一候。御自分之御文学は無二御座一候へ共、昼夜書物等被二聞召一、文武之諸芸、儒仏之御勤、御怠不レ被レ成、其上、当代之古老衆、毎度被レ成二招請一、[25]御当家・上方衆[26]、近代之物語、大方御存[27]被レ成候[28]。近年御家中へ、諸歴ゝ[29]高知ニ而被二指置一[30]、尤能者共、御使立被レ成候。依レ之[31]、中根宗閑・石谷土入、常ゝ被レ申候は、御家中之作法、人之[32]御遣立被レ成様、若年ニハ珍敷武将ニ而可レ有レ之由、度ゝ被レ申候を、石谷市右衛門殿、并[33]拙者体承候事ニ候。然は、此御両公様御事ハ、御自身之勤ゟはしめ、御家中・御領内迄之[●34]御作法・御仕置、無二残所一候様ニ、乍レ恐奉レ存候。然ニ一両度は、時之[35]御挨拶共奉レ存候。度ゝ被二仰聞一候事ニ御座候得は、拙者存念は立候而安堵仕候。拙者事、御存被レ成候御方ゝ様は、御分限不レ被レ成二御座一候。御存不[36]レ被レ成候[37]御方は、無二途方一者ニ可レ被二思召一候間[38]、拙者儀は[39]、当分永浪人と[40]覚悟仕候故、諸事ひつそく[41]仕、罷有[42]候所存ニ御座候由、其節申上候。

1　一、増補本なし。
2　右、全集本[*44]・続[*12]神道本「左」に作る。
3　候而、増補本なし。
4　而、学術本[*34]なし。

●5　者、底本、この下に〔一字欠字〕あり。山鹿甲本・増補本によりて削る。岩波本[*36]・全集本[*45]・思想本[*17]・続神道本[*13]・学術本[*35]なし。

●6　候ハヽ、底本虫損。山鹿甲本・増補本によりて補ふ。

7　ハヽ、岩波本[*37]・全集本[*46]・続神道本[*14]・学術本[*36]「て」に作る。

8　安、増補本、この下に「き」の字あり。

9　ニ、増補本なし。

10　被、増補本、この上に「度ゝ」の字あり。

11　ニ、増補本なし。

12　ニ、増補本「ゝ」に作り、岩波本[*38]「々」に作る。

13　わ、増補本および全集本[*47]「は」に作る。

14　各、全集本、この下に「ゝ」の字あり。

15　を、増補本なし。

16　所、増補本「処」に作る。

17　義、岩波本[*39]「儀」に作る。

18　守、増補本なし。

19　候而、増補本なし。

20　有、増補本「在」に作る。全集本、傍注「(在)」あり。

21　此、増補本、この上に「如」の字あり。

22 之候、増補本なし。

23 通、全[*48]集本、この下に「に」の字あり。

24 ニ、増補本「に」に作る。学[*37]術本、「に」を〔振り仮名〕にする。

25 〔一字欠字〕、増補本なし。

26 衆、増補本、この下に「之」の字あり。

27 御存、増補本なし。

28 成、増補本、この下に「御存」の字あり。

29 〻、全[*49]集本「歴」に作る。

30 指、増補本「差」に作る。

31 之、増補本なし。

32 之、増補本「〻」に作る。

33 并、全[*50]集本・思[*18]想本・学[*38]術本「並に」に作る。

●34 御、底本なし。増補本によりて補ふ。続神道本、傍注「(御脱カ)」あり。

35 之、岩[*40]波本・思想本「の」に作る。

36 不被成、増補本「無之」に作る。

37 候、増補本なし。

38 候、岩[*41]波本「之」に作る。

39 儀、増補本「事」に作る。

40　永、増補本「長」に作る。
41　ひつそく、増補本「逼塞」に作る。
42　有、増補本「在」に作る。全集本、傍注「(在)」あり。

(20)一[1]、山口出雲守殿、御出候而被レ仰[2]候ハ、津軽十郎左衛門殿御申候ハ、津軽越中守殿、御知行高は少御座候得共、土地広、新田多候間、知行之[3]事は、其方望ニ御任可レ有レ之候。越中守殿、初而御入部之[4]間、拙者ニ[5]付申候而、参候様ニ御願候と被二仰聞一候。拙者申候ハ、先以忝奉レ存候。乍レ去越州公、別而被レ懸二御目一候へ共、いまた御若年ニ被レ成二御座一候。尤十郎左衛門殿、出雲守殿被レ仰候御事ニ御座候へ共、家中之[6]衆、又ハ他所衆承候而、御若年之御方様へ、いか様ニ申なし候而、如レ斯[7]儀[8]御[9]座候なと、、[10]以[11]来[12]御沙汰御座候へは、迷惑仕候間、御免被レ成被レ下候様ニ[13]御断申上候。其以後津軽十郎左衛門殿、死去之時分、遺書ニも、拙者得二御意一候様ニ御申置候故、其段御志忝奉レ存候[14]。越中公へ弥[15]御懇意忝奉レ存候而得二御意一候。

1　一、増補本なし。
2　被仰、増補本「御申」に作る。
3　之、思想本・学術本「の」に作る。
4　之、増補本「候」に作る。
5　ニ、増補本なし。
6　之、増補本なし。
7　斯、増補本「此」に作る。

8　儀、増補本「義」に作る。
9　座、増補本「坐」に作る。
10　、、全集本[*51]「と」に作る。
● 11　来、底本、この下に〔一字欠字〕あり。山鹿甲本によりて削る。増補本および全集本[*52]、同じく「迄」の字あり。岩波本[*42]・思想本[*19]・学術本[*39]は〔欠字〕なし。続神道本、傍注「(迄御)」あり。
● 12　御、底本虫損。山鹿甲本・増補本によりて補ふ。続神道本、「□」とし、傍注「(迄御)」あり。
13　ニ、増補本なし。
● 14　候、底本なし。増補本によりて補ふ。
15　弥、全集本、この下に「ゝ」の字あり。

(21)一、[1]村上宗古老、我等別而申談候事、各[2]存知候通[3]候。拙者方ヘ御出候時分被[○]レ仰[4]候ハ、我等事、わかき時分ゟ物之[5]師を取、誓詞仕候事無レ之候。殊更武芸なとハ、人ニさして[6]習候者ニ[7]無レ之候。世上に軍法者多候得共、師を仕候者、我等所へ参候而、軍法咄仕候へ共、我等尤と存候者無レ之候。此段ハ、渡辺睡庵と昼夜咄[8]候而、古来ゟ[9]之軍法・弓矢咄、毎度聞[10]候故と存候。然に近年、其方ニ逢候而、軍法・兵学之咄、評判・詮議を仕候ニ、毎度驚レ耳候。睡庵事ハ、渡奉公人に近代稀[○]成[11]武士と存候。然共、軍学[12]・兵法之議論被レ仕候ハ、、其方前ニ而、睡庵口の明可[13]レ申候様[14]ニハ不レ被[15]レ存候。就レ其[16]、当年五十三歳、老[17]学耻入候得共、今日初而誓詞仕、其方、兵学之弟子ニ成申度候[18]由御申候故、私申候ハ、私事、左様ニ被二思召一被レ下候事、別而忝奉レ存候。古戦物語・武功共[19]、度ゝ御咄承候而、拙者儀不レ浅忝[20]候。何事ニ而も、御相伝なと、有[21]レ之儀[22]ハ、不二存寄一候[23]由申候へ共、達而御望候[24]故、任二其意ニ、宗古老御誓詞候。其時分、林九郎右衛門事、弥三郎と申候而、宗古念比ニ而居被レ申候故、能可レ被レ存候。

1　一、増補本なし。
2　各、全集本、この下に「〻」の字あり。
3　候、岩波本[*43]「之」に作る。
4　被仰、増補本「御申」に作る。
5　之、岩波本[*44]「の」に作る。
6　さ、岩波本[*45]・思想本[*20]・学術本[*40]「ま」に作る。
7　ニ、増補本、この下に「て」の字あり。
8　夜、増補本、この下に「心易」の字あり。
9　ゟ、増補本なし。
10　聞、思想本[*21]、この下に「き」の字あり。
11　稀成、増補本「珍敷」に作る。
12　学、増補本「法」に作る。
13　可、全集本[*53]なし。
14　候、増補本なし。
15　被、増補本なし。
16　其、増補本「夫」に作る。
17　老、増補本「之」に作る。

18　候、増補本および岩波本[*46]「之」に作る。
19　共、増補本「は」に作る。
20　忝、増補本「大慶仕」に作る。
21　丶、全集本[*54]「と」に作る。
22　儀、増補本「義」に作る。
23　候、岩波本[*47]「之」に作る。
24　候、増補本なし。

(22)
一、[○1]寛文六年午十月三日未上刻、北条安房守殿ゟ手紙被二指[○2]越一候。
　可二相尋一（切紙自筆）[○3]御用之事候間、早ゝ私宅迄可レ被レ参候。以上
　　十月三日　　　　　　　　　　　　　北条安房守
　　　山鹿甚五左衛門殿
御手紙（手紙）[○4]被二成下一、謹而奉二拝見一候。御尋可レ被レ成[○5][○6]御用之義御座候間、早ゝ貴宅迄参上可レ仕候旨、畏奉
レ存候。追付参上仕候。[○7]以上
　　十月三日　　　　　　　　　　　　　山鹿甚五左衛門判
　　　房州様
如レ斯相認候而[○8]遣候。夕料理不レ被[○9]レ下候故、食事心能認候而[○10]、行水仕、定而唯事ニ[○11]ハ有レ之間敷と[○12]被レ[○13]存、乍レ立遺
書相[○15]認残置候。尤若死罪ニ[○16]被二仰付一候ハヽ、●[○17]　[○18]公儀へ壹通指[○19]上可二相[○20]果一、是又相認令二懐中一候。此外、五六か所[○21]

ヘ小翰相調、与[22]レ態老母方ヘ不二申遣一、宗三寺ヘ参詣仕、下人成程省き、若党両人召連、馬上ニ而房州ヘ参候。四
日ニハ、津軽公へ可レ被二召寄一兼約御座候つるを、津軽公[23]門前ニ而存出し[24]、明日参上仕間敷候由、使をよせ[25]、北
条殿ヘ参候。門前ニ人馬多相ミへ[26]候。唯[27]今、何方ヘそ[28]打立候様子ニ御座候。此体、拙者若不レ参候ハ、、則拙宅ヘ
押寄、御ふミつぶし可レ有レ之様子と見へ[29]申候。私事、一[30]刀を下人に渡、座敷ヘ上り申候而、笑なから[31]申候ハ、如
何様之事御座候哉、御門前事[32]之外、人多[33]候由申候而、奥江[34][35]通候。暫候而北条殿被レ出候而逢申候。北条殿被レ申候
ハ、不レ入書物作候故、浅野内匠頭所ヘ御預被レ成候。是ゟ直ニ彼地ヘ可レ参候間、何ニ而も宿ヘ用所候ハ、、可二
申遣一候と、別而念比ニ被レ申候[36]。福嶋[37]伝兵衛硯を持候而、拙者傍ヘ参、申遣度事ハ、伝兵衛可二申次一候由申候間、
私北条殿ヘ向申候ハ、忝奉レ存候。乍レ然、常〻家を出候ゟ、跡に心[38]残候事ハ、無レ之様ニ勤罷有候[39]間、書付越可
レ申[40]事無二御座一候由申候。其内ニ嶋田藤十郎殿御出候而、北条殿も座敷ヘ御列座候而、私被二召出一候間、脇[41]指を置[42]
罷出候へハ、北条殿・嶋[43]田殿、互[44]御色題候而、北条殿被二仰渡一候ハ、其方事、不届成書物仕候間、浅野内匠頭所
ヘ御預被レ成候由、御老中被二仰渡一候由申候[45]。私申上候ハ、先以御意之趣、畏奉レ存候。乍レ然、対二御公儀様一
不届成儀[46]ハ、右之書物之内、何之所ニ而御座候哉、承度儀奉レ存[47]、と申上候得共[48]、房州御事、嶋田[49]殿ヘ御むかひ
候而、甚五左衛門申わけも可レ有レ之候得共、如レ斯被二仰付一候上ハ、不レ及二申分一候御事と御申候。私申上候ハ、
御意之上ハ、兎角と可[50]二申上一様無レ之候由、申候而罷立候。御歩行[51]目付衆両人居被レ申候而、内匠頭者[52]御よひ被二
仰渡一候ニ、御歩行[53]目付衆さわかしく被レ申候故、我等[54]笑申候而、一礼仕罷立候。此時之作法[55]、残所無レ之由、右
内匠頭者[56]、其晩申聞候。内匠頭所ヘ参候而は、不通[57]ニ人ニ[58]も逢不レ申候。浅野因州公ゟ礒[59]部彦右衛門御越候而[60]、不
レ苦候由、家老共申候へ共、逢[61]不レ申候。右之時分、随分不仕合成儀、迷惑至極仕候へ共、心底是ニ而動[62]申候事ハ、
聊無レ之[63][64]候。小事ニ而も、一か[65]条も申置候事、申遣候事、失念不レ仕候。九日之未明ニ、江戸[66][67]を罷立候。自[68]二[69]御

公儀一被二仰聞一候ハ、此者大勢弟子・門人有レ之、[○70]徒党之輩可レ有レ之候[○71]間、道中は不レ及レ申[●72]、江戸罷立候時分、芝・品川等二而奪取候事なと可レ有レ之候間、油断不レ仕候様二[○73][●74]被二仰渡一候由二而[○75]、付候而参候者共も、気遣仕候故、朝ゟ昼休、昼[○76]ゟ泊迄は、大小用をも不レ弁候様ニ心得候而[○77]、同廿四日之晩、赤穂へ著[○78]仕候。我等匹夫之者ニ候所、一人之[○79][●80]朵幣二而、大勢をも従申候様ニ、諸人存候事ハ、不仕合成内ニ、少ハ武士之覚悟、所レ有レ之ニも可ニ罷成一候哉。此段、皆虚説・風聞ニ[○81]、次第ニ罷成候而、於二赤穂一ハ心易罷成候[○82]。

1　一、増補本なし。
2　指、増補本「差」に作る。
3　〔一字欠字〕、全集本[*55]なし。
4　手紙、増補本「切紙」に作る。
5　〔一字欠字〕、全集本[*56]なし。
6　御、増補本〔改行〕にする。
7　上、増補本、この下に「可」の字あり。
8　候而、増補本なし。
9　不、増補本「未」に作る。
10　心能、増補本「快」に作る。
11　唯、増補本「只」に作る。
12　ハ、増補本「而」に作る。全集本[*57]「て」に作る。
13　と被、増補本なし。

14　被、岩波本[*48]なし。
15　認、増補本「調」に作る。
16　若、増補本なし。
●17　被、底本、この下に〔一字欠字〕あり。増補本によりて削る。
18　〔一字欠字〕、学術本[*41]なし。
19　壹、増補本「一」に作る。
20　指、増補本「差」に作る。
21　か、全集本[*58]・岩波本[*49]・思想本[*22]「ケ」に作る。
22　与、増補本なし。
23　公、増補本「殿」に作る。
24　し、増補本なし。
25　せ、増補本、この下に「申候而」の字あり。
26　へ、全集本[*59]「え」に作る。
27　唯、増補本「只」に作る。
28　そ、増補本「も」に作る。
29　へ、全集本[*60]「え」に作る。
30　一、増補本「ハ」に作る。
●31　なか、底本虫損。山鹿甲本・増補本によりて補ふ。全集本[*61]「乍」に作る。

32　事、増補本「殊」に作る。
33　多、増補本、この下に「御座」の字あり。
34　江、岩波本[*50]「へ」に作る。
35　通、増補本、この下に「り」の字あり。
36　候、増補本なし。
37　嶋、全集本[*62]「島」に作る。
38　心、増補本、この下に「ニ」の字あり。
39　有、増補本「在」に作る。全集本、傍注「(在)」あり。
40　中、増補本、この下に「候」の字あり。
41　指、増補本「差」に作る。
42　置、増補本「ぬき」に作る。
43　嶋、全集本[*63]「島」に作る。
44　互、増補本、この下に「ニ」の字あり。全集本[*64]、同じく「に」の字あり。
45　申、増補本「ニ」に作る。岩波本[*51]なし。
46　儀、増補本「義」に作る。
47　存、増補本、この下に「候」の字あり。
48　共、増補本「は」に作る。
49　嶋田、増補本「藤十郎」に作る。

50　と、増補本「を」に作る。

51　歩行、増補本「徒」に作る。

52　者、全[*65]集本・思[*23]想本・続[*15]神道本・学[*42]術本「は」に作る。

53　歩行、増補本「徒」に作る。

54　我等、増補本「私」に作る。

55　之、増補本「分」に作る。

56　者、全[*65]集本・思[*24]想本・続[*16]神道本・学[*43]術本「は」に作る。

57　不、全集本の傍注に「(普)」とあり、思想本の頭注に「普通」とあり、学術本の語釈に「普通」とある。

58　ニ、全[*67]集本「と」に作る。

59　礒、岩[*52]波本・全[*68]集本・思[*25]想本・続[*17]神道本・学[*44]術本「磯」に作る。

●60　而、底本なし。増補本によりて補ふ。

61　逢、増補本、この上に「是へも」の字あり。

62　動、増補本「被」に作る。

63　之、増補本「御座」に作る。

64　候、増補本、この下に「故」の字あり。

65　か、全[*69]集本・岩[*53]波本・思[*26]想本・学[*45]術本「ケ」に作る。

66　江戸、増補本「御当地」に作る。

67　を、増補本なし。

68 自、増補本「従」に作り、岩波本[*54]「事」に作る。

69 〔一字欠字〕、岩波本[*55]なし。

70 之、増補本、この下に「候」の字あり。

71 候、岩波本[*56]なし。

●72 申、底本、この下に「候」の字あり。増補本によりて削る。岩波本[*57]・全集本[*70]・思想本[*27]・続神道本[*18]・学術本[*46]「候」の字なし。

73 ニ、岩波本[*58]、この下に〔一字欠字〕あり。

●74 被、底本、この下に〔一字欠字〕あり。増補本によりて削る。岩波本[*59]〔欠字〕なし。

75 而、増補本「候間」に作る。

76 昼、増補本、この下に「休」の字あり。

77 得、増補本、この下に「申」の字あり。

78 著、岩波本[*60]・全集本[*71]・思想本[*28]・学術本[*47]「着」に作る。

79 之、思想本・学術本「の」に作る。

●80 采幣、底本「再拝」に作る。④⑥⑪⑫⑭本によりて改む。全集本・続神道本の傍注に「(采配)」とあり、学術本の語釈に「采配」とある。

81 ニ、増補本なし。

82 成、増補本「在」に作る。

(23)一[1]、我等配所江被二仰付一候時分、北条殿[●2]ゟ呼に参候節は、死罪[3]可レ被二仰付一候哉、配所へ可レ参候哉、不二分明一候間、若死罪ニ候ハヽ、一通之書付を指出し[4]、可[5]レ申と存[6]令二懐中一候。其案文、今以残候。此節は、人間之一大事相究、五十年之事、夢之覚候様ニ、有レ之時分ニ候へ共、聊心底ニ取ミたし[7]候事無レ之候。尤迷惑ハ仕候。此段は、我[8]等日[9]比学問工夫之つとめ故と全存候。人間之上にハ、如[10]レ此事有レ之物ニ候間、覚悟所如レ此しるし置[11]候。

蒙当二二千歳之今一、大明二周公・孔子之道一、猶欲レ糺二吾誤於天下一、開二板聖教要録一之処、当時俗学・腐儒、不レ修レ身不レ勤二忠孝一、況天下国家之用、聊不レ知レ之、故於二吾書一無二一句之可一レ論、無二一言之可一レ糺、或借レ権而貪レ利、或構レ讒而追蹤。世皆不レ知レ之、専任二人口一而伝レ虚、不レ正二実否一、不レ詳二其書一、不レ究二其理一、強嘲レ書罪レ我。於レ茲我始安。我言之大道無[12]レ疑、天下無レ弁レ之。夫罪レ我者、罪二周公・孔子之道一也。我可レ罪而道不レ可レ罪。罪二聖人之道一者、時政之誤也。古今天下之公論不レ可レ遁。凡知レ道之輩、必逢二天災一、其先蹤尤多。乾坤倒覆、日月失レ光。唯怨生二今世一、而残二時世之誤於末代一。是臣之罪也。誠惶頓首

十月三日　　山鹿甚五左衛門[13]

北条安房守殿

是は令二懐中一候迄ニ候[14]。若死罪ニ而候はと存候へ共、別条無レ之候故、出不レ申候。此文言、立なから認候而、点を付、令二懐中一候。其以後、今日取出候而見申候。急成事故、不レ宜書様ニ[15]存候。乍レ恐[16]日本大小神祇[●17]、一字も改[18]候事[19]無レ之候。寔[20]ニ我等辞世之一句ニ[21]候。

1　一、増補本なし。
●2　殿、底本虫損。山鹿甲本・増補本によりて補ふ。
3　罪、増補本、この下に「ニ」の字あり。

4　指、増補本「差」に作る。

5　し、増補本なし。

6　と、岩波本[*61]「上」に作る。思想本[*29]・学術本[*48]、この上に「上」の字あり。

7　ミたし、増補本「乱」に作る。

8　我等、増補本なし。

9　比、増補本、この下に「我等」の字あり。

10　如、①④⑦⑬⑭本、この上に「一生に」、同じく②⑧⑩⑮⑰本「一生ニ」の字あり。

11　しるし、増補本「記」に作る。

12　之、増補本なし。

13　門、増補本、この下に「判」の字あり。

14　候、全集本[*72]「て」に作る。

15　ニ、増補本、この下に「も」の字あり。

16　〔二字欠字〕、増補本なし。岩波本・全集本・思想本・学術本〔一字欠字〕にする。

●17　祇、底本「祗」に作る。②⑮本によりて改む。岩波本[*62]・全集本[*73]・思想本[*30]・学術本[*49]「祇」に作る。続神道本、傍注「(祇)」あり。

18　も、増補本、この下に「後ニ」の字あり。

19　事、増補本、この下に「ハ」の字あり。

20　ニ、増補本なし。

21　ニ、増補本、この下に「て」の字あり。

(24)一[○1]、我等儀、以前知行断申候而、内匠頭[○2]殿家を出候ニ、今度、内匠殿へ御預被レ成候。然ニ配所ニ罷有候内[○3]、別而念比ニ被レ仕[○4]、常々被レ申候ハ、御預ニ而無レ之候ハヽ、其方、再此地へ可レ参候哉。随分内々ニ而、馳走可レ仕候由被レ申候。就レ其[○5]、衣服・食物・家宅迄、段々念比不レ浅候。大石頼母助事、朝夕之野菜、今日迄毎日両度宛送候。頼母助在江戸之内[○6]も右之通[○7]候。断申候[●8]へ共、頼母助申候ハ、此段、全自[●9]分之心入ニ而無レ之候。内匠殿御[●10]念比ニ被ニ思召[●11]一候、拙者事故、如[○12]レ斯[○13]仕候由申候[○14]。尤配所ニ罷有候内[○15]は、御預之者[○16]ニ候間、随分慮外不レ仕候様[○17]ニ[○18]、家中之者迄被ニ申付一候而、拙者所へ内匠殿御出候而も[○19]、以前ゟ却而慇懃ニ御座候而迷惑仕候。

1　一、増補本なし。
2　頭、増補本なし。
3　有、増補本「在」に作る。全集本、傍注「(在)」あり。
4　仕、続神道本[*19]「任」に作る。
5　其、増補本「夫」に作る。
6　之、思想本・学術本「の」に作る。
7　通、増補本、この下に「ニ」の字あり。
●8　申候、底本虫損。山鹿甲本・増補本によりて補ふ。続神道本、傍注「(候)」あり。
●9　自、底本虫損。山鹿甲本・増補本によりて補ふ。
●10　御、底本なし。増補本によりて補ふ。

●11　ニ被思召候、底本「之」に作る。増補本によりて改む。岩波本[*63]「の」に作る。
12　如、増補本、この上に「頼母助も」の字あり。
13　斯、増補本「此」に作る。
14　候、増補本、この下に「而相送候」の字あり。
15　有、増補本「在」に作る。全集本、傍注「(在)」あり。
16　は、全集本[*74]「の」に作る。
17　不仕候、増補本「無之」に作る。
18　ニ、増補本なし。
19　も、増補本なし。

(25)一[○1]、我等奉レ得二御意一候而、兵学・学問御聞被レ成、我等弟子ニ御成被レ成候御方ゝ[○2]ハ、松平越中守殿を初め、右[○]如[○]二申[○]候[○3]一[○4]、別而[●5]御崇敬被レ成候。其外、板倉内膳殿など[○]、[○6]御老中ニ被レ為レ成候而も、拙者名ニ様之[○7]字御付被レ成候故、度ゝ御断申上候得共、[●8]不レ被二聞召分一候。浅野内匠頭は主人ニ而候得共、[○9]上ゝ様ヘ口切之茶献上候後、必拙者ニも口切之茶肴被レ与レ之[○]候[○10]而令二頂戴一候。采女殿尚以其通候。其外之[○11]御衆、大方[○12]上ゝ様ヘ御茶被レ進レ之候[○13]已[○14]後は、口切之[○15]御茶被レ下令二頂戴一候。尤以前御出入仕候御大名衆迄[●16]、私参候ヘは、御送迎被レ遊候而、御門迄明候様ニ被二仰付一候。御慇懃[●17]ニ[○18]ハ迷惑仕候段、毎度御断申上候ヘ共、左様ニ而無レ之候。私ヘ御礼とハ不レ被二思召一候。兵法之[○19]礼義[○20]、師弟[●21]之道ニ而候由被レ仰候。然共、冥加おそろしく存候而、度ゝ御断申[●22]上候ハ、凡下之拙[○23]者、無徳之者[●24]ニ而、任二御意一御指南申上候とても、左様ニ被レ遊候程之御伝受[○25]も不二罷成一、迷[○]惑[○26]仕候由、度ゝ御断申上候き。

侍従・四品・諸大夫之御方〻様、如レ斯之次第○27、天命おそれ多候故、せめて自分ニ奢無レ之、日夜之勤、聊無ニ怠慢○28一候段、此上之我等慎と令ニ覚悟一候故、此段、常〻子孫共迄令ニ教戒○29一候。今年配所ニ十年有レ之候○30。唯○31今は一入天道のとかめを存候而、病中之外、雖ニ一日一朝寝○32不レ仕、不作法成体を不レ致候。此段朝夕之儀○33、下〻迄存候儀○34候。就中、礒谷平助●35能存候。自ニ以前一如レ此○36心かけ候故、益も無レ之候へ共、我等述作之書物○37、千巻斗○38有レ之候。目録別有レ之。我等人にすくれ愚ニ候而、言行不レ正候。子孫共●39ハ、愚成我等ニ十倍勤不レ申候ハヽ、人間之正義○40に不レ可ニ叶申○41一と○42存候。

乍レ序○43、我等存寄候学○44之筋、少〻記ニ置之○45一候。

1　一、増補本なし。
2　〻、全集本*75「に」に作る。
3　右如申候、増補本「右ニ申候ことく」に作る。
4　候、岩波本*64なし。
●5　御、底本虫損。山鹿甲本・増補本によりて補ふ。
6　なと、増補本なし。
7　之、思想本・学術本「の」に作る。
●8　不、底本虫損。山鹿甲本・増補本によりて補ふ。
9　〔一字欠字〕、増補本および岩波本*65・全集本*76なし。
10　与之、増補本「給」に作る。
11　之、岩波本*66「の」に作る。

12　〔一字欠字〕、増補本および岩[*67]波本なし。

13　之、増補本なし。

14　已、増補本「以」に作る。

15　之、思想本・学術本「の」に作る。

● 16　衆、底本虫損。山鹿甲本・増補本によりて補ふ。

● 17　ニ、底本虫損。山鹿甲本・増補本によりて補ふ。

18　ハ、増補本「而」に作り、全[*77]集本・思[*31]想本・学[*50]術本「て」に作る。

19　之、岩[*68]波本「の」に作る。

20　義、岩[*69]波本「儀」に作る。

● 21　弟、底本虫損。山鹿甲本・増補本によりて補ふ。

● 22　申、底本虫損。山鹿甲本・増補本によりて補ふ。

23　之、岩[*70]波本「の」に作る。

● 24　者、底本虫損。山鹿甲本・増補本によりて補ふ。

25　受、全[*78]集本「授」に作る。

26　迷惑仕、増補本なし。

27　斯、増補本「此」に作る。

28　候、全[*79]集本「の」に作る。

29　戒、岩[*71]波本「誡」に作る。

30 候、増補本なし。
31 唯、増補本「只」に作る。
32 寝、増補本、この下に「を」の字あり。
33 儀、増補本「義」に作る。
34 儀、増補本「義」に作る。
●35 平、底本虫損。山鹿甲本・増補本によりて補ふ。
36 此、増補本「斯」に作る。
37 之、思想本・学術本「の」に作る。
38 物、増補本、この下に「ハ」の字あり。
●39 共、底本虫損。増補本によりて補ふ。
40 之、岩波本[*72]「の」に作る。
41 申、増補本および岩波本[*73]なし。全集本[*80]、この下に「候」の字あり。
42 と、増補本「被」に作る。
43 序、増補本「次而」に作る。
44 候、全集本[*81]・思想本[*32]・学術本[*51]「の」に作り、続神道本[*20]「之」に作る。
45 之、増補本なし。

(26)
一[○1]、我等事、以前ゟ異朝之書物をこのミ、日夜勤候故[○2]、近年、新渡之書物は不レ存候。十ケ年以前迄[●3]、異朝ゟ渡候書物[4]、大方不レ残令レ一二覧[5]之[6]一候。依レ之不レ覚、異朝之事を諸事よろしく存、　[7]本朝は小国故、異朝にハ何事も不レ及、聖人も異朝にこそ出来候得と存候。此段ハ、我等斗ニ不レ限、古今之学者、皆左様ニ存候[8]而、異朝を慕[9]まなひ候。近比、初而此存入[10]、誤[11]なりと存候[12]。信レ耳而不レ信レ目、棄レ近而取レ遠候事、不レ及二是非一[13]、寔[14][15]学者之痛[16]病[17]候。詳ニ中朝事実ニ記レ之候得共、大概をこゝにしるし置候[18]。

本朝は　[19]天照太[20]神之御苗裔として、神代より今日迄、其正統一代も違不レ給、藤原氏輔佐之臣[21]迄、世々不レ絶[22]して、摂籙[23]之臣相続候事、乱臣・賊子之不義不道成事無レ之[24]故也[25]。是仁義之正徳、甚厚成か故にあらすや。次に、神代より[26]人皇十七代迄ハ、悉聖徳之人君相続あり、賢聖之才臣輔佐し奉り[27]、[28]天地之道を立、朝廷之政事、国郡之制を定、四民之作法・日用・衣食・家宅・冠昏・喪祭之礼に至迄、各[29]其中庸をゑ[30]て、民やすく国平に、万代之規模立て、上下之道明成ハ[31]、是聡明聖知の天徳に達せるにあらすや。況や勇武之道を以ていわ[32]ハ[33]、[34]三韓をたい[35]らけて、　[36]本朝へミつき物をあけしめ、高麗をせめて、其王城をおとし入、　[37]日本之府を異朝にまふけて[38]、武威を四海にかゝやか[39]す事、上代より近代迄しかり。　[40]本朝之武勇ハ、異国迄[41]是をおそれ候へ共、終ニ外国より本朝を攻取候事ハさて置、一ケ所も彼地へうはわる[42]ゝ[43]事なし。されハ武具・馬具・劔戟[44]之制、兵法・軍法・戦略之品々、彼国之非レ所レ及、是勇武之四海[45]に優れるにあらすや。然は知・仁・勇之三ハ、聖人之三徳也。此三徳一つもかけて[46]ハ、聖人之道にあらす。今此三徳を以て、　[47]本朝と異朝とを、一々其しるしを立て、校量せしむるに、　[48]本朝はるかにまさ[49]れり。誠にまさしく中国といふへき所分明なり。是更に私に云にあらす。天下之公論なり。上古に聖徳太子、ひとり異国[50]を不レ貴、　[51]本朝之為二　[52]本朝一事[53]をしれり。然共旧記ハ、入鹿か乱に焼失せるにや、惜哉、其全書世にあらわ[54]れす。

1　一、増補本なし。

2　故、増補本「而」に作る。

●3　以、底本虫損。山鹿甲本および①②⑨⑫⑬⑭によりて補ふ。増補本「已」に作る。

4　物、全集本[*82]・思想本[*33]・学術本[*52]、この下に「は」の字あり。

5　覧、全集本[*83]・思想本[*34]「読」に作る。

6　之、増補本なし。

7　〔二字欠字〕、増補本および全集本[*84]なし。岩波本・思想本・続神道本・学術本〔一字欠字〕にする。

8　存、増補本「心得」に作る。

9　慕、増補本「したひ」に作る。

10　存、増補本、この下に「知」の字あり。

11　誤、増補本、この上に「甚」の字あり。

12　存、増補本「知」に作る。

13　非、岩波本[*74]、この下に「候」の字あり。

14　寔、増補本「誠」に作る。

15　学、増補本、この上に「ニ」の字あり。

16　痛、増補本「通」に作る。

17　病、増補本、この下に「ニ」の字あり。全集本[*85]、同じく「に」の字あり。

18　ヽ、全集本[*86]「こ」に作る。

19　〔三字欠字〕、増補本および岩波本・全集本・思想本・学術本〔一字欠字〕にする。

20　太、増補本および岩波本[*75]・全集本[*87]・思想本[*35]・学術本[*53]「大」に作る。

●21　臣、底本虫損。山鹿甲本・増補本によりて補ふ。

22　絶、増補本「断」に作る。

●23　籙、底本「禄」に作る。②本によりて改む。増補本「録」に作り、全集本[*88]・思想本[*36]・学術本[*54]「籙」に作る。続神道本の傍注に「(籙)」とあり、学術本の語釈に「底本は「摂禄」」とある。

24　之、増補本、この下に「候」の字あり。

25　也、全集本[*89]「なり」に作る。

●26　り、底本虫損。山鹿甲本・増補本によりて補ふ。

27　し、増補本なし。

28　り、増補本、この下に「て」の字あり。

29　各、全集本、この下に「〻」の字あり。

30　ゑ、全集本[*90]「え」に作る。

31　ハ、全集本[*91]「る」に作る。

●32　い、底本虫損。山鹿甲本・増補本によりて補ふ。

33　わハ、岩波本[*76]「らい」に作る。

34　わ、全集本[*92]「は」に作る。

35　い、全集本[*93]「ひ」に作る。

36　〔一字欠字〕、全集本[*94]なし。

37 〔一字欠字〕、増補本および全集本[*95]・思想本[*37]・学術本[*55]なし。
38 ふ、全集本[*96]「う」に作る。
39 、、全集本[*97]「が」に作る。
40 〔一字欠字〕、全集本[*98]なし。
41 迄、増補本、この下に「も」の字あり。
42 わ、全集本[*99]「は」に作り、岩波本[*77]「、」に作る。
43 、、全集本[*100]「る」に作る。
44 劔、岩波本[*78]「劍」に作り、思想本[*38]・学術本[*56]「剣」に作る。
●45 海、底本虫損。山鹿甲本・増補本によりて補ふ。
●46 て、底本虫損。山鹿甲本・増補本によりて補ふ。
47 〔一字欠字〕、増補本なし。
●48 〔一字欠字〕、底本なし。⑤⑫⑭本によりて補ふ。①⑬本〔二字欠字〕にし、⑨⑯本〔改行〕にする。岩波本[*79]・続神道本[*21]あり。
49 まさ、増補本「優」に作る。
50 国、増補本「朝」に作る。
51 〔一字欠字〕、全集本[*101]なし。
●52 〔一字欠字〕、底本なし。②③④⑥⑪⑭⑮本によりて補ふ。⑦⑧⑬⑯本〔二字欠字〕にする。
●53 事、底本虫損。山鹿甲本・増補本によりて補ふ。

●54　わ、底本虫損。山鹿甲本および⑧⑨⑩⑮⑯⑰本によりて補ふ。全集本「は」に作る。

(27) 一、学問之筋、古今共に其品多し。是に依て、儒・仏・神道共に、各其一理有レ之事ニ候。我等事、幼少ゟ壮年迄、専程子・朱子之学筋を勤、依レ之其比、我等述作之書は、皆程朱之学筋迄ニ候。中比、老子・荘子を好ミ、玄ゝ虚無之沙汰を本と存候。此時分は、別而仏法を貴ひ候而、諸五山之名知識に逢、参学・悟道を楽、隠元禅師江迄令二相看一候。然共、我等不器用故に候哉、程朱之学を仕候而ハ、持敬・静座之工夫に陥候而、人品沈黙ニ罷成候様ニ覚候。朱子学よりハ、老荘・禅之作略は、活達自由ニ候而、性心之作用、天地一枚之妙用、高く明成様ニ被レ存候而、何事も本心自性之用所を以て仕候故、滞所無レ之、乾坤打破仕候而も、万代不変之一理ハ、惺惺洒落たる所無レ疑存候。然共、今日日用事物之上ニおいてハ、更に合点不レ参候故、是ハ我等不器用故ニ可レ有レ之候。今少合点仕候ハ、、可レ参被レ存、弥此道を勤候。或ハ又、日用事物之上の事ハ、甚軽儀、如何様ニ仕候而も、不レ苦儀共存候へ共、五倫之道に身を置、日用事物之間ニ応接仕候へは、左様にハ不二罷成一候而つかゑ申候。然は樹下石上之住居、閑居独身に成、世上之功名をすて候ハ、無欲清浄成事絶二言語一、妙用自由成所、可レ有レ之様ニ覚候ニ、天下国家、四民事物之上にわたりてハ、大成事ハ不レ及レ言レ之、細事ニ而も、世上之無学成者程ニも、合点不レ参候而、或ハ仁を体認するときハ、一日之間ニ、天下之事相済候と存し、或ハ慈悲を本に仕候へは、過去遠ゝ之功徳に成候とまて申候而、実ハ世間と学問とハ、別の事ニ成候。他人ハ不レ存、我等如レ斯存候故、是ニ而ハ、学問之至極と不レ被レ存候故、儒者・仏者ニ右之所尋レ之、又大徳有レ之人と申候ニ、右之品尋候而、其人之作略を見聞申候ニも、世間とハ不レ合、皆事物別に成候。神道は、本朝之道ニ候へ共、旧記不二分明一、事之端斗しれ候而不レ全候。是ハ定而天下国家之要法も可レ有レ之候へ共、入鹿乱後、旧記断絶と相見へ申候。依レ之我等事、学問に不審出来、弥博[37]く書ゝ[38]を見、古之学[39]者衆[40]申置候儀共考候へ共[41]、我等不審之条ゝ、埒明不レ申候間、定而我等料簡相違可レ有レ之[42]と存候而、数年此不審不二分明一候所、寛文之初、我等存候ハ、漢・唐・宋・明之学者之書を見候故、合点不レ参候哉、直に周公・孔子[43]之書を見[44]申候而、是を手本に仕候而、学問之筋を正し可レ申存、それゟ不通[45]二、後世之書物をハ不レ用、聖人之書迄を昼夜勘[46]候而、初而聖学之道筋、分明に得[47]心仕候而、聖学之のりを定候。たとへハ、紙を直にたつに、いか[48]程細工能候而も、定規無レ之、手にまかせ候而裁[49]候へは、不レ残ろくにハ不レ成候。又、其身ハろく二裁[50]候而も、人ゝに左様二たゝせ[51]候事ハ不レ成候。所ゝ定[52]規をあてゝ裁[53]候へは、大方幼[54]若之者迄、先其筋目のことくにハ裁レ之候。其間に、尤上手・下[55]手ハ有レ之候得[56]共、其筋目ハ一通二参候。然は、聖人之道筋と言[57]を、能得心仕[58]候而ハ、右之定規を知候故、何事にても、其人之学問程にハ、其道を合点可レ仕候。此故に、聖学之筋にハ、文字も学問も不レ入、今日承候而、今日之用事得心参候。工夫も持敬も静座も入不レ申事[59]二候。されハ、たとへ言行正敷、身を修、千言万句をそらんし申候者二而も、是ハ雑学二而、聖学之筋二而無レ之候と、分明二しれ[60]候。又、一言半句申候而も、聖[61]学之筋目を知候人と知れ候。是定規を以て正敷勘候故[62]二候。唯今[63]、終二不レ見不レ聞之事物之上[64]二而[65]も、右之学筋ゟ尋候得は、十[66]か条二五七[67]か条ハしれ申候。俗学・雑学之輩[68]ハ、十か条[69]之内二三か[70]条共、合点参間敷候。其段は、我等慥二覚候。依レ之而[71]世上之無学成者[72]に、博学成者おとり候而、人に笑[73]われ候事、出来候様二覚候。然ハ、いか[74]たなくして鉄炮之玉をけつり、定[75]規なくして紙をすく[76]にた[77]ゝん[78]と仕候故、労而[79]無レ功、常に苦[80]候而、益更二無レ之、学をいたし候へは、弥[81]お[82]ろ[83]かに成候様二、我等ハ覚[84]候。

1　一、増補本なし。
2　各、全集本、この下に「ゝ」の字あり。
3　学、増補本、この下に「之」の字あり。

4　江、増補本「へ」に作り、岩波本[80]「に」に作る。
5　我、続[22]神道本「私」に作る。
●6　不、底本虫損。山鹿甲本・増補本によりて補ふ。
●7　用、底本虫損。山鹿甲本・増補本によりて補ふ。
8　より、増補本および続[23]神道本「ゟ」に作る。
●9　よ、底本虫損。山鹿甲本および①④⑨⑬⑯⑰本によりて補ふ。
●10　く、底本虫損。増補本によりて補ふ。続神道本、傍注「（ク）」あり。
11　所、増補本「処」に作る。
12　惺、増補本「〻」に作る。
13　日、増補本、この下に「之」の字あり。
14　仕、増補本なし。
15　被、増補本および岩[81]波本「と」に作る。
16　存、増補本、この下に「候而」の字あり。
17　弥、全集本、この下に「〻」の字あり。
18　儀、増補本「義」に作る。
19　共、全[102]集本、この下に「と」の字あり。
20　ゑ、全[103]集本「へ」に作る。
21　居、増補本、この下に「仕」の字あり。

22　候、岩波本[*82]「ヽ」に作る。

23　物、全集本[*104]・思想本[*39]・続神道本[*24]・学術本[*57]「功」に作る。

24　するときハ、増補本「せしむれは」に作る。

25　一日、増補本「万」に作る。

●26　候、底本虫損。山鹿甲本・増補本によりて補ふ。

27　而、増補本「て」に作る。学術本[*58]なし。

28　存、全集本[*105]、この下に「候」の字あり。

29　等、増補本、この下に「ハ」の字あり。岩波本[*83]・全集本[*106]・思想本[*40]・学術本[*59]、同じく「は」の字あり。

●30　如、底本虫損。増補本によりて補ふ。

31　斯、増補本「此」に作る。

32　之、増補本「共」に作る。

●33　右之所尋、底本虫損。山鹿甲本・増補本によりて補ふ。

34　〔一字欠字〕、増補本なし。

35　しれ、全集本、傍注「(知)」あり。

●36　へ、底本虫損。山鹿甲本・増補本によりて補ふ。全集本「え」に作る。

37　弥、全集本、この下に「〻」の字あり。

38　〻、増補本なし。

●39　学、底本虫損。山鹿甲本・増補本によりて補ふ。

40 衆、岩波本[*84]・思想本[*41]「被」に作る。
41 共、全集本[*107]・思想本[*42]・学術本[*60]「ば」に作り、続神道本[*25]「は」に作る。
42 と、増補本なし。
43 之、思想本・学術本「の」に作る。
44 申、増補本なし。
45 不、全集本の傍注に「(普)」とあり、思想本の頭注、学術本の語釈に「普通」とある。
46 勘、増補本「勤」に作る。
47 に、増補本なし。
48 いか、増補本「如何」に作る。
●49 裁、底本「立」に作る。⑦⑭本によりて改む。全集本・続神道本の傍注に「(裁)」とあり、思想本の頭注に「裁(たち)」とある。
●50 裁、底本「立」に作る。⑭本によりて改む。続神道本、傍注「(裁)」あり。
51 ゝ、全集本[*108]「た」に作る。
52 ミ、増補本および岩波本[*85]・思想本[*43]「に」に作り、学術本[*61]「ゝ」に作る。
53 ゝ、全集本[*109]「て」に作る。
●54 大方、底本虫損。山鹿甲本・増補本によりて補ふ。
●55 手・下、底本虫損。増補本によりて補ふ。
●56 共、底本虫損。増補本によりて補ふ。

57 言、岩波本[*86]・全集本[*110]・思想本[*44]・学術本[*62]「云」に作る。

58 仕、続神道本[*26]「任」に作る。

59 申、岩波本[*87]、この下に「候」の字あり。

60 しれ、全集本、傍注「(知)」あり。

●61 聖、底本虫損。山鹿甲本・増補本によりて補ふ。

●62 故、底本虫損。山鹿甲本・増補本によりて補ふ。

63 唯、増補本「只」に作る。

64 之、増補本「候」に作る。

●65 ニ而、底本虫損。山鹿甲本・増補本によりて補ふ。続神道本「に而」に作る。

66 か、岩波本[*88]・全集本[*111]・思想本[*45]・学術本[*63]「ケ」に作る。

67 か、岩波本[*89]・全集本[*112]・思想本[*46]・学術本[*64]「ケ」に作る。

68 之、思想本・学術本「の」に作る。

69 か、岩波本[*90]・全集本[*113]・思想本[*47]・学術本[*65]「ケ」に作る。

70 か、岩波本[*91]・全集本[*114]・思想本[*48]・学術本[*66]「ケ」に作る。

71 而、増補本なし。

●72 者、底本虫損。山鹿甲本・増補本によりて補ふ。

73 わ、岩波本[*92]・全集本[*115]「は」に作る。

74 いかた、全集本、傍注「(鋳型)」あり。

75　規、増補本「木」に作る。
76　すく、全集本、傍注「(直)」あり。
77　たゝ、増補本「裁」に作る。全[*116]集本「たた」に作る。
78　ゝ、全[*117]集本「た」に作る。
79　労而、岩[*93]波本「学問」に作る。
80　に、増補本「〻」に作る。
81　弥、全集本、この下に「〻」の字あり。
82　おろか、増補本「愚」に作る。
83　成、増補本、この下に「申」の字あり。
●84　覚、底本虫損。山鹿甲本・増補本によりて補ふ。

(28)
一[○1]、学問之筋、或ハ徳を貴ひ仁をねり、工夫・静座[●2][○3]を専と仕[●4]候有レ之。或[●5]ハ身を修、人をたゝし[○6]、世を治平せしめ、功成名遂[○7]あり。或ハ書物をこのミ、著述・詩文を専といたす[○8]あり。此品、上・中・下よりわかれて[○9]、様〻之心得ニ成行事に候。然に、我等存候ハ、徳を以て人物を感せしめ、物いわすして[○10]、天下自正、垂二衣裳一而四海平に、修二文[●11]徳一而敵自感服せしめしハ、黄帝・堯・舜之時代之儀[○12]、末代之まなひかたき所也。是をかた斗似せ候而も、其しるし無レ之儀也[○13]。依レ之、如レ此心得候学者ハ、其志所高尚にして、終ニ世を背、山林に入、鳥獣を友と仕候事に候。又[●14]、書物をこのミ、詩文・著述を事といたすは[○15]、学之慰ニ而、日[●16]用之事に[○17]あらす。但、文章も学之余分なれハ、是を嫌にハあらす。余力の暇にハ、詩歌・文章も不[○18]レ可レ棄レ之也。

1　一、増補本なし。

●2　を専、底本虫損。山鹿甲本・増補本によりて補ふ。

3　と、増補本、この上に「ら」の字あり。

●4　候、底本虫損。山鹿甲本・増補本によりて補ふ。続神道本、傍注「(候)」あり。

●5　ハ、底本虫損。山鹿甲本・増補本によりて補ふ。続神道本、傍注「(ハ)」あり。

6　ゝ、全集本[*118]「だ」に作る。

7　遂、増補本「高」に作る。

8　専、増補本、この下に「ら」の字あり。

9　れ、増補本、この下に「候」の字あり。

10　わ、全集本[*119]「は」に作る。

●11　文、底本虫損。山鹿甲本・増補本によりて補ふ。

12　儀、増補本「義」に作る。

13　儀、増補本「事」に作る。

●14　又、底本虫損。山鹿甲本・増補本によりて補ふ。

15　は、岩波本[*94]「者」に作る。

●16　日用、底本虫損。山鹿甲本・増補本によりて補ふ。

17　に、増補本、この下に「ハ」の字あり。

18　も、増補本なし。

(29)一、[1]我等存候、聖学之筋目[2]ハ、身を修、人を正し、世を治平せしめ、功成[●3]名遂候様ニ仕度候[●4]。其故ハ、我等今日、武士之門に出生せり。身に付[●5]て、五倫之交際有レ之。然ハ、自分之心得・作法外[●6]に、五[●7]倫之交[8]、共に武士之上[9]ニ而之勤有レ之。其上、武門に付て之わさ[10]大[●11]小品多[●12]し。小事[13]ニ而云ときハ、衣類・食物・屋作・用具之用法迄、武士之作法ある事也。殊更武芸之稽古、武具・馬具之[14]制法・用法あり。大にてハ[15]、天下之治平、礼楽之品、国郡之制、山林・海河・田畠・寺社・四民・公事訴訟之仕置、政道・兵法・軍法・陣法[16]・営法[17]・城築[●18]・戦法有レ之。是皆武将・武士日用之業也。然は[●19]武門之学問ハ、自分斗修得いたしても[20]、此品々にあたりてしるしなく、功立不レ申候而ハ、聖学之筋にて無レ之候。此故に、右之品々[21]ニ付て、工夫・思案も有レ之。旧記・故実をも勘る事あり。然ハ外ニ[●22]、工夫・黙識・静座等いたす事、其暇不レ可レ有レ之也。左候とて、無[●23]レ究品々之わさ[24][●25]を、一々習知つくすと云にハあらす。前に云ことく、聖学之定規・いかた[26]を能知[●27]、規矩・準縄に入ときハ、見事能通し、聞事明ニ成て、いか様之わさ来れりと云共、其品々勘様、明白にしるゝか[28]故に[29]、事物[●30]に逢候[31]而、屈する事無レ之候。是大丈夫之意地たり。寔に心ひろく、体ゆるやか成共可レ言也[32]。此学相積時[●33]ハ、知恵日々新にして、徳自高、仁自厚、勇自立て、終[●34]には功もなく名[●35]もなく、無為玄妙之地に可レ至[36]。されハ功名より入て功名もなく、唯人たるの道を尽[37]すのミなり。孝経に[●38]云、立レ身行レ道、揚二名於後世一者、孝之終也。

1　一、増補本なし。
2　目、増補本なし。
●3　功成、底本虫損。山鹿甲本・増補本によりて補ふ。
●4　仕度候、底本なし。増補本によりて補ふ。全集本[*120]「候」に作る。続神道本、傍注「(候脱カ)」あり。

●5　付、底本虫損。山鹿甲本・増補本によりて補ふ。続神道本、傍注「(付)」あり。

●6　外、底本虫損。山鹿甲本・増補本によりて補ふ。

●7　五、底本虫損。山鹿甲本・増補本によりて補ふ。

8　交、増補本、この下に「り」の字あり。

9　之、思想本「の」に作る。

10　之、岩[*95]波本・続[*27]神道本・学術本「の」に作り、思[*49]想本「は」に作る。

●11　さ、底本虫損。山鹿甲本・増補本によりて補ふ。

●12　多、底本虫損。山鹿甲本・増補本によりて補ふ。

13　小、増補本「少」に作る。

14　之、学術本「の」に作る。

15　ハ、増補本なし。

16　陣、増補本および岩[*96]波本・思[*50]想本・学[*67]術本「陣」に作る。

17　営、学[*68]術本「宮」に作る。

●18　城築、底本虫損。山鹿甲本・増補本によりて補ふ。

●19　は、底本虫損。山鹿甲本・増補本によりて補ふ。

20　し、岩[*97]波本、この下に「候」の字あり。

21　ゝ、増補本なし。

●22　ニ、底本なし。山鹿甲本・増補本によりて補ふ。全[*121]集本「に」に作る。

●23 無、底本虫損。山鹿甲本によりて補ふ。
24 之、続神道本[*28]「の」に作る。
●25 わ、底本虫損。山鹿甲本・増補本によりて補ふ。
26 いかた、全集本、傍注「(鋳型)」あり。
●27 知、底本虫損。山鹿甲本・増補本によりて補ふ。
28 ゝ、全集本[*122]「る」に作る。
29 に、増補本なし。
●30 事物、底本虫損。山鹿甲本・増補本によりて補ふ。
31 候、増補本および岩波本[*98]なし。
32 言、増補本「云」に作る。
●33 ハ、底本虫損。山鹿甲本・増補本によりて補ふ。岩波本・全集本・思想本・続神道本・学術本「は」に作る。
●34 は、底本虫損。山鹿甲本・⑦本によりて補ふ。増補本「ハ」に作る。
●35 名、底本虫損。増補本によりて補ふ。
36 至、全集本[*123]「到」に作る。
37 す、増補本なし。
●38 に、底本虫損。山鹿甲本によりて補ふ。岩波本・全集本・思想本・続神道本・学術本なし。

(30)

右之品〻、自讃之様にきこへ[○1]候得共、各[○2]へ非レ可レ令二遠慮一候間書付候[●3]。所〻に我等覚悟[●4]所有レ之候間、能〻心を付候而、読[●5]可レ被レ申候。今年は配所へ参、十[○6]年に成候。凡物必十年ニ変する物也。然は今年、我等於二配所[●7]一朽果候時節到来と令二覚悟一候。我等始終之事は、所〻に書付有レ之候得共、御念比之御方〻[○8]、次第に残少ニ成行候間、我等以前より之成立、勤并学問[○9]之心得[●10]、能被レ留二耳底一、我等所存立候様ニ被二相勤一候事所レ希候。最初に書候通、我等天道之冥加[●11]に相叶候而、如レ此ニ候へ共、第一は、乍二愚蒙一日夜相勤候故と被レ存候。然は、各自分之才学[○12]ニも可二罷成一と存[○13]、其時之御咄[○14][●15][○16]候。たとへ物語迄不レ残記二置之[○17]一候。若輩者如[○18][○19]レ斯事迄、能覚候事尤候。有二他見一事ニ而無レ之候間、文章之前後[●20]、任二筆頭一候。能〻被レ遂二得心一、万介令[○21][○22]二成長一候ハヽ、利禄能仕合之願[●23]ハ被二指[○24]置一、子孫迄不義無道之言行無レ之、令二覚悟一候は[○25]、我等生前之大望、死後之冥慮ニ候条、如レ斯記置[●26]、礒谷[○27]平助ニ預二置之[○28]一候。仍[○29]而如レ斯候。以上

山鹿甚五左衛門[○30]

延宝第三卯

正月[○31][●32]十一日

高興（花押）[○33]

山鹿三郎右衛門殿

岡八郎左衛門殿

1　へ、全集本[*124]「え」に作る。

2　各、全集本、この下に「〻」の字あり。

●3　書、底本虫損。山鹿甲本・増補本によりて補ふ。

●4　覚、底本虫損。山鹿甲本・増補本によりて補ふ。

●5　可、底本虫損。山鹿甲本・増補本によりて補ふ。
6　十、岩波本[*99]「拾」に作る。
●7　所、底本虫損。山鹿甲本・増補本によりて補ふ。
8　ゝ、増補本、この下に「も」の字あり。
9　并、全集本[*125]「並に」に作り、思想本[*51]・学術本[*69]「並」に作る。
●10　之、底本虫損。山鹿甲本・増補本によりて補ふ。全集本「の」に作る。
●11　冥、底本虫損。山鹿甲本・増補本によりて補ふ。
12　各、全集本、この下に「ゝ」の字あり。
13　存、増補本、この下に「候」の字あり。
14　之、増補本なし。
●15　咄、底本虫損。山鹿甲本・増補本によりて補ふ。
16　候、増補本「之」に作る。
17　之、増補本なし。
18　輩、増補本、この下に「成」の字あり。
19　者、増補本、この下に「ハ」の字、全集本[*126]、同じく「は」の字あり。
●20　章、底本虫損。山鹿甲本・増補本によりて補ふ。
21　万、⑥⑪⑫⑰本「藤」に作る。
22　介、増補本「助」に作る。

●23　之、底本虫損。山鹿甲本・増補本によりて補ふ。
24　指、増補本「差」に作る。
25　は、増補本「ハ、」に作る。
●26　置、底本虫損。山鹿甲本・増補本によりて補ふ。岩波本「留」に作る。
27　礒、岩波本[*100]「磯」に作る。
28　之、増補本なし。
29　而、岩波本[*101]なし。
30　門、増補本、この下に「判」の字あり。
31　正、増補本〔不改行〕にする。
●32　月、底本虫損。山鹿甲本・増補本によりて補ふ。
33　高興（花押）、山鹿甲本・増補本なし。

四、『配所残筆』の校訂結果

「自筆本」と「山鹿甲本」「増補本」および「翻刻本」五本との異同件数は、前節の結果から七七九件であつた。その内の「校訂」一一五件の内容について説明してみたい。

最初に、校訂した箇所を分類してみると、「補訂箇所」が一〇〇件と最も多く、続いて「改訂箇所」の一〇件、「削除箇所」の五件の、合計一一五件であつた。

「補訂箇所」の一〇〇件のなかでは、「虫損箇所」の補訂が、やはり八三件・一〇〇字分と多くなつた。「自筆本」とその「複製本」に見られた虫損等による不読文字を、これまでの翻刻本は一切問題としてゐなかつたが、著者はどのやうにして「補訂」するか、腐心してきたところである。結局は、この八三件・一〇〇字のうち、「山鹿甲本」は七五件・九一字分、「増補本」は七七件・九四字分、両者で八三件・一〇〇字分すべてを補訂することができた。なほ、第一章・第四節における「山鹿甲本」の補訂は「九三字分」（一一三頁五行目）とした。この本節「九一字分」との相違は、山鹿甲本が⒄の15「子年」を「乃年」（九七―一六）と誤つてゐた一件と、同㉗の10「く」は「ク」（一〇六―七）であるが、「増補本」の「く」を採用したため、加算されなかつた一件とによるものである。

その他の「補訂箇所」は、以下の一七件である（《　》が増補部分。下記の（　）は依拠した諸本。以下同）。

⑴の1、元来「自筆本」には、標題の「配所残筆」がなかつたので「増補本」によつて補つた。

⑾の29「岡《野》権左衛門ハ、我等若年之時分ゟ書物御聞」（増補本）は、幕臣の「岡野英明」のことであり、底本・自筆本の「省略」とも考へられるが、同段落のなかにも、二箇所「内証は岡野権左衛門殿」（二七五―一四）と「岡野権左衛門殿へ御相談仕候而」（二七六―六）とがあるので、「増補本」に依拠して補訂した。ちなみに、増補本系の写本一六本は、ひとしく「野」を残してゐる。

⑿の3「町野長門《殿》御取持候」（増補本）は、これも同段落に「長門殿御申候由承候」（二七八―一〇）とあるからである。

⒄の11「丹波《守》殿へ被二仰合一候而」（増補本）は、同段落に「曽我丹波守殿」（二八七―四）、「丹波守殿ニ而」（二八七

一五）とあるからである。

同様に、⒅の2「浅野因州公・本多備前《守》殿など」（③④⑤⑥⑪⑫⑭本）と、同じ52「本多備前《守》殿へ度々被レ仰候間」（増補本）とを、「松浦肥州公・本多備前守殿」（二八九—一八）によつて補つた。

⒅の4「丹羽五郎左衛門十二万《石》ニ而」（増補本）は、これも素行の「省略」といつてもよいわけであるが、同段落の石高を記した他の一二箇所を見ても、すべて「石」が入つてゐるといふ理由で統一した。

同5「江口三郎《右》衛門」（増補本）は、丹羽長重の家臣「江口正吉」のことであり、「三郎衛門」は「三郎右衛門」のことである。「さぶらうゑもん」と発音するので、表記として誤りではないが統一した。同類の例を捜してみると、同段落だけで「坂井与右衛門」（二八八—一六）、「天野源右衛門」（二八九—一三）、「吉村又右衛門」（二八九—一三）、「磯部彦右衛門」（二八九—一七）の四例が見つかつた。

同26「大勢之指引を心懸候者《ニ》候」（増補本）は、全集本・思想本・学術本に「に」の字が、続神道本に「ニ」の字が竄入されてゐた。やはり、この方が自然であらう。

⒆の34「御家中・御領内迄之《御》作法・御仕置」（増補本）は、傍線箇所の「御」をはじめ、この前の部分にも、「然は、此御両公様御事ハ、御自身之勤ゟはしめ」（二九四—一〇）とあつて、「御両公」すなはち「浅野長治」「本多忠将」に対する敬語が多用されてゐるが、ここだけが脱落してゐる。

⒇の14「其以後津軽十郎左衛門殿、死去之時分、遺書ニも、拙者得二御意一候様ニ御申置候故、其段御志忝奉レ存《候》。越中公へ弥御懇意忝奉レ存候而得二御意一候」（増補本）は、津軽信英がその遺書で、甥の津軽藩主・信政の教導を素行に懇願してゐることに感激したこと、その後は津軽信政の招聘に感謝しながら応じてゐることを述べてゐる。「自筆本」は一連の長文としてゐるが、「増補本」にしたがひ、「候」の文字を挿入して二文とした。

㉒の60「内匠頭所へ参候而は、不通ニ人ニも逢不レ申候。浅野因州公ゟ礒部彦右衛門御越候《而》、不レ苦候由、家老共申候へ共、逢不レ申候」(増補本)は、素行がまづ江戸浅野長直屋敷に御預となつた時に、浅野長治の使者「礒部彦右衛門」が訪ねてきて、長直の家老は、面会支障なしと判断したが、素行は遠慮して会はなかつた、といふものである。他の翻刻本は「礒部彦右衛門御越候。」と、ここで文章を切つてゐるが、『配所残筆』全体や文章の流れから見ると、ここは一文が短いといふ違和感があるので「増補本」に従つた。ただし、第三部「〔意訳〕『配所残筆』」では、これを採用してゐない。

㉔の10「内匠殿《御》念比ニ被二思召一候」(増補本)は、前記「⒆の34」の理由と同様である。

㉖の48「《 》本朝はるかにまされり」(⑤⑫⑭本)と、52「本朝之為二《 》本朝一事をしれり」(②③④⑥⑪⑭⑮本)は、同段落の他七箇所には、「本朝」の文字に、一字分・二字分の「欠字」、さらには「平出」の箇所があるので、一字分の「欠字」を記入の写本によつて補入した。

㉙の4「我等存候、聖学之筋目ハ、身を修、人を正し、世を治平せしめ、功成名遂候様ニ《仕度候》。其故ハ、我等今日、武士之門に出生せり」(増補本)は、本来、この傍線箇所が、文意からも連続しないので「増補本」に従つた。「全集本」は「候」の字を付加し、その他の翻刻本は看過してゐる。

同22「然ハ外《ニ》、工夫・黙識・静座等いたす事、其暇不レ可レ有レ之也。」(山鹿甲本・増補本)は、誤りではないが、「ニ」の補入によつて文意が明確になる。「岩波本」もそれを企図して、「に」を入れてゐるのであらう。なほ、増補本系写本では、「内閣甲本」「新大本」「柳川本」「中山本」の四本が、平仮名の「に」にしてゐるが、これも同じ異同といつてよい。

「改訂箇所」は一〇件である(〔　〕が底本)。

⑿の２「右之翌年、加賀松平筑前守殿、拙者義被レ及二聞召一（聞召及）、可レ被二召抱一由、町野長門殿御取持候」（増補本）の改訂は、まさに文末にある「有二他見一事二而無レ之候間、文章之前後、任二筆頭一候」（三二九―六）を感じさせる箇所であらう。素行が「聞召及」では、さすがに漢文として拙劣、「増補本」では訂正したものと考へられる。

⒁の４「学問・兵学之御詮議（儀）・御議論御座候」（増補本）は、「増補本」で改訂した。増補本系写本では、「内閣甲本」が「儀」、「京大本」「東大本」「神習本」「茨大本」「柳川本」は「義」である。いづれも通用した時代であり、誤用とはいへないが、『配所残筆』では唯一の例であるので訂正した。

⒂の７「折ゝ講釈（尺）候」（⑤⑥⑪⑭本）は、この文節の前にも「荘子之講釈御所望候而」（二八一―七）とあるので、「尺」を「釈」の略字と見なし、増補本系の写本四本によつて改訂した。「全集本」も同意による訂正であらう。

⒃の18「阿部（倍）伊勢守殿」（山鹿甲本・増補本）は、増補本系写本もすべて同字である。『新訂寛政重修諸家譜』に「安部信成」（第六、二〇〇～二〇一頁）とあるのが本来で、『徳川実紀』にも一箇所だけ「阿部式部少輔」（『新訂増補国史大系』本、第三篇、六一二頁）とあるが、他の二一箇所は「安倍」である。〝あべ〟は「安部」「阿部」「安倍」と、表記が一定しないのが通例であるので、ここでは厳密な改訂はせずに、「山鹿甲本」「増補本」の範囲内での校訂に止めた。

㉒の80「一人之采幣（再拝）二而」（④⑥⑪⑫⑭本）は、増補本系の写本五本によつて改訂した。「底本」をはじめ「山鹿甲本」「増補本」など、宛字の「再拝」の方が多いが、これでは意味をなさない。また、翻刻本の「全集本」「続神道本」「学術本」では、正しく「采配」と校注を付してゐるが、同義の「采幣」とする写本が五本あるので、こちらを採用した。

㉓の17「日本大小神祇（祗）」（②⑮本）は、増補本系の写本二本以外はみな「祗」である。『配所残筆』に限らず、この時代に「神祇」は、全くといつてよいほど、「神祗」と誤用されてゐる。一般には「続神道本」以外の翻刻本の

やうに、「祇」または新字の「祇」に訂正されてしまふが、貴重な校異を残す「内閣乙本」「松浦本」によつて改訂した。

㉔の11「内匠殿御念比ニ被二思召一候〔之〕、拙者事故」（増補本）は、校訂前の「内匠《頭》殿念比之（〔御〕脱カ）、拙者事故」（一〇四―一）と意味は一緒であるが、浅野長直の家老「大石良重」が語つたことを、「拙者事」とあるやうに、素行が間接話法で引用してゐる箇所である。素行の長直に対する敬意が、「増補本」の方によく表はれてゐると断じて撰んだ。

㉖の23「世ゝ不レ絶して、摂籙〔禄〕之臣相続候事」（②本）は、もちろん「摂籙」が正しいが、「底本」その他のやうに、「摂録」と書かれてゐるのが常である。「全集本」「思想本」は、注記なしに「摂籙」としてゐる。

㉗の49「手にまかせ候而裁〔立〕候へは」（⑦⑭本）と、同50「其身ハろくニ裁〔立〕候而も」（⑭本）とは、後方の部分に「所ゝ定規をあてゝ裁候へは、大方幼若之者迄、先其筋目のごとくにハ裁レ之候」（三一九―六）と、二箇所も正しく用ゐてあるので表記の統一を許つた。「全集本」「思想本」「続神道本」にも、すでに校注による指摘がある。

「削除箇所」は五件である（【　】が削除箇所）。

⑲の5「拙者【　】心底被レ為レ成二御存一候御事ハ」（山鹿甲本・増補本）は、不自然な「空白部分」の削除である。ちなみに、翻刻本はみな注記なしで「削除」してゐる。

⑳の11「尤十郎左衛門殿、出雲守殿被レ仰候御事ニ御座候へ共、家中之衆、又ハ他所衆承候而、御若年之御方様へ、いか様ニ申なし候而、如レ斯儀御座候なと、、以来【　】御沙汰御座候へは、迷惑仕候間、御免被レ成被レ下候様ニ御断申上候」（山鹿甲本）は、一字文の「空白部分」であるが、「岩波本」「思想本」「学術本」は注記なしで削つてゐる。全増補本系写本と「全集本」には、「迄」の字が入つてゐる。また「続神道本」は、本文二字分の不読文字「□□」に、傍注「（迄御）」を加へて、「以来迄御沙汰御座候へは」と訓んでゐる。

(22)の17「尤若死罪ニ被二【　】仰付一候ハ、」(増補本)と、同74「油断不レ仕候様ニ被二【　】仰渡一候由ニ而」(増補本)は、これも同段落に「北条殿被二仰渡一候ハ」(三〇一—一〇)や「如レ斯被二仰付一候上ハ」(三〇一—一三)など、この二箇所以外に「欠字」を挿入してゐないので削除した。

同じく(22)の72「自二　御公儀一被二仰聞一候ハ、此者大勢弟子・門人有レ之、徒党之輩可レ有レ之候間、道中は不レ及レ申【候】、江戸罷立候時分、芝・品川等ニ而奪取候事なと可レ有レ之候間、油断不レ仕候様ニ被二仰渡一候由ニ而、付候而参候者共も、気遣仕候故、朝ゟ昼休、昼ゟ泊迄は、大小用をも不レ弁候様ニ心得候而、同廿四日之晩、赤穂へ著仕候」(増補本)の「候」は、「山鹿甲本」のみが筆写してゐる。全増補本系写本および翻刻本五本にも見られない。不要とした。

以上、「校訂箇所」一一五件についての解説を試みた。顧みれば、本稿の校異総数七七九件の割合からすると、わづか一四・七六パーセントのために、執念を燃やして数年の歳月をかけたのか、ともいはれる結果となつた。しかしながら、今回の校注・校訂に採用はしなかつたが、これまでの厖大な諸本の校異の蓄積は、必ずや『配所残筆』の意訳作業の過程のうへで役立つものと確信する。

第三部　〔意訳〕『配所残筆』

〔意訳〕『配所残筆』の凡例

一、自筆本『配所残筆』（第二部・第三章・第三節「〔校訂〕『配所残筆』」）によつて作成した。

一、あくまでも読者の便宜を慮つて、できるだけ安易な用語・表現を使用し、また注記・振り仮名を多用する「意訳」を試みた。語調も敬体を使用し、さらに、通行の現代仮名遣ひとした。

一、参考にした先行「現代語訳」は、左の通りである。

(1)『大日本思想叢書』三「山鹿素行集　大道寺友山集　附宮本武蔵」所収「配所残筆（抄）」（上村勝弥編輯、昭和七年七月、大日本思想全集刊行会。「増補本」使用）

(2)『日本精神叢書』「山鹿素行の配所残筆」（紀平正美、文部省思想局編、昭和十二年四月、日本文化協会出版部。「増補本」使用、「増補部分」も意訳）

『日本精神叢書』二〇「山鹿素行の配所残筆」（(2)の復刻版。文部省教学局編纂、内閣印刷局発行課、昭和十五年七月四日、同十八年九月三十日六刷）

(3)『日本の思想』一七「藤原惺窩・中江藤樹・熊沢蕃山・山崎闇斎・山鹿素行・山県大弐集」所収「配所残筆」（西田太一郎、昭和四十五年九月、筑摩書房。「自筆本複製」使用）

(4)『日本の名著』一二「山鹿素行」所収「配所残筆」（田原嗣郎、昭和四十六年九月、同五十年七月三版、中央公論社。

「全集本」使用）

(5)『講談社学術文庫』「聖教要録・配所残筆」所収「配所残筆」（土田健次郎、平成十三年一月、講談社。「自筆複製本」使用）

山鹿素行先生『配所残筆』

(1)私（山鹿素行）は、もともと身分の低い生まれであり、さらに仁徳もなければ、すぐれた才能にも恵まれていませんでした。したがって、高い家柄の人々の末席に加わるなど、とてもおよびもつかないことです。ところが、子供の時分に、それなりの評判がたちまして、身分の高い方々が、悦んで私の世話をしてくださいました。これは、まったく私の仁徳によるものではなく、きっとお天道さまのお蔭であると思い、ますます天から与えられた人としての使命（天命）を大切に考え、日々の勤めに励み、身を慎んで生活してきました。

(2)私は、六歳の時（寛永四年、一六二七年）から、父親（山鹿貞以）の言い付けで学問を始めました。しかし、無器用なものですから、やっと八歳の頃に、シナ（中国）の儒教の四書（『大学』『中庸』『論語』『孟子』）・五経（『易経』『書経』『詩経』『礼記』『春秋』）、兵学の七書（『孫子』『呉子』『司馬法』『尉繚子』『三略』『六韜』『太宗問対』）や有名な漢詩・漢文の書物を、だいたい読み覚えることができました。

(3)九歳の時、稲葉正勝様（江戸幕府の老中）のご家来・塚田杢助とは、父親が親しくお付き合いをしていましたので、私を林道春老（林信勝、羅山、幕府の儒学者）の弟子にしてほしいと頼みました。杢助がついでの折に、そのことを稲葉様へ申しあげたところ、「まだ幼いのに学問をしているとは感心なことだ」といって、江戸城で直接、道春に入門のことを頼んでくださいました。それで杢助に連れられて、道春のもとへ行ったところ、道春と弟の永喜（林信澄、同じく儒官）がおられました。まず、『論語』の序文を、返り点のない唐本（中国の輸入本）で読まされました。私がそれを読みますと、次に、『山谷集』（中国の黄庭堅の詩集）を取り出して読まされました。永喜が「子供がこのように唐本を読むとは感心である。しかしながら、古くさい学問をした教師に習ったらしく、道春の新しい訓み方に比べて、よくない点が見られる」といわれました。道春もそれに同感なさいましたが、たいへん悦ばれて、それから熱心に教えてくださいました。それで十一歳までに、以前読んだ書物を、今度は読み方を改めながら、唐本で読み直すことができました。

(4)十一歳の春、「元旦の漢詩」を初めて作り、林道春へお見せしたところ、一字を改めただけで「序文」を書いてくださいました。また、「これが幼少の者の詩作とは、非常に感心なことである」という手紙に添えて、「和韻の詩」（同じ韻字を用いた漢詩）を作ってくださいました。

(5)同じ年に、堀尾忠晴様（松江藩主）の御家老・揖斐伊豆が、私にお目をかけてくださり、堀尾様のお屋敷に呼ばれて書物を読みました。伊豆は「ぜひ我が殿様にお仕えしてほしい。二百石はくださると思います」といわれました。しかし、私の父親は同意しませんでした。

(6)十四歳の頃には、漢詩を作り、漢文を書くことも上手になりました。朝廷と幕府との連絡役であった伝奏の飛鳥井雅宣様（朝廷の権中納言）が、そのことを伝え聞いて、私をお呼びになりました。その場で漢詩を作ってお目にかけましたところ、飛鳥井様は和歌で、その漢詩に和韻してくださいました。また、烏丸光広様（権大納言）にも招かれました。このときは、烏丸様が私のために短い文章をお作りになりましたので、とっさに私も返答の文章を作りました。まだ若く、しかも即興の作品ですから、今となってはお笑いぐさですが、ともにたいそうお褒めくださいました。その後は、お二方とも親しくさせていただきまして、ときどきお目にかかっては、漢詩・漢文の贈答がありました。

(7)十五歳の時、初めて『大学』の講釈をしましたところ、聴衆が大勢おりました。十六歳の時、大森頼直様（幕府の家臣）・黒田用綱様（同じく幕臣）のお望みにより、『孟子』を講釈しました。蒔田甫庵老（次広）は、『論語』の講釈をお望みになられたので、同じ年から講釈しました。いずれも翌年までに読み終えました。これもまた、若い頃の講釈ですから、きっといたらないものであったと思います。なお、当時のことは、蒔田定行様（甫庵の甥、幕臣）・富永勝由様（幕臣）が、今でもよく覚えておられます。

(8)私は幼い頃より、武芸の稽古や兵法の学問を怠りませんでした。十五歳の時、尾畑景憲様（小幡景憲、兵学者）と北条氏長様（兵学者、兄弟子）とにお会いして、そのご指導の下で、ずいぶん修行しました。二十歳までの間に、門弟の中では、私がいつも上位をしめるようになりました。それで北条様が筆をとられて、尾畑様の免許状をくださいました。二十一歳の時には、武田流（武田信玄、甲州流）兵学の奥義をきわめたとする免許状とともに、門弟中だれも授かったことのない副状をいただきました。筆をとられた方は、高野山按察院の光宥（学僧）でした。「文においては、そのよく勤めたるを感じ、武においては、そのよく修めたるを嘆ず。ああ文章ある者は、必ず武備あり。古人いい、我もまたいう」（文の面ではよく努力することに感心する。また、武の面ではよく修行することに感嘆する。ああ「文にすぐれている者は、必ず武の備えがあるものだ」（『史記』）と、孔子（中国の聖人）がいったが、私もそう思う）と文末にあって、私を褒めてくださいました。この名言は、尾畑様がお気に入りの言葉です。

(9)十七歳の冬、高野山の光宥法印（僧位）より、両部神道（真言宗の神道の学説）を伝授されました。神代巻（『日本書紀』巻第一・第二）はもとより、神道の秘伝を残らず伝授されました。その後、壮年の頃（二十歳）に、忌部氏（朝廷の祭祀を行なう氏族）本家の家筋といわれる広田坦斎から、「根本宗源」（根本崇源か）という神道を受け継ぎました。その時に、「忌部神道の秘伝は残らず伝えた」という証明書をくださいました。その後しばらくして、石出帯刀（吉深、幕臣）が、私の承諾を得た上で、坦斎から神道書（神代巻など）の伝授を受けました。ところが、坦斎が急に亡くなりました。そこで石出帯刀は、私を頼みにしたので、納得のいかない箇所を教えました。これもまた、その証明書が残っています。

(10)同じ年の頃から和歌の文学も好むようになりました。二十歳までの間に、広田坦斎より『源氏物語』の秘伝のすべてと、『源語秘決』（一条兼良の注釈書）も教わりました。また、『伊勢物語』『大和物語』『枕草子』『万葉集』『百人一首』「三部抄」（藤原定家の編著）「三代集」（『古今和歌集』『後撰和歌集』『拾遺和歌集』）の伝授も受けました。これによって、『源氏物語』『万葉集』『枕草子』「三代集」を抜粋した本や、注釈を書いた本を作ってみたりしましたところ、和歌を詠みたいという気持ちが強くなり、一年に千首の和歌を詠みましたが、思うところがありまして、その後はやめてしまいました。これらの学問についても、坦斎からの伝授の証明書が残っています。ところで、『職原抄』（北畠親房の著書）の朝廷の官職と位階の由来については、林道春の講釈ですべて教わりました。また、坦斎からもくわしく教わりました。それでも納得のいかない箇所は、伝奏の菊亭経季様（権大納言）にお尋ねしたところ、秘伝を一つ一つ書き付けられたものを頂戴いたしました。これは人のよく知っていることです。なお、私から『職原抄』を伝授された方も大勢います。

⑾若い頃（二十歳）、湫清許様（兵学者）と小栗信由様（幕臣）のご仲介で、紀伊徳川様（頼宣、和歌山藩主、御三家）の御小姓近習（側近）に、七十人分の扶持米という給与でお仕えすることが決まり、急いでお目通りの準備をしていました。内輪のことはすべて、岡野英明様（幕臣）がお世話をしてくださいました。ところが、その時に阿部忠秋様（老中）が、私のことをお聞きになり、尾畑景憲様と北条氏長様を通して、家来として雇いたいとのご意向を伝えてきました。紀伊徳川様との先約がありましたので、こちらはお断り申しあげました。そうしましたら、紀伊徳川様は、阿部様のご意向をお知りになり、布施佐五右衛門をご使者に立てて、湫様・小栗様に伝えられました。それは、「今回のお話（山鹿素行の採用）はご遠慮いたします。徳川将軍家のご家来であっても、老中の阿部様のようなお方が希望されるとは、幕府のご意向と同じだからです。素行は阿部様にお仕えするのがよいと思います」ということでした。このことはさらに、尾畑様・北条様にも、布施佐五右衛門がご使者となって伝えられたそうです。また、佐五右衛門は、「素行採用のことは、あなた方お二人が間に入って、すでに取り決められたことです。このようなことになり、どう釈明してよいかわかりません」ともいわれました。それに対して湫様・小栗様は、「ご心配にはおよびません」とご返答されたとのことです。私は、「紀伊徳川様が右のようにご遠慮された以上、阿部様も私を雇うわけにはいかなくなったで

しょう。さらに、御老中家に対しては、ご遠慮したい理由もありますので、こちらから双方へお断りを申しあげよう」と考えて、岡野様に相談し、結局、その通りになりました。

この湫様は、謙信流（上杉謙信、越後流兵学）の兵学者で、身分の高い方々にもお弟子が多数います。ところが、私の弟子になって、熱心に兵学を勉強されました。小栗様は、私に小栗流の柔術を教えてくださり、その極意まで授けてくれました。それで格別なご配慮をいただいたのです。また、岡野様は、私が若い頃から、書物の講釈を聴かれていました。とくに兵法では、私の弟子になり、ご親族もみな、私の兵学を学んでいました。このように懇意の間柄でしたから、格別なご配慮をいただいたのです。

⑿このようなことがあった翌年（寛永十九年）、加賀国（石川県南部）の前田光高様（金沢藩主）が、私のことを伝え聞いて、家来として雇いたいというご意向を、町野幸和様（幕臣、山鹿家の庇護者）を通して示されました。しかし、私の父親が「給与の石高が千石でなければ仕えさせません」といいましたので、取りやめとなりました。前田様からは「七百石までなら出してもよい」とのご指示があったようです。町野様がそういわれたとお聞きしました。

⒀正保四年（二十六歳）の秋、徳川将軍家（第三代家光）が、北条氏長様（幕臣）に築城の方法と木図（木の模型の図面）を作成するように命令されました。その頃、私は瘧病（熱病）にかかっていました。北条様が私の屋敷に来られまして、この木図についてご相談になり、陰陽二つの木図ができあがりました。木図の図面ならびに目録まで、私が書きあげました。その書き付けは、すべて私の手元にあります。その頃に、久世広之様（後に老中）が北条様の屋敷に来られてお会いしました。覚えておられるはずです。

(14)二十五歳の時、松平定綱様（桑名藩主）が私をお呼びになり、学問や兵学についての質疑や議論をされました。私が申しあげた通りに納得され、非常にお悦びのご様子でした。その場で入門の誓約書を書かれて、兵学の伝授を受けられました。その翌日、三輪権右衛門（家老）を先に遣わして、太刀・大馬代（馬の代金）・季節の衣服をお贈りくださいました。やがて、松平様ご自身がお礼に、私の屋敷をお訪ねくださいました。それ以後は、いつもご懇意にしていただき、ときどき漢詩・漢文の贈答がありました。松平様は、私の書き付けを表装されまして、お招きの時はお座敷にかけられるのです。まことにありがたいことですが、かえって心苦しく感じましたので、たびたびお断りを申しあげました。このことは、浅野長治様（三次藩主）がよくご存じで、いつも話題にされていました。松平様は、もう六十歳におなりでした。将軍家の一族につながる家柄の譜代大名には珍しく、学問の諸事にわたって非常にすぐれたお方です。兵法でも尾畑景憲様から免許状を受けたお弟子にあたります。「東海道一のお大名」と、人はみな崇敬しています。私を心から信頼してくださいましたので、ご訪問のことまで、くわしく書いておきました。ここに書いた事柄は、今も私の家中に残っている者は覚えているはずです。

(15)同じ年のことですが、丹羽光重様（二本松藩主）は、以前から私に兵書を習われていました。そのついでに、『荘子』（中国の道家・荘周の著書）の講釈を希望されたので、ときどき講釈しました。荒尾久成様（幕臣）・揖斐政綱様（幕臣）もそれに同席されていました。その当時、私はよく老子（道家の祖）・荘子の学問を好んで講釈しました。ところが、武田道安（信重、医師）という人は、明寿院（藤原惺窩、林道春の師）に『老子』『荘子』の伝授を受けたお方です。その当時は一般に、『荘子』の講釈は行われていませんでした。それなのに、私が講釈していることを知って、疑わしく思われたのでしょう。「一度同席して聴いてみたい」と、浅野長治様に頼まれました。そこで浅野様は、私にこのことを説明された上で、丹羽様の講席に道安を呼んでお聞かせになりました。意外にも武田道安は、私の講釈を褒めること、一通りではありませんでした。このことは後々まで、浅野様が話題にされていました。道安は医師で、学問の知識や能力が豊富なお方ではありませんでした。しかし、「明寿院以来、これほどの講釈は聞いたことがない」と、非常によく褒めてくださいましたので、ここに書き付けておきます。

⑯徳川将軍家（家光）に、祖心（町野幸和の妻、素行の庇護者）が親しくお仕えしていた頃、「あなたのことは、ついでがありましたので、くわしく上様（家光）のお耳に入れておきました。その内に、上様からご指示があるでしょうから、絶対に他の大名の家にお仕えしてはいけません。どうにかして、将軍家の御家人（家臣）になれるように努力いたします」といわれました。また、松平定綱様（大名）とは親しい間柄ですから、このことを内密に申しあげたところ、「それはよいことです。表向きは、私がお取り持ちします。あなたのことは、松平乗寿様（奏者番、将軍の取次役）が以前からよく知っています。上様へお仕えできるように、すぐにでも手配しましょう。祖心にもこのことを相談しておきます。まずは、酒井忠能様（奏者番）に話をつけておきますから、お会いになってください」といわれました。松平定綱様の御家老の三輪権右衛門の付添いで、酒井様にはお会いしました。その後、松平定綱様は、「酒井空印公（忠勝、大老）にも、あなたのことをお話しておきました。このことも承知しておいてください」といわれました。その頃、祖心は、上様のご指示で、酒井忠勝様を下屋敷でご接待なされました。私もその時に招かれて、親しくしていただき、「松平定綱様からあなたの評判はくわしく聞いています」とのご挨拶を受けました。久世広之様（側衆）も、上様のご指示で、祖心から接待を受けました。その時に、林道春を招いて『老子』の講釈があり、久世様のご意向で、私も末席に招

かれました。祖心が後で、「これらのことは、上様のお考えによるものです。恐れ多いことですよ」と、言い聞かせてくれました。

慶安四年（三十歳）二月に、徳川将軍家の新番頭（第三組、警護・護衛役の長官）の駒井親昌様が、御小姓（将軍の世話役）の阿部信成様のご仲介で、私の弟子として兵学を習いたいと、伝えて来られました。幸いにも、同じ新番頭（第一組）に北条氏長様がおられますので、「北条様から兵学の伝授をお受けになるのが穏当です」と、かたくお断り申しあげました。しかし、「特別な考えがあってのことだ」といわれますので、ご意向のままにお訪ねしたところ、立派なご馳走が用意されていました。その後に、私の兵書の講釈を聴かれて、すぐにご登城なさいました。駒井親昌様と阿部信成様とのお話は、私は何も伺っていませんでした。よそからお聞きしたところでは、駒井様が私をお招きになられたのは、上様からのご指示であったとのことです。このことを祖心にお話したところ、「それはおそらく、上様のご意向によるものでしょう。さらに万事を慎み、他の大名の家にお仕えすることは、決してなりませんよ」といわれました。

ところが、その夏（四月）に、上様（家光）は薨去されました。また、松平定綱様も、その年の十二月に逝去されてしまいました。

⒄翌年（承応元年）に、浅野長直様（浅野内匠頭長矩の祖父、赤穂藩主）が、私と直接お取り決めをされて、お仕えすることになりました。いろいろとお気遣いの上、千石の給与をくださることになりました。そこで私は、それにふさわしいお仕事を、切にお願い申しあげました。しかし、どのようなお考えなのか、藩邸でのお勤め、または他家へのご使者など、一度も命じられませんでした。おそらく、私にその器量がなかったからだと思います。それなのに、浅野様

の稽古日を定めてお訪ねしますと、ご馳走が用意されていまして、まるで浪人の客分（お客様）のような待遇を受けました。

承応二年（三十二歳）に、浅野様のご領地、播磨国（兵庫県南西部）の赤穂へまいりました。途中、大坂では、曽我古祐様（大坂町奉行）が私の兵学の弟子でしたので、親切にもてなしてくださり、そこで二、三日滞在いたしました。その時、板倉重矩様も御加番（大坂城の警備役か。後に老中）でした。板倉様は曽我様と申し合わされ、私は九月二十一日に、曽我様のお屋敷で、板倉様と一日中お話することができました。

翌年の五月、赤穂から江戸へ戻る時には、浅野長直様が立派な送別会をしてくださいました上に、お道具（名刀・真長）を頂戴いたしました。浅野家には、九年間お仕えしましたが、思うところがありまして、辞職の書面をお届けいたしました。万治三年（三十九歳）、大嶋義近様（素行の弟子、幕臣）にご仲介をお頼みして、給与千石の辞退を申しあげました。その時、浅野様は給与のご加増まで申し出られて、お引き留めくださいました。しかし、私は、「ご加増を期待してお断りするものではありません」とお伝えして、無理に給与を返納いたしました。これについては、大嶋様がよくご存じです。

⒅給与千石をお断りしましてから、少し時期がすぎた頃に、浅野長治様（大名）や本多忠将様（幕臣）たちが、私の屋敷へおいでになりました。その時に、浅野長治様が、「あなた（素行）は、これから先は、一万石の給与でなければ、誰にもお仕えするつもりはないと、かねてからいわれていました。まったくもって、もっともなことと思います。昔の戦国時代においては、陪臣（大名の家臣）の中にも、高額な給与をもらっていた者が多数います。木村常陸介（重茲、豊臣秀吉の家臣）の領地が五万石の時に、家来の木村惣左衛門が五千石を、長谷川藤五郎（秀一、織田信長・豊臣秀吉の家臣）

の領地が八万石の時に、家来の嶋弥左衛門（一正）が八千石をもらっていました。また、丹羽五郎左衛門（長秀、信長の家臣）の領地が十二万石の時に、江口三郎右衛門（正吉）と坂井与右衛門（直政）が一万石ずつもらっていました。このようなことは珍しくありません。結城秀康様（徳川家康の次男）が越前国（福井県東部）を拝領された時に、『領地を頂戴いたしましても、今までと比べ、とくに満足したということはありません。ただ、ありがたいと思うことが二つあります。その一つが、長年の間、身分が高くなったら仕えさせたいと思っていた久世但馬に、今度二万石を与えられたことです。この点につきましては、大国の大名に任命されたので願いがかないました』といわれたことを、石谷土入（貞清、旧幕臣）が物語ってくれました。また近年、私（浅野長治）が知っているだけでも、寺沢広高様（秀吉の家臣）に、天野源右衛門が八千石で雇われました。徳川将軍家ご一族の松平定綱様（大名）に、吉村又右衛門が一万石で雇われました。これらは、名高い手柄をあげた経験が一、二度ある者どもです。渡辺睡庵（渡辺水庵、藤堂家の侍大将、二万石）にいたっては、藤堂高虎（秀吉の家臣）から浪人になって、『五万石いただかなければ、主君としてお仕えするつもりはない』とまでいいました。本人の覚書（『渡辺勘兵衛覚書』か）にも、そのように書いてありました。睡庵は、右の二人よりも武勲をあげた数が多く、とりわけ一騎打ちの任務（一対一の勝負）から、大軍の指揮まで心得ている者です。この二、三人の連中は、みな私の知っている者どもです。しかしながら、あなた（素行）が戦乱の時代に生まれたならば、武勲の上で、これらの者どもに劣ることはないでしょう。これは力による勝負のことではありません。第一に、あなたは博学多才です。現在、弘文院（林道春）を除いて、世の中にあなたほどの人はありません。また、現在の誤った学問を正し、「聖学の筋道（道理）」を明らかにしたことは、シナ（中国）にさえありません。古今を通じてあなた一人だけです。私（浅野長治）は十二歳から兵学を習うために、畠山様（畠山義真か、謙信流兵学者）の弟子になりました。その流派を修めた上で、上泉流兵学（上泉信綱の流派）を習い、上泉義郷（信綱の孫）から極意を受けました。その後、尾畑景憲様（武田流兵学者）の弟子になり、免許状まで取りました。北条氏長様（北条流兵学者の祖）とは、つねに親しく語らい合っています。しかし、「兵学の筋道（道理）」については、あなたのお蔭で、初めて納得することができました。これはありがたいことだと思い、あなたに誓約書を書いて、門人となったのです。したがって、兵法の事に関しては、あなたが天下無双と思っています。このようなわけですから、あなたが五万石を望んでも不釣合いとは、私は決して思いません。あなたが『少なくとも一万石でなければ、主君のお役には立てません』といわれたのは、今ではふさわしいお望みであり、きわめて当然のことです。いま私には、そのような領地がありませんので、ほんとうに残念に思います。そこで、ご一門の中から、一人でも二人でもよいですから、雇い入れたいと考えています。ぜひご承諾ください」といわれました。

私は、「まことにありがたいお言葉です」とだけ申しあげ、そのままにしておきました。しかし、浅野長治様が、本多忠将様に、たびたびご仲介をお頼みになられましたようです。「どうしても浅野様に一人推薦してほしい」と、本多様がお取りなしをされますので、岡八郎左衛門（山鹿高恒、素行の甥・養子・女婿）を、十六歳の時に、浅野様にお仕えさせました。十分すぎるほどの給与をいただき、側近として今もお仕えしています。その時に、浅野様から磯部彦右衛門をご使者にして、「八郎左衛門を雇うことができて、たいへん満足しています」とのご伝言があり、このようなお礼まで述べてくださいました。このことについては、浅野様はもちろんのこと、松浦鎮信様（平戸藩主）・本多忠将様もそれぞれ覚えておられます。

⒆松浦鎮信様（大名）には、以前、私の弟の三郎右衛門（山鹿義行、平戸藩家老）をお雇いいただきました。その上、毎度お引き立てくださるご厚情は、つねに大恩と受けとめています。私の気持ちをよく理解してくださるという点では、

浅野長治様（大名）以上かと思います。

さて、松浦鎮信様・浅野長治様・本多忠将様（幕臣）たちが、ご同席の時に、「それ相応の領地があれば、あなた（素行）に一万石や二万石を与えることは、たやすいことなのだが」といわれました。そこで私は、「お二方（松浦・浅野）が、そのようにお思いになられることは、私にとってまことにありがたき幸せと思っております。しかし、私をよく知らないお方は、『山鹿素行という者は、たいへんな愚か者であろう。皆さんが崇敬してくださるのを真に受けて、このようなおごったことをいうのだ』と、思われているのに違いありません。また、浅野長治様は、ご長老であられるだけでなく、学問の上でも、現在の御大名の中に、これほどのお方はありません。その上、紀伊徳川様（頼宣、和歌山藩主、御三家）・土屋数直様（後に老中）のご家来には、功名をはせ高給を受けている方々が大勢います。浅野様は、そのような方々の話をたくさんお聴きになられています。ことに兵学においては、前々からお聞かせいただいている通りですから、私がお噂したり、批評したりできるものではありません。

松浦鎮信様は、浅野長治様より少々年下です。お雇いの儒者こそおりませんでしたが、昼夜となく書物の講釈をお聴きになられていました。文武の諸芸、儒教・仏教のお勤めにも励んでおられます。その上、古老の方々をよくお招きになり、ご当家のことをはじめ、京都・大坂の人々のこと、近頃の世間話まで、ほとんどご承知になっています。最近は、立派な方々を高給で雇いおかれ、とりわけ有能な方々をご使者にされています。このようなわけで、中根宗閑（正成、旧幕臣）や石谷土入（貞清、旧幕臣）が、『松浦家のしきたり、ご家来の使い方を見ると、お若いのに立派な大名ですね』といわれるのを、石谷成勝様（幕臣）とともに、たびたび伺っております。そうでありますから、お二方（浅野・松浦）には、ご自身のお勤めをはじめ、ご家中・ご領内のしきたり、もろもろのご指示に少しの落ち度もないと、おそれながら、私には思われます。

このような方々が、私をふさわしい待遇で雇用したいといわれます。一、二回のお話でしたら、その時々のご挨拶といえます。しかし、いくども口になされますので、これは私の考えをよくご理解くださっているからでありましょう。うれしく思うと同時に、たいへん心が安らぎます。以上のように、私のことをよくご存じの方々は、私を雇われる余裕がありません。よく知らないお方は、たいへんな愚か者と思っているはずです。したがいまして、私は当分の間、浪人でいることを覚悟しています。何事があっても、世間に知られないように、ひっそりと暮らしていくつもりです」と、その時には、以上のように申しあげました。

⒇山口直治様（幕臣）がおいでになって、「津軽信英様（幕臣）に頼まれたご伝言は、津軽信政様（信英の甥、弘前藩主）のご領地の石高（米の生産量）は大きくありませんが、土地は広く新田も多いので、給与はあなたの望み通りに支給できます。つきましては、今回（寛文元年）、津軽信政様が初めて弘前（青森県南東部）にお国入りします。あなたにぜひご同行をお願いしたい、ということでした」といわれました。そこで私は、「身にあまる光栄、まずは感謝申しあげます。しかしながら、津軽信政様がどれほど私を尊重してくださっても、まだお若くていらっしゃいます（十六歳、素行四十歳）。なるほど津軽信英様が、山口様にいわれたことであっても、津軽家や他家の方々が聞かれましたならば、『まだお若い主君に、どのようなお上手を申しあげて、このようなことになったのでしょうか』などと、後々までも噂されては、迷惑なことになりますので、どうかお許しくださいますように」と、お断り申しあげました。そして、その翌年に、津軽信英様が死去されました。ご遺書には、「津軽信政様のお招きを、私（素行）に今後とも受けてもらいたい」とありましたので、まことにありがたいお言葉と感服いたしました。その後は、津軽信政様のご厚意を、ますますありがたきことと感謝しつつ、お招きに応じております。

(21)村上宗古老（三正、元幕臣）と、私がいつも親しくお話していたことは、皆様がご存じの通りです。私の屋敷においでになった時に、「私（宗古）は若い頃より、専門家に入門の誓約書を出すようなことはしませんでした。とくに武芸などは、他人に習うものではないと考えます。世間には、軍法者を名乗る者が大勢います。しかし、人の先生になっている者が、私の屋敷に来て軍法談義をしても、なるほどと感心したことはありません。それは、私が渡辺睡庵（水庵）と昼夜となく語り合い、昔から軍法や、合戦の話をいつも聴いているからだと思っていました。ところが近頃、あなた（素行）にお会いして、軍法や兵学について批評されたり、明快な分析をされたりするのを聴いて、そのたびに驚嘆しています。睡庵は、渡り奉公人（主君をたびたび変える人）にしては、近頃では珍しい博識の武士だと思っていました。ところが、軍法・兵法の議論をしたら、あなたの前では、一言も口を開けることができないと思われます。このようなわけで、私はいま五十三歳にもなり、年老いてからの勉学で、いまさらと恥じ入る次第ですが、今日、生まれて初めて入門の誓約書を出して、あなたの兵学の弟子になりたいと思います」といわれました。そこで、私はお答えして、「私のような者をそこまで評価してくださり、まことに光栄なことと思います。昔の合戦や戦の手柄話など、たびたびお聞かせいただきまして、私の方こそ深く感謝しています。どのようなことを、あなたにご伝授したらよいか、とても思い付きません」と申しあげました。しかし、「どうしても」とお望みになられますので、お気持ちにしたがって、村上宗古老の誓約書をお受けしました。その頃、林九郎右衛門は、弥三郎と名乗っていましたが、宗古と親しくされていましたので、このことをよく知っているはずです。

(22)寛文六年（素行四十五歳）十月三日の午後二時頃、北条氏長様（幕府の大目付、老中の部下）より手紙がまいりました。切

紙（半分に切った紙）に自筆で、

「お尋ねしたい御用（職務上の用事）がありますので、すぐに私の屋敷までお越しください。以上

十月三日　　北条安房守（氏長）

山鹿甚五左衛門殿（素行）」

とありました。そこで私は、手紙に

「お手紙、謹んで拝見いたしました。お尋ねしたい御用がありますので、すぐにお屋敷までお越しくださいとのこと、謹んでお受けいたします。まもなくお伺いいたします。以上

十月三日　　山鹿甚五左衛門判（花押・書き判）

房州様（北条氏長）」

と、このように書いて使者に与えました。おそらく夕食も摂れないことになると考え、まず気持ちよく食事をすませ、行水を使って体を清めました。きっと無事にすむことではないと思い、立ったまま遺書を書いて残しておきました。そうはいうものの、もし死罪を言い渡されたならば、幕府に訴状を一通差しあげてから果てたいと思い、これも書いて懐中に忍ばせました。この他にも五、六か所へ短い手紙を書き、わざと老母（妙智）には何も知らせず、菩提寺の宗参寺（宗三寺、東京都新宿区弁天町）に父親の墓参をしました。使用人はできるだけ少なくし、武士の従者を二人連れて馬に乗り、北条様の屋敷へ向かいました。翌四日に、津軽信政様とのお約束があったことを、お屋敷（千代田区神田広小路）の門前で思い出し、「明日お伺いできなくなりました」という伝言を使者にたのんで、北条様のところへまいりました。

北条氏長様の門前（中央区京橋か）には、人馬が多く集まっていまして、今からどこかへ出立しようとする様子でし

た。このような調子では、もし私が来ませんでしたら、たちまち私の屋敷に押し寄せ、踏みつぶしてしまいそうな様子に見えました。私は受付の使用人に、太刀を手渡して座敷へあがり、笑いながら「どのようなことがありましたか。ご門前に非常に大勢の人がいます」といって奥へ入っていきました。しばらくして、北条様が出て来られてお会いしました。北条様は、「あなたは、無用な書物（『聖教要録』）を書いて出版した罪で、浅野長直家（大名）に御預けという処分になりました。これからすぐに、浅野様の領地・赤穂（兵庫県南西部）へ連行されます。そこで、ご家族に必要なことがありましたら、伝えさせましょう」と、たいへん親切にいわれました。そして、福嶋伝兵衛（国隆、北条氏長の弟子、幕臣）が、私のそばに硯を持ってきて、「ご伝言は、私がお取り次ぎいたします」といいました。私は、北条様に向かって、「お心遣いは、まことにありがたく思います。しかしながら、つねづね家を出る時には、後に心残りのないように努めております。よって、書き置くことは何もございません」と、きっぱりとお答え申しあげました。

そのうちに、嶋田重頼様（目付、若年寄の部下）がお越しになりました。北条氏長様もそちらの座敷に列座されて、私を呼び出されました。私が脇差を置いて移りますと、北条様と嶋田様は、お互いに深く会釈をされました。そして、北条様が言い渡されたことは、「おまえは、幕府に対して不届きな書物を作ったので、浅野長直家の御預けにすると、御老中からのご通知である」でした。私はそこで、「ご通知のこと、まずは謹んでお受けいたします。しかしながら、幕府に対しまして不届きな点は、私の書物のどのようなところでしょうか。お伺いいたしたく思います」と申しあげました。しかし、北条様は、嶋田様に向かって、「甚五左衛門（素行）にも言い分があるであろうが、このように言い渡された以上は、もう弁明はできないものです」といわれました。それで私も、「そのようにお考えでしたら、あれこれと申しあげることはありません」といって、立ちあがりました。そうしますと、御歩行目付衆（徒目付、目付の部下）の二人が、浅野家のご家来をお呼びになって、何やら騒がしいありさまになりました。私は笑いながら一礼して退出しました。この時の私の立ち居ふるまいは、「まことに完璧でした」と、浅野家のご家来が、その晩に話をしてくれました。浅野長直様の屋敷（千代田区桜田）へまいりましてからは、当然、人に会うこともしませんでした。浅野長治様（長直の従兄弟）が礒部彦右衛門をご使者に寄越されました。浅野家の御家老は、「お会いになっても差し支えありません」といわれましたが、お会いしませんでした。このように思いもよらない不幸なことが起こり、たいへん迷惑いたしました。しかし、そのために心が動揺することは少しもありませんでした。よって、わずかな一か条でも、言い残すべきこと、言い伝えるべきことを忘れませんでした。

九日の未明（夜明け前頃）に江戸を出立しました。幕府からは、「この者（素行）には、大勢の弟子や門人がいて、徒党を組むことも考えられる。道中はいうまでもなく、江戸を出立した芝・品川あたりで、奪い取ろうとするかもしれないから、油断しないようにせよ」とのご通達があったそうです。私に付き添っている人たちも、何かと気遣いをしていたようでした。そこで、朝から昼休みまで、また昼から宿へ入るまでは、大小の用便も差し控え、それらの人たちに手数をかけないようにしました。十月二十四日の晩、赤穂へ到着いたしました。

私は身分の低い人間にすぎません。それなのに、私一人の采幣（采配、指揮）で、大勢の門弟たちを従えることができるように、人々から思われていました。このことは、不幸な出来事ではありましたが、私に少しは武士としての覚悟が備わっていることを示したのではないでしょうか。なお、私を奪還するとの話は、次第にありもしない風評となったので、赤穂では気遣いの必要もなくなりました。

(23)私が配所（流罪の場所、赤穂）へ御預けの処分を言い渡された時、北条氏長様より呼び出しがあった時点では、死罪を言い渡されるのか、または配所送りになるのか不明でした。そこで、もし死罪になったならば、一通の訴状を差し出し、幕府に訴えようと考えて、懐中に忍ばせておきました。その下書きの原稿が今も残っています。このことは、ほんとうに私の人生の大事件となりました。人生五十年といいますが、その夢からさめたような思いでした。しかし、迷惑ではありましたが、心中いささかも取り乱しませんでした。これは、私が日々学問の工夫に努めてきた結果だと思っています。人間の一生には、このようなことがあるものと思い、私の覚悟のほどを、このように書いて置きました。

「私は、孔子（中国儒家の祖）歿後、二千年の今の世に、周公（中国周の政治家）・孔子（中国の聖人）の道理を大いに明らかにし、加えて、私の考えに誤りがないかどうか、天下に質そうとして、『聖教要録』を書いて出版しました。しかし、現代の低俗で平凡な儒学者らは、自分の身も修めず、忠孝に励むこともなく、ましてや天下国家に役立つ仕事について少しも理解していません。そのために、私の書物に対して、一句の批判もできなければ、一言の正す言葉もありません。それどころか、幕府の権勢を借りて、私利私欲を貪ったり、大名に私の悪口をいったり、おもねったりしています。世間の人々は、誰もその実態を知りません。もっぱら他人のいうがままに、虚実を正すこともなく、その嘘を信じて弘めています。また、この書物をくわしく吟味することもなく、その道理を理解しようともしていません。むやみにこの書物を嘲って、私を罪に陥れたのです。このような状況になって、初めて私は心安らかになりました。なぜなら、私の述べた大道は、疑う余地のない真実ですが、世間の人々が、これを理解できないことがわかったからです。そもそも私を罪に陥れるのは、周公・孔子の道理を罪に陥れるのと同じです。私を罪に陥れることはできても、この道理を罪に陥れることはできません。聖人の道理を罪に陥れようとするのは、現在の政治が間違っているからです。そもそも昔から今にいたるまで、「天下の公論」（公明正大な議論）から逃れることはできません。いつか必ず、そのことは明らかになるでしょう。だいたい道理を明らかにしようとした人は、必ず災難に遭遇するものです。その先例は非常に多く残っています。その嘆きの大きさに、天地は覆り、日月は光を失うでしょう。唯一、心残りなのは、今の世に生まれながら、この時代の誤りを正すことができず、末代に残すことです。これこそが、私の本当の意味での罪です。誠惶頓首（手紙の末尾の文句）

山鹿甚五左衛門

十月三日

北条安房守殿」

この手紙は、ただ懐中に忍ばせていたまでのことです。もし死罪になったらと思っていましたが、生命に別状がなかったので出しませんでした。この訴状は立ったまま書き、漢文の返り点を付けて懐中しておきました。今、これを取り出して読んでみますと、急なことでしたので、文面が整っていないように感じます。しかし、おそれながら、日本国中の神々に誓って、一字も改めてはおりません。まさに私の辞世（死ぬまぎわ）の一言です。

(24)私は以前、千石の給与をお断りして、浅野長直様の家を出ましたのに、今度は浅野様に御預けの身となりました。そのような事情でしたが、配所（赤穂）へまいりましても、格別にご親切にしてくださいました。浅野様が、たびたびいわれたことは、「御預けにならなければ、あなたが再びこの地へ来ることはなかったでありましょう。内々で十分にお世話いたしたいと思います」ということでした。そして、衣服・食物・住居まで、あれやこれやと、たいへん心配してくださいました。ことに、御家老の大石良重様（大石内蔵助良雄の祖父の弟）からは、朝夕の野菜を、今日まで毎日二度ずつお届けいただいております。大石様が江戸藩邸でのご勤務の間も、右の通りのことが続きました。私がお断り申しあげても、大石様は、「このことは、自分一人の考えによるものではありません。主君の浅野様が大切に気遣われているお方ですから、このようにしているだけです」といわれました。たしかに、赤穂におりました間は、幕府からの御預けの身の上、つまり罪人であるのに、浅野長直様は「決して無礼のないように」と、ご家来に申し付けられました。私の屋敷に浅野様が来られましても、以前よりもかえって丁重にふるまわれますので、心苦しく感じたものです。

㉕私がお目にかかり、兵学や儒教の学問の講釈をお聴きになり、私の弟子になられた方々は、松平定綱様（大名）を始めとして、これまで述べた通りです。皆様は格別に、私のことを崇敬してくださいました。その他に、板倉重矩様は、御老中になられてからも、私の名前に「様」の字を付けられますので、たびたびお断り申しあげたのですが、お聞き入れになりません。浅野長治様は、私の主君でした。それなのに、上様（将軍）に「口切の茶」を献上した後に、必ず私にも、口切（口を開けたばかり）の新茶とお菓子をお分けくださいますので、もったいないと思いつつ頂戴いたしました。浅野長友様（浅野内匠頭長矩の父）も、やはりお父様にしたがって、その通りになされます。そのほかの皆様も、おおかた上様にお茶を献上した後には、口切のお茶をくださいますので、頂戴いたしておりました。また、以前に出入りしていた大名の方々も、私がまいります時には、わざわざご送迎をしてくださり、ご家来に御門の開閉まで申し付けられました。このように丁重すぎては、たいへん心苦しく感じますので、毎回お断り申しあげました。そうすると、「これは、あなたへのお礼の気持ちでしているのではありません。兵法の礼儀、師弟の道を実践しているまでのことです」といわれます。それでも、あまりにも身分不相応のお蔭をこうむり、恐れ多く思いましたので、「私は身分が低く、仁徳もない人間です。ご希望にしたがって、ご教授申しあげてはいます。しかし、このようなご

待遇にふさわしいほどのご伝授もできず、心苦しく思っております」と、たびたびご辞退申しあげました。侍従・四品諸大夫（大名・上級幕臣・旗本たちのこと。武家の官位）の皆さんが、このような状態でした。これも天から与えられた使命（天命）であり、たいへんありがたいことと思いました。この上は、せめて自分自身に対して、おごることのないように心を戒め、日夜の勤めを少しも怠ることのないようにしました。このことが、私の慎みの気持ちを示すことになると決意しました。いつもこのことを子々孫々にいたるまで、教え戒めにさせたいと願っています。

さて、今年は配所の赤穂にまいりまして、およそ十年になります。現在は、ひたすらお天道さまに対して恥ずかしくないように、病気の時以外は、一日たりとも朝寝をせず、不作法なふるまいのないよう心がけています。私の朝夕の様子は、屋敷の下々の者までよく知っています。とくに磯谷平助（久英、愛弟子）がよく見ていたはずです。以前よりこのように心がけていましたので、何の利益もないことですが、私の著述した書物は千冊ほどにもなりました。目録は別にあります。私は人並み以上に愚かで、言行も正しくありません。子孫どもは、愚かな私の十倍も努力をしなければ、人間の正義にかなうことができないと思っています。

ついでながら、私の考えている「学問の筋道（道理）」について、これから少しだけ書いておきます。

(26)私は以前よりシナ（中国）の書物を好み、日夜勉学に努めてきました。よって、近年新たに渡来した書物は知りませんが、十年以前までにシナより渡来した書物は、ほとんど残らず目を通しています。これによって、自分でも気が付かないうちに、シナのことを万事すぐれていると考えるようになりました。また、我が国は小さな国ですから、大国のシナには、どのようなことでもおよびません。それで、聖人もシナだからこそ現れたのだと思っていました。このことは、私だけではなく、古今の学者もみな、そのように考えてシナを慕って学んできました。しかし、近頃初めて、この思い込みは誤りだったと気が付きました。このように、人のいうことを信じて、自分の目で見たことを信じない、近きにある自国を捨てて、遠きにある外国を重んじるといったことは、学問をする者にとって、どうしても避けられない傾向です。まことに「学者の流行病」ともいえます。くわしくは『中朝事実』（寛文九年の著作）に書いておきましたが、次に概要だけをまとめてみます。

我が国は、天照大神のご子孫を天皇にいただき、神代より今日まで、その正統は一代も違えることなく続いております。また、藤原氏など、補佐の臣下の家までも、代々絶えることなく、摂政、つまり政務を代行する役職を受け継いでいます。これは、我が国には、国を乱す家臣や親不孝な人間が出現せず、不義不道がまかり通ることがなかったことを示しています。歴代の天皇が、国民をいつくしみ、道理にかなった君主であり、すぐれた仁徳をお持ちだったからこそではないでしょうか。神代より人皇十七代（神武天皇より仁徳天皇、または履中天皇）までは、すべて聖徳の君子が続き、知恵や仁徳にすぐれた臣下が、その政治を補佐して、我が国における「天地の道」（君臣の道義）が確立しました。朝廷の政治や国郡の制度を定め、作法・日用・衣食・住居から冠婚葬祭の礼法にいたるまで、士農工商（武士・農民・職人・商人）の、それぞれの身分にふさわしく整えられたのです。そのために、国民は安らかに暮らし、国は平和に治まりました。また、万代にわたる国家の基盤が完成し、上下の秩序が明らかになりました。これらは、天皇の聡明ですぐれた知恵が、天の徳にまで達したことを示すのではないでしょうか。「勇武の道」、つまり我が国民が勇ましいことについては、いうまでもありません。古代においては、三韓（朝鮮の南部）を平定して、貢物を我が国に献上させました。高麗国（高句麗、朝鮮北部）に攻め入って、その王城を制圧しました。さらに、朝鮮半島の任那に日本府（日本の政府機関）を設けました。このような武威を世界に輝かすということは、古代から現代まで、ご承知の通りです。我が国の武勇は、外国も恐れています。いまだかつて、外国の軍勢が我が国を征服するようなことはなく、国土の一か所すら奪われたことはありません。それは、武具・馬具・武器の作り方から、兵法・軍法・戦略のことまで、外国のおよぶところではなく、我が国の勇武が、世界にすぐれているからではないでしょうか。

以上のように、知・仁・勇（知恵・仁徳・勇武）の三つは、「聖人の三徳」です。この三徳の一つでも欠けていたら、「聖人の道」とはいえません。今、この三徳について、我が国とシナとを、一つ一つ証拠をあげながら比較検討してみると、我が国の方がはるかにまさっています。まことに、まさしく「中国」（中つ国、世界の中心にある国）と名乗るべきは、我が国であることが明らかです。このことは、ことさら私が言い出したことではありません。「天下の公論」（公明正大な議論）です。古代に、聖徳太子がただお一人、シナをむやみに貴ばないで、我が国のほんとうの価値をご存じでした。しかし、古い記録は「蘇我入鹿の乱」（六四五年、入鹿は後の天智天皇に滅ぼされた）で焼失してしまったのでしょうか。惜しいことに、いまだ完全なものを見つけることができません。

(27)「学問の筋道（道理）」は、今も昔も多くの種類があります。そのために、儒教・仏教・神道（日本古来の信仰）とも、それぞれ一通りの道理はあります。私は、幼少から壮年の頃まで、もっぱら程子・朱子の学問（宋学・朱子学ともいう。中国宋の程顥・程頤兄弟、朱熹が大成した新しい儒学）に励みましたので、その頃の私の著作はみな、この「程朱の学問」に留まっていました。その中頃には、老子・荘子（道家の学問）を好み、「深遠な虚無の境地」を万物の本質と考えてしまいました。この時分には、仏法も貴びまして、もろもろの五山（京都・鎌倉）の高僧に会って、仏教の学問を学ぶことや、その真理を悟ることを、楽しいと思うようになり、隠元禅師（来日した中国明の禅僧）にまでお会いしました。しかし、私は要領が悪いのでしょうか。「程朱の学問」をしますと、「持敬（慎みの心を持ち続ける）・静座（静かに心を落ち着かせる）」の修養にだけ専念し、人格が内向きになっていくような気がしました。この朱子学に比べると、老子・荘子と禅宗の学問の方法は、ゆったりとして、物事にとらわれることなく、天性の心の働きや、天地とすべてが一体となる不思議も、高明な理論のように思えました。すべての根本に、自分本来の心をすえて考えますので、心の動きは止まることがありません。たとえ天地が打ちくだかれても、永遠に変わらない原理は、何物にもこだわることなく、冴えわたった状態であるに疑いないと考えました。

しかしながら、これを現実の日常生活にあてはめてみると、まったく納得がいきません。これは、私にその力量がないので、よく理解できていないのだと思いました。いま少し深い意味を理解すれば納得できると考え、なおいっそう、この道理の勉強に努めました。あるいはまた、実際の生活上のことは、非常に軽い問題なので、どのようになっても構わないとも考えました。しかし、人として生まれた以上、守るべき「五倫の道」（君臣の義、父子の親、夫婦の別、長幼の序、朋友の信）に身をおき、日常生活を営みながら人と応対していくわけですから、そのようなことはできず、ゆきづまってしまいました。なるほど、修行僧のように、樹木の下や石の上を住居とし、わびしい孤独な生活に入り、世間の名誉を捨ててしまうならば、言語を絶するほどの無欲で清浄な気持ちにもなり、不思議なほど自由な境地に入れるだろうと思いました。しかし、そのような生活をしていると、天下国家やあらゆる人々にかかわる大きな問題は当然のこと、日常のわずかな問題についても、世間の学問のない人と同じくらい、ものごとが理解できなくなってしまいます。あるいは儒教のように、人を思いやる仁の心を体得できれば、天下の大きな問題も、一日の間にすべて解決できると考えたり、あるいは仏教のように、慈悲の心を根本にすえれば、過去から未来永劫までの功徳になるとまでいうのであれば、実際のところ、世間と学問とが、別々のことになってしまいます。他人の考えは知りませんが、私はこのように考えますので、これが「学問の極意」とはとても思えません。そこで、儒学者や仏学者にこれらのことを尋ねてみました。また、高僧といわれる人にも、これを尋ねてみたり、その作法を見聞きいたしました。しかし、やはり世間には適応できず、みな実際の物事と理屈とが別々になってしまっています。

なお、神道は我が国の道ですが、古い記録の行方がわかりません。一部分が知られるばかりで、全体がわからないのです。これにはきっと、「天下国家の要法」も書かれていたはずですが、「蘇我入鹿の乱」の後、古い記録は断絶したと思われ、今は知ることができません。

このようにして、私は学問に対する疑問を持ちました。ますます多くの書物を読み、昔の学者たちが書き残した多くの事柄について考えました。しかし、私が疑問に思うことについては、どうしてもわからないままでした。そこで、これはきっと私の考え方に誤りがあるのだろうとも思ったりして、数年間、この疑問を解決できないでいました。ところが、寛文二年（四十一歳）に、私が思い付いたことは、「シナの漢・唐・宋・明の時代の学者の書物を読んでいたために納得できなかったのではないか。直接、周公・孔子（中国の聖人）の書物を読み、これを手本にして『学問の筋道（仕方）』を正すべきではないか」ということでした。それからは、一切、後世の書物によらないで、聖人の書物ばかりを読んで、昼夜を通して考えましたところ、初めて「聖学の筋道（道理）」がはっきりと見えてきました。このように会得して、「聖学」の規則や方法を定めました。

たとえば、紙をまっすぐに切る時、どれだけ器用な人でも、定規を使わずに、手の感覚だけで切ると、みな役に立たないものになってしまいます。また、自分だけはまっすぐに切れたとしても、他の人々にも同様に切らせることはできません。しかし、ところどころに定規を当てて切ると、ほとんど幼い者まで、とにかく、その定規の筋目の通りに切ることができます。人によって、そのでき具合には上手下手はありますが、その切り方は一通りのできばえにはなるものです。したがって、「聖人の筋道」というものを学び、よく理解できれば、この定規を使うのと同じですから、何事につけても、その人の学問の進み具合に応じて、その事柄の「筋道」というものを把握することができるのです。このような理由で、「聖学」という定規を使えば、文字も学問もいりません。今日教わりまして、今すぐに日常の役に立つわけです。よって、精神修養のための「工夫」（心を用いる方法）も「持敬」も「静座」もいらないのです。また、たとえ言行正しく身を修め、多くの名言や有名な文句を暗誦していても、これは単なる雑学の人々であって、「聖学の筋道」を学んだ人ではないということが、はっきりとわかるのです。また逆に、ちょっとしたことを語っただけでも、「聖学の筋道」を知っている人とわかります。これは、この定規を使って正しく判断できているからです。よって、今まで一度も見聞きしたことのないような事柄でも、この「聖学の筋道」に従って考えていけば、十か条の内の五、七か条は、自然と理解できるものです。しかし、程度の低い俗学・雑学の人たちは、この十か条の内の三か条も理解できないでしょう。以上のことについて、私は決して間違いないと確信しています。このようなわけで、世間の無学な人に、博学な人が劣ってしまい、世間の人々に笑われるような出来事がおこるのだと思われます。つまり、これらは、鉄砲の玉を作る鋳型（溶かした金属を入れる型）もないまま、鉄を削って玉を作ろうとしたり、定規もないのに紙をまっすぐに切ろうとするようなものです。苦労が多いわりには報われず、常に苦しみながら成果もあがらない。学問をすれば、ますます愚かになっていくようなものであると、私はこのように考えます。

(28)学問には、いろいろな方法や段階があります。一つ目に、仁徳をもっとも貴いと考え、自分の仁徳の修養のために、「工夫」や「静座」に専念する立場があります。二つ目に、まず自分の行ないを正し、次に周囲の人々を正し、国を平和に治めて、功績や名声をあげることを理想とする立場があります。三つ目に、ひとり書物を読むことを好んで、著述や漢詩・漢文の創作に熱中する立場があります。これらは、それぞれ上・中・下の品位に分かれて、さまざまな学問の心得となっていきます。しかし、仁徳の力で人や生き物を感化したり、何もいわなくても世の中が自然に正しい姿になったり、また、皇帝が衣装を着ているだけで天下が平和に治まったり、学問の徳を修得して敵を自然に感服させたりできたのは、黄帝・堯・舜（中国伝説上の皇帝）の時代の話であって、後世の我々がまねをするのはむずかしいことです。これを形ばかりまねてみても、まったく効果はありません。したがって、このようにありたいと願っている学者は、その目標が高すぎて現実ばなれしているために、結局は、世間に背を向けて山林に入り、鳥獣を相手にするしかありません。また、ひとり書物を読むことを好んで、著述や漢詩・漢文の創作に熱中するのは、学問をもてあそんでいるだけであって、実際の生活の役には立ちません。ただし、著述・創作の文章は、学問の恩恵ともいうべきものですから、これを否定するわけではありません。余力とその時間がある時は、漢詩・和歌の創作や文章の述作も捨てないで行なうべきです。

(29)そこで最後に、私が考えている「聖学の筋道（道理）」について書いておきましょう。それは、前の二つ目にあった、まず自分の行ないを正し、次に周囲の人々を正し、国を平和に治めて、功績や名声をあげるようにしたいということです。その理由は、私がこの時代に武士の家柄に生まれたことにあります。人には生まれながらに、「五倫の交際」（君臣、親子、夫婦、兄弟、友人の関係）というものがあります。よって、自分自身の心得や作法だけでなく、この「五倫の交際」の上でも、武士の身分にふさわしい責任が求められます。さらには、武家としてしなければならないことが、大小数多くあります。小事についていえば、衣類・食事・住居・道具の使い方まで、それぞれに武士の作法があります。とくに、武芸の稽古、武具・馬具の規格や使い方は、武家ならではのものがあります。大事についていえば、天下の統治方法、儀礼や行事に関する事柄、国郡の制度、山林・河海・田畠・神社仏閣・庶民・訴訟裁判の管理や処置の仕方、政治の方法、兵法・軍法、布陣の仕方、兵宿舎の運営、築城術、戦法などがあります。これらはすべて、武将や武士の日常の仕事です。したがって、武家の学問は、いくら自分だけが心の修養を積んでも、これら日常の仕事に何の効用もなく、功績をあげることもできないのでは、私のいう「聖学の筋道」ではありません。また、「聖学」には、右の事柄を実行するためのよい方法を考えることが含まれます。古い記録や昔の儀礼などを調べる必要もあります。よって、他に「工夫」「黙識」（無言のまま会得する）「静座」などをする暇はありません。そうかといって、無数の事柄の方法について、一つひとつ習って知りつくすということではありません。

前に述べたように、「聖学」の定規や鋳型をよく知り、このような規範・標準に従って、寸法を測り、印を付けるようにすればよいのです。そうすれば、全体の見通しが付くようになり、その内容を聞けば明らかに理解できるようになります。どのような仕事が来ても、それに対処する方法は明白なため、それを前にして気持ちがくじけることはありません。これが「大丈夫（立派な男児）の心意気」というものです。儒教の『大学』の表現を借りるならば、「まことに心広く、体ゆるやかなる」状態といえましょう。この「聖学」を積み重ねていくと、知恵は毎日新しくなり、人格は自然に高くなり、仁愛は自然に厚くなり、勇気は自然に湧きおこるようになります。最後には、功績や名声にとらわれる気持ちもなくなり、「深遠な虚無の境地」に到達できます。つまり、功績や名声を求めるところから入って、功績や名声にとらわれることなく、ただ「人としての道」、つまり「人としての生き方」を極めることになるのです。これと同じことを、『孝経』（中国の親孝行を説いた書物）では、次のようにいっています。「身を立て道を行い、名を後世に揚げるは、孝の終わりなり」（人として立派に成長し、正しい生き方を実践し、それによって、家の名を後世に高めるのが、親孝行の極致である）と。

(30)以上の事柄は、自画自賛のように聞こえるでしょうが、あなた方（弟・義行と女婿・高恒）へは遠慮すべき必要もないだろうと思い、書き付けました。ところどころに、これまで私が会得した覚悟を書きましたので、気を付けてよく読んでもらいたいと思います。今年はこの配所（流罪の地・赤穂）に来てから十年目になります。だいたい物事は、必ず十年で変わっていくものです。よって今年、私は配所にて、不遇（罪人）のまま死ぬ時機が到来すると覚悟を決めました。私の過去の出来事については、あちこちに書き付けたものが残っていますが、親しく交際していただいた方々も、次第に少なくなってきました。そこで、この手紙（遺書）を書きました。私がこのようになるまでの履歴とその苦心、ならびに「聖学の筋道（道理）」をよく心に留めて、私の考えが弘まるように、尽力してくれることを願っています。

最初に書きましたように、私はお天道さまのお蔭で、このようになりました。その第一の理由は、愚か者ながら、日々の勤めに励んできたからだと思われます。したがって、あなた方の学問の向上の助けになればよいと考えて、その時々の出来事をお話してきました。ぜひ役立ててほしいと思い、たとえ話まで残らず書いておきました。若い人は、このようなことまで、よく覚えておくのがよいのです。なお、この手紙は、他人に見せるものではありません。文章の前後もかまわず、筆先の勢いに任せて書きましたが、よく読んで納得してください。

最後に、万介（山鹿高基、素行の子、九歳）が成長したならば、高い給与を得られる幸せを願うよりも、子々孫々まで、不義無道の発言と不正な行動がないように、強く自覚させてほしいと思います。これが、私の大きな望みであり、死んだ後々までの思いでもあります。このように書きまして、磯谷平助（久英、愛弟子）に、この手紙を預けておきます。よってかくのごとし（手紙の末尾の文句）。以上

延宝三年（一六七五年、五十四歳）正月十一日

山鹿甚五左衛門高興（素行）（花押）

山鹿三郎右衛門殿（義行、素行の弟）
岡　八郎左衛門殿（山鹿高恒、素行の女婿）

をはりに

山鹿素行先生『配所残筆』との出会ひは、皇學館大学二年生、十九歳の時に、平泉澄博士「武教小学講話」（『先哲を仰ぐ』所収）を拝読したことに始まる。

特に、いはゆる武士道の入門書『武教小学』行住坐臥の「行く時は則ち径せず」「変の至るや知るべからず、則ち豈怠るべけんや」といふ教へに感銘を受け、それが単なる言葉で終はるのではなく、素行先生の実際の行動として、遺書『配所残筆』に現はれてゐたことに感動した。早速、図書館に行つて『山鹿素行全集』の「武教小学」と「配所残筆」を複写し、座右に置くだけでなく、常に学生服の内ポケットに携帯した時期があつたことを記憶してゐる。

意味のないことではあるが、素行先生が同じ福島県の御出身、同じ八月十六日の御生誕であると知つたのは、それから十六年後の平成五年、前の勤務先で『続神道大系』論説編「山鹿素行」を作成するための調査に着手してからであつた。その後の経過は、「はじめに」で述べた通りであるが、つくづく人生とは、奇異なものであり、御縁であると感じる。

さて、本来ならば本書は、研究が終了した平成十五年の時点で、その出版を企図すべきであつたが、当時は、微塵もそのやうな気持ちはなかつた。すでに研究では、次の「『中朝事実』の文献学的研究」の方を進捗させてゐたし、現勤務先では、所属してゐる修学基礎教育課程の教育点検グループ委員の代表として、会議のための仕事に追はれてゐた。学生副部長も一年間兼任した。平成十七年度からは、新必修科目「日本学A」の責任者として、およそ二年生の半数の学生を対象に、戦々恐々として薄氷を踏む思ひの、授業中心の日々が始まつたからでもあらう。

転機となつたのは、平成十九年五月の中山エイ子氏による、金沢工業大学日本学研究所への「自筆本『配所残筆』写真」御寄贈であり、翌六月のたまたま古書肆から購入した「新出『配所残筆』写本」（家蔵本）との出会ひであつた。その後の長期にわたる全面改訂作業のことは口にしまい。

ただ平成二十二年二月、故山鹿浩二氏（同二十四年八月御逝去）に、本書の構想を説明し、「自筆本の写真版」掲載許可を打診したところ、こころよい御返答とあたたかい御言葉を頂戴したことを明記しておきたい。しかし、昨年四月に、新刊『先哲に学ぶ』（「啓発録」「士規七則」「武教小学」「配所残筆」の意訳所載の教材）をお送りしたところ、たいそう悦んでくださつたばかりなのに、急に八月に亡くなられたことは、まことに慚愧に堪へない。ここに永年の御厚情に感謝するとともに、心より御冥福をお祈りしたい。

最後に、本書出版に御支援をいただいた金沢工業大学日本学研究所、御指導、御教示を賜つた方々、便宜をお願ひした文献資料の各所蔵機関に、深く感謝の意を表したい。

平成二十五年五月二十五日

秋山一實

著者略歴

秋山　一實（あきやま　かずみ）

昭和32年、福島県いわき市生まれ。
皇學館大学大学院文学研究科（国史学）修士課程修了。
(財)神道大系編纂会研究員を経て、現在、金沢工業大学基礎教育部修学基礎教育課程准教授、同大学日本学研究所幹事兼研究員。

著　書

『神道大系』古典註釈編「日本書紀註釈(下)」(財)神道大系編纂会
『神道大系』論説編「熊沢蕃山」（共著）
『続神道大系』論説編「山鹿素行」（共著）
『平泉澄博士全著作紹介』勉誠出版（分担執筆）

山鹿素行（やまがそこう）自筆本（じひつぼん）『配所残筆（はいしょざんぴつ）』
——写真（しゃしん）・翻刻（ほんこく）・研究（けんきゅう）・校訂（こうてい）・意訳（いやく）——

平成二十五年七月　三日　印刷
平成二十五年七月十四日　発行

著　者　秋山一實
発行者　中藤政文
発行所　錦正社

〒一六二―〇〇四一
東京都新宿区早稲田鶴巻町五四四－六
電　話　〇三（五二六一）二八九一
ＦＡＸ　〇三（五二六一）二八九二
ＵＲＬ　http://www.kinseisha.jp/

印刷　㈱平河工業社
製本　㈱ブロケード

ISBN978-4-7646-0297-7